西南政法大学毒品犯罪与对策研究中心资助项目

学术顾问⊙付子堂

康拜尔合作组织刑事司法研究报告系列

# 警务工作评估系统回顾研究

主编⊙刘建宏

Policing: a Systematic Review of
Intervention Programs

人民出版社

# 序言一（英文版）

David P.Farrington

What works to reduce crime? How should offenders be dealt with so that they do not reoffend? What methods of preventing crime are most cost-effective? These are all questions to which citizens, as well as government officials, policy makers, practitioners, researchers, teachers and the news media deserve good answers. All such persons should have ready accessed to the most rigorous and up-to-date evidence on the effectiveness of interventions designed to reduce crime and offending. The best evidence on what works should be quickly accessible to those who need it.

Much practice in crime and justice, as in fields like medicine and education, is based on long-term traditions and clinical experience. Although tradition and experience often provide the only guidance for criminal justice practitioners, there is a growing consensus among scholars, practitioners, and policy makers that crime control practices and policies should be grounded as much as possible in the results of scientific research. Support for evidence-based policy in criminal justice may be seen as part of a more general trend toward the use of scientific research for establishing rational and effective practices and policies in many fields. This trend is perhaps most prominent in the health professions where the idea of evidence-based medicine has gained strong government and professional support.

A central component of the movement toward evidence-based practice and policy is the reliance on systematic reviews of prior research and evaluation studies. The Campbell Collaboration Crime and Justice Group is an international network that aims to produce and make accessible the best evidence on what works in crime and justice. This network of scholars, policy makers, practitioners and others from around the world is preparing rigorous systematic reviews of high-quality research on the effects of criminological interventions.

These systematic reviews are being maintained and updated in light of new studies, insightful criticisms, or new methodological developments. They are readily accessible on the Internet: see www.campbellcollaboration.org. Through international collaboration, the Campbell Crime and Justice Group(CCJG) aims to ensure that relevant evaluation studies conducted all over the world will be taken into account in its systematic reviews, and that the evidence from such reviews will be made accessible globally through language translation and worldwide dissemination.

# Characteristics of Systematic Reviews

What are systematic reviews? These are reviews that use rigorous methods for locating, appraising and synthesizing evidence from prior evaluation studies. They contain methods and results sections, and are reported with the same level of detail that characterizes high quality reports of original research. Other features of systematic reviews include:

1. *Explicit Objectives*. The rationale for conducting the review is made clear.
2. *Explicit eligibility criteria*. The reviewers specify in detail why they included certain studies and rejected others. What was the minimum level of methodological quality for inclusion in the review? Did they consider only a particular type of evaluation design such as randomized experiments? Did the studies have to include a certain

type of participant such as children or adults? What types of interventions were included? What kinds of outcome data had to be reported in the studies? All criteria or rules used in selecting eligible studies are explicitly stated in the final report.

3. *The search for studies is designed to reduce potential bias.* There are many potential ways in which bias can compromise the results of a review. The reviewers must explicitly state how they conducted their search of potential studies to reduce such bias. How did they try to locate studies reported outside scientific journals? How did they try to locate studies in foreign languages? All bibliographic data bases that were searched should be made explicit so that potential gaps in coverage can be identified (and reviews can be replicated).

4. *Each study is screened according to eligibility criteria, with exclusions justified.* The searches always locate many citations and abstracts to potentially relevant studies. Each of the reports of these potentially relevant studies must be screened to determine if it meets the eligibility criteria for the review. A full listing of all excluded studies and the justifications for exclusion should be made available to readers.

5. *Assembly of the most complete data possible.* The systematic reviewer will generally try to obtain all relevant evaluations meeting the eligibility criteria. In addition, all data relevant to the objectives of the review should be carefully extracted from each eligible report and coded and computerized. Sometimes, original study documents lack important information. When possible, the systematic reviewer will attempt to obtain this from the authors of the original report.

6. *Quantitative techniques are used, when appropriate and possible, in analyzing results.* Although there is still some confusion about the meaning of these terms, it is useful to distinguish between a systematic review and a meta-analysis. A meta-analysis involves the statistical or quantitative analysis of the results of prior research studies. Since it involves the statistical summary of effect sizes and their correlates, it requires a reasonable number of intervention studies that are sufficiently similar to be grouped together. For example, there may be little point in reporting a weighted mean effect size based on a very small number of studies. Nevertheless, quantitative methods can be very important in helping the reviewer determine the average effect size of a particular intervention and in what circumstances and with what types of

people it works best.

A systematic review may or may not include a meta-analysis. For example, a reviewer may only find a few studies meeting the eligibility criteria. Those studies may differ just enough in the operational definition of the intervention or in the way they were conducted (etc.) to make formal meta-analysis inappropriate and potentially misleading. It is important not to combine apples and oranges in calculating a weighted mean effect size.

7. *Structured and detailed report.* The final report of a systematic review is structured and detailed so that the reader can understand each phase of the research, the decisions that were made, and the conclusions that were reached. In principle, it should be possible for an independent scholar to replicate both the review and the results.

## The Campbell Collaboration

At a meeting in Philadelphia attended by over 80 persons from 12 different countries, the Campbell Collaboration was inaugurated in February 2000, to prepare, maintain and make accessible systematic reviews of research on the effects of social, educational, and criminological interventions. At that February 2000 meeting, the Campbell Collaboration established a Crime and Justice Group (CCJG) and a Steering Committee to coordinate the work of this Group. The original Steering Committee consisted of 10 persons from 7 different countries. I was appointed as the first Chair, and I managed to secure some funding from the British Home Office to support a part-time coordinator (Anthony Petrosino) for three years. The first meeting was held in Paris in April 2000, coinciding with a meeting of the Board of Directors of the International Society of Criminology (ISC). This was partly to emphasize the international remit of the CCJG and partly because four members of the Steering Committee were on the ISC's Board of Directors. It was agreed that the institutional home of the CCJG would be at the University of Pennsylvania, supported by Lawrence Sherman, who was the President of the ISC at the time.

At the first meeting, it was decided to commission reviews on 15 key topics such as the effectiveness of boot camps, child skills training, CCTV, neighborhood watch, and hot spots policing. The aim was to select narrowly defined topics where there was likely to be only a small number( e.g.20−50) of high quality evaluations, nevertheless covering a wide range of criminological interests in total. Instead of waiting for researchers to propose topics, the CCJG proactively approached well-known scholars to do the first few reviews. This ensured that key topics were covered, that results could be speedily obtained, and that a good reputation was established quickly. Those who undertook systematic reviews were asked to agree to the following requirements:

1. A commitment to undergo a rigorous editorial review process not only from researchers but also policy makers, practitioners, and citizens to ensure that the review meets high scientific standards and is also written to be understandable to non-academic audiences.

2. A commitment to maintain transparent and open review processes so that users can comment and criticize each stage of the review, from its proposal through to its completion.

3. A commitment to use the most rigorous search methods available to ensure that all relevant studies are considered for inclusion or exclusion and not just those reported in easily accessible journals and books.

4. A commitment to cover literature from around the world and not just the English-speaking world.

5. A commitment to code and computerize key features of each evaluation study reviewed( so that anyone accessing the review can organize the studies according to such features as sample size, design, or effect size).

6. A commitment to explicitly report the final review so that readers can understand decisions made at each stage, justifications for those decisions, and how conclusions were reached.

7. A commitment to make the review available to broader audiences than readerships of peer-reviewed academic journals through electronic publication and dissemination into policy, practice, and media outlets.

8. A commitment to update the systematic review to incorporate new evidence, respond to criticisms, or use more advanced methods, on a regular basis.

# Doing a Systematic Review

The first step in conducting a systematic review for the Campbell Collaboration Crime and Justice Group is to submit a proposed title to the Managing Editor, who is currently Charlotte Gill. This is refereed and, if accepted, is registered in the Campbell Collaboration Library of Systematic Reviews. The main reason for not accepting a proposed title would be overlap or duplication with an existing title. The second step is to complete and submit a draft protocol (a detailed description of how the systematic review will be completed). This should include the background to the review (hypotheses tested, operational definitions of interventions and outcome variables), the objectives of the review, strategies for searching the literature, selection criteria for including or excluding studies, and strategies for data extraction, coding, and analysis. This is also refereed and revised in the light of the referees' comments, before it is published on the Campbell website. David Wilson currently acts as Editor-in-Chief of the CCJG refereeing process.

The third step is to complete the systematic review. This is also refereed (by the Campbell Methods group as well as by criminologists) and again is likely to require revisions before it is published in the Campbell Library. These rigorous refereeing processes are designed to ensure that the published reviews are of high quality. Once a review is published on the Campbell website, anyone can post comments on it, and authors are encouraged to update the review every three years or so. Campbell Collaboration policy is that each review should have at least two authors, in order to facilitate tests of the reliability of inclusion/exclusion decisions and coding of key features of evaluation studies.

The information that is extracted and coded from each included study should comprise at least the following: principal investigators, full citations to all evaluation reports, funding, publication dates, design of the study, characteristics of experimental units (for example, age and gender of participants, prior crime rates of areas), sample size, hypotheses tested, interventions, implementation details, how extraneous variables were controlled so that it was possible to disentangle the impact of the intervention, who were the program delivery personnel, what were the control conditions( since it is rarely possible to have a truly untreated control group ), who knew what about the intervention ( since double-blind trials are desirable ), measurement of outcome variables( for example, official records and/or self-reports of crime ), before and after measures of offending, length of follow-up period, and measures of effect size and variability of effect size. Authors of reviews are encouraged to code all variables independently, so that the reliability of coding can be assessed.

Decisions about what studies to include in a systematic review can be highly controversial, because they involve assessments of methodological quality. Authors of excluded studies may feel that their research has been negatively assessed or even" cast into outer darkness" ( as one person has told me ). I hope that Campbell Collaboration reviews will lead to an improvement in the quality of the primary evaluation research. In general, randomized experiments have the greatest internal validity. However, randomized experiments that evaluate criminological interventions are relatively uncommon. If Campbell Collaboration reviews were restricted to randomized experiments, they would be relevant to only a small fraction of the key questions for policy and practice in criminology. Therefore, for topics where there are few or no randomized experiments, reviewers also select high quality quasi-experimental evaluations for inclusion. The aim is to reach the most defensible conclusions based on the best available research.

## Campbell Reviews

These five volumes present the conclusions of 36 reviews completed for the Campbell Crime and Justice Group. The five volumes cover policing, intervention and prevention, juvenile delinquency, corrections, and drugs. In general, the reviews show that many types of criminological interventions are effective.

In the area of policing, for example, hot spots policing( policing interventions targeting very small areas) is notably effective in reducing crime and disorder. Problem-oriented policing is similarly effective. Also, " pulling levers" focused deterrence strategies, that involve communicating costs and benefits to targeted offenders, are effective in reducing crime, and crackdowns on gun carrying are effective in reducing gun crime.DNA testing is generally effective in increasing police clearance rates.However,there is insufficient evidence to draw conclusions about the effectiveness of counter-terrorism strategies.

There is more good news in the area of intervention and prevention.In general,improved street lighting is followed by a decrease in crime,and closed-circuit television is also effective in reducing crimes in certain settings(e.g.in car parks).Neighborhood watch is also effective in reducing crime.Anti-bullying programs in schools are also generally effective,although there are too few evaluations of interventions to prevent cyber bullying on the internet to draw firm conclusions about these.Generally,court-mandated interventions for individuals convicted of domestic violence are effective in reducing repeat violence according to official records,but there were too few studies of interventions to reduce cross-border trafficking to draw conclusions about these.

Results are more mixed in the area of juvenile delinquency.Early family and parent training programs are generally effective in reducing antisocial behavior and delinquency,and the same is true of mentoring and self-control programs.However,parental imprisonment,formal system processing of juveniles,and the"scared straight"program all have undesirable effects.It is important to know what does not work as well as what works.

There are again desirable and undesirable results in the area of corrections.Cognitive-behavioral programs for criminal offenders are generally effective,as are cognitive-behavioral programs for serious,violent and chronic juvenile offenders.Non-custodial sentences are generally more effective than custodial sentences in reducing recidivism.However,correctional boot camps and non-custodial employment programs are not effective in reducing recidivism,and there are too few rigorous cost-benefit analyses of sentencing to draw firm conclusions.

In the area of drugs,it is clear that many types of interventions are effective.Drug courts are particularly effective,as are incarceration-based drug treatment and drug substitution programs.Also,problem-oriented policing and community-wide policing approaches are effective in disrupting street-level drug markets and reducing drug use.

# Conclusion

These five volumes provide the best available information about what works and what does not work in reducing crime. They should form the basis of wide-ranging coordinated evidence-based strategies for crime prevention and crime control.

# 序言一（中文版）

大卫·法林顿

怎样才能减少犯罪？如何处理罪犯，才能让他们不再犯？最有效的预防犯罪的方法是什么？这些问题都需要好好解答。对于普通民众、政府官员、政策制定者、实践工作者、教师学者以及新闻媒体来说，都需要有了解最严谨和先进的用以评估减少犯罪的干预项目有效性证据的途径，并且是能快速获得这些证据的途径。

同医药和教育界一样，很多犯罪和司法的实践都是以良久传统和临床经验为基础的。虽然传统和经验常常只用于指导刑事司法实践工作者，但是越来越多的学者、实践者以及政策制定者意识到犯罪控制的实践与政策也需要尽可能的科学研究结论的指导。支持基于实证的刑事司法政策，其实也是许多领域里运用科学研究来建立理性的行之有效的实践与政策大趋势的部分体现。这种趋势也许在医疗健康领域尤为突出，因为基于证据的医药研究已经获得了政府以及专业领域的大力支持。

对以往的调查以及效果评估研究的系统性回顾是这场基于证据的实践与政策制定的核心。康拜尔合作组织的犯罪与刑事司法小组是一个致力于评估犯罪预防以及刑事司法政策有效性的国际性组织。具体来说，是由世界各地的相关学者、政策制定者、实践工作者以及其他专业人士对那些关于犯罪干预有效性的高质量研究进行严谨的系统性回顾。

这些系统性回顾基于新出现的研究、锐评，以及新方法的发展而及时改进和更新，并且在互联网上可以浏览网址 www.campbellcollaboration.org。通过国际合作，康拜尔合作组织犯罪与刑事司法小组（CCJG）力求能对那些来自世界各地的相关评估研究进行系统性回顾，而得出的相关证据通过翻译和全球宣传可被广泛运用。

## 系统性回顾的特征

系统性回顾是什么？所谓系统性回顾就是运用严谨的方法来定位、评估以及整合那些从先前评估研究中获得的证据。其包含了方法和结果两部分，并且以与原来研究相同的细节层次报告出来，而这些细节也正是原研究高质量的体现。系统性回顾的其他特征还包括：

1. 目标明确：评估的基本原理清晰。

2. 甄选标准明确：审阅者对遴选的研究报告有着明确的标准。入选的研究在其研究方法的质量上的最低要求是什么？他们只考虑了诸如随机试验一类的特定类型的评估研究吗？相应的研究必须包含特定的参与者，如儿童或者成年人？包含了哪些干预的类型？哪些数据结果需要报告？所有用于甄选研究的标准都会在最后的报告中清晰呈现出来。

3. 搜寻相关研究时须减少可能的偏倚。很多潜在的因素都会让偏倚影响评估的结果。审阅者须明晰地陈述其在搜寻研究时如何减少偏倚。他们是如何定位发表在领域外期刊上的研究报告的？他们是如何定位非英语研究报告的？所有用于搜选的文献数据库都须明确，这样潜在的偏差才能被甄别出来（回顾才具有可重复操作性）。

4. 每个研究的入选或者排除都要依据相应的标准。文章的搜寻往往是通过定位引文和摘要来找到可能相关研究。我们需要对这些相关研究的报告进行筛选，判断其是否符合评估标准。而对于那些落选的研究，我们要给读者提供一份完整的清单，并说明落选原因。

5. 尽可能整合最完整的数据。通常系统性回顾者都会尝试获得所有符合要求的评估研究,然后从符合标准的报告里提取所有与评估目标相关的数据,再进行编码和电脑处理。有时候,原研究报告会缺失某些重要信息。可能的话,评估者会尝试从原文作者处获得这些缺失的信息。

6. 适当的时候,定量分析方法也会用于结果分析。虽然系统回顾和元分析这两个概念的界定仍然有点模糊不清,但是将二者区分开来是有益处的。元分析方法包括了对前人研究的结果进行统计或者量化分析。由于牵涉了效应量大小和相关关系的统计汇总,所以对干预研究的数量有要求,而且这些研究要有足够的相似之处才能被整合。例如,如果找到的研究很少,那么在报告其加权平均效应量大小的时候可能就没有相应的点。然而,量化研究在评估者判断某个干预分析的平均效应量大小和在何种情况下对何种人最有效的问题上是大有裨益的。

一次系统性回顾可能包含了元分析,也可能不包含。例如,评估者只找到很少量符合要求的研究。这些研究可能在操作定义上或者操作过程等环节上有差异,而这些差异正好使得元分析不适用,或者产生误导。我们当然不该把风马牛不相及的东西整合起来,然后算出它们的加权平均效应量的大小。

7. 报告要层次分明而又详尽。最终评估报告需要有分明的层次和详尽的细节,这样读者才能了解研究的各个阶段,才能明白所做的决定和最终达成的结论。原则上,其他独立学者应该能重复该评估的操作,并得到相同的结果。

# 康拜尔合作组织

2000 年 2 月,在费城一个由来自 12 个国家的 80 多名与会者参加的会议上,康拜尔合作组织诞生了,其目的是致力于对那些与社会、教育以及犯罪有关的干预研究效果的系统性回顾。在当年的会议上,康拜尔合作组织还成立了犯罪与刑事司法小组(CCJG)以及协调相关工作的指导委员会。指导委员会最初由来自 7 个国家的 10 人组成。我当时被任命为第一主席,并成功获得了英国内政部的资金支持,用以支付一位临时协调员(Anthony Petrosino)三年的工资。康拜尔合作组织第一次会议于 2000年 4 月在巴黎召开,是与国际犯罪学学会(ISC)的董事会会议同时召开的。造成此情况的原因有两个,一方面是为了强调 CCJG 的国际性,另一方面是由于有 4 名指导委员会委员同时也是 ISC 的董事会成员。CCJG 机构的大本营设立在宾夕法尼亚大学,负责人是当时的 ISC 主席 Lawrence Sherman。

　　第一次会议上,我们决定就 15 个关键话题进行评估,如军事训练营、儿童技能训练、闭路电视、邻里监督和热点警务的有效性。这样是为了在明确评估对象的同时(虽然相关高质量的评估研究可能会较少,如只有 20—50 篇),又不失犯罪学研究范围上的广度。CCJG 并没有等着研究者来挑选主题,而是主动找到名声显赫的学者让其做前期少量的评估。这样在保证了关键话题都有人回顾的同时,还能较快得到结论,与此同时也能迅速将招牌打响。康拜尔合作组织对系统回顾者提出了以下几点要求:

1. 不仅是研究者,包括政策制定者、实践工作者以及普通民众都需要对所有评估进行严谨的审核,这样才能确保评估不但符合高的科学标准,而且对于非专业人士来说也能通俗易懂。
2. 评估的所有步骤都要有所体现,这样读者才能针对各环节提出修改建议。
3. 所用的搜索研究方法必须是最严谨的,才能确保所有相关研究都被考虑到,而不只是那些在容易找到的杂志和书籍上的研究报告。
4. 搜索时不能局限于英文文献,要全面。
5. 要对评估研究里的所有关键特征进行编码和电脑处理(任何读到该回顾的人都能根据样本大小、研究设计或者效应量大小等特征对回顾有整体认识)。
6. 最终的回顾报告要条理清晰,这样读者才能理解不同阶段所做的决定、每个决定的理由,以及结论是如何获得的。
7. 通过电子刊物、政策和实践宣传,或者传媒帮助,让目标读者的范围更广一些,而不只局限于学术期刊里同侪审阅的那些人。
8. 要通过整合新证据,反馈评论,或者运用新方法对这些系统回顾进行定期更新。

## 如何进行系统回顾

　　康拜尔合作组织犯罪与刑事司法小组系统回顾的第一个步骤是向执行编辑提交拟题(现任执行编辑是 Charlotte Gill)。题目在审核后,如果予以采纳,就会被注册于康拜尔合作组织系统回顾图书馆。那些被否定了的拟题,最主要是因为它们和现存的题目有所交叉或者重复。

　　第二步是完成和提交草案(如何完成系统回顾的详尽描述)。其中包括了背景介绍（假设检验、干预的操作定义以及结果变量）、评估目标、文献搜索策略，文章入选或落选的标准以及数据提取、编码和分析的策略。这个过程也需审核，在出版于康拜尔合作组织网站前还要根据评审的建议进行校订。当前是由 David Wilson 担任 CCJG 该步骤审核主编。

第三步就是完成系统回顾。这个步骤也需要审核（由康拜尔方法小组和犯罪学家负责），在出版前也需要相应的校稿。严谨的审阅是为了确保系统回顾的质量。回顾一旦发表，任何人都可以在康拜尔的网站上对其做评论。康拜尔鼓励作者对所作回顾进行定期更新，周期为 3 年左右。康拜尔合作组织还规定每篇回顾至少要有两个作者，这样既方便检验研究入选/落选决定是否可靠，又能提高编码评估研究的关键特征时的效率。

每篇入选的研究里摘要和编码的信息至少应该包含以下内容：主要研究者，完整的引文情况，基金信息，出版日期，研究设计，实验单位的特征（如参与者的年龄与性别，区域里犯罪率的历史记录），样本量大小，假设检验，干预手段，操作细节，如何控制外扰变量以减小外界干扰，谁是该项目的执行人员，其他的控制条件是什么（因为很难做到完全排除对控制组的影响），何人了解干预项目的哪些情况（当然双盲检验最为理想），结果变量的测量（如官方记录和/或犯罪自我报告），犯罪行为的前测与后测，追踪研究的历时，以及效应量的测量与差异。回顾的作者应当独立编码所有变量，这样我们才能评估编码的可靠性。

选择什么样的研究进行系统回顾是极具争议性的，因为这里涉及了如何评价搜索方法质量的高低。那些落选的作者可能会觉得自己的研究被低估了，甚至认为是"被排斥"了（曾经一个作者对我如是说）。我希望康拜尔合作组织能够引导评估研究质量的提高。一般来说，随机试验最具有内部效度。然而，用于评估犯罪干预的随机试验相对来说并不常见。若康拜尔系统回顾只局限于那些随机试验，那么其所能涉及的犯罪学方面的政策和实践也会很受局限。因此，对于那些只有少量或者没有随机试验的研究主题，评估者也可以从中挑出质量高的类实验研究。如此一来，根据这样的搜索策略所得的研究结论才最有说服力。

## 关于康拜尔系统回顾丛书

您手中的这套丛书（共五册）将呈现康拜尔合作组织犯罪与刑事司法小组的 38

篇完整的系统回顾的内容。其涵盖了警务工作、犯罪干预与预防、青少年犯罪、犯罪矫治和禁毒干预五个主题。总体来说，许多犯罪干预手段都行之有效。

例如警务工作分册里的"热点警务"（即专门针对犯罪高发区域的警务手段）在减少犯罪与失序上的效果就很显著。"问题导向型警务"的结果亦如此。"撬动杠杆"强调威慑的策略，包括了与目标罪犯沟通时的性价比，其在减少犯罪上的效果也不错，而打击非法携带枪支的项目也在降低涉枪犯罪上效果明显。DNA 检验在提高警察破案率上通常也是有所作为的。然而，反恐策略的有效性的证据还是比较匮乏。

犯罪干预与预防方面的情况要乐观很多。总体来说，提高街道的照明率能减少犯罪，闭路电视在特定场景下（如停车站内）也能有效降低犯罪率，邻里监督能有效减少犯罪。虽然有关预防网络霸凌项目的评估过少，以至于无法得出可靠结论，但是总体来说校园内的反霸凌项目还是有效的。官方资料显示，针对家庭暴力者的法庭干预措施在减少家暴再犯上是有效的，但是针对跨境走私的干预项目尚未有评估结论，因为相关研究数量太少。

青少年犯罪的相关结果要更为复杂。早期家庭与父母培训项目一般都能减少青少年的反社会行为和违法犯罪，辅导与自我控制项目的情况也是如此。但是父母的监禁式管理，传统青少年司法系统以及恐吓从善项目的效果不尽如人意。事实上，了解什么方法无效和了解什么方法有效同样重要。

犯罪矫治部分的情况也是喜忧参半。认知行为矫治项目对刑事犯和习惯性严重暴力青少年犯总体来说是有效的。非监禁刑罚在减少再犯率上一般比监禁刑罚更有效。但是，军事化矫正训练营和非监禁雇佣项目在降低再犯率上并无效果，针对刑罚的成本效益的严谨分析也很少，因此也无法获得可靠结论。

禁毒干预分册里很多种干预项目都效果显著。尤其是药物法庭、监禁式戒毒以及毒品替代品这三种。在阻断街头贩毒和减少毒品使用方面，问题导向型警务和广泛社区警务亦是有所作为。

## 结　语

本丛书（共五册）给我们提供了关于如何有效减少犯罪的宝贵信息，是基于广泛性整合证据的用以预防与控制犯罪策略的基石。

# 序言二

刘建宏

犯罪防控是一个重要的题目,我们社会若要长治久安就要做好对犯罪行为的预防和控制。那么,什么样的政策、措施或者项目,能够真正有效地预防、控制和减少犯罪呢? 只有充分依靠科学证据,建立科学的犯罪防控政策体系,才能更有效地达到这个目的。

## 一、现代犯罪防控政策体系需要建立在科学证据的基础之上

虽然世界各国政府每年都为控制犯罪而投入大量资金、制定各种刑事司法政策和干预项目,但长期以来,这些犯罪防控政策的制定和实施并没有要求将科学证据作为必不可少的基础,许多政策和项目的实际效果都没有经过严格的、科学的评估,一直到 20 世纪 90 年代中期,大部分实践活动仍然是由传统习惯、个人经验、教科书内

容和主观判断所主导①,这种情况显然不能完全适应犯罪防控的需要。犯罪学者和实务工作者认识到,要有效地控制犯罪,刑事司法政策和干预项目的设计和实施就必须建立在科学证据的基础之上②,并在近十年来形成了刑事司法政策科学化的思潮和运动,③逐步建立和完善以科学研究为基础的一整套刑事司法体系。

政策科学的发展,使得以量化分析为基础的政策分析得到了最引人注目的成长,逐渐从政策科学的一部分,成长为一个应用社会科学学科,强调使用现代科学技术和各种研究论证方法,产生与政策相关的信息,帮助政治组织解决政策问题④。政策分析强调对政策效果的评估,"是一种具有特定标准、方法和程序的专门研究活动",以政策效果为着眼点,"依据一定的标准和程序,对政策的效益、效率及价值进行判断",将相关信息"作为决定政策变化、政策改进和制定新政策的依据",其主要任务是对政策效果进行测量、评价,是决策科学化的重要基础⑤。

因此,在循证实践和政策科学的影响下,犯罪防控领域的评估研究得到了进一步的发展,理论基础不断完善,评估方法也不断科学化、规范化。宽泛的科学概念可以包括一切依靠事实和证据来做结论的活动和成果。我们所讲的实践是检验真理的标准,在精神上就属于这种科学概念。但狭义的"科学"二字,通常是指经验科学。经验科学指的是以可观察、可感知的事实为基础建立的认识,科学事实是指以科学的方法系统地收集严格、可靠的经验事实。以科学为基础的管理政策就是指以经验科学研究为基础建立起来的政策。实现犯罪防控政策科学化的一个主要途径就是建立和完善以经验科学研究为基础的一套犯罪防控体系,它包括科学研究基础上形成的观点、理论和政策,以及实施这些政策的具体项目。这套体系依靠可靠性日益提高的数据,严格程度日益提高的分析技术,对政策项目的科学评估,作出正确的政策决定,即达到对犯罪防控的科学管理。

---

① Sherman, Lawrence W. (1999). *Evidence-based Policing, in Ideas in American Policing*, Washington, DC: Police Foundation.

② Sherman, L. W., Farrington, D. P., Welsh, B. C., & MacKenzie, D. L. (2002). *Evidence-basedcrime prevention*. New York, NY: Routledge.

③ Myers, D.L.& Spraitz, J.D.(2011).Evidence-Based Crime Policy: Enhancing Effectiveness Through Research and Evaluation.Criminal Justice Policy Review,22:135-139.

④ 陈振明:《政策科学:公共政策分析导论》,中国人民大学出版社2003年版,第2—16页。

⑤ 陈振明:《政策科学:公共政策分析导论》,中国人民大学出版社2003年版,第10—11页。

# 二、西方国家的经验:从前科学、准科学到科学

## (一) 曼海姆的科学阶段理论

西方国家的犯罪防控政策,也经历了一个科学化的过程。对 18 世纪晚期以来的犯罪学研究如何划分阶段或时期,犯罪学家们有不同的看法。对西方犯罪学史发展阶段的划分,最有代表性的观点可能是德国出生的英国犯罪学家赫尔曼·曼海姆(Hermann Mannheim)(1889—1974)提出来的。曼海姆认为,过去 200 多年间犯罪学研究的历史发展,可以大致划分为三个阶段:

1. 前科学阶段。前科学阶段(the pre-scientific stage),既没有系统阐述假设,也没有检验假设。人们并没有试图公正地解决他们所遇到的问题,没有研究他们所发现的事实,这并不意味着那时的一些探讨是无价值的。相反,尽管 18 世纪和 19 世纪上半期的大部分刑罚学文献属于前科学阶段的范围,但是,我们现在的刑罚制度中的人道主义进步,在很大程度上应归功于前科学阶段的努力。

2. 准科学阶段。准科学阶段(the semi-scientific stage)从 19 世纪中期开始。在这个阶段,提出了大量明确的或含糊的假设,但是,许多假设过于宽泛和模棱两可,以至于经不起精确的检验。而且,在这一阶段,也没有可以使用的公认的科学检验手段。

3. 科学阶段。科学阶段(the scientific stage),来源于某个一般性理论的假设,必须通过正确使用一种或几种普遍承认的方法检验,其结果应当得到无偏见的解释和验证。如果有必要的话,应当根据研究结果修改最初的假设,形成新的假设。在科学阶段,并不排斥使用直觉方法,但是,"我们的直觉必须接受检验"。如果说迄今为止概括出来的所有要求在科学阶段都已经实现了,那是不可能的,只能是一种理想。

## (二) 前科学、准科学与科学的划分标准

如果要判断某个国家的犯罪防控体系所处的科学阶段,需要对前科学、准科学与科学的划分标准进行明确。前科学、准科学与科学的区别,主要在以下几点:

1. 是否以证据/经验证据为基础不同,科学化以证据/经验证据为基础;

2. 使用的经验证据质量不同,科学使用的经验证据质量和严格程度远远高于前

科学或准科学；

3. 证据系统性有别,科学证据的系统性强于前科学、准科学；

4. 存在着科学基础上的差别,科学研究以实证的、观察的经验为基础。

### (三) 科学犯罪防控政策体系的四个层次

按照前述的科学概念,一个学科从理论层面上升到有关政策层面通常要经历科学发展的三个阶段。现代的或者说科学的犯罪防控政策体系,包含四个层次：

第一个层次是观点层次。主导的观点或者大部分人认同的观点可能成为对犯罪问题的基本理解,影响其他各层次的犯罪防控政策的建设和执行。

第二个层次是与犯罪防控有关的法律法规。包括刑事法律法规和在特定历史时期为处理某一特定犯罪问题通过的特殊法案或者单行法规。

第三个层次是犯罪防控机构的行政设置及其建立的各种政策。这些行政设置可以是在中央设立的,也可以是在地方设立的。一些发达国家往往会就某一特定问题通过单行法案,并拨付相应的预算,设立相应的行政机构来执行这些法案。

第四个层次是政策项目层次。政策通常是通过具体项目来体现的,项目的概念可以很宽泛,可以是很大的项目,也可以是很具体的小项目,在西方往往用"program"这个概念来表示。这些体系有些是建立在比较充分的科学研究基础之上的,而更多的是在政治及其他方面考虑的基础上建立的。

这个体系中第一层次中的观点和理论方针可以是来自科学理论研究的结果,其他几个政策层次可以是来自于以科学评估为核心的研究活动。科学研究可以成为犯罪防控理论政策和实践的科学基础。

## 三、科学证据的层次：萃取技术与康拜尔合作组织

犯罪防控政策的科学化,强调通过科学的研究方法对政策实践进行评估,并使用科学方法所产生的科学证据来指导实践[1]。那么,什么样的证据才算是科学的呢?

---

① Sherman, Lawrence W., "Evidence-based Policing" in Ideas in American Policing, Washington, DC: Police Foundation, 1999.

**（一）层次的划分**

不同方法所产生的证据,其效力也是不同的。RCT 所产生的证据属于效力最高的级别(即所谓的"金标准"),准实验研究、问卷调查、定性研究获得的证据效力次之[1]。

| 证据级别由低到高 | | | |
|---|---|---|---|
| 定性研究 | 问卷调查 | 准实验研究 | RCT |

在评估研究所采用的各种方法中,RCT 所产生的数据之所以被视为最高等级的科学证据,是因为 RCT 相对其他实验方法而言,具有最稳定的内部效度(Internal Validity),能够最为客观、清晰地展现犯罪防控措施或干预项目的影响。[2] 在评估犯罪防控措施或干预项目的效果时,如果一个评估研究难以解释这些措施或项目到底能否引起受试者的变化,例如在戒毒矫治项目效果评估中,即使大部分受试者都能减少毒品的使用量或使用频率,但研究者并不能确定到底是干预项目起了作用,还是受试者本来上瘾程度就不深或在接受矫治前就已经准备戒毒,那么这个研究的内部效度就比较低,因为它无法排除是否有其他因素影响了结果的产生;反过来讲,如果这个评估研究能够确保、证明,受试者的戒毒效果是由干预项目这一单一因素引起的,那么它就具有较高的内部效度。一般 RCT 之所以具有最稳定的内部效度,是因为其在控制了年龄、性别等变量的情况下,将参加实验的被试者随机分配到实验组和对照组,确保实验组和对照组的人员构成和各种特征都比较一致,再对实验组实施干预项目,由于实验组和对照组的人员都是随机分配的,具有同质性,因此当实验组在接受干预项目之后出现任何变化,研究者都可以确认,这些变化一定是由干预项目所造

① Farrington, David P.1983.Randomized Experiments on Crime and Justice.In *Crime and Justice:An Annual Review of Research*.Vol.4, ed. Michael Tonry and Norval Morris.Chicago: University of Chicago Press.Eileen Gambrill. Evidence-Based Practice and Policy:Choices Ahead. *Research on Social Work Practice*, 2006.Sackett, D.L., Straus, S.E., Richardson, W.S., Rosenberg, W.& Haynes, R.B., Evidence-based medicine, how to practice and teach EBM. New York: Churchill Livingstone. Gray, M., Plath, D.& Webb, S.A., Evidence-Based Social Work. Routledge: New York, 2009. Marston, G.& Watts, R., Tampering with evidence:a critical appraisal of evidence-based policy-making, The Drawing Board:An Australian Review of Public Affairs, 2003.

② Farrington, D.P., D.C.Gottfredson, L.W.Sherman, and B.C.Welsh.2002.The Maryland scientific methods scale.In *Evidence-based crime prevention*, edited by L.W.Sherman, D.P.Farrington, B.C.Welsh, and D.L.MacKenzie, 13–21.London:Routledge.

成,而不会是其他因素所造成的。[1]

## (二) 元分析

要对某项犯罪防控政策的有效性进行评价,如果仅仅依靠一两个评估研究的科学证据,可能并不足够,因为其他评估研究可能会有不同的结论,甚至不同研究者分别针对同一个主题所进行的不同评估研究也可能产生不同的结论;因此,为了进一步提高科学证据的效力(同时也是进一步提高犯罪防控政策的科学化水平),需要对关于同一个主题的评估研究报告进行系统的元分析。

按照传统的文献综述方式,研究者不使用定量技术,而是根据个人的思辨结果对所搜集的文献资料进行分析总结,因此可能会受到个人偏见的影响[2];为了改善这一问题,可以使用定量分析技术的元分析。但其也存在着问题和局限,例如其主要依赖统计显著性来对评估研究报告的结果进行筛选和评价,但由于社会服务领域,以及刑事司法领域的评估研究往往在 RCT 中使用比较小的标本数量,因此很多具有实际效力的小样本评估研究结果可能被排除、被忽略,从而影响最终结果的可靠性和科学性。

## (三) 系统综述

为了改善这些问题,可以进一步采用系统综述的方法;系统综述是一种全新的文献综述方式,使用严格的方法对某一主题的所有评估研究报告进行定位、分析、综合合成,将数据综合成一个整体,以得出可靠的结论,具有如下特征:明确的目的,明确的筛选标准,筛选文献时应当避免潜在的偏见,必须列明被排除的文献清单,尽量获取与主题有关的所有文献,使用定量分析方法对文献的数据进行合成(包含或不包含元分析均可),最终的系统综述报告必须具备固定的结构和撰写方式[3]。必须明确的是,系统综述并不等同于元分析,前者可以包含后者,但后者并不代表前者。严格按照规定程序和方法完成的系统综述,能够为评价犯罪防控政策的有效性提供当前最可靠、最完整的科学证据[4]。

---

① David Weisburd, Lorraine Mazerolle & Anthony Petrosino, The Academy of Experimental Criminology: Advancing Randomized Trials in Crime and JusticeDavid Weisburd, Cynthia M. Lum & Anthony Petrosino, Does research design affect study outcomes in criminal justice? in ROBERT PEARSON(Ed), The Annals by The American Academy of Political and Social Science. Sage Publications, 2455 Teller Road, Thousand Oaks, CA. 2001.

② Cooper, Harris C. and Larry V. Hedges, eds. 1994. The Handbook of Research Synthesis. New York: Russell Sage.

③ Farrington, David P. and Anthony Petrosino. 2001. The Campbell Collaboration Crime and Justice Group. Annals of the American Academy of Political and Social Science 578:35–49.

④ Petrosino A, Boruch RF, Soydan H, Duggan L, Sanchezp-meca J. (2001). Meeting the Challenges of Evidence-based Policy: The Compbell Collaboration, in ROBERT PEARSON(Ed), The Annals by The American Academy of Political and Social Science. Sage Publications, 2455 Teller Road, Thousand Oaks, CA.

### （四）康拜尔国际合作组织

在评估研究发展过程中,系统综述作为一种新的评估工具,得到了越来越广泛的应用,同时也发挥了越来越重要的作用。而康拜尔合作组织的成立,则是评估研究以及犯罪防控政策科学化发展进程中的一个里程碑事件,通过系统评估的方法,进一步提高了评估研究的科学性[1]。康拜尔合作组织是一个由跨国学者组成的研究组织,下设教育、刑事司法和社会福利三个领导委员会,其目的是筹备、推动、产生社会科学方面,包括教育学、刑事司法学、社会福利学三个领域的系统综述研究报告,为各国学者或机构的研究和决策提供参考。

康拜尔合作组织的建立,要追溯到 Cochrane 国际合作组织的成立和成就。在英国卫生部的支持下,Cochrane 国际合作组织于 1993 年正式成立,致力于为全球医务工作者提供关于对医学领域各种医疗干预措施有效性进行评价的系统综述报告,并迅速在全球医学研究和医疗实践领域取得了巨大成功。研究显示,Cochrane 国际合作组织所产生的系统综述报告,其质量和效力要高于其他研究组织或研究系统所产生的系统综述报告,更是远远高于通常发表在医学期刊上的元分析论文,被认为是关于医疗干预措施有效性评价的最可靠的证据来源;Cochrane 国际合作组织(简称 C1)的成功,促使各国学者决定成立康拜尔合作组织(简称 C2),仿照 Cochrane 国际合作组织的运作方式,为教育、刑事司法和社会福利领域的研究者和实务工作者提供系统综述报告[2]。

康拜尔合作组织的刑事司法领导委员会,专司负责与刑事司法政策和犯罪防控项目有关的系统综述报告的产生和维护,主要目的是对犯罪防控政策及干预项目的有效性进行科学评价、提供科学证据,其研究范围涵盖犯罪防控领域的各个主要课题,着重对与这些课题有关的干预项目的有效性进行系统综述,包括:恢复性司法,父母教育项目,儿童技能培训,少年犯宵禁令,少年行军营(对未成年犯或未成年行为偏差人员集中进行军事化训练),电子监禁,针对犯罪人员的认知行为项目,针对监狱服刑人员的宗教信仰项目,刑期长短对重新犯罪率的影响,社区服务令,针对精神病患者的矫治,闭路监控系统,街道照明项目,邻里守望项目,高危地带警务项目,戒

---

[1] Farrington, David P. and Anthony Petrosino.2001.The Campbell Collaboration Crime and Justice Group.*Annals of the American Academy of Political and Social Science* 578:35-49.

[2] Petrosino A, Boruch RF, Soydan H, Duggan L, Sanchezp-meca J.(2001).Meeting the Challenges of Evidence-based Policy: The Compbell Collaboration, in ROBERT PEARSON(Ed), The Annals by The American Academy of Political and Social Science.Sage Publications,2455 Teller Road,Thousand Oaks,CA.

毒矫治,等等①。

## 四、中国的现状和发展方向

### (一) 中国犯罪防控政策体系的现状

在我国,过去几十年来,特别是自改革开放三十多年来,犯罪问题与犯罪率,特别是青少年犯罪,出现了较为明显的增加,日益成为政府和广大公众关注的重要问题。中国的犯罪防控和犯罪学取得了长足发展,犯罪防控领域的理论和实践都取得了重要的成就。我国政府也已建立了自己的犯罪防控体系:

1. 在观点层次上,国家确定了社会治安综合治理的方针。可以说,我国犯罪防控政策框架主要是以社会治安综合治理这个基本方针为中心的政策体系,这个政策框架首先包含着中央政府对犯罪防控的基本指导思想。中共中央 1979 年 8 月在批转中央宣传部、教育部、文化部、公安部、国家劳动总局、全国总工会、共青团中央、全国妇联等 8 个单位《关于提请全党重视解决青少年违法犯罪问题的报告》时明确指出,解决青少年的违法犯罪问题,必须实行党委领导,全党动员,依靠学校、工厂、机关、部门、街道、农村社队等城乡基层组织和全社会的力量。绝不能就事论事,孤立对待,而应当同加快经济发展,加强思想政治工作,健全民主与法制,搞好党风、民风,狠抓青少年教育等工作结合进行。这是最早见于中央文件中的有关对社会治安问题实行综合治理的指导思想。

社会治安综合治理,是指在党和政府的领导下,依靠国家政权、社会团体和广大人民群众的力量,各部门协调一致,齐抓共管,运用政治、经济、行政、法律、文化、教育等多种手段,整治社会治安,打击犯罪和预防犯罪,保障社会稳定,防止被害,为我国社会主义现代化建设和改革开放创造良好的社会环境。

2. 法律、法规层面,1991 年 3 月 2 日,第七届全国人大常委会第十八次会议通过了《全国人大常委会关于加强社会治安综合治理的决定》。

3. 犯罪防控组织机构,例如中央、各地专门设立综治委等机构,并进一步颁布了各种具体政策,领导、组织各种具体项目的实施,形成了一个具有相当规模的犯罪防

---

① Farrington, David P. and Anthony Petrosino. 2001. The Campbell Collaboration Crime and Justice Group. *Annals of the American Academy of Political and Social Science* 578:35-49.

控体系。

4. 在政策项目层次上,从中央至地方多年来提出了很多政策项目,如打击犯罪、预防犯罪、矫治罪犯、刑事司法过程、社区参与、化解矛盾冲突、情景犯罪预防。具体实施的政策项目,大到多部门治理,小到具体的犯罪干预项目。

**（二）当前中国犯罪防控政策体系所面临的困难和问题**

我国学者也对犯罪治理政策做了大量研究。如研究对政府理论观点的形成等,这些对政策的制定也都有着重要的影响。我国学者也对主要的政策项目做了一些有价值的评估研究。但是,我国犯罪防控政策体系仍面临着一些问题与挑战,在社会基本稳定的大前提下,大量不安定的风险因素和社会矛盾普遍存在。

1. 刑事案件仍在上升。随着经济社会发展、改革开放深入、市场化深化,有关犯罪防控的社会管理任务十分艰巨,除了传统类型的犯罪和治安案件仍在持续上升,一些特别严重的犯罪问题也对我们提出重大挑战,例如不断发展的有组织犯罪问题、毒品犯罪问题、拐卖妇女儿童犯罪问题等,发展趋势都相当严峻。从警务战略的角度看,如何以有限的警务资源有效地应对这些挑战,不断总结经验,提出创新,发展出有效果又有效益的各种政策项目,维护好社会治安,保证国家经济建设、人民生活安定,我们面临十分艰巨的任务。

2. 中国综合治理犯罪框架下,公安机关是犯罪防控的领导力量和中坚力量。几十年来,公安部门设计并执行的犯罪防控政策及项目,主要就是"严打"。"严打"是依法从重从快严厉打击刑事犯罪分子活动的简略表述,是为解决一定时期中突出的社会治安问题而依法进行的打击严重刑事犯罪的活动。1983 年 9 月,全国人大常委会通过了两个决定,即《全国人民代表大会常务委员会关于严惩严重危害社会治安的犯罪分子的决定》和《全国人民代表大会常务委员会关于迅速审判严重危害社会治安的犯罪分子的程序的决定》,这两个决定为"严打"活动提供了合法的依据。第一个决定体现出"从严",而第二个决定表现的是"从快"。

从 1983 年 8 月上旬开始到 1984 年 7 月,各地公安机关迅速开展严厉打击刑事犯罪活动的第一战。迟志强就是这次战役中最著名的一个案例。"严打"虽严,却反弹很快。在 1983 年到 1987 年第一次"严打"期间,刑事犯罪确实得到了抑制,"严打"期间,从各类报道中不仅可以看到各种公共场所治安良好,连女工上下夜班、女学生下晚自习也不再需要家人接送了。但是,在"严打"后,刑事案件的立案数一下子由 1987 年的 57 万件上升到 1988 年的 83 万件——三年多的"严打"并没有达到预期的长效目标。严打政策项目、严打刑事犯罪使犯罪在一定程度上得以抑制,但也受到很多批评,很多学者,包括政府和学界普遍认为"严打"并不能达到社会控制的长效目的。与此同时犯罪学并不被社会广泛了解。与临近学科例如法律相比较,犯罪学家的社会地位并不高。

3. 科学程度不足。我国犯罪率不高,在警务项目方面可以说是成功的,平时也讲犯罪防控效果的客观性、真实性,那么中国的犯罪防控政策有没有科学化? 够不够科学化? 由谁来决定是否科学化? 用什么方法评估科学化程度? 科学的犯罪防控政策要讲证据,而大多数中国的犯罪学理论是没有以经验研究为基础的。学者刘晓梅指出,中国从理论、经验和实践上都没有科学化。中国的政策和项目基本没有科学的评估,而是领导人(层)的意志决定一切。比如中国的犯罪率在一定时期内发生变化,呈现下降趋势,能不能想当然地认为国家施行的犯罪防控政策在起作用,也许是人的素质普遍提高等其他因素对犯罪率产生了影响。没有进行评估,无法轻率地得出任何结论。当前中国某些犯罪防控政策是新瓶装旧酒,虎头蛇尾,评估结果不一定权威,评估方法不够科学。

**(三) 未来的发展方向**

科学的犯罪防控政策体系,其实是科学研究与实践工作的结合。在此过程中,犯罪学研究起着重要的作用。犯罪学是一门学问,只有不断发展才能保证它的成功。

1. 犯罪学的资源。犯罪学领域中的关键概念之一是资源。因为我国资源不足,所以在世界各国影响力有限。资源就是力量,资源左右影响力的分配,反之亦然。另外,我们需要财务资源来保障科学研究顺利进行,我们需要政治资源影响政府的决策,我们需要社会资源创造并提高犯罪学的影响和认可度。

2. 犯罪学的需求。我国是否存在发展犯罪学的需求? 答案是肯定的。城市化不仅仅带来了高度发达的物质文明,也带来日益繁重的犯罪问题。那么,谁需要犯罪学知识呢? 政府是最为传统的消费者。政府在制定法规政策,改进警务机构,推动司法改革等方面,是非常需要高水平的、专业化的犯罪学知识作为参考的,这将大大有益于社会科学化管理水平的提升。除此之外,非公共领域当中,对犯罪学的需求也是不可忽视的。随着城市建设的扩张,城市新兴社区正在不断形成。为了社区安定,需要构建新型的社区治安保障体系。这种体系建设需要大量的犯罪防控知识作为支撑。比如,在情景预防犯罪理论的指导下,在建设城市公共设施和居民住宅的过程中,应该在考虑建筑布局和工作人员设置与职责安排时,将安全与犯罪防控也作为重要的考量要素。因此,在犯罪学的市场中,政府是最关键的因素,而非官方组织是另一个主要市场。私营企业有犯罪预防和安全的需要,社区、学校、家庭以及个人也有犯罪预防和安全的需要。

3. 犯罪学的科研产品。犯罪学领域还有一个关键概念是科研产品,也就是犯罪学的供给。为了生存并取得成功,我国犯罪学必须拿出高质量的研究成果来满足市场的需求。政府方面犯罪学的研究成果包括法律法规、政策、项目策划、咨询服务。非官方组织方面犯罪学的研究成果有犯罪防治、安全措施、社会项目等。在理论领域里通行的做法是依靠严格的经验验证来建立理论,这其中包括以严格的科学方法系统地收集证据、资料,通过使用各种经验方法进行验证,包括使用统计模型和计算来检验理论在观察层面上的假设是否成立。政策领域中,核心的科学活动就是对现实存在中的政策和政策项目进行评估,并以评估提供的证据为基础调整、改善或放弃已有的政策,从而实现科学的管理。

4. 供给和需求组成的市场。犯罪学共同体的主要使命是提供专业水平的知识产品,而这种产品的使用价值取决于它是否能够满足公共或非公共领域的犯罪防控与社会安全需求。这种需求与犯罪共同体的供给共同组成了我国犯罪学的市场。资源和影响力在市场中进行分配。市场占有率决定一个组织的影响力,犯罪学也不例外。市场能够左右专业群体的社会阶层划分并且决定他们的影响力。市场的这个作用是客观的,犯罪学家更无法控制。为了提高犯罪学的影响力,我们要尊重市场的需求。以市场作为犯罪学发展的支点,意味着要用竞争机制来启动犯罪学的学术航路。市场占有率决定组织影响力,左右专业阶层的划分,但是,市场的本意是要尊重和满足各种特定的需求,而这种需求的存在,是我国犯罪学进一步拓展和深化发展的基础。

在社会管理向科学化方向发展的今天,犯罪学的建设和刑事政策的制定与实施应遵循科学的轨道。在市场化竞争机制的指引下,融合了实业家精神的中国犯罪学,必将迎来蓬勃发展的未来。

# 五、本丛书简介

综上所述,建立在科学证据基础上的犯罪防控政策和项目,将能更加有效地预防、减少犯罪行为。评估研究以犯罪防控政策的有效性作为研究对象,以实验方法为主要研究方法,为犯罪防控政策的制定和实施提供了极为有力的科学证据[①],使得犯

---

① Brandon C. Welsh and David P. Farrington. (2001). Toward an Evidence-Based Approach to Preventing Crime, in ROBERT PEARSON(Ed), The Annals by The American Academy of Political and Social Science. Sage Publications, 2455 Teller Road, Thousand Oaks, CA.

罪防控政策体系逐渐向科学化的方向发展,即在科学证据的基础上,对犯罪防控政策进行科学决策,并确保其得到有效实施。

高层次的科学证据,主要来自于 RCT,Meta-analysis 和 Systematic Review。康拜尔合作组织是这方面的领头羊,其刑事司法委员会所完成的元分析和系统综述研究,涵盖了警察、矫正、吸毒和预防犯罪领域,代表了该领域的最高成果。我们选译了康拜尔合作组织的若干元分析和系统综述报告,编成 5 卷,分别为《警务工作评估系统回顾研究》、《犯罪干预与预防评估系统回顾研究》、《青少年犯罪评估系统回顾研究》、《犯罪矫治评估系统回顾研究》和《禁毒干预评估系统回顾研究》,以期为国内学界及实务界提供参考,共同推进我国犯罪防控政策体系的科学化。

《警务工作评估系统回顾研究》包括 11 篇研究报告,分别对"犯罪热点警务"项目、反恐战略、控制枪支犯罪项目、家庭暴力应对项目、警察压力管理项目等警务项目的效果进行了系统综述。

《犯罪干预与预防评估系统回顾研究》包括 8 篇研究报告,分别对街道照明项目、闭路电视项目、邻里守望项目、家庭暴力罪犯治疗项目、恢复性司法等预防干预项目或措施的效果进行了系统综述。

《青少年犯罪评估系统回顾研究》包括 7 篇研究报告,分别对家庭/家长培训项目、儿童自我控制干预项目、父母监禁对子女心理行为的影响等内容进行了系统的综述和评估。

《犯罪矫治评估系统回顾研究》包括 7 篇研究报告,分别对认知行为治疗、监禁与非监禁刑罚、矫正训练营、就业项目对重新犯罪率的影响进行了系统综述。

《禁毒干预评估系统回顾研究》包括 5 篇研究报告,分别对监狱里的戒毒项目、药物法庭、替代矫治项目、动机式晤谈法的效果进行了系统综述。

# 目　　录

序言一（英文版）　David P. Farrington/ 1

序言一（中文版）　大卫·法林顿/ 10

序言二　刘建宏/ 16


**热点警务对于犯罪的影响　/1**

　　The Effects of Hot Spots Policing on Crime

　　*作者*：Anthony Braga，Andrew Papachristos，David Hureau

　　*译者*：许诺　核定：张金武　张彦


**论反恐策略的效力　/31**

　　The Effectiveness of Counter-Terrorism Strategies

　　*作者*：Cynthia Lum，Leslie W.Kennedy，Alison J.Sherley

　　*译者*：李小芽　核定：张金武　张彦　叶嘉茵

"杠杆型"集中威慑策略对犯罪的影响　/62

The Effects of "Pulling Levers" Focussed Deterrence Strategies on Crime

作者：Anthony A.Braga and Davie L.Weisburd

译者：李玉都　朱耀云　核定：张金武　张彦


警务活动的合法性　/90

Legitimacy in Policing

作者：Lorraine Mazerolle, Sarah Bennett, Jacqueline Davis, Elise Sargeant and Matthew Manning

译者：陈璇　核定：张金武　张彦


地点警务中的犯罪空间转移和利益扩散　/140

Spatial Displacement and Diffusion of Benefits among Geographically Focussed Policing Initiatives

作者：Kate Bowers, Shane Johnson, Rob T.Guerette, Lucia Summers and Suzanne Poynton

译者：夏一巍　核定：张金武　张彦


DNA 检验在刑事侦查上对犯罪人识别、逮捕、定罪以及破案率的作用　/191

Use of DNA testing in Police Investigative Work for Increasing Offender Identification, Arrest, Conviction, and Case Clearance

作者：David B.Wilson, David Weisburd, David McClure

译者：张盖　核定：张金武　张彦


侦查讯问的方法及其对供述的效果　/211

Interview and Interrogation Methods and their Effects on True and False Confessions

作者：Christian A.Meissner, Allison D.Redlich, Sujeeta Bhatt, Susan Brandon

译者：张彦　核定：张金武　张彦


压力管理项目对现任及新招录警察的影响　/239

The Effects of Stress Management Interventions among Police Officers and Recruits

作者：George T.Patterson，Irene W.Chung，Philip G.Swan

译者：叶嘉茵　核定：张金武　张彦

家庭暴力二次回应项目对加害人再犯之影响　／263

Effects of Second Responder Programs on Repeat Incidents of Family Abuse

作者：Robert C.Davis，David Weisburd，Bruce Taylor

译者：蒋安丽　核定：张金武　张彦　叶嘉茵

问题导向警务对于犯罪和社会失序的影响　／278

The Effects of Problem-oriented Policing on Crime and Disorder

作者：David Weisburd，Cody W.Telep，Joshua C.Hinkle，John E.Eck

译者：张金武　李小芽　核定：张金武　张彦　叶嘉茵

警方打击非法持有和携带武器的策略：对涉枪犯罪的作用　／302

Police Strategies to Reduce Illegal Possession and Carrying of Firearms：Effects on Gun Crime

作者：Christopher S.Koper，Evan Mayo-Wilson

译者：张金武　郭燕　核定：张金武　张彦

# 热点警务对于犯罪的影响

## The Effects of Hot Spots Policing on Crime

作者:Anthony Braga,Andrew Papachristos,David Hureau

译者:许诺　核定:张金武　张彦

## 内容概要

最近几年,学者和从业者们指出,在犯罪高发地区实施的干预项目存在着潜在的效益。很大一部分的研究表明,在范围较小的地点(或者称为"热点")聚集了大量的犯罪活动,这些犯罪地滋生了将近一半的犯罪案件。许多研究人员争论到,如果警察将他们的注意力集中到这些不正常的犯罪地,那么许多犯罪问题能够得到更为有效地控制,并呼吁将有限的资源投入到少部分的犯罪高发地段。如果我们能够阻止这些热点地区的犯罪活动,就可以减少社会的整个犯罪活动。

本研究的目标是,评估在犯罪热点中通过集中警力来采用犯罪干预措施的有效性。这份综述同样检查在指定位置的集中警察行动所产生的犯罪控制好处,是否会导致犯罪的位移(比如,犯罪活动沿着街角移动)或者是扩散(比如,犯罪活动在周边区域的减少)。

在 15 个在线摘要数据库中进行关键词的检索。通过检阅过去的文献目录来检查警察的犯罪控制计划的效力。搜索之前引用过基础的热点警务研究的文章。检索已经完成的康拜尔系统性综述中警察犯罪预防工作的文献目录。手工检索在此领域中领先的杂志。请教此领域的专家并且获得相应的引用许可。

为了使这份综述符合条件,在控制犯罪热点中使用的干预机制仅限于警务工作。合适的警务工作包括传统的策略,比如直接巡逻、提高交通执法水平,以及可以替代的比如问题导向性和积极的骚乱应对警政模型。挑选利用了随机控制的实验和准实验的设计。分析的单位限制于犯罪热点或者犯罪高发地区,而非更广的区域,比如居民区。在每一项研究中,控制组的传统警察执法策略维持在日常水平。

包括 25 项热点警务干预的测试在内的 19 项研究得到了确认。这些研究都是公开发表的。在这 19 项研究中,10 项选择随机实验设计,剩下的 9 项选择准实验设计。为确定在这些符合条件的研究中犯罪预防的影响,本综述采用了元分析法。平均效应值的计算采用了随机效应模型。

在 25 项热点警务干预的测试中,20 项测试表明犯罪和骚乱问题有显著地减少。元分析的关键则表明,结果的测定显示了一个数值较小但却具有统计学意义的平均效应值。它支持热点警务在治理的地区内减少公民报警频率方面所起的作用。虽然这个作用比随机设计得小,但是仍然具有统计学意义。当将转移和扩散的影响考虑在内时,意想不到的犯罪预防作用便和热点联系在了一起。

这项研究的评估程度提供了相当有说服力的证据,表明热点警务是一种有效的犯罪预防策略。研究同样显示将警力集中在犯罪高发地区并不必然导致犯罪转移,并且犯罪控制的成效有可能往目标区域的周边迅速扩散。

# 1. 背　景

近几年,犯罪学者和从事犯罪学研究的人们指出,在某些犯罪高发地区实施犯罪控制项目具有特别的效益。许多的研究表明,犯罪在城市的地理范围上并非平均分布的,在某些小范围的区域(或者称为"热点")内聚集了大量的犯罪活动,这些热点地区滋生了半数的犯罪案件(Pierce et al.,1988;Sherman, Gartin and Buerger,1989;Weisburd et al.,1992)。即使在犯罪最猖獗的城市,其中一些区域内仍然保持相对的零犯罪率,也就是大部分犯罪行为都集中在某些小的区域里(Sherman, Gartin and Buerger,1989)。许多学者认为,如果警察将警力集中在这些偏差地点,那么犯罪问题能够得到更为有效的控制(Sherman and Weisburd,1995;Weisburd and Green,1995a)。将有限的警力集中在小部分犯罪高发地段的呼吁是明确的,如果我们能够阻止这些热点的犯罪行为的发生,那么我们有可能减少整个社会犯罪率。

对警察局来说,热点警务已经成为一种十分流行的阻止犯罪的方式。一份近期的警察基金会的报告指出,拥有超过100名正式警官的70%的警局表示他们使用犯罪地图来确认犯罪热点(Weisburd et al.,2003)。许多警局表示他们拥有以一种非常精细的方式来管理和分析犯罪数据的能力。通过比如警务责任系统的管理创新使得警官对应用解决问题的策略来控制热点地区负有责任(Weisburd et al.,2003)。警察行政研究论坛(The Police Executive Research Forum)(2008)调查了176家美国警察局,调查结果表明将近90%的机构使用热点警务策略来应对暴力犯罪,并且这些机构经常通过部署解决问题的策略来处理暴力犯罪热点。

新的研究证据表明比如直接巡逻、积极逮捕和问题导向警务等集中警力的干预措施,都能够对高犯罪的热点产生显著的犯罪预防成效(Braga,2008;Eck,1997,2002;Weisburd and Eck,2004)。事实上,美国国家研究委员会在回顾针对警察的政策和实践的研究时总结到,"立足于将集中的警力投放到犯罪热点的研究为警察效率提供了最有力的集体证据;这些研究现在具备了利用价值"(Skogan and Frydl,2004,p.250)。然而,对基于场所的干预措施有偏见的评论者则指责到,热点警务策略会导致犯罪转移——罪犯转移到没有受到警察干预保护的地区(Reppetto,1976)。现有的有效证据表明,热点警务干预措施更加倾向于导致犯罪控制的效益向周边地区扩散,而非造成犯罪转移(Braga and Weisburd,2010;Weisburd et al.,2006)。

不同于大部分的警务创新,它们一般都基于提高警察运作和管理的有效性,热点警务的出现可以直接追溯到犯罪学中新兴的理论观点,这些观点指明地区在理解犯罪中的重要性。在犯罪控制政策中考虑基于场所的策略始于一些研究,它们表明社区里的犯罪存在着微观的差异。针对社区里犯罪分布的差异性的观察已经有一段时间了(Hawley,1944;Shaw and Mckay,1942;Werthman and Piliavin,1967);然而,直到最近,几乎没有研究对这种差异进行超出社区层面的分析。伴随着强大的计算机系统和程序包的出现,许多研究显示城市里超过半数的犯罪集中在社区里一些易产生犯罪的地区(Pierce et al.,1988;Sherman,Gartin and Buerger,1989)。而且,由 Taylor 和 Gottfredson(1986)开展的研究表明,有确凿的证据将这些差异和一个社区中特殊的街区和多样的住所具备的物理性、社会性的特点连接起来。在针对犯罪类别的研究中报道,这些社区里的犯罪包括贩卖毒品(Weisburd and Green,1994)、入室盗窃(Pease,1991)、抢劫(Hunter and Jeffrey,1992)和汽车偷窃(Clarke and Harris,1992)。

　　除了观察犯罪活动的集群效应的研究,在回顾研究文献的过程中,Eck 和 Weisburd(1995)确认了四种理论概念来说明地区在犯罪中的角色。第一种设施,比如酒吧、教堂和公寓大楼等。研究已经证明,根据所吸引人的类型、空间管理方式或者是可能的犯罪控制者的出现(比如主人、保安或者警察),这些设施在他们的直接环境中影响犯罪率。场地特征,比如简易入口、缺少保护者、错误的管理以及可利用物品的出现等因素都影响着罪犯关于犯罪地的选择。关于罪犯流动性的研究指出,罪犯搜索目标的行为受到罪犯的个人特点(比如性别、年龄、种族、经验和犯罪类型)和犯罪目标分布的影响。罪犯流动模式自然发展。基于目标选择的研究设想,罪犯根据预测可承受的危险和回报范围来寻找犯罪地(比如,位于富人区的郊区住宅)。这些地区是通过罪犯有意地搜寻和日常的合法途径找到的。

　　关于地区犯罪活动的研究受到三种互补理论的影响和支持,它们分别是理性选择理论、日常活动理论和环境犯罪学理论。理性选择理论假设"罪犯设法通过犯罪行为为自己获利;其包括作出决定和选择,然而有时在初始阶段时,这些选择和过程会受到时间、罪犯的认知能力、相关信息的实用性等因素的限制,从而使得罪犯表现出有限的而非合理的行为"(Cornish and Clarke,1987,p.933)。这个观点结合日常活动理论经常被用来解释犯罪活动中的犯罪行为(Clarke and Felson,1993)。日常活动理论假定,在缺少一位有能力的守护者的情况下,当一个很可能犯罪的人在空间和时间上遇到一个合适的目标(例如,受害者或者财产),那么犯罪行为自然发生(Cohen and Felson,1979)。当理性的罪犯在日常活动中遇到犯罪机会时,他们会作出是否行动的决定。因此,设想如果通过对引起犯罪机会的情况进行有效的控制,从而阻止被害者和罪犯在空间和时间上的会合,那么警察能够减少犯罪。

　　环境犯罪学理论探讨犯罪目标、罪犯和犯罪机会在时间和空间上的分布与相互作用;由于理性的罪犯在他们的日常活动中会遇到因地区特征而产生的犯罪机会,因此理解这些地区属性是十分重要的(Brantingham,1991)。虽然这个理论主要涉及实用的犯罪预防,但是 Weisburd 和他的同事们(1992,p.48)指出"环境犯罪学的基础贡献在于,它呼吁将研究的主体从犯罪主体转向犯罪地"。一个犯罪地的属性被视为解释犯罪活动集群效应的关键。例如,一幢被遗弃建筑的一个昏暗街角,坐落在一条要道的附近,这些都为毒品市场提供了一个理想的选址。适当照明的缺少,废弃建筑物周围大量的藏匿地点,要道上稳定的潜在客户流量以及非正式社会控制①(所谓的防御性所有权)的缺少等都为毒贩提供了诱人的机会。在许多的贩毒案件中,警方虽然花费了大量的时间和精力逮捕毒贩,但是却没有对毒品贸易产生显而易见的影响。地区引人注目的犯罪机会吸引到买卖双方,从而维持了市场的运行。如果警察希望提高摧毁贩毒市场的效能,那么环境犯罪学理论建议警方将注意力集中到,导致毒品买卖产生的特殊地区特征上(Green,1996)。环境犯罪学理论是对传统犯罪学理论的彻底背离,因为传统犯罪学提倡将预防犯罪的精力投放在个体上并且忽视了犯罪地的重要性(Weisburd,1997;Sherman,Gartin and Buerger,1989)。

事实上,警察很早就意识到犯罪地在犯罪问题中的重要性。警察知道负责区内那些容易成为犯罪热点的位置,并且对区域内的潜在犯罪信号十分敏感。正如 Bitter(1970,p.90)在他的警务工作传统研究中指出,一些警官知道"哪些商店、仓库、饭店、酒店、学校、操场和其他公共区域是正常状态,以至于他们能够一眼就辨认出这些地方是否有异常"。警方对于热点的常规处置包括高强度巡逻、呈上升趋势的逮捕和调查。直到最近,警方的犯罪预防策略也没有系统性地集中于犯罪热点。同时,他们也没有试图挖掘导致高犯罪率的潜在条件。

利用热点警务来预防犯罪的广泛应用保证了持续检查关于控制犯罪的实验性证据的好处。针对先前完稿的"热点警务对犯罪的作用"的系统性综述,这份文件提供了它的最新版本(Braga,2001,2005,2007)。

## 2. 目 标

这份综述将会综合现有的"关于集中警力预防犯罪的干预措施对高犯罪率地区的影响"的文献,包括已出版和未出版的经验实例。同时,将会提供一份针对预防价值的系统性评估报告。这份综述同样也会检验,在特定位置的集中警察行动是否会

①  非正式控制是社会控制的一种,它是指通过道德、习俗、习惯等对人们的社会行为进行指导和约束。

导致犯罪的转移或者是犯罪控制效益的扩散。

# 3. 方　法

为了与系统性综述方法文献所建立的传统保持一致,这份综述的完成步骤以及符合条件研究的选择标准都将在下面介绍。

## 3.1　入选和淘汰标准

### 3.1.1　研究类型

在符合条件的研究中,接受热点警务干预的犯罪地点将与接受传统警察的日常服务水平(即常规水平的巡逻和专门调查等)的犯罪地点进行比较。对照组的研究必须是实验性的或者是准实验性的而非随机化的(Campbell and Stanley,1966;Cook and Campbell,1979)。

### 3.1.2　区域类型

研究主体是犯罪热点或是高犯罪活动"地区"。正如 Eck(1997:7—1)所说,"一个地区是一个非常小的范围,它保留了狭窄的功能范围,并且经常受单个拥有者的控制,它独立于周边的区域……例如包括商店、住宅、公寓大楼、街角、地铁站和飞机场。"所有研究主体的大小小于一个社区的研究都将被考虑在内。在回顾文献的过程中加以上述条件限制,是为了保证筛选出来的研究是评估警察策略的。这些策略集中应对市区中产生不成比例犯罪率的少部分地区。

正如早前所述,热点警务是理论发展的自然产物,它提倡重视聚集犯罪的特定地区是预防犯罪的关键。在社区层面所采用的警察干预措施,是不可能集中于特定的小范围的,而犯罪热点仅包含一个或几个街区。如果在更广的地域对象内明确采用了热点警务策略,那么这份综述将包括其所进行的准实验设计(比如治安区和人口普查街区)。例如,堪萨斯州枪支项目的准实验,对增强枪支热点的枪支缴获力度进行了评估(Sherman and Rogan,1995a)。

综述对用于识别热点的研究方法也进行了回顾。不同的热点类型会对干预机制作出不同的反应。因此,综述必须灵敏地区别出不同的热点识别方法,因为它们会影响干预机制的有效性。

### 3.1.3　干预类型

为了符合条件,控制犯罪热点的干预机制仅限于警方主导的犯罪干预措施。合理的警察执法力度包括传统策略，比如直接巡逻和高水平交通执法；也包括替代策略，比如主动管理骚乱问题和问题导向警务（Goldstein，1990）。研究警察严打行动计划的论文也在考虑范围内（Sherman，1990）。尽管如此，只有集中于特定地区的严打行动计划才在综述中得以体现。在这些计划中，对于犯罪热点的持续关注必须是计划的特点，不管它是一系列接二连三的严打行动还是通过其他途径来维持目标区域的秩序（比如，额外增补的直接巡逻）。这种入选标准保证了只有类似于正规的热点警务计划的严打计划才在考虑范围内。

### 3.1.4 结果判定措施的类型

符合条件的研究必须从官方的犯罪记录水平（比如犯罪事件报告数量、公民紧急救助次数以及逮捕数据）来判定警察干预措施的影响。其他结果判定措施比如问卷调查、采访、对社会秩序混乱（比如无业游民、公开饮酒和教唆卖淫等现象）的系统性观察，对社会功能失衡（比如随处可见的废弃物、人为破坏的窗户、涂鸦、被遗弃的房屋和空地）的系统性观察等。同时也对用来判定热点警务计划有效性的被害人情况进行整理和归纳。

判定犯罪转移效果和犯罪控制效益扩散效果的研究，得到了特别的关注。如前所述，由于造成了犯罪转移，集中于特定范围的警务策略遭到了批判（Reppetto，1976）。最近，学者表示犯罪预防工作有可能得出与犯罪转移完全相反的结果——犯罪控制效益高于预期，且"溢入"目标区域之外的地区（Clarke and Weisburd，1994）。对用来判定转移效果、扩散效果以及转移类型（空间上的、暂时性的、目标和作案手段）的研究方法的特性，进行评定。基于对早期热点警务实验（Weisburd and Green，1995；Braga et al.，1999）的了解，与之前和之后的测验比较，我们预期大部分犯罪转移和扩散效果的分析处于官方犯罪数据的附近。

### 3.2 检索策略

为了使用穷举搜索来找到符合标准的文献，研究利用了许多策略。第一，在一批网上抽象数据库中进行关键词检索（请看下面的关键词和数据库列表）。第二，对过去检验警察犯罪控制计划有效性的实证研究的一系列参考文献进行回顾（Braga，2008；Eck and Maguire，2000；Sherman，1997，2002；Skogan and Frydl，2004；Weisburd and Eck，2004）。第三，向前搜索所有引用了开创性热点警务研究的文献（Braga et al.，1999；Sherman et al.，1989；Sherman and Weisburd，1995；Sherman and Rogan，1995a；Weisburd and Green，1995a）。第四，回顾过往已完成的康拜尔警察犯罪预防工作系统性综述的参考文献（Mazerolle et al.，2007；Weisburd et al.，2008；Bowers et al.，

2010）。第五,手动检索在此领域内的主要期刊①。这些工作都在 2010 年 10 月和 2011 年 1 月之间完成。因此,综述只包括了 2010 年及其之前出版的研究。第六,在完成了上述检索和回顾文献(之后会提到)的工作后,在 2011 年 1 月,我们将符合条件的研究列表发给了在热点警务策略领域享誉盛名的犯罪学和刑事司法学学者。这 83 位学者分别是研究列表上至少 1 项研究的作者、参与国家科学院关于警察研究审查的人员和其他著名学者。这些学者的参与有助于查漏补缺,因为他们能够向我们推荐错过的,尤其是未出版的研究。最后,一位信息专家会在初始阶段和关键时期参与研究,以保证筛选符合条件的研究方法得当有效②。

以下 15 类数据库都参与了检索工作:

1. 刑事司法期刊索引

2. 社会学摘要

3. 社会科学摘要

4. 社会科学引文索引

5. 人文艺术搜索

6. 刑事司法摘要

7. 美国刑事司法参考文献服务(NCJRS)摘要

8. 教育资源信息收集库(ERIC)

9. 法律信息索引

10. 学位论文摘要

11. 政府出版办公室,月刊目录(GPO,月刊)

12. 谷歌学者

13. 网上计算机图书馆中心(OCLC)优先搜索

14. CINCH 数据搜索

15. C2 SPECTR(康拜尔出版社社会、心理、教育和犯罪学实验注册)

以下短语都在上述 15 个数据库的检索中有所运用:

1. 热点和警察

2. 犯罪地和警察

---

① 这些期刊分别是:《犯罪学》《犯罪学和公共政策》《司法季刊》《犯罪和少年犯罪研究期刊》《刑事司法期刊》《警政实践和研究》《英国犯罪学期刊》《定量犯罪学研究杂志》《犯罪与少年犯罪》《刑法和犯罪学》《警察和社会》。手动检索的文献出版时间:1979—2010 年。

② 来自美国罗格斯大学刑事司法学校戈特佛雷森图书馆的菲利斯·舒尔策女士进行了初始的抽象研究,且成为全程检索策略的顾问。罗莎琳·贝克氏,一位罗格斯大学刑事司法学校的博士研究生,同样也参与到了检索工作中。

3. 犯罪集群和警察

4. 犯罪转移

5. 地点导向性警政

6. 犯罪高发地区和警察

7. 犯罪高发位置和警察

8. 目标警政

9. 直接巡逻

10. 严打

11. 执法失效

### 3.3　编码目录细节

所有符合条件的研究都将根据一系列的标准进行编码：

1. 参考文献信息（题目、作者、出版社等）

2. 地点、问题等选择的类别描述

3. 对照组或者对照周期的选择类别和描述

4. 分析单位

5. 样本大小

6. 研究方法（随机化实验或准实验）

7. 对热点警务干预措施的描述

8. 干预强度和类型

9. 应用难点

10. 统计检验方法

11. 统计显著性差异报告（如果出现）

12. 效应值（如果有效果）

13. 作者得出的结论

三位作者独立地对每一项研究进行了编码。针对存在差异的研究，三位作者则共同对研究进行回顾从而得出最终的编码决定。

### 3.4　统计步骤和规范

本文中所有的结果分析方法都是一致和统一的，适当的时候也采用定量分析方法。我们采用元分析法确定效果的大小和方向，且基于效应值和样本大小的差异来判断效应值（Lipsey and Wilson，2001）。在文章中，我们采用了标准平均差效应值（也称为科恩差异值；Rosenthal，1994）。在每一项研究中公开的标准平均差效应值都是由 David Wilson 所创建的效应值计算器(可在康拜尔出版社的官网上找到)计算得出的。效应值的测量采用了贝朗的综合元分析版本2.2。针对每一项研究结果的效应值的计算方法将在元分析部分进行描述。

### 3.4.1 确认独立的研究结果

在刑事司法领域开展元分析存在的一个问题是,调查者经常不会主动地将调查结果进行排序。这种现象在社会科学研究中是很常见的,作者们经常视实践为要求步骤且会公开所有相关的实验结论。例如,美国泽西市毒品市场计划分析实验呈现了包括暴力、财产、骚乱和请求使用毒品帮助等一系列的结果(Weisburd and Green,1995a)。然而,缺少对调查结果的排序引出了如何获得总体干预效果的问题。例如,作者只公开了一项重要调查结论,则可能反映出作者集中于这一重点结论而忽略了其他没有那么重要的结论。但是一般情况下,作者视多样化结论的出现为确定干预措施有效的一种方法。当结论之间差异较小且不会影响到特定结论间比较的误差率时,这种方法是有效的。

研究采用了三种研究方法。第一种是保守的。我们为每一项研究(综合了研究的结论)计算出了一个平均效应值。第二种是将公开发表的最大效应值设置为这篇综述效应值的上限。值得注意的是,在公开发表的研究中不止有一个结论,因此,最有效的结论能够反映出作者认可其为最直接的干预效果的心态。这在泽西市毒品市场分析计划实验中得以真实体现,虽然结论很多,但是实验最终表明,当遇到骚乱控制时将重点放在街面毒品市场是最有效的(Weisburd and Green,1995a)。

最后每一项研究的最小效果都会得到分析。这是最保守也是最有可能低估热点警务计划效果的方法。在此主要是为综述结论提供最低门槛。

### 3.5 定性研究的处理

在此综述中,关于犯罪和骚乱问题的定性研究不包括在内。作者希望定性研究能够在将来有助于综述的更新工作,并且能够采用综合定性评价方法。

# 4. 结 论

## 4.1 研究的选择

经过检索形成了潜在研究大量的引文和摘要,必须对它们进行严格筛选来确定研究是否符合标准(Farrington and Petrosino,2001)。经过筛选留下了比原先少得多的研究。通过 11 个关键词和 15 个数据库,检索产生了 4315 个独立摘要。以实验或准实验对热点警务干预措施的评估为标准,作者对 4315 个摘要的内容进行了回顾。从中选出了 13 个独立摘要进行进一步的审查,且对其摘要来源的公开报告、杂志和书籍都进行了评定,以确定其干预措施是否包括热点地区,其研究使用了随机对照实验设计或是非随机化的准实验设计。最终,本文确定了 19 项研究并将其归纳在内。

1. 美国明尼阿波利斯市重复报案地址(RECAP)计划(Sherman,Buerger,and Gartin,1989)

2. 纽约战术毒品团队(Sviridoff,Sadd,Curtis,and Grinc,1992)

3. 美国圣路易斯市三个毒品市场位置的问题导向警务研究(Hope,1994)

4. 美国明尼阿波利斯市热点区域巡逻计划(Sherman and Weisburd,1995)

5. 美国泽西市毒品市场分析计划(DMAP)(Weisburd and Green,1995a)

6. 美国堪萨斯市枪支项目(Sherman and Rogan,1995a)

7. 美国堪萨斯市警察突击搜查破旧房屋计划(Sherman and Rogan,1995a)

8. 澳大利亚宾利地区报警电话项目(刑事司法委员会,1998)

9. 美国泽西市暴力地区采用问题导向警务计划(Braga,Weisburd,Waring,Green Mazerolle,Spelman,and Gajewski,1999)

10. 美国休斯敦市目标打击计划(Caeti,1999)

11. 美国奥克兰战胜健康计划(Mazerolle,Price,and Roehl,2000)

12. 美国匹兹堡警察搜查酒吧计划(Cohen,Gorr,and Singh,2003)

13. 恐怖袭击后阿根廷布宜诺斯艾利斯警察驻扎研究(Ditella and Schargrodsky,2004)

14. 美国费城摧毁街角毒品犯罪计划(Lawton,Taylor,and Luongo,2005)

15. 美国泽西市犯罪转移和扩散研究(Weisburd,Wyckoff,Ready,Eck,Hinkle,and Gajewski,2006)

16. 美国洛威尔市犯罪和骚乱热点整顿计划(Braga and Bond,2008)

17. 美国杰克逊维尔市警察暴力犯罪热点计划(Taylor,Koper,and Woods,2011)

18. 美国费城步行巡逻计划(Ratcliffe,Taniguchi,Groff,and Wood,2011)

19. 美国波士顿市安全街面队伍计划(Braga,Hureau,and Papachristos,2011)

**4.2　入选研究的特点**

表 1 展现了 19 项研究的基本特征。其中 17 项(89.5%)研究是在美国开展的。

一项研究是在澳大利亚开展的(Criminal Justice Comission,1998),另一项是在阿根廷开展的(Ditella and Schargrodsky,2004)。10 项研究(52.6%)是在人口位于 200000 和 500000 之间的中等城市完成的;7 项研究(36.8%)是在人口超过 500000 的大城市完成的;2 项研究是在人口低于 200000 的小城市完成的。四个城市被列为多样化热点警务效果评估的研究点。泽西市(NJ)是三项研究的开展地(Braga et al.,1999;Weisburd and Green,1995;Weisburd et al.,2006),明尼阿波利斯市(MN)(Sherman,Buerger and Gartin,1989;Sherman and Weisburd,1995)、堪萨斯市(MO)(Sherman and Rogan,1995a,1995b)和费城(Lawton et al.,2005;Ratcliffe et al.,2011)分别是两项研究的开展地。14 项研究出版在同行评审期刊上(73.7%),3 项是未出版的报告(15.8%),2 项是公开出版的报告(10.5%)。

在评定热点警务控制犯罪的作用时,10 项研究采用随机对照实验(52.6%),9 项采用准实验研究设计(47.4%)。19 项研究中有 5 项评定至少一种以上的热点警务干预措施。总而言之,19 项研究提供了 25 个独立的实验和准实验的热点警务效果测试。美国明尼阿波利斯重复报案地址(RECAP)实验分别评定了问题导向警务干预措施对住宅区和商业区的作用(Sherman,Buerger,and Gartin,1989)。通过两个分开的纽约警察局管辖区的准实验分析,维拉司法研究所单独评定了战术毒品团队对热点区域的作用(Sviridoff et al.,1992)。美国休斯敦市目标打击计划的准实验评定分别测试了问题导向警务、高可视性巡逻和零容忍政策对高犯罪地区热点的效果(Caeti,1999)。美国泽西市犯罪转移和扩散效果研究就问题导向警务对卖淫和贩毒热点的干预影响,分别开展了准实验(Weisburd et al.,2006)。最后,美国杰克逊维尔市警察暴力犯罪热点实验分别评定直接饱和巡逻和问题导向警务对暴力街面犯罪的影响(Taylor et al.,2011)。

在 25 项效果测试中,问题导向警务效果测试为 13 项(52%)。对加强巡逻和加大毒品打击力度的效果评定,各占 5 项测试(20%)。休斯敦市目标打击计划的准实验对零容忍政策①进行效果评定(Caeti,1999);堪萨斯市枪支计划的准实验对加大枪支搜查和扣押力度的效果进行评定(Sherman and Rogan,1995a)。17 项测试也包括分析,热点警务的干预措施是否会马上形成空间上的犯罪转移或犯罪控制效益扩散。

### 4.3 热点警务对犯罪的影响简要综述

这部分为热点警务的干预措施对犯罪的影响提供了简要叙述。

① "零容忍"是一项警务政策,它指执法人员不会容忍辖区内任何的无序现象,特别是扰乱公共秩序的行为,比如流浪行为、扰乱社会治安行为或拉客卖淫行为。

### 4.3.1 热点警务对犯罪的主要影响

值得一提的是,绝大多数的热点警务研究表明,相比较于对照区域,受到热点警务干预的地区犯罪控制收效明显。在这25项测试中,仅有5项没有得出热点警务对犯罪控制有显著的效果。这5项测试分别为明尼阿波利斯市 RECAP 的商业区犯罪控制测试(Sherman,Buerger and Gartin,1989)、纽约战术毒品团队在第70区的测试(Sviridoff et al.,1992)、澳大利亚宾利地区报警电话项目(刑事司法委员会,1998)、美国休斯敦市问题导向警务干预的目标打击计划(Caeti,1999)以及美国杰克逊维尔市直接巡逻干预计划(Taylor et al.,2011)。

最为显著的犯罪控制成效由三个准实验设计提出,分别是恐怖袭击后阿根廷布宜诺斯艾利斯警察驻扎研究(受保护区域的机动车盗窃案发率减少了75%;Ditella and Schargrodsky,2004),美国泽西市犯罪转移和扩散研究(毒品犯罪热点的贩毒活动减少了58%、卖淫嫖娼热点的卖淫活动减少了45%;Weisburd et al.,2006),以及美国堪萨斯市枪支项目(目标区域的枪支犯罪活动减少了49%;Sherman and Rogan,1995a)。随机对照实验通常得出效果更小的犯罪控制效益。美国堪萨斯市警察突击搜查破旧房屋计划测试得出最微弱的犯罪控制效益;相比较于对照区域,实验区域的报警数在两周的时间里出现了大幅度骤减(Sherman and Rogan,1995a)。

为了测验25项测试中犯罪减少效果的统计显著性,我们利用了二项分布(也称为符号检验)来处理数据(Blalock,1979)。这个简单的测验检验从一个成功和失败比例相同的样本中抽取成功的观察比例的概率。最终19项研究中80%表明犯罪控制具有显著效果。根据符号检验,这个结论具有统计显著性(精确的二项双侧概率=.0041)。

### 4.3.2 热点警务的犯罪转移和扩散影响

17项测试对集中警力是否和犯罪转移或犯罪控制效益扩散相关联进行了检验。在讨论研究结论之前,必须说明的是由于犯罪转移的潜在表象相当多样,因此准确地发现它的效果是很困难的。正如 Barr 和 Pease(1990,p.293)所提出的,"如果在现实中犯罪转移是彻底的,那么一些被取代的犯罪将会转移到其他地区,且由于背景的多样性其所研究的犯罪类型也会发生改变……除非通过大量研究否则不可能解决上述问题",扩散效果也难以评估。17项测试对犯罪转移和扩散效果的评估仅限于空间上的即刻效果;这是包括集中警力导致目标区域的犯罪活动"转移至街角"、目标区域的附近地区享受到意外的犯罪控制效益。

此篇综述的结论是犯罪控制效益的扩散比犯罪转移更加容易观察。仅3项测试表示检测到了实质性空间上的犯罪转移即刻效果。这 3 项测试分别是圣路易斯市三个毒品市场位置的问题导向警务研究（Hope，1994）、杰克逊维尔市警察暴力犯罪热点计划（Taylor et al.，2011）和费城步行巡逻计划（Ratcliffe et al.，2011）。然而也有 8 项测试表明犯罪扩散可能与集中警力干预有联系。这些测试表明存在统计上显著的犯罪扩散效果，它们分别是美国泽西市毒品市场分析计划（DMAP）（Weisburd and Green，1995a）、堪萨斯市枪支项目（Sherman and Rogan，1995a）、美国休斯敦市目标打击计划（两个测试：实施零容忍政策和问题导向警务的周边地区；Caeti，1999）、美国奥克兰战胜健康计划（Mazerolle et al.，2000）、美国费城摧毁街角毒品犯罪计划（Lawton et al.，2005）和美国泽西市犯罪转移和扩散研究（两个测试：卖淫嫖娼热点和毒品犯罪热点的周边缓冲区域；Weisburd et al.，2006）。

正如我们对主要效果的简单评定，我们利用符号检验来确定热点警务干预策略是否产生了统计上显著的即刻空间犯罪转移效果。其中 14 项测试（82.4%）表明未检测到显著的犯罪活动转移（从目标热点区域转向周边地区）。根据符号检验，这个结论具有统计显著性（准确的二项分布的双侧概率=.0127）。

### 4.3.3 研究的实施过程

大部分符合条件的热点警务研究似乎都实现了预期的犯罪干预效果。然而，其中有 7 项研究（19 项研究的 36.8%）报告了对干预效果完整性的潜在威胁。明尼阿波利斯市 RECAP 实验表明，与对照组的商业区比较，接受问题导向警务策略的实验组商业区在报警率方面没有显著性差异（Sherman，Buerger，and Gartin，1989）。得出这个结论的原因可能是 RECAP 单位接到了太多的案件任务，从而导致警察对每个报案地址的关注度低于预期（Buerger，1993）。此外，简单的随机化设计使得一些高报案率地址也归入了实验组；这导致了实验组和对照组之间的高可变性和低统计说服力。虽然总的结论表明 RECAP 计划在防止犯罪方面并不有效，但是一起个案分析结果显示，许多地址的报案率有大幅减少（Buerger，1992，pp.1-6、113-139、327-331）。

美国维拉司法研究所在对纽约战术毒品团队的测评中注意到，干预并未在其中的一个实验区内实施（Sviridoff et al.，1992）。在第 67 区，20%的战术毒品团队队员被重新分配参与到另外一个警局计划中。因此，第 67 区的逮捕率低于平均水平，且与第 70 区比较，队员们对目标毒品犯罪热点的统一巡逻的持续时长也有所缩短。

由于夏季月份的高报案率和因假期而造成的警力不足，明尼阿波利斯市的热点区域巡逻计划（Sherman and Weisburd，1995，pp.638-639）不得不中断。这个情况又因为秋季报警系统的计算机化而变得更为复杂。利用不同时间段的干预区别对实验结果进行独立分析,很好地解决了报警系统的变化以及夏季月份实验组和对照组之间巡逻时长差异的消失所带来的问题。

美国泽西市毒品市场分析计划(DMAP)(Weisburd and Green,1995a,p.721)和美国泽西市暴力地区采用问题导向警务计划(Braga,1997,pp.107-142)的报告中列举了当地犯罪干预效果遭受市民破坏的威胁情况。负责防止这些热点区域发生犯罪的警察抵制参与计划,从而导致早期两个计划的低干预效果。

为了补救上述情形,在泽西市 DMAP 实验中,实验人员向缉毒队的指挥官提供了一份详细的行动时间表,且将实验时长从 12 个月延长至 15 个月。在泽西市 POP实验中,实验人员采用的手段是更换 POP 单位的领导层、建立实施问责制、提供额外的问题导向警务方法培训以及其他细小的改变。

美国休斯敦市目标打击计划则报告到,由同一个分局管理的三个"高见警率"巡逻区有警察抵制参与计划(Caeti,1999)。然而,对这项计划的评估报告表明其对公开犯罪的可能后果做了充足的考虑。在泽西市犯罪转移和扩散研究中,集中的警力起先被安排在三个犯罪热点中;不幸的是,警察基金会研究小组发现在入室盗窃的犯罪热点中没有投入足够的警力,所以在测评范围中排除了此热点(Weisburd et al.,2006)。

当然,在这些热点警务实验和准实验中出现的实施问题并非是唯一的,许多著名的刑事司法领域的实验都经历过且成功地化解了方法论方面的难题①。同样值得重视的是,在这些合格的研究中没有任何一项留意到了问题磨损的情况。由于实验中的分析对象均为地区,所以有可能减弱了以人物为分析对象出现的常见磨损现象。

## 4.4 热点警务对犯罪的影响的多元分析

我们的多元分析仅针对于 19 项合格研究中的 16 项。其中的 2 项研究,美国圣路易斯市三个毒品市场位置的问题导向警务研究(Hope,1994)和澳大利亚宾利地区报警电话项目(刑事司法委员会,1998)没有提供计算实验效应值的必要信息。美国休斯敦市(得克萨斯州)目标打击计划(Caeti,1999)没有使用正确的统计方法来评估计划效果,因此无法计算出准确的实验效应值。在这 16 项研究中,我们可以计算出

---

① 具有里程碑意义的美国堪萨斯市预防性巡逻实验,在正确实施之前已经中断过三次;实验中的巡逻警官没有重视对照组和实验组区域的界限范围(Kelling et al.,1974)。同样,美国明尼阿波利斯市配偶虐待实验也遭遇了同样的困境。在实验中,由于警察选择特定的对象进行逮捕从而使得实验失去随机性。最后实验被改为了准实验设计(Berk,Smyth and Sherman,1988)。

20个测试的主效应值和13个犯罪转移和扩散的效应值。

　　研究中所计算出的效应值总不是最直观的,因此我们的目标是将所有观察到的效应值转化为同一种标准平均差效应值的度量标准。没有一项研究计算出了标准效应值,事实上,有些时候从已出版的文献中提取到精确的效应值度量标准是有一定困难的。这反映出在犯罪和司法领域更为普遍的“报告有效性”问题(Farrington,2006;Losel and Koferl,1989)。这个问题在近期关于报告有效性研究的文献回顾中有所记载(Perry and Johnson,2008;Perry et al.,2010)。

　　如前所述,David Wilson的效应值计算器是用来计算所有合格研究中标准平均差效应值的。至于明尼阿波利斯市RECAP,我们利用卡方检验分别比较RECAP和目标地区在实施干预手段前后的报警率差异。根据对泽西市DMAP实验报警率的方差齐性检验(F tests)的双因素方差分析以及对匹兹堡警察搜查酒吧准实验1月至6月实验效果的OLS(普通最小二乘法)参数估计所得的假设几率(p-values)节点,我们计算出准确的假设几率。至于堪萨斯市枪支项目、费城摧毁街角毒品犯罪计划、泽西市犯罪转移和扩散研究和恐怖袭击后阿根廷布宜诺斯艾利斯警察驻扎研究,基于干预变量对结果变量的影响的t检验结论,我们计算出标准平均差效应值[1]。针对其余的研究,基于实验组和对照组实验前后的犯罪控制结论,我们计算它们的比值比(odds ratios);根据Farrington et al.,(2007)的方法,我们计算出比值比的变量。

　　效应值的元分析结果支持了热点警务策略的有效性($p<.001$)。然而,这些研究的总体效应值大小为.184;它将会被认为是一个数值较小的平均效应值(Cohen,1988)。

　　17项测试的结果指出效应值更倾向于实验条件。其中,堪萨斯枪支准实验设计(.866)、费城摧毁街角毒品犯罪准实验设计(.855)和恐怖袭击后阿根廷布宜诺斯艾利斯警察驻扎准实验设计(.617)得出了最具有统计显著性的效应值,而明尼阿波利斯市热点区域巡逻实验(.061)得出的效应值最不具有统计显著性。对于最大效应值的元分析,总体标准平均差效应值的大小是适中的(.278),且其统计显著性位于$p<.05$水平。对于最小效应值的元分析,总体标准平均差效应值的大小是较小的(.155),且其统计显著性位于$p<.05$水平。热点警务计划结果具备统计显著性($p<.05$),其正平均效应值大小分别为毒品犯罪(.249)、暴力犯罪(.175)、扰乱社会秩序行为(.151)。同样,热点警务计划对财产犯罪也有控制作用,只是效果相对微弱

———————————

①　如果研究报告中无法找到t检验结论,那么我们是通过区分标准误差的系数来计算这些数据的。

（.084），且其统计显著性位于更低的水平（p<.10）。

鉴于区别随机对照实验和准实验设计研究之间研究方法差异的重要性，我们同样将研究设计作为一个调节变量进行了检查。检查结果与前人的结论是一致的，即较不严密的实验设计更倾向于得出更有效的结论（Weisburd et al.,2001;Welsh et al.,2011），而相对于随机对照实验（.116,p<.05）、准实验设计（.325,p<.05）和更大的组内效应值有关。

### 4.4.1　犯罪转移和扩散效果的元分析

我们将犯罪转移和扩散效果作为单分布（从不利影响到有利影响）的两个方面，并对其进行分析。由于 Q 统计量的显著性在 p<.05 水平（Q=184.021,df=19,p<0.000），基于不均匀分布的效应值大小，我们利用随机效应模型估算总体的平均效应值。元分析结果表明热点警务策略（p<.001）产生了微弱但却具有统计显著性的总体有利的犯罪扩散效果（.104）。

9 项测试的结果表明扩散效果优于转移效果。其中美国费城摧毁街角毒品犯罪准实验设计（.580）、泽西市犯罪转移和扩散准实验设计（卖淫嫖娼地的缓冲区=.395;毒品犯罪地的缓冲区=.124）、奥克兰战胜健康实验（.160）、美国泽西市暴力地区采用问题导向警务准实验设计（.049）、洛威尔市犯罪和骚乱热点整顿实验（.013）和美国波士顿市安全街面队伍准实验设计（.009）等实验显示具有统计显著性的扩散效果。4 项测试的结果表明转移效果优于扩散效果。只有费城步行巡逻实验得出了具有统计显著性的犯罪转移效果（-.057）。两种元分析结果都表明犯罪转移效果优于扩散效果。对于最大效应值的元分析，总体标准平均差效应值是较小的（.136），其统计显著性位于 p<.05 水平。对于最小效应值的元分析，总体标准平均差效应值同样也较小（.071），其统计显著性位于 p<.05 水平。我们也检查了研究的设计对转移和扩散效应值的影响。与我们对主要影响的分析一致，相对于随机对照实验设计（.049,p<.05），准实验设计和更大的组内扩散效应值有关（.140,p<.05）。

### 4.4.2　作为调节效应值的计划类型

本综述记录了热点警务计划采用了问题导向警务、集中毒品执法、加强巡逻强度、加大枪支搜查和扣押以及零容忍警务等手段来控制高犯罪活动地区。问题导向警务计划尝试改变导致热点重复发生犯罪的根本条件（Goldstein,1990）。其他的热点警务干预措施提高了特定区域的传统警务活动强度，以通过普遍威慑作用和增加逮捕的风险来预防犯罪。当然，在问题导向警务和提高强度的传统警务活动计划的执法过程中肯定存在着一些交叉。然而，在解决高犯罪活动地区的犯罪问题时，这两种计划类型的侧重点存在着根本性差异。

调节变量有助于解释和理解研究结果的差异性。在整个总体元分析中,计划的类型可以是有影响的调节变量。我们的元分析结果表明问题导向警务的(.232,p<.000)总体效应值是提高强度的传统警务的(.113,p<.000)两倍。这里值得注意的是,在犯罪结果类组下,研究警务模式的次类组占相对较小的一部分;这些研究影响着评估精度且增大了置信区间的宽度。在暴力犯罪、财产犯罪和毒品犯罪三类犯罪中,两种不同的警务模式在95%的置信区间内有重叠。这表明次类组的平均效应值有可能不一样。然而对于所有犯罪分类来说,问题导向警务模式生成的平均效应值大于提高强度的传统警务模式。最为显著的差异在财产犯罪(问题导向型警务生成了具有统计显著性的平均效应值,而传统警务模式没有)和扰乱社会秩序违法行为(95%的置信区间内无重叠)中有所体现。

最后,我们也对这两种警务模式产生的犯罪转移和扩散作用进行了检查。在对照组和实验组的周围区域,相比较于传统警务,问题导向警务计划产生了较小,但具有统计显著性的犯罪控制效益扩散作用(.093,p<.05)。虽然传统警务也有作用,但并不十分明显。

### 4.4.3 发表偏倚

发表偏倚是对任何研究综述的巨大挑战。康拜尔综述,例如本篇综述,在减少发表偏倚上做足了工作。事实是本篇综述中入选的19篇研究论文中有3篇是未发表的。Wilson 在2009年的时候更是竭力主张在发表和未发表的研究中几乎不存在方法学质量差异,这意味着搜索"灰色文献"的重要性。我们烦琐的搜索步骤、信息检索专家的指导以及大批警务研究学者的参与等都使得遗漏相关未发表的研究成为不可能。

我们利用剪补法(trim-and-fill)(Duval and Tweedie,2000)来估计结尾数据的影响。例如发表偏倚对元分析结果的影响。在不存在发表偏倚的情况下,诊断漏斗图中平均效应值的漏斗图应当是对称的。如果不对称,那么剪补法会将缺失的研究添加到分析中,从而重新计算平均效应值。

目测最终的漏斗图发现,大部分具有较高效应值和标准误差的研究在均数右侧比左侧有更多的不对称。剪补法确认两项研究应当划入计算范围以生成对称性。这些研究只是轻微地改变了平均效应值的估算。利用随机效应模型,平均随机效应从0.184(95% CI = 0.115,0.252)降到0.164(95% CI = 0.095,0.233)。事实上,95%置信区间的大量重叠表明前后平均效应值并无多大改变。

# 5. 结　论

系统性综述的结论支持"在高犯罪活动地区,集中警力可以有效预防犯罪"的主张(Braga,2008;Eck,1997,2002;Skogan and Frydl,2004;Weisburd and Eck,2004)。我们在19项符合条件的研究中确认了25项测试,其中80%测试表明与对照组比较,受到热点警务干预的实验组有显著的犯罪控制效益。元分析的关键结果显示一个较小但具有统计显著性的平均效应值,它认可热点警务在实验组中产生的犯罪减少效果。现存的调查研究看起来为热点警务的有效性提供了强有力的证明。

由于本篇综述处于最终的定稿阶段,因此,三个新的、未发表的热点警务随机控制实验也已经完成。这三个实验都说明热点警务有显著的犯罪控制效益,这更能提高综述的证明力[①]。

由于数据限制,现今的技术发展水平主要着重于理解犯罪是否仅简单地转移到了其他地区(Braga,2008;Weisburd and Green,1995b)。由于犯罪转移的表现形式的多样化,因此对于一些实验者来说,要创造缺少犯罪转移效果的条件根本不可能(Barr and Pease,1990)。在这篇综述中,17项研究测量了即刻空间犯罪转移和扩散效果。对犯罪转移的测量很受限制且预期之外的犯罪预防效果更有可能与热点警务计划有关联。对热点警务目标区域周围进行元分析的关键结果测量表显示,存在一个数值较小但有统计显著性的平均效应值,它表明犯罪控制的扩散效果优于犯罪转移效果。这鼓舞人心的结果说明,对高犯罪活动地区加强警力不会必然导致犯罪转移,而且犯罪控制的效果可能即刻扩散到目标区域的周围(Bowers et al.,2011)。

19项研究中的10项研究使用了随机控制实验来评价热点警务对犯罪的效果。

---

① Cody Telep,Renee Mitchell 和 David Weisburd 三人在加利福尼亚州的萨克拉门托市完成了一项热点警务巡逻实验。他们发现无论是实验组(警察随机地在热点地区进行15分钟的巡逻)还是对照组,由于干预措施的实行,两组地区的报警率都表现出显著地下降。David Weisburd 和警察基金会的同事开展了一项包含车辆自动定位(Automated Vehicle Locator, AVL)技术的热点警务巡逻实验,结果表明 AVL 知识提高了巡逻的数量且逐周地减少了犯罪率。Barak Ariel 和 Lawrence Sherman 在伦敦的地铁站随机地安排了一个或者两个警察巡逻半个热点范围(在炎热的时间段,巡逻站台的警察每1小时更换一组;15分钟为一班,每组四换)。实验的初步结论显示实验组的治安案件和刑事案件的报警率均低于对照组25个百分点。

当考虑将研究设计作为效应值的一个调节变量时,与随机控制实验对比,元分析结果表明准实验设计会产生较大的总体效应值。当准实验设计研究中的偏倚不太明确时(e.g.Campbell and Boruch,1975;Wilkinson 和特遣部队的统计推理,1999),近期对犯罪和司法方面的文献回顾表明不严密的研究设计会产生更为积极的研究结果(e.g. Weisburd,Lum,and Petrosino,2001;Welsh et al.,2011)。这并不意味着非实验设计的研究就不是高质量的,只是强调有证据说明在刑事司法领域,与随机对照实验形成对比的是非实验设计的研究有可能夸大研究结果。

除了考虑这些热点警务计划的犯罪预防价值,我们需要了解社区对于警察加强执法力度的反应。根据公民对警务正当性的认知,传统的警察效力研究很少关注警务实践的效果(Tyler,2000,2001)。警察执法力度的集中是否会导致公民质疑警务实践的公平性?正如堪萨斯市枪支准实验中的一些证据表明,受到热点警务计划干预的地区的居民欢迎警察加大对犯罪地区的执法力度(Shaw,1995)。在洛威尔市犯罪和骚乱热点整顿实验中,一些社区成员注意到提高的见警率并且实验也对当地社会治安产生了预期的控制效果(Braga and Bond,2009)。泽西市暴力地区采用问题导向警务实验也得出了相似的结论,即社区成员经常觉察到集中警力来解决问题改善了热点的社会秩序(Braga,1997)。

然而在纽约,因为造成公民对警察滥用武力和失职行为投诉率的增加,过激的集中警力执法策略遭到了批判(Greene,1999)。Rosenbaum(2006)警告到热点警务容易转化为零容忍政策和不加选择的激进战术而离间警察和社区之间的关系。一项关于逆反系统副作用的评价表明(在此特指费城摧毁街角毒品犯罪计划),警察主观能动性的调动导致逮捕案件剧增从而造成逃犯数量的显著增多。这些都为当地司法系统带来了压力(Goldkamp and Vilcica,2008)。在刑事司法系统中,通过提高占绝大多数的低收入少数种族的涉案率,由特殊的热点警务策略而产生的短期犯罪控制收益会破坏特定街坊之间的长期安定状态。热点警务正当性的潜在冲突,有可能依靠于策略类型和热点影响的环境。不管冲突是什么,我们需要对热点警务模式对社区的影响有更多了解。

在本篇综述中,我们得出的结论为当与提高强度的传统警务模式相比时,问题导向警务干预模式会产生更大的总体效应值。当逮捕犯罪嫌疑人依然是警察执法的重要策略以及警察控制犯罪热点的必要条件时,调节位置特点和动态变化似乎能产生更大及更长久的犯罪预防效益(Braga and Weisburd,2010)。我们坚信问题导向警务模式在建立犯罪热点的重复犯罪问题应急机制上有很好的前景。虽然让警察机构实施"理想版"的热点警务是困难的,但是我们相信即使是简单的解决问题也能够增强热点的犯罪预防效果。为减少警察对激进的执法策略的依赖,采用不同形式的犯罪预防策略对警民关系也可能产生正面效果。

## 6. 更新综述的下一步计划

为与康拜尔合作指导方针一致,我们计划每五年更新一次综述。

## 7. 致 谢

综述早期工作的部分资金来源于史密斯·理查德森基金会(Smith Richardson Foundation)和美国国家科学院(the U.S.National Academy of Sciences)。在此特别鸣谢 David Wilson 先生,他为元分析的完成提供了数据分析支持。我们同样想感谢罗格斯大学刑事司法图书馆的 Phyllis Schultze、Rosalyn Bocker 和 Deborah Braga。他们为搜索和确认符合条件的研究或实验提供了巨大帮助。David Weisburd,Larry Sherman,Mark Lipsey,Anthony Ptrosino, Brandon Welsh, Charlotte Gill, Cynthia Lum 和 David Farrington 同样值得感谢。他们为早期文献回顾工作提出了十分有价值的建议。最后,我们想感谢 David Weisburd,Josh Hinkle 和 Cody Telep 同我们分享他们问题导向型警务的系统综述数据,以及 Bruce Taylor,Christopher Koper 和 David Woods 同我们分享他们热点警务随机控制实验。

## 8. 图 表

表1　符合条件要求的热点警务评价特点

| Characteristics | | N | Percent |
|---|---|---|---|
| Evaluation country, N =19 | United States | 17 | 89.5 |
| | Argentina | 1 | 5.3 |
| | Australia | 1 | 5.3 |

续表

| Characteristics | | N | Percent |
|---|---|---|---|
| City population, N=19 | Small (< 200,000 residents) | 2 | 10.6 |
| | Medium (200,000-500,000 residents) | 10 | 52.6 |
| | Large (> 500,000 residents) | 7 | 36.8 |
| Evaluation type, N=19 | Randomized controlled trial | 10 | 52.6 |
| | Quasi-experimental design | 9 | 47.4 |
| Publication type, N=19 | Peer-reviewed journal | 14 | 73.7 |
| | Unpublished report | 3 | 15.8 |
| | Published report | 2 | 10.5 |
| Intervention type, N=25 | Problem-oriented policing | 13 | 52 |
| | Increased patrol (foot or car) | 5 | 20 |
| | Drug enforcement operations | 5 | 20 |
| | Increased gun searches and seizures | 1 | 4 |
| | Zero-tolerance policing | 1 | 4 |
| Displacement / diffusion measurement, N=25 | Did measure displacement / diffusion effects | 17 | 68 |
| | Did not measure displacement / diffusion effects | 8 | 32 |

# 9. 参考文献

Barr, R., & Pease, K. (1990). Crime placement, displacement, and deflection. In M. Tonry & N.Morris(Eds.), Crime and justice: A review of research (vol.12, pp.277-318) Chicago: University of Chicago Press.

Berk, R., Smyth, G., & Sherman, L. (1988).When random assignment fails: Some lessons from theMinneapolis spouse abuse experiment.Journal of Quantitative Criminology 4, 209-23.

Bittner, E. (1970).The functions of the police in modern society.New York: Aronson.

Bowers, K., Johnson, S., Guerette, R., Summers, L., & Poynton, S. (2011).Spatial displacement and diffusion of benefits among geographically focused policing initiatives.Campbell Systematic Reviews DOI: 10.4073/csr.2011.3.

Braga, A. (1997).Solving violent crime problems: An evaluation of the Jersey City police department's pilot program to control violent places.Ph.D.diss.,Rutgers University.Ann Arbor,MI:University Microfilms International.

Braga,A.(2001).The effects of hot spots policing on crime.Annals of the American Academy of Political and Social Science 578,104-25.

Braga,A.(2005).Hot spots policing and crime prevention:A systematic review of randomized controlled trials.Journal of Experimental Criminology 1,317-342.

Braga,A.(2007).The effects of hot spots policing on crime.Campbell Systematic Reviews DOI:10.4073/csr.2007.1.

Braga,A.(2008).Problem-oriented policing and crime prevention.2nd ed.Monsey, NY:Criminal Justice Press.

Braga,A.,& Bond,B.(2009).Community perceptions of police crime prevention efforts:Using interviews in small areas to evaluate crime reduction strategies.In J.Knutsson & N.Tilley(Eds.),Evaluating crime reduction(pp.85-120).Monsey,New York:Criminal Justice Press.

Braga,A.,& Weisburd,D.(2010).Policing problem places:Crime hot spots and effective prevention.New York:Oxford University Press.

Braga,A.,& Weisburd,D.(2006).Problem-oriented policing:The disconnect between principles and practice.In D.Weisburd & A.Braga(Eds.),Police *innovation:Contrasting perspectives*(pp.133-154).New York:Cambridge University Press.

Brantingham,P.,& Brantingham,P.(Eds).(1991).*Environmental criminology.*2nd ed.Prospect Heights,IL:Waveland Press.

Buerger,M.(Ed).(1992).*The crime prevention casebook:Securing high crime locations.*Washington,DC:Crime Control Institute.

Buerger,M.(1993).*Convincing the recalcitrant:An examination of the Minneapolis RECAP experiment.*Ph.D.diss.,Rutgers University.Ann Arbor,MI:University Microfilms International.

Campbell,D.T.,& Boruch,R.(1975).Making the case for randomized assignment to treatment by considering the alternatives:Six ways in which quasi-experimental evaluations in compensatory education tend to underestimate effects.In C.Bennett & A.Lumsdaine (Eds.),*Evaluation and experiment:Some critical issues in assessing social programs*(pp. 195-296).New York:Academic Press.

Campbell, D.T., & Stanley, J. (1966). *Experimental and quasi-experimental designs for research. Chicago*: *Rand McNally.*

Clarke, R. V., & Felson, M. (Eds.) (1993). *Routine activity and rational choice. Advances in criminological theory* (vol.5). New Brunswick, NJ: Transaction Press.

Clarke, R.V., & Harris, P. (1992). Auto theft and its prevention. In M. Tonry (Ed.), *Crime and justice*: *A review of research* (vol.16, pp.1−54). Chicago: University of Chicago Press.

Clarke, R. V., & Weisburd, D. (1994). Diffusion of crime control benefits: Observations on the reverse of displacement. *Crime Prevention Studies* 2, 165−84.

Cohen, J. (1988). *Statistical power analysis for the behavioral sciences.* 2nd ed. Hillsdale, NJ: Lawrence Erlbaum.

Cohen, L., & Felson, M. (1979). Social change and crime rate trends: A routine activity approach. *American Sociological Review* 44, 588−605.

Cook, T. & Campbell, D.T. (1979). *Quasi-experimentation*: *Design and analysis issues for field settings.* Boston: Houghton Mifflin.

Cordner, G., & Biebel, E. (2005). Problem-oriented policing in practice. *Criminology and Public Policy* 4, 155−180.

Cornish, D., & Clarke, R. V. (1987). Understanding crime displacement: An application of rational choice theory. *Criminology* 25, 933−947.

Duval, S., & Tweedie, R. (2000). A nonparametric "trim and fill" method of accounting for publication bias in meta-analysis. *Journal of the American Statistical Association* 95, 89−98.

Eck, J. (1997). Preventing crime at places. InUniversity of Maryland, Department of Criminology and Criminal Justice (Eds.), *Preventing crime*: *What works, what doesn't, what's promising* (pp.7−1−7−62). Washington, DC: Office of Justice Programs, U.S. Department of Justice.

Eck, J. (2002). Preventing crime at places. In L. Sherman, D. Farrington, B. Welsh, & D.L. MacKenzie (Eds.), *Evidence-based crime prevention* (pp.241−294). New York: Routledge.

Eck, J. (2006). Science, values, and problem-oriented policing: Why problem-oriented policing? In D. Weisburd & A. Braga (Eds.), *Police innovation*: *Contrasting perspectives*

( pp.117-132).New York:Cambridge University Press.

Eck,J.,& Maguire,E.(2000).Have changes in policing reduced violent crime? An assessment of the evidence.In A.Blumstein & J.Wallman(Eds.),*The crime drop in America* ( pp.207-265).New York:Cambridge University Press.

Eck,J.,& Weisburd,D.(1995).Crime places in crime theory.In J.Eck & D.Weisburd (Eds.),*Crime and place* ( pp.1-34).Monsey,NY:Criminal Justice Press.

Farrington,D.(2006).Methodological quality and the evaluation of anti-crime programs.*Journal of Experimental Criminology* 2,329-327.

Farrington,D.,Gill,M.,Waples,S.,& Argomaniz,J.(2007).The effects of closed-circuit television on crime:Meta-analysis of an English national quasi-experimental multi-site evaluation.*Journal of Experimental Criminology* 3,21-38.

Farrington,D.,& Petrosino,A.(2001).TheCampbell Collaboration Crime and Justice Group.*Annals of the American Academy of Political and Social Science* 578,35-49.

Goldkamp,J.,& Vilcica,E.(2008).Targeted enforcement and adverse system side effects:The generation of fugitives inPhiladelphia.*Criminology* 46,371-410.

Goldstein,H.(1990).*Problem-oriented policing*.Philadelphia:Temple University Press.

Green,L.(1996).*Policing places with drug problems*.Thousand Oaks,CA:Sage Publications.

Greene,J.A.(1999).Zero tolerance:A case study of police practices and policies in-New York City.*Crime and Delinquency* 45,171-81.

Hawley,A.(1944).Ecology and human ecology.*Social Forces* 23,398-405.

Hawley,A.(1950).*Human ecology:A theory of urban structure*.New York:Ronald Press.

Hunter,R.,& Jeffrey,C.R.(1992).Preventing convenience store robbery through environmental design.In R.Clarke(Ed.),*Situational crime prevention:Successful case studies* ( pp.194-204).Albany,New York:Harrow and Heston.

Kelling,G.,Pate,A.,Dickman,D.,& Brown,C.(1974).*The Kansas City preventive patrol experiment:A technical report*.Washington,DC:Police Foundation.

Lipsey,M.,&Wilson,D.B.(2001).*Practical meta-analysis*.Applied social research methods series(vol.49).Thousand Oaks,CA:Sage Publications.

Lösel, F., & Köferl, P. ( 1989 ). Evaluation research on correctional treatment inWest Germany: A meta-analysis. In H. Wegener, F. Lösel, & J. Haisch ( Eds. ), *Criminal behavior and the justice system* ( pp.334−355 ). New York: Springer.

Mazerolle, L., Soole, D., & Rombouts, S. ( 2007 ). *Street level drug law enforcement: A meta-analytic review.* Campbell Systematic Reviews, DOI: 10.4073/csr.2007.2.

Pease, K. ( 1991 ). The Kirkholt project: Preventing burglary on a British public housing estate. *Security Journal* 2, 73−77.

Perry, A., & Johnson, M. ( 2008 ). Applying the consolidated standards of reporting trials ( CONSORT ) to studies of mental health provision for juvenile offenders: A research note. *Journal of Experimental Criminology* 4, 165−185.

Perry, A., Weisburd, D., & Hewitt, C. ( 2010 ). Are criminologists reporting experiments in ways that allow us to assess them? *Journal of Experimental Criminology* 6, 245−263.

Pierce, G., Spaar, S., & Briggs, L. 1988. *The character of police work: Strategic and tactical implications.* Boston, MA: Center for Applied Social Research, Northeastern University.

Police Executive Research Forum ( 2008 ). *Violent crime in America: What we know about hot spots enforcement.* Washington, DC: Police Executive Research Forum.

Reppetto, T. ( 1976 ). Crime prevention and the displacement phenomenon. *Crime & Delinquency* 22, 166−77.

Rosenthal, R. ( 1994 ). Parametric measures of effect size. In H. Cooper & L. Hedges ( Eds. ), *The handbook of research synthesis* ( pp.231−244 ). New York: Russell Sage Foundation.

Rothstein, H.R. ( 2008 ). Publication bias as a threat to the validity of meta-analytic results. *Journal of Experimental Criminology* 4, 61−81.

Shaw, C., & McKay, H. ( 1942 ). *Juvenile delinquency and urban areas.* Chicago: University of Chicago Press.

Shaw, J. ( 1995 ). Community policing against guns: Public opinion of theKansas City gun experiment. *Justice Quarterly* 12, 695−710.

Sherman, L. ( 1990 ). Police crackdowns: Initial and residual deterrence. In M. Tonry & N. Morris ( Eds. ), Crime and justice: A review of research ( vol.12, pp.1−48 ). Chicago: University of Chicago Press.

Sherman, L. ( 1997 ). Policing for crime prevention. InUniversity of Maryland, Department of Criminology and Criminal Justice ( Eds. ) , Preventing crime : What works, what doesn't, what's promising ( pp. 8 - 1 - 8 - 58 ). Washington, DC : Office of Justice Programs , U.S.Department of Justice.

Sherman, L. ( 2002 ).Fair and effective policing.In J.Q.Wilson & J.Petersilia ( Eds. ) , Crime : Public policies for crime control ( pp.383-412 ).Oakland, CA : Institute for Contemporary Studies Press.

Sherman, L. , Gartin, P. ,& Buerger, M. ( 1989 ).Hot spots of predatory crime : Routine activities and the criminology of place.Criminology 27 , 27-56.

Skogan, W. ,& Frydl, K. ( Eds. ) ( 2004 ).Fairness and effectiveness in policing : The evidence.Committee to Review Research on Police Policy and Practices.Washington, DC : The National Academies Press.

Taylor, R. ,& Gottfredson, S. ( 1986 ).Environment design, crime, and prevention : An examination of community dynamics.In A.J.Reiss & M.Tonry ( Eds. ) , Communities and crime ( pp.387-416 ).Chicago : University of Chicago Press.

Tyler, T. ( 2000 ).Social justice : Outcomes and procedures.International Journal of Psychology 35 , 117-125.

Tyler, T. ( 2001 ).Public trust and confidence in legal authorities : What do majority and minority groups members want from the law and legal institutions? Behavioral Sciences and the Law 19 , 215-235.

Weisburd, D. ( 1997 ).Reorienting crime prevention research and policy : From causes of criminality to the context of crime.Research report.Washington, DC : National Institute of Justice, U.S.Department of Justice.

Weisburd, D. ,&Braga, A. ( 2003 ).Hot spots policing.In H.Kury & J.Obergfell-Fuchs ( Eds. ) , Crime prevention : New approaches ( pp.337-354 ).Mainz, Germany : Weisser Ring.

Weisburd, D. , & Eck, J. ( 2004 ).What can police do to reduce crime, disorder, and fear? Annals of theAmerican Academy of Political and Social Science 593 , 42-65.

Weisburd, D. ,& Green, L. ( 1994 ).Defining the street level drug market.In D.MacKenzie and C.Uchida ( Eds. ) , Drugs and crime : Evaluating public policy initiatives ( pp. 61-76 ).Thousand Oaks, CA : Sage Publications.

Weisburd, D. ,& Green, L. ( 1995b ).Measuring immediate spatial displacement : Methodological issues and problems. In J. Eck & D. Weisburd ( Eds. ) , Crime and place ( pp. 349-361 ) . Monsey, NY: Criminal Justice Press.

Weisburd, D. , Lum, C. , & Perosino, A. ( 2001 ) . Does research design affect study outcomes in criminal justice? *Annals of the American Academy of Political and Social Science* 578, 50-70.

Weisburd D. , Telep, C. , Hinkle, J. , & Eck, J. ( 2008 ) . *The effects of problem-oriented policing on crime and disorder.* Campbell Systematic Reviews, DOI: 10.4073/csr.2008.14.

Weisburd, D. , Maher, L. , & Sherman, L. ( 1992 ) . Contrasting crime general and crime specific theory: The case of hot spots of crime. *Advances in Criminological Theory* ( vol.4, pp.45-69 ) . New Brunswick, NJ: Transaction Press.

Weisburd, D. , Mastrofski, S. , McNally, A.M. , Greenspan, R. , & Willis, J. ( 2003 ) . Reforming to preserve: Compstat and strategic problem solving in American policing. *Criminology and Public Policy* 2, 421-456.

Welsh, B. , Peel, M. , Farrington, D. , Elffers, H. , & Braga, A. ( 2011 ) . Research design influence on study outcomes in crime and justice: A partial replication with public area surveillance." *Journal of Experimental Criminology* 7, 183-198.

Werthman, C. , & Piliavin, I. ( 1967 ) . Gang members and the police. In D. Bordua ( Ed. ) , *The police: Six sociological essays* ( pp.56-98 ) . New York: John Wiley and Sons.

Wilkinson, L. , & Task Force on Statistical Inference. ( 1999 ) . Statistical methods in psychology journals: guidelines and expectations. *American Psychologist* 54, 594-604.

Wilson, D.B. ( 2001 ) . Meta-analytic methods for criminology. *Annals of the American Academy of Political and Social Science* 578, 71-89.

Wilson, D.B. ( 2009 ) . Missing a critical piece of the pie: Simple document search strategies inadequate for systematic reviews. *Journal of Experimental Criminology* 5, 249-440.

## 系统性综述中包含的研究

Braga, A. , & Bond, B. ( 2008 ) . Policing crime and disorder hot spots: A randomized controlled trial. *Criminology*, 46( 3 ): 577-608.

Braga, A. , Hureau, D. , & Papachristos, A. ( 2011 ) . An ex-post-facto evaluation framework for place-based police interventions. Unpublished manuscript.

Braga, A. , Weisburd, D. , Waring, E. , Mazerolle, L. G. , Spelman, W. , & Gajewski, F. ( 1999 ) . Problem-oriented policing in violent crime places: A randomized controlled experiment.*Criminology* 37,541-80.

Caeti,T.(1999).*Houston's targeted beat program:A quasi-experimental test of police patrol strategies.*Ph.D.diss.,Sam Houston State University.Ann Arbor,MI:University Microfilms International.

Cohen,J.,Gorr,W.,& Singh,P.(2003).Estimating intervention effects in varying risk settings:Do police raids reduce illegal drug dealing at nuisance bars? *Criminology*,41(2):257-292.

Criminal Justice Commission.(1998).*Beenleigh calls for service project:Evaluation report.*Brisbane,Queensland,AUS:Criminal Justice Commission.

DiTella,R.,& Schargrodsky,E.2004.Do police reduce crime? Estimates using the allocation of police forces after a terrorist attack.*American Economic Review* 94,115-133.

Hope,T.(1994).Problem-oriented policing and drug market locations:Three case studies.*Crime Prevention Studies* 2,5-32.

Lawton,B.,Taylor,R.,& Luongo,A.(2005).Police officers on drug corners in Philadelphia,drug crime,and violent crime:Intended,diffusion,and displacement impacts.*Justice Quarterly* 22,427-451.

Mazerolle,L.,Price,J.,& Roehl,J.(2000).Civil remedies and drug control:a randomized field trial inOakland,California.*Evaluation Review*,24,212-241.

Ratcliffe,J.,Taniguchi,T.,Groff,E.,& Wood,J.(2011).ThePhiladelphia foot patrol experiment:A randomized controlled trial of police patrol effectiveness in violentcrime hot spots.Criminology(in press).

Sherman,L.,Buerger,M.,& Gartin,P.(1989).Beyond dial-a-cop:A randomized test of Repeat Call Policing(RECAP).Washington,DC:Crime Control Institute.

Sherman,L.,& Rogan,D.(1995a).Effects of gun seizures on gun violence:"Hot spots" patrol in Kansas City.Justice Quarterly 12,673-694.

Sherman,L.,& Rogan,D.(1995b).Deterrent effects of police raids on crack houses:A randomized controlled experiment.Justice Quarterly 12,755-82.

Sherman,L.,& Weisburd,D.(1995).General deterrent effects of police patrol in crime hot spots:A randomized controlled trial.Justice Quarterly 12,625-648.

Sviridoff,M.,Sadd,S.,Curtis,R.,& Grinc,R.(1992).The neighborhood effects of street-level drug enforcement:tactical narcotics teams inNew York. New York: Vera

Institute of Justice.

Taylor, B., Koper, C., & Woods, D. (2011). A randomized controlled trial of different policing strategies at hot spots of violent crime. Journal of Experimental Criminology 7, 149-181.

Weisburd, D., & Green, L. (1995a). Policing drug hot Spots: The Jersey City DMA experiment. Justice Quarterly 12, 711-36.

Weisburd, D., Wyckoff, L., Ready, J., Eck, J., Hinkle, J., and Gajewski, F. (2006). Does crime just move around the corner? A controlled study of spatial displacement and diffusion of crime control benefits. Criminology 44, 549-592.

# 论反恐策略的效力

The Effectiveness of Counter-Terrorism Strategies

作者:Cynthia Lum,Leslie W.Kennedy,Alison J.Sherley

译者:李小芽　核定:张金武　张彦　叶嘉茵

## 内容概要

自"9·11"之后,有关个人、经济及政府层面的反恐怖主义策略大量增加。相关费用的增加及项目计划的发展都指向了一个核心的政策问题:这些计划可行吗? 为了找到与这一问题相关的研究证据,我们将对反恐战略进行康拜尔的系统评论,以此来衡量相关研究的范围及可信程度。

在审查过程中,我们发现对反恐战略评价的研究几乎是一片空白。在超过

20000 个有关恐怖主义的研究中,我们只发现了 7 个包含严谨的反恐项目评价的研究。我们发现对于反恐策略有效性的评价缺乏科学的根据。而且,从现有的证据来看,一些所谓的反恐策略不仅没有抑制恐怖主义,反而增加了恐怖事件发生的可能性。

这篇评论尤其强调在反恐战略有效性的评价过程当中,政府、政策的制定者、研究者及基金会的参与者的重要性。其评价议程包括如何克服恐怖主义研究中方法论和数据收集的困难,增加资金投入以用严谨的方法论对现有的反恐项目进行评价,以及重视在现有反恐项目实施过程中对其有效性的评价。

# 1. 引言及背景

尽管有关反恐战略的联邦、州、市政、国际抑或是个人层面的经费很难统计,但自"9·11"以来个人及政府层面上对反恐战略的经费投入是大量增加的(国会预算办公室,2002,2005;Guinnessy and Dawson,2002;科学与技术议题,2002;Macilwain,2002;Silke,2004)。美国国会预算办公室估计 2002 年布什总统的关于打击恐怖主义及关键基础设施保护的拨款是 1998 年的两倍,从 72 亿美元增加到了 136 亿美元(美国国会预算办公室,2002)。其最近的报告又指出相关拨款将会在 2004 年增加至 881 亿美元(美国国会预算办公室,2005)。

值得一提的是,这些预算只是美国国防开支的一部分,并没有包括其自"9·11"之后国内其他部门及国际社会关于反恐怖主义的经费开支。这些经费开支包含很多形式,包括构建一整个政府部门(如国安局),增强机场及边境安保,增加应对生物及化学药剂的研究,设立并实施新法,建造并使用供关押新认定恐怖分子的监狱,提高紧急医疗应对能力,提供国际社会援助及发展应对城市灾害计划。美国国会众议院预算委员会最新的国土安全预算已从 2000 年的 90 亿美元增长至 2005 年的 320 亿美元。①

大量增加的个人、经济及政府层面的反恐怖主义策略的经费开支,其相关费用的增加及项目计划的发展都指向了一个核心的政策问题:这些计划可行吗?更具体地说,这些反恐怖主义战略是出于降低了恐怖主义时间发生的可能性或其带来的伤害,

---

① 见 http://www.house.gov/budget/。

还是只是为了避免公众争论关于政府实行政治暴力的动机。

康拜尔系统评论对这一问题发现的结果令人不安,其显示对于反恐战略实施的真实目的我们不得而知。在数以千计的有关恐怖主义的研究中,我们只发现了其中7项研究采用了严谨的方法对反恐策略的有效性及可信度进行了系统衡量。

我们也没有任何的证据表明政府的反恐支出中包含反恐策略评价的经费支出。只有在最近,2004年2月,在国家安全、新兴威胁与国际关系小组委员会讨论之前,美国众议院的联邦政府改革委员会针对"有效的反恐战略"举行了听证会(美国众议院,2004)①。在听证会中,议员谢斯指出:科学家提醒我们轶事的复数并不是数据。在国家安全的层面上,增加的反恐战略并不意味着我们变得更为安全了。除非这些反恐战略向公众展示出其将会在危险时期保证公众的人身及财产安全,公众才会有安全感。

然而,这一良好的开端,听证会将注意力从反恐战略有效性的评价上转移了。最终,如很多政府评估一样,政府问责局(被要求进行反恐战略评价的部门)被要求弄清国家战略是否具备清晰的目的、衡量风险、设立目标、确定所需资源、确立责任及实施等连贯战略的基本特征(第4页)。这样的评估缺乏评价的最为基本的要求——将项目与可衡量的结果联系起来以判断其是否有效(恐怖事件的减少、恐怖主义的恐惧感及恐怖分子的招募情况等),并没有证据表明由政府问责局进行的评估工作是根据现有的反恐战略评价研究而进行的。

在科学界,相关类型的研究应该与以科学证据为指导的政策制定联系起来。以证据为指导的政策表明,是否实施相关干预计划(如:反恐政策)应该根据其是否有效来决定(Cullen and Gendreau,2000;Davies et al.,2000;MacKenzie,2000;Nutley and Davies,1999;Sherman,1998;Sherman et al.,2002;Weisburd et al.,2003)。以证据为基础的政策能够提供如膝跳反应的慢化效应,其已越来越受到恐惧与道德恐慌(Cohen,1972)的影响,而不是理由与事实。在医药与社会科学领域,这一运动不仅导致了对干预及治疗项目的科学评估的增加,同时也使得多个相似项目的概括总结的元分析及系统评论更为丰富。为了收集关于反恐策略有效性的证据,康拜尔合作组织②(Boruch et al.,2000;Farrington and Petrosino,2001)通过其犯罪与司法合作组③向我们提供了开展针对反恐战略有效性评估的研究进行系统评论的协议,并为反恐

---

① 见 http://www.mipt.org/pdf/Effective-Strategies-Against-Terrorism.pdf。
② 见 www.campbellcollaboration.org。
③ 见 http://www.aic.gov.au/campbellcj/。

策略评价的相关研究提供建议。此次研究采用康拜尔评论框架[①]及元分析技巧,对所有的恐怖主义研究进行评论,并收集与反恐政策相关的评价。接下来是我们的分析与发现。值得一提的是,在文中不仅阐述了我们的发现,同时对没有收集到的资料也进行了罗列,使得政府部门及科学家们知道什么是需要的。

## 2. 恐怖主义研究概况

对恐怖主义研究进行概述,有助于更好地开展更为系统的评论。考虑到搜索反恐战略评估的难度,对恐怖主义研究的深度解读能更好地聚焦于反恐战略的评估领域。我们认为没有一个特定的学科对恐怖主义研究有专门的学术造诣。因此,我们必须熟悉掌握很多不同的观点与理论。同时,我们也预想到将会有很多不同的研究方法应用于与恐怖主义相关的研究当中,这对于开展更为广泛的研究以理解相关研究的深度也是必要的。

尽管"9·11"事件之后需要一些最新的恐怖主义研究,但之前一些关于恐怖主义研究的评论已经存在(Halkides,1995;Hoffman,1992;Miller,1988;Romano,1984;Schmid and Jongman,1988)。为了开展这项评论并找寻针对恐怖主义系统评论的灵感,我们收集了所有的与恐怖主义及政治暴力有关的文章,包括纸质的、非纸质的、同行综述的、非同行综述的、学术的及非学术的。我们通过 17 个独立的图书馆数据库[②]进行资料的收集,有的数据库包含了 20 世纪 60 年代以来的相关研究。

尽管书籍、政府及科学报告、网络资源及网页信息都包含在我们系统评论的讨论范围之内,但我们将最初的搜索资源限定在文献资料,以获得对文献资料的总体印象。我们发现关于恐怖主义的文献资料有很多,不计副本,我们找到了 14006 篇写于1971 年至 2003 年的文章。

我们发现只有 3% 的同行评论文章是基于实证分析的。大约有 1% 是实例研究,剩下的 96% 是观点理念的拼凑。恐怖主义相关研究的实证分析的不足力证了我们

---

① 见 http://www.campbellcollaboration.org/Fraguidelines.html。
② 使用的数据库是首席学术搜索、学术论文及当代妇女问题。刑事司法文摘,EBSCOhost,EconLit 资料库,教育文摘,网络电子文献,在线计算机图书馆中心,地学数据库,人文学科文摘,期刊索引数据库,科学引文索引数据库,联机医学文献分析和检索系统,国家刑事司法文献中心,PAIS 国际文摘,PUBNEDLINE,社会科学文摘,社会学文摘。每个数据库的时间区间都能从 http://www.lib.neu.edu/gateway/databasestrifold.pdf 找到。

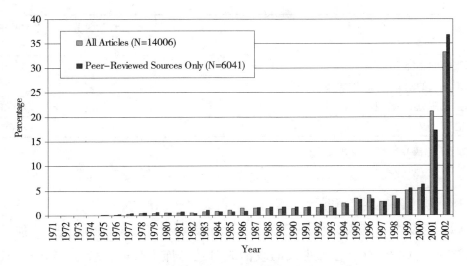

**图1　恐怖主义题材出版物的年度百分比分布**

最初的猜想，即我们只能找到少量的反恐策略的评估研究。

　　为了分析恐怖主义特定主题的分布，我们通过文章的摘要将其进行分门别类。我们将最初的 35 个类别压缩至 17 个类别，如表 1 所示。表 1 同时也表明了采用实证分析方法的研究的类别分布。

**表1　恐怖主义研究的主题分布**

| | 统计评估得分 $N = 4458^{\alpha}$ | 光实验得分 $N = 156^{\alpha}$ |
| --- | --- | --- |
| 大规模杀伤性武器(生物、化学、核能) | 18.1% | 10.3% |
| 关于特定话题(如个人退休账户、基地组织、事变)的文章 | 12.2% | 5.1% |
| 恐怖主义的政治回应(战争、政治、国际关系) | 9.5% | 1.9% |
| 起因、动机、心理学、恐怖主义趋势 | 8.7% | 18.1% |
| 恐怖主义影响 | 7.7% | 5.2% |
| 对恐怖主义的非政治回应 | 5.5% | 3.9% |
| 受害者心理学、应对机制、恐怖主义的心理性影响 | 5.4% | 25.8% |
| 其他(民族主义、情报问题、民主和弱点) | 5.4% | 3.9% |
| 恐怖主义法律问题 | 5.2% | 0.6% |
| 对恐怖主义的媒体和公众态度 | 4.6% | 18.7% |
| 如何定义恐怖主义 | 4.2% | 1.3% |
| 非传统的、计算机的及毒品恐怖主义 | 3.0% | 0.6% |
| 宗教和恐怖主义 | 2.6% | 1.3% |

续表

|  | 统计评估得分 $N = 4458^{\alpha}$ | 光实验得分 $N = 156^{\alpha}$ |
|---|---|---|
| 国家支持的恐怖主义 | 2.6% | 1.3% |
| 对恐怖主义的法律实施(机场、警察) | 2.5% | 0.6% |
| 恐怖主义研究的调查和科学 | 2.1% | 0.6% |
| 国内恐怖主义 | 0.6% | 0.6% |

$\alpha$ 没有足量信息的书本评论和文章未分类
$b$ 是否没有放入别的分类中

与大规模杀伤性武器相关问题的文章占大多数(18.9%),其次是一些特殊的话题,例如:巴以冲突、北爱尔兰问题、基地组织或"9·11"事件(假如他们不能被分为别的类别)。此外,对于恐怖主义的政治应对及恐怖主义的社会学(起因、动机、解释、定义)占据了研究中的绝大多数。这些代表了在恐怖主义研究当中强烈的政治科学影响。

令人惊讶的是,有关个体影响、恐惧、反恐的努力及政策有效性的评估的相关主题的文章是文献中比较缺失的。通常的,只有少量的关于执法效率及对恐怖事件的非政治性应对的文献资料,与恐怖主义事件的应对、相关法律问题,恐怖主义的受害者研究相关的文献也是如此。此外,若考虑到今后的威胁,恐怖主义与宗教的关系、社会经济的因素及政治性回应都应在考虑范围之内。

当评估基于历史数据分析的文章时,其发现既是鼓舞人心的,又是有缺憾的。四分之一的实证工作都是基于受害者研究而开展的,这与我们的评估研究息息相关。与政治性回应相关的文献资料占了总量的9.5%,只有1.9%的实证研究文献对政治性回应进行实证分析。相比于以反恐项目为主题的文章,恐怖主义的起因及社会学的实证研究文章占了较高的比例。绝大多数的实证研究文章并不对反恐策略的影响进行评估。

这些反恐研究的初步发现支持了很多康拜尔评论的观点。当然,如图1所示,对于科学家及评估研究者,对恐怖主义的研究并不单单是一时的兴趣。基于"9·11"事件之后反恐战略的大幅增长,更有理由应该增加对这些项目的评估研究。然而,对反恐干预的实证研究仍是缺乏的。暂且不说目前的研究是否有帮助,我们对恐怖主义及其幕后黑手知道和了解得越多越好。然而,大多数文献资料并不对反恐策略的有效性进行阐述。对于这些战略是否有害,我们也没有把握。为了解释这些担忧,接下来我们将阐述针对反恐策略有效性评估研究的康拜尔评论中的发现。

# 3. 反恐战略的康拜尔系统评论

对反恐研究的概述有助于发觉反恐研究的范围及本质,我们的进一步任务则是要分析对反恐战略有效性进行评估的研究。为了开展这项工作,我们通过制定筛选研究的标准来缩小范围。然后,我们采用系统搜索的方式来选择评估(至少是采用严谨的方法论的)。最后,我们从每项研究中筛选信息,并用萃取分析的方法对每项研究发现进行评估。每一步的流程如下所示:

## 3.1  筛选研究的标准

为了给此次评论提供框架,我们将搜索策略集中在三个组织框架中。首先,为了找到评估减少恐怖主义的研究,我们先要对恐怖主义进行定义。这也产生了关于什么让恐怖主义得以持续及如何定义恐怖主义的争论(Crenshaw,1992;Merari,1991;Wilkinson,1986)。对于恐怖主义的定义,我们从恐怖主义研究的评论概况中得知,恐怖主义可以从政治暴力涵盖到国内暴力,如强奸、虐童。为了涵盖的更为全面,我们不仅考虑以政治暴力为动机的恐怖主义[①],同时也将包含反恐项目及成果的研究列在考虑范围之内,即使其中的恐怖主义并不是普遍的定义或是其与官方定义相矛盾。

第二个组织框架主要关注什么样的干预手段会被认为是反恐策略。正如有的干预手段是为减少犯罪一样,反恐计划也许并不是直接阐述如何减少恐怖事件,而是如何减少与之相关的风险因素。从最初的恐怖主义文献的评论中得知,反恐策略包括很多的主题,如政治的、社会的、法律的、执法的、经济的、预防性的、反应的或是事后反应的。将搜索限定在执法回应上,就会将许多其他致力于受害者的心理干预或情景犯罪预防等的回应排除在外。

考虑到可能的干预手段的广泛性,我们最初采用了最为全面的方法,并评论任何评估以预防、探测、管理或回应恐怖主义为目的的研究。

第三个框架用来决定什么是反恐战略中的可衡量成果。为使干预手段趋向于尽可能的全面(预防、侦查、管理与回应),我们拓宽了评估中可衡量的成果类型。最直接的成果为干预手段如何影响与恐怖主义相关的事件(希望能够降低)。这

---

①  例如,美国国务院,描绘了恐怖主义自 1983 年开始(美国法典第 22 条,第 2656f[ D ])作为“有预谋的、出于政治动机的,以暴力侵害平民为目的的次国家组织或秘密机构”。

些成果可能表现为恐怖主义事故,参与恐怖主义的团体的数量,或是与恐怖主义团体相关事件发生的频率。然而,其他可测量的成果包括公众对恐怖主义恐惧感的降低,公众的安全感,应对相关事件能力的增长,事件发生可能性的降低,侦查恐怖主义机制的能力的增长(例如,侦查邮件中炭疽孢子的能力)。可衡量的成果不仅包括一般的表现(恐怖主义),而且包括特殊的组群(劫机、人质劫持、意外事故、非意外事故)。

一些对于恐怖主义不可衡量的成果不包括在最终的评论当中。比如,我们发现其中一项研究以股票情形作为衡量反恐怖主义暗杀策略有效性的依据(Chassman,2005a,2005b)。我们认为以股票市场情形作为衡量针对政要暗杀反恐策略有效性的依据并不有效。此外,这一研究并没有提供有力的证据以证明其两者之间的联系。因此,我们没有将其列入最后的分析当中。

### 3.2 搜索策略

基于这些一般框架,我们对评估研究追求系统全面的搜索策略。我们所进行的最全面的搜索再一次证明了收集反恐项目的评估研究存在一定的困难。因此,我们从同行评论的资源中,阅读了数以千计的文章摘要,我们将评估这些研究作为第一步。基于这一点,不管其评估质量如何,我们都将所有与评估项目有关的研究都列入分析范围之内。然后,我们再重新回顾之前所收集的 14006 篇文章,并根据其摘要与标题中的关键词对相关评估项目进行索引。任何包含以下关键词的研究都被筛选出来:

| | |
|---|---|
| 评估 | 经验主义的 |
| 评估 | 干预 |
| 评估 | 政策 |
| 评估 | 计划 |
| 影响/效力 | 工作 |

因为最初收集的 14006 个恐怖主义的研究只包括 2003 年 1 月研究的,不包括别的途径的研究(书本、政府以及科技报告、网络文件、网站,还有未出版的材料),我们在 2004 年 12 月再次回顾了我们一开始的研究且也通过多种途径拓展了我们的研究,包括书本、政府以及科技报告、网络文件、网站,还有未出版的材料。此外,我们调查了如下数据库[①]:

---

① 各数据库包含的时间段能在此找到 http://www.lib.neu.edu/gateway/databasestrifold.pdf。

学术检索　　　　　　　　　第一人文科学摘要

学术论文（在线计算机图书馆中心）　期刊索引数据库

当代妇女问题　　　　　　　科学引文索引数据库

犯罪文学摘　　　　　　　　医学文献分析检索系统

系统全文数据库　　　　　　国家刑事司法文献处

经济文学摘　　　　　　　　公共事务情报服务

教育材料　　　　　　　　　公众医学搜索系统

电子期刊馆藏联机　　　　　社会科学文摘

科教资源信息中心（在线计算机图书馆中心）社会学文摘

地区库

同时,我们用于起初研究上的关键字(这些字的词源)：

反犹太人　　　　　　民族安全

黑人霸权主义者　　　政治犯罪

生物恐怖主义　　　　政治暴力

轰炸　　　　　　　　暴乱

紧急回应　　　　　　劫机

种族暴力　　　　　　自杀性轰炸

劫持　　　　　　　　恐怖主义(所有字的来源)

国土安全　　　　　　武器的大量毁坏

义勇军　　　　　　　白人霸权主义者

进一步,我们用以上列出的评估关键词来锁定与恐怖主义相关的评估研究包括这些词的组合。我们还利用重要的恐怖主义事件的分类(如9月11日)。

另外,为了在网上确定相关报道或者未出版的研究,我们搜索互联网及数据资源。一旦锁定了有用的文献,我们就在可能提到别的评估文献范围内研究。用该研究策略,我们首先锁定290篇文章,报道、网络出版物和其他出版和未出版的材料,这些材料暗示了一些已经完成评估或者对研究作者有兴趣。

我们拓展了关键字,用文献管理软件搜寻了多个图书馆数据库①。我们起初发现6415本在标题或者摘要中用恐怖主义相关关键字的书,在评论中搜索了关键字后确定了64本书,其中可能有评估或者涉及评估的内容。结合我们的290篇个别的文

① 根据尾注版本6,我们采用了该版本内所有学校所有大学图书馆相关文件,若觉得列表太多,我们也可见www.endnote.com。

件,共锁定了 354 项研究并满足我们最初以实验为目的的评估研究。因此,我们的搜索产生了超过 20000 项报告。

## 3.3 选择过程和最终加入的标准

经初步筛选,我们将搜索结果精减到了 354 项作品,我们更进一步地检查了 290 个非书本研究的摘要、标题和注释来看其是否包含了评估的内容。经过检验,我们现在有 80 项研究包含评估的最低形式。

我们选拔过程的下一阶段包括做一个关于这 80 项研究的方法学判断,来决定他们是否符合最低要求。为此,我们选择了两步骤的过程。首先,我们对 80 项研究进行全文阅读,只选择那些通过最低限度测验的研究。例如,保持用简单相关性统计的研究。

在 80 项中,我们确定 21 项符合最低要求。排除 59 项研究的原因如下:

—不是计划的评估或为探测、预防、回应或者管理恐怖主义而设计的政策;

—描述计划过程,但不评估它;

—要求没有任何经验主义测试要求的情况下计划仍然有效;

—要求效应的个体新闻文章;

—是非评估文献的评论;

—提倡得有评估但不指导评估;

—调查个体对计划效应的感觉;

—调查个体他们觉得如何为另一起攻击准备;

—决定恐怖主义的效应,而不是计划的效益[①];

—检验计划中参与的消耗,而不是计划的效果;

—为恐怖主义相关的受伤的处理做建议;

—描述有效政策的标准,但是不评估任何东西。

在 21 项研究中,最后确定了 10 项研究纳入本评论。

## 3.4 医学相关研究的进一步排除

我们定位的这十项研究包括了三项医学领域的研究—Halloran 等人(2002)、Lallement 等人(1998)和 Quinn 等人(2002)。Halloran 等人(2002)创造和测验了天花散播的模拟有针对性的和大规模的接种疫苗的效应。他们发现如果没有先天免疫力,与有针对性的接种疫苗相比,及时的大规模疫苗接种,天花能更有效地预防和控制

---

① 一个匿名的评论家评论质疑为什么我们没有考虑恐怖主义本身的研究效力,我们认为除非研究者将他们的兴趣点放在评估恐怖主义如何阻碍反恐怖主义策略上,否则我们认为该文献的评论大体是不合理的。

（在天花引进之前和之后的短时间内）。

如果疫苗有限，有针对性的疫苗接种是首选的方法，因为每采用一次，该方法的疫苗更能控制疫情。Lallement 等人（1998）在实验室设置条件下对猴子进行神经药剂中毒治疗，分析了 gacyclidine（GK-11）的效应。他们发现神经药剂中毒后治疗对减少疾病和死亡可能性有积极效果。最后，Quinn 等人（2002）分析了对抗炭疽传染病用免疫球蛋白个抗体进行酶联免疫吸附试验。他们发现酶联免疫吸附试验对诊断炭疽的存在非常敏感。

每项研究的方法学都比较可靠。然而，我们决定排除三项研究，因为，首先，当我们研究揭示只有三项医学评估与恐怖主义有关时，我们知道这不是医学领域上神经药剂、天花和炭疽（货别的与恐怖主义有关的话题）的代表，而只是恰巧与恐怖主义相关联，缺乏代表性。

其次，当我们大致明白研究者运用的方法学策略时，发现其中讨论的范围已经远远偏离了我们的专业知识。如 Lipsey 和 Wilson 提出的，研究合成通常需要各领域大范围的专业知识。为了理解判断结果，本评论的作者们可能需要更多的专业医学知识。因此，排除这三项研究后，最后选出了七篇文章。如表 2，最后一列标明了最后的七项研究。

**表 2　被选入的研究（在最后一列）以及最后被排除的研究**

| Study listed if it was at least some form of a weak evaluation (SMS = 1 or equivalent) | Moderately rigorous method used (Scored at least a "3" on the SMS or equivalent) | Moderately rigorous and not a medical evaluation |
| --- | --- | --- |
| Barros, C. (2003). An Intervention Analysis of Terrorism: The Spanish Eta Case. Defence and Peace Economics, 14 (6): 401-412. | X | X |
| Bozzette, S. A., Boer, R., Bhatnagar, V., Brower, J. L., Keeler, E. B., Morton, S. C. et al. (2003). A Model for Smallpox-Vaccination Policy. New England Journal of Medicine, 348(5): 416-425. | | |
| Brophy-Baermann, B., and Conybeare, J. A.C. (1994). Retaliating Against Terrorism: Rational Expectations and the Optimality of Rules Versus Discretion. American Journal of Political Science, 38(1) (Feb): 196-210. | X | X |
| Cauley, J. and Im, E. (1988). Intervention Policy Analysis of Skyjackings and Other Terrorist Incidents. The American Economic Review, 78(2):27-31. | X | X |

| Study listed if it was at least some form of a weak evaluation (SMS=1 or equivalent) | Moderately rigorous method used (Scored at least a "3" on the SMS or equivalent) | Moderately rigorous and not a medical evaluation |
|---|---|---|
| Chauncey, R. (1975). Deterrence: Certainty, Deterrence, and Skyjacking. Criminology,12(4):447- 473. | | |
| Enders, W. and Sandler, T. (1993). The Effectiveness of Antiterrorism Policies: A Vector-Autoregression-Intervention Analysis. The American Political Science Review, 87(4): 829-844. | X | X |
| Enders, W., Sandler, T., and Cauley, J. (1990). UN Conventions, Terrorism, and Retaliation in the Fight Against Terrorism: An Econometric Evaluation. Terrorism and Political Violence,2(1):83. | X | X |
| Enders, W. and Sandler, T. (2000). Is Transnational Terrorism Becoming More Threatening? Journal of Conflict Resolution, 44: 307-332. | X | X |
| Gillespie, K., Duffy, M., Hackmann, A. and Clark, D. (2002). Community Based Cognitive Therapy in the Treatment of Posttraumatic Stress Disorder Following the Omagh Bomb Behaviour Research and Therapy, 40: 345-357. | | |
| Halloran, M. E., Longini Jr., I. M., Nizham, A. and Yang Y. (2002). Containing Bioterrorist Smallpox. Science, 298: 1428-1432. | X | |
| Johnston, R. G., Garcia, A. R. E., and Pacheco, A. (2002). The Efficacy of Tamper Indicating Devices. Journal of Homeland Security, April. Los Alamos National Laboratory, Vulnerability Assessment Team. Available online at: http://www.homelandsecurity.org. | | |
| Lallement, G., Clarencon, D., Masqueliez, C. et al. (1998). Nerve Agent Poisoning in Primates: Antilethal, Anti-epileptic and Neuroprotective Effects of GK-11. Archives in Toxicology, 72: 84-93. | X | |
| Landes, W.M. (1978). An Economic Study of U.S. Aircraft Hijackings, 1961-1976. Journal of Law and Economics, 21: 1-31. | X | X |
| LeVine, V. T. and Salert, B. A. (1996). Does a Coercive Official Response Deter Terrorism? The Case of the PLO. Terrorism and Political Violence, 8(1): 22-49. | | |
| Martz, H. and Johnson, M. (1987). Risk Analysis of Terrorist Attack. Risk Analysis, 7(1): 35-47. | | |
| Prunckun, H. and Mohr, P. (1997). Military Deterrence of International Terrorism: An Evaluation of Operation El Dorado Canyon. Studies in Conflict and Terrorism, 20:267-280. | | |

续表

| Study listed if it was at least some form of a weak evaluation (SMS=1 or equivalent) | Moderately rigorous method used (Scored at least a "3" on the SMS or equivalent) | Moderately rigorous and not a medical evaluation |
|---|---|---|
| Quinn, C., Semenova, V., Elie, C., et al. (2002). Specific, Sensitive, and Quantitiative Enzyme-Linked Immunosorbent Assay for Human Immunoglobulin G Antibodies to Anthrax Toxin Protective Antigen. Emerging Infectious Diseases, 8(10):1103-1110. | X | |
| Smith, B. L., Damphousse, K. R., Jackson, F. and Sellers, A. (2002). The Prosecution and Punishment of International Terrorists in Federal Courts: 1980-1998. Criminology and Public Policy, 1(3): 311-338. | | |
| Smith, B. L. and Orvis, G. P. (1993). America's Response to Terrorism: An Empirical Analysis of Federal Intervention Strategies During the 1980's. Justice Quarterly, 10 (4): 661-681. | | |
| Wilkinson, P. (1977). Terrorism and the liberal state. New York: John Wiley and Sons. | | |
| Zussman, A. and Zussman, N. (2005). Assassinations: Evaluating the effectiveness of a counterrorism policy using stock market data. Cornell University, Department of Economics. | | |

### 3.5 七项研究的摘要

以下是七项研究中符合标准的摘要。

Landes(1978):Landes 关于劫机对美国联邦航空管理局数据的研究是对反恐怖主义策略最早的评估研究,也是我们在之后的评估中常常参考借鉴的。数据分析技术在经济学上是很常见的,1961 年到 1976 年期间,由于逮捕、监禁、更长期判决以及被当局处死的可能性增加,Landes 调查了在法律和安全措施上的改变效果,研究国内劫持的季度比率,连续劫持之间的天数和航班数。Landes 还控制了其他变量,包括每季度航班运营的数量、失业率、总体率和个体消费。他采用普通的最小二乘回归技术来确定变量之间的回归关系。以外交劫持为控制变量,在外交劫持上,Landes 原文中的表 5 和与之相对的表 3 显示了最完整的模型,我们加以应用。

Cauley 和 Im(1988):Cauley 和 Im 提供了在 1968 年到 1979 年期间事件发生的中断时间序列分析(在经济学中也称干预分析)。在该研究中,他们测量了以下措施的效应,即在 1973 年增加了机场安全屏幕,1976 年增加了大使馆和其他外交代表团的安全保护以及 1977 年关于预防针对外交全体人员犯罪颁布的联合国公约。Cauley 和 Im 不只分析了多重干预,还分析了关于不同结果的干预效应,包括劫机和非劫机事件,如挟持人质、街垒以及攻击外交官。

Enders,Sandler 和 Cauley(1990):多重干预的评估和结果对 1968 年到 1988 年期间的事件采用了中断时间序列分析方法。1973 年,Enders 等人调查了机场金属探测器的效应,1977 年关于犯罪预防和处罚的联合国公约,主要针对侵害国际受保护人员包括外交人员的犯罪。侵害联合决议针对联合国大会和安全委员会人质挟持(1985),针对空中劫机的联合国会议(1969—1970)以及 1986 年美国在利比亚的报复性袭击。

Enders 和 Sandler(1993):政策可能有不同类型的恐怖主义,1993 年 Enders 和 Sandler 对该替代效应作了评估。在评估中,他们用干预分析继续为评估文献做贡献(以及用特定技术改进评估)。如 Enders 等人(1990),他们检验了在 1968 年到 1988 年期间金属探测器的效应和分辨率,也要检测在美国大使馆采用的安全设防措施。然而,与 1990 年的文章不同,1990 年的文章分析了不同类型恐怖主义中不同干预的替代作用和交互效应。对于很多模型,Enders 和 Sandler 提出,我们选择在评论中用模型 2(原文第 839 页)因为它比模型 1 有更丰富的变量而且不仅仅包括了美国的(和模型 3 一样,原文第 841 页)。

Brophy-Baermann 和 Conybeare(1994):Brophy-Baermann 和 Conybeare 也采用了中断时间序列/干预分析途径来决定六次以色列军队为领导的报复攻击的效应。该攻击为了减少来自巴基斯坦解放组织和黎巴嫩的恐怖主义。这些报复是在 1972 年 9 月开始的,为了回应在慕尼黑奥运会上运动员的杀戮,其中 1988 年发生了 5 起报复事件。

Enders 和 Sandler(2000):2000 年,Enders 和 Sandler 把分析扩展到了 1970 年到 1996 年的恐怖主义事件上。他们研究金属探测器的效应,大使馆设防,利比亚袭击以及减弱冷战末期以后的集权主义政府。不像以前一样研究不同类型恐怖主义的干预效应(或者替代作用),他们用测量个体本位破坏类型的结果。这些结果包括每季度死亡事件、受伤事件以及非意外事件。我们考虑了在评论中相关的文章(Enders and Sandler,2002)。然而,2002 年的文章探究了另外的时间序列技术途径,但那时没有反映所有的结果。2002 年的文章更多的是对别的方法的研究,而不是对反恐怖主义干预的评估。

Barros(2003):Barros 偏离了迭代数据库的应用,用由 Abadie 和 Gardeazabal 挑选

的信息采用干预分析,尤其在西班牙恐怖主义、事件树分析和恐怖主义上。数据包括1968 年到 2000 年由事件树分析指导的暗杀和绑架。他研究了关于西班牙事件树分析指导的暗杀绑架事件中不同当权者的政治意识形态、警察和军费,以及在国外投资上的增加。Barros 提出一个用向量自回归时间序列框架的最简约模型。由于花费上的增加在之前的模型中没有明显的效果,所以该模型只测验了拥有一个当权政治党的效应,其中他建议表现"强硬路线的政党政治"。不像上面所研究的,Barros 是唯一采用年度作为分析单元的。

### 3.6 用时间序列数据提取、方法论应用和特定问题元分析研究

在我们的康拜尔草案中,我们提议用元分析技术(Lipsey and Wilson,2001)进行概况以及从研究中决定模型。然而,我们揭露的经验主义研究存在元分析的独特挑战。所有的研究,除了 Landes DE,都用中断时间序列方法干预分析(Landes 用了相关方法),在事件序列上元分析是不常见的,减少时间序列提供的信息可能会过分简化发现和知识获得。[①] 不同的时间在各研究中被分析,而且很多情况都利用了不同的分析单元。例如 7 项研究中的 5 项利用了季度性的时间段(3 个月)作为分析单元。然而,时间的概念(和因此与之相关的结果)性质上不同于静止的分析单元。

因此,虽然在评论中用了很多元分析技术,在这里我们强调(整个结果中),这些结果只是处于解说的目的和得到关于反恐怖策略效应的整体性的知识。最重要的是我们认识到了这个方法的局限性,告诉读者我们对不同的时间段和时间类别作了比较。

如摘要中说明的这些研究(Brophy-Baermann,1994)由不同干预、时间段和结果的多重发现组成。许多文章报告在同样的研究范围内评估干预。其中一些也在不同结果上评估了多重干预的效应,例如,在减少劫机、大使馆攻击事件上金属探测器的效应。另外,因为这些研究是中断时间序列,同样的研究不同阶段我们还有多重发现。一些作者也为短期和暂时结构以及长期或者稳定的时间段作报告。因此,以金属探测器为例,在一项研究内我们有四个单独的发现。总的来说,七项研究内我们发现 86 个与评论有关。

为了比较这些多重发现,我们在发现中取出了效应大小。由于报告效应的方法不同,所以当进行元分析时效应的大小必须在整个发现中经常标准化。虽然时间序列的结果反映了之前所提到的挑战,七项研究的积极层面就是所有的研究都用同样

---

① 2005 年 6 月 16 日,David Wilson(乔治·梅森大学)是作者联系人。

的方法报告了他们的发现——作为每个时间段事件的自然发生率上的改变。因此,因为我们为评论挑选的所有研究的作者报告了他们的发现来说明恐怖主义事件的增加或者减少(然而这些事件都是被测量的),我们没有将发现转化为标准化的效应大小。换句话说,我们将时间序列统计数值看作像未标准化的平均增加的前后对比(Lisey and Wilson,2001:42),一般地对比了两个时期干预的效应(处理执行前后)。

很多发现也提供了充足的信息(t-统计量或者改变的标准误差)来计算某效应大小附近的95%置信区间。许多报告除短期效应外的长期效应的情况中没有提供在长期效应上充足的信息去计算标准误差。然而我们还是在视觉上保持效应大小,虽然我们没有把它们包括在元分析中。为了在研究发现中计算一个平均效应大小,我们采用了加权平均效应值、与之相关的标准误差和置信区间。[①]

我们也进行了同质分析来检测假设,即存在一个潜在的人口均值,而该均值的所有效应大小都能被估计。所有加权效应大小能被计算在发现中,我们拒绝了同质假设(同质Q统计量=840.25,df=59)。在不同的时间段希望给出测量不同结果的研究种类。在特定干预的分类内,同质被拒绝。因此,当判断一组研究的平均效应大小时,我们采用了保守随机效应模型,而不是混合效应模型。

# 4. 分析和发现

在一般的干预类别中,我们通过直观呈现和效应大小分析,提出了在两种普通方法下对多重发现的分析。首先,所有的效应大小在所有的结果、干预和结论中显示(图2)。其次,展开了六个单独的元分析,以便在一般干预类别内调查结果的结合,直观地分出长期和短期的运行效果(图3—8)。

## 4.1 所有反恐策略的影响

图2说明了效应大小和从七项研究中得出的86个发现的置信区间。很多效应与零效应非常接近,在统计上不能区别,所以不能说明反恐怖主义策略是有效的或者有害的。当存在负效应(即干预减少了恐怖主义)时,干预也增加了恐怖事件出现的可能性(即效应大于零)。

如我们之前所提示的,由于效应值产生于不同类型的干预、建筑和时间段,所有

---

① 见 Wilson and Lipsey,2001:113—114,也可以见 David Wilson 提供的工作表于 http://mason.gmu.edu/~dwilsonb/downloads/overview.ppt。

反恐怖主义的汇总统计会有误导性,很难解释。因此,我们只报告了以下的统计说明:效应大小平均值为 2.8 起事件(无论标准误差是否报告),表明干预增加了恐怖事件的可能性。然而,当只在报告标准误差的效应大小上用元分析数据时,发现中的加权平均效益大小为 0.30,标准误差为 0.656,95%置信区间为{-0.98,1.59}。计算标准误差的发现中,干预对恐怖主义有效果在统计上不显著。换句话说,在所有的干预研究中,似乎都没有表明与对反恐怖政策的积极影响具有一致性。

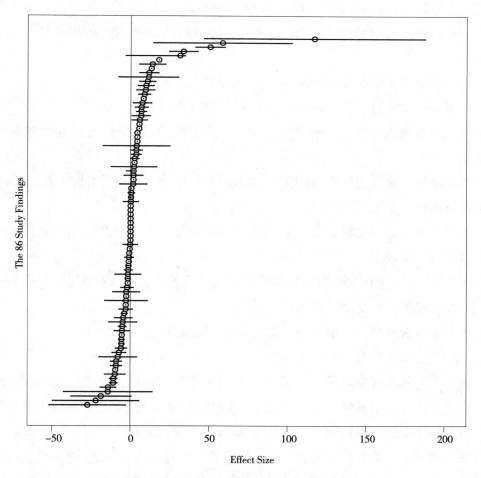

**图 2　效用大小与所有发现的 95%置信区间**

### 4.2　特定干预类别的影响

　　所有的发现呈现了各种策略、结论和时间段。为更好地识别反恐怖计划的效果,我们探究了六种类别的干预和它们各自的效应。在有意义的元分析类别内,为得到足够发现的类别(至少 3 个发现),我们也计算了加权平均值和置信区间。六个类别分别为：

1. 增强机场检测,一般地包括安装金属探测器、增加安检屏幕。

2. 增加保护,包括设防于大使馆和保护外交官。

3. 加长惩罚时间和加强惩罚力度、逮捕和定罪恐怖主义。

4. 联合国反恐怖主义决议。

5. 军事干预和报复。如 19 世纪 70 年代和 80 年代以色列对巴勒斯坦解放组织和黎巴嫩的报复以及 1986 年美国对利比亚的攻击。

6. 政治管理上的变化,如在冷战末端有特定的政治意识形态和集权国家上的减少。

图 3 说明了各个类别的发现,各图标包含了以下属性:

• 纵坐标文字显示了干预的大体类别,并将发现图表化。

• 纵坐标列出各发现中的引用,对于同一引用,长期指标直接在短期副本中呈现。

• 横坐标表示效用大小,效用比 0 大表示恐怖事件在干预后增加负效应,表示干预后恐怖事件在干预后减少。

• 当存在标准误差时,"$\longmapsto$"表示效用大小和效用大小的 95% 置信区间。当置信区间超过 0 呈现了一个不明显效应。

• "$\circ$"有时直接在 95% 置信区间或引用发现上给出,"○"表示没有长期和短期发现的置信区间的情况下的长期发现。

• 每个发现的结果显示下一个效用大小和置信区间。

### 4.2.1 金属检测器和安检屏幕

我们首先将所有发现和增加机场安检潜在置信区间联系起来,再将其图像化。其中研究者们分析了最常见的干预之一。19 世纪 70 年代,这些发现集中在增加的机场安检包括安装金属检测,更一般地为乘客增加安检屏幕。

图 3 展现了一系列干预效应。金属检测器的信任也存在问题,首先金属检测器在机场通常能被识别,从而减少劫持事件。该发现适用短期和长期措施。假设 $\{-8.79,-3.14\}$ 的 95% 置信区间,劫持的机场安检的加权平均效应减少了 6.3 起事件且统计上显著。

然而,图 3 反映了金属检测器成功使用的重要条件。对于效应大小小于 0 的发现(即干预引起恐怖事件的减少),结果都是劫持事件。对于产生负效应的发现(即干预引起恐怖事件增加),结果没有劫持事件。Cauley 和 Im(1988)和 Enders 和

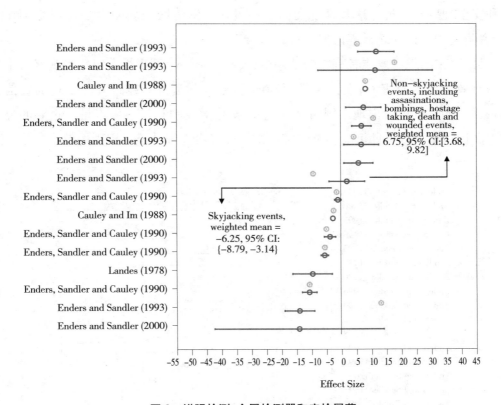

**图 3　增强检测：金属检测器和安检屏幕**

Sandler(1990;1993)反复指出,在其他类型的恐怖主义中,可能会存在其他机场安检的替代效应。换句话说,图 3 说明机场安检可能会减少飞机劫持事件,但能在短期或者长远增加如轰炸、武装攻击、人质挟持和一些包括个体受伤甚至死亡的事件(与非意外事故不同)。据统计,非劫持事件的加权平均效应比劫机恐怖事件增加了 6.8 起,且统计显著。可信区间:{3.68,9.82}。

　　因此,金属检测器的使用能减少劫持事件的同时,它们也会无意识地导致别的形式的恐怖事件的发生,产生替代效应。事实上,当对所有金属检测器效应计算加权平均值时,积极和有害的效应相互取消,加权平均值−0.96 统计上不显著(可信区间:{−2,91,0.998})。

　　显著的,接近于 0。这说明没有科学证明干预的有效性。这些加权平均效应大小在统计上不显著(加权平均效应大小为 0.45)。总之,发现没有表明大使馆的设防和外交官的保护有效减少了恐怖主义攻击。

　　**4.2.2　加强设防于大使馆和保护外交官**

在第二大类中,我们将设防于大使馆保护外交官的干预图像化,特别是联合国大会和安全理事会成员。这些发现在图 4 中说明。置信区间表明很多发现是不显著的,说明这些干预缺乏科学证据。

　　另外,在出现有效或者有害的结果中,没有任何一个逻辑性分组。当观察每个发现为有效的或者有害时,在图 4 难识别的区域(0 附近或者越过 0 的发现的置信区间),没有明显的模式出现。例如,死亡事件就是潜在的有效事件也是不重要的反恐怖主义计划。劫持事件可能会有有害的结果或者没有统计上可识别的效果。

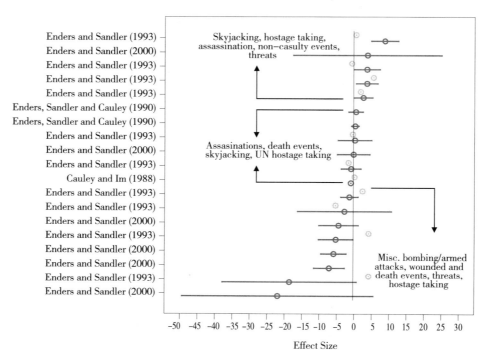

**图 4　增加保护:设防于大使馆保护外交官**

### 4.2.3　加强惩罚力度

　　Landes(1978)只提出了关于加强对劫持者的惩罚力度(如图 5)。在 Landes 的研究中并没有出现加强惩罚力度在统计上能识别于减少劫机事件。这并不意味着这些策略无效,时间序列分析的方法在他的研究中更高级。然而若没有一点以往事件证据,之后的事件将不能证明。

### 4.2.4　反恐怖主义的联合国决议

　　在文献中提到的另一种干预是利用联合国决议对抗恐怖主义。虽然这些决议在自然中更一般,但是它们通过建立加强反恐怖主义民族政策的国际性形式能起到大体的遏制效果。如图 6,只有 Enders 等人(1990)发现只有一个联合国决议对付空中

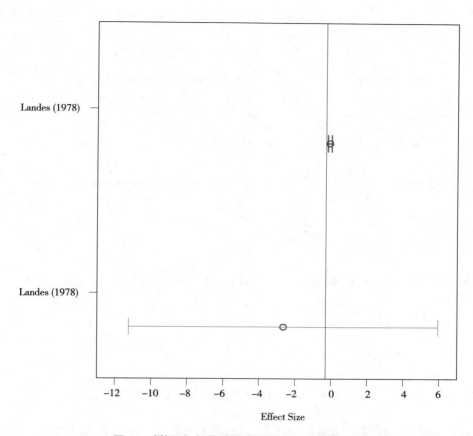

**图 5　对劫机加长监狱处罚时间或加强惩罚力度**

劫持,认为无论从短期还是长远看,机场金属检测器都有效减少了劫机事件(该发现在图的底部)。第二个发现(在图 6 中间)表明若没有金属检测器的使用对减少恐怖主义并没有帮助。进一步,防止和处罚反抗国际性的保护人的罪行在统计上并没有明显效果。

### 4.2.5　军事报复

对于一个我们常研究的事件:利比亚参与了在西柏林 Labelle 迪斯科舞厅的轰炸事件后,1986 年美国攻击了利比亚。Prunckun 和 Mohr(1997)提出从长远看,袭击可能有遏制效果,如在减少美国武装范围的攻击。然而,Enders 和他的同事用一系列自量自回归法分析发现短期内袭击无意识的有害结果和长期不能识别的效应(Silke,2005)。

Enders 和他的同事发现了这些效应的细微差别。在图 7 中反映的发现指出对利比亚攻击的短期影响(短期区别不像金属检测器,对利比亚的攻击在事件序列上是

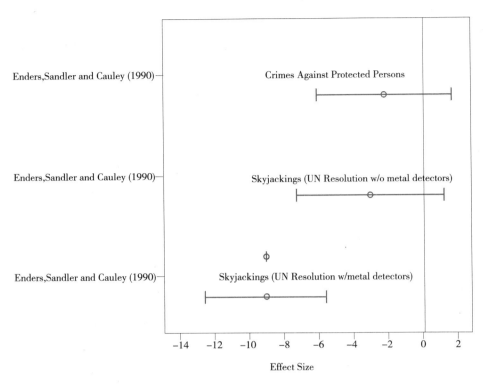

**图 6　干预决议:联合国反恐怖主义决议**

不连续的)和以色列对巴勒斯坦的攻击。图 7 反映了对利比亚的攻击增加了短期内恐怖主义的攻击且在统计上显著,其中加权平均效应大小达到了 15.33 起事件,95% 置信区间为{3.46,27.2}。然而,图 7 也反映了利比亚攻击影响了非意外事件,恐吓和其他轰炸比资源利用攻击(Enders et al.,1990)更多,资源利用攻击如劫持、人质事件和导致死亡和个体受伤的事件。另外,具体的报复研究增加了对美国、联合国、以色列的攻击。

### 4.2.6　政治管理的变化

最后,我们将"政治管理"干预图像化,这不是传统意义上的干预,恐怖主义扩大和各种各样的竞技场有关,例如,Barros(2003)分析了关于 ETA 恐怖主义效应,在西班牙拥有社会党权力的效应(即更褊狭和严厉的政党对抗政治群体),而 Enders 和 Sandler(2000)调查了关于恐怖主义事件序列的冷战争末端效应。

综合图 8 的结果来看,一个采取更严厉反恐政策的政党,并不一定会增加恐怖主义事件,正如在第二次世界大战末期那样。虽然置信区间的左边显示无效应,但是该发现的加权平均效应为 6.16(置信区间为[-0.46,12.79])。然而,同种检验并不呈

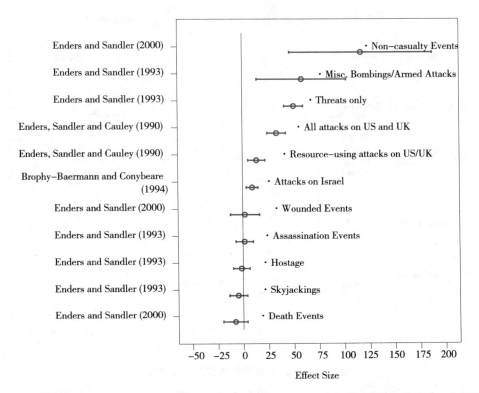

**图7　国家军事报复:以色列军队对巴勒斯坦解放组织的报复攻击 & 美国对利比亚和黎巴嫩的报复**

现卡方分布。当运行该类别的混合效应模型时,结果显示,对恐怖主义的不容忍,以及"二战"末期,均不能减少恐怖主义,而且该影响具有统计学上的显著性(加权平均为 4. 23,置信区间为｛2. 56,6. 20｝)。

各个发现反映了在更危险的结果中(暗杀、致死或受伤的事件)反映了褊狭政党和冷战末期的有害影响,而这些政治管理减少了不严重事件和非意外事件的可能性。

# 5. 讨　论

通过综合上述 7 项采用了中等到高等效度设计的研究的数据,所得的结果为进一步研究反恐项目提供了不少有趣的启示。最重要的一点是,通常使用的反恐策略,如军事报复行动、建筑物防御工事、联合国决议或其他法律,加大惩罚力度,都未必能取得预想中的效果。在许多案例中,所采取的措施其实产生了负面效果,也就是反而增加了恐怖主义事件的发生几率。

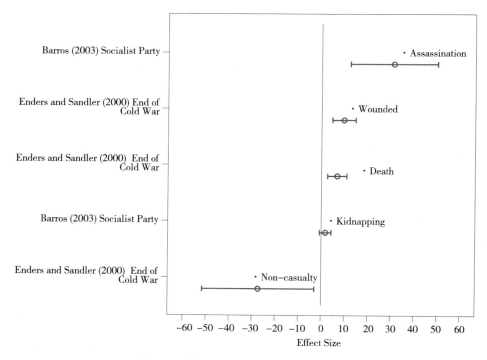

图 8　政治管理:社会党的权利和冷战末期

　　进一步,不同的效应是根据不同结果测量的。金属检测器用来减少机场劫持,但是 Cauley 和 Im( 1988 )、Enders 和他的同事强调可能存在替代效应导致别的类型的恐怖主义不包括飞机的增加。军事报复也能导致恐怖主义的增加,虽然这些增加可能是短期的,但是致死性更小,恐吓和其他的恐怖活动不会用大量资源。

　　这些发现证实了我们最初关于反恐怖主义策略猜测。反恐怖计划和政策在增加,大量治理恐怖主义的费用也在增加。我们几乎不知道任何计划的效果。从20000 多篇文章中我们发现只集中在少数特定干预,常包括同批研究者用类似的方法调查相似的数据库。显然,大量列出的反恐怖主义政策需要效用评价或者至少用已经存在的科学评价进行报告是综述中最重要的政治推荐,而资金的重要性和对反恐怖主义计划科学评价的鼓励与之非常相关。

　　恐怖主义领域评估数量少是有原因的。首先,克服恐怖主义的实际问题,无论是定性研究还是定量研究都非常困难。不仅事件稀少,而且分析单位(即采用恐怖暴力的个体/群体或者恐怖主义的实际事件)很难定位和研究。恐怖主义研究缺乏研究事件,不像犯罪学的研究一样,包含常发生事件中的大量数据,使得在分析的识别方面更具挑战性。进一步,在预防恐怖主义计划中强调了使用犯罪数据出现的挑战。

这包含了主要计划中，探究干预效应的困难。在这些计划中，处理效应不清晰或者别的解释很难控制。对于恐怖主义，处理的定义不清晰以至于无法达到计划的效果。

组合这个问题是反恐怖主义事业的本质，不像现在发生地方政治被秘密掩盖。因此，关于事变的信息和结果在科学目的上是非常难收集的。由于得到的数据，在创建精确性和可靠性清晰的标准上还存在问题。经过 UCR 报告和其他标准化过程，问题在政治统计标准改革上被过度强调。进一步，在评估方面，实验特异的计划效果的实验性规划中可能存在不情愿的情况（在政治评估上，克服不情愿有不同的程度，Sherman 等人（1992）在家庭暴力中的干预）。像我们上面报道的事件研究描述的，这些评估应该追溯既往地被管理。这些研究揭示了一些重要的效应，这些效应由于调整计划无效而减弱或在不断评估过程中增加了度量的敏感度。

研究者能拓展评估类别。评估能用存在的数据库实验主要的干预效果，像爱国行动。由于主动权被 DHS 基金支持，迭代数据库的可用性，MIPT 得到的文件和会在网络上出现的新数据将会刺激更详细的恐怖主义分析，虽然该分析是评论性的。通过重要的上下文信息的增加，该数据的改进有助于揭露影响事件的多重因素。

另外，需要建立一种新机制，正如情报界所反映的那样，把研究者和执法机构结合起来。近几年发表的大量文献如上文提到的文件，对探究恐怖主义非常有兴趣。其中的挑战就是将同样严格的研究标准引用到刑事司法领域以及让情报界信服我们正努力提供帮助。用系统效应评估法从事评估研究和干预管理的情愿性是新议程上非常重要的一部分。通过报告标准和可靠性措施的引入提高数据质量将长期加强主动性。

# 6. 致　谢

感谢 Campbell Collaboration 的经济支持和宾夕法尼亚大学 Jerry Lee 犯罪学中心提供草案和审核的准备。教务长办公室、罗格斯纽约克分校和罗格斯刑事司法学校为最初的目录筛选对罗格斯纽约克分校公共安全研究中心提供了原始资金。我们特别感激 David Wilson 提供了方法学帮助和 Phil Davies 对摘要作出的贡献。特别感谢 Louise Stanton，Michelle Grillo，Lauren Giordano，Denorah Vegh 和 Sue-Ming Yang 的帮助，Peter Grabosky 和匿名评论者的有用评论。

# 7. 参考文献

Abadie, A. and Gardeazabal. J. (2001). The economic costs of conflict: A case control study for the Basque Country. NEBR Working Paper 8478. Cambridge, MA.

Barros, C.P. (2003). An intervention analysis of terrorism: The Spanish Eta case. Defence and Peace Economics, 14(6), 401−412.

Bisson, J. and Andrew, M. (2005). Psychological treatment of post-traumatic stress disorder (PTSD). The Cochrane Database of Systematic Reviews, Issue 3. Art. No.: CD003388. pub2. DOI: 10.1002/14651858. CD003388. pub2.

Boruch, Robert F., Snyder, B., and DeMoya, D. (2000). The importance of randomized field trials. Crime and Delinquency, 46, 156−80.

Bozzette, Samuel A., Boer, R., Bhatnagar, V., Brower, J.L., Keeler, E.B., Morton, S.C. et al. (2003). A model for smallpox-vaccination policy. New England Journal of Medicine, 348(5), 416−425.

Brophy-Baermann, B. and Conybeare, J. A. (1994). Retaliating against terrorism: Rational expectations and the optimality of rules versus discretion. American Journal of Political Science, 38(1), 196−210.

Cauley, J. and Im, E. (1988). Intervention policy analysis of skyjackings and other terrorist incidents. The American Economic Review, 78(2), 27−31.

Chauncey, R. (1975) Deterrence: Certainty, deterrence, and skyjacking. Criminology, 12(4), 447− 473.

Cohen, S. (1972). Folk devils and moral panics: The creation of the mods and rockers. Oxford: Blackwell.

Congressional Budget Office. (2002). The budget and economic outlook: Fiscal years 2003 to 2012. Washington, DC: Congress of the United States.

Congressional Budget Office. (2005). The budget and economic outlook: Fiscal years 2006 to 2015. Washington, DC: Congress of the United States.

Cook, T. and Campbell, D. (1979). Quasi-experimentation: Design and analysis issues for field settings. Chicago: Rand McNally.

Crenshaw,M.(1992).Current research on terrorism:The academic perspective.Studies in Conflict and Terrorism,15(1),1-11.

Cullen,F.T.and Gendreau,P.(2000).Assessing correctional rehabilitation:Policy, practice,and prospects. In Horney, J. (Ed.), Policies, processes, and decisions of the criminal justice system:Criminal justice 3.Washington,DC:National Institute of Justice,U. S.Department of Justice.

Davies,H.O.,Nutley,S.and Smith,P.C.(2000).What works:Evidence-based policy and practice in public services.London:Policy Press.

Enders,W.and Sandler,T.(1993).The effectiveness of antiterrorism policies:A vecto-rautoregression-intervention analysis. The American Political Science Review, 87 ( 4 ), 829-844.

Enders,W.and Sandler,T.(2000).Is transnational terrorism becoming more threatening? Journal of Conflict Resolution,44,307-332.

Enders,W.and Sandler,T.(2002).Patterns of transnational terrorism,1970-1999:Alternative time-series estimates.International Studies Quarterly,46(2),145-165.

Enders,W.,Sandler,T.,and Cauley,J.(1990).UN conventions,terrorism,and retaliation in the fight against terrorism:An econometric evaluation.Terrorism and Political Violence,2(1),83.

Farrington,D.(2003).Methodological quality standards for evaluation research.The Annals of the American Academy of Political and Social Science,587(1),49-68.

Farrington,D.and Petrosino,A.(2001).The Campbell Collaboration Crime and Justice Group.Annals of the American Academy of Political and Social Science,58,35-49.

Gillespie,K.,Duffy,M.,Hackmann,A.and Clark,D.(2002).Community based cognitive therapy in the treatment of posttraumatic stress disorder following the Omagh bomb behaviour.Research and Therapy,40,345-357.

Guinnessy,J.,and Dawson.P.(2002).Terrorism drives Bush R and D money to defense and NIJ:The science funding flat in fiscal 2003.Physics Today,55,30.

Halkides,M.(1995).How not to study terrorism.Peace Review 7,253-260.

Halloran,M.El.,Longini Jr.,I.M.,Nizham,A.and Yang,Y.(2002).Containing bioterrorist smallpox.Science,298,1428-1432.

Hoffman,B.(1992).Current research on terrorism and low-intensity conflict.Studies in

Conflict and Terrorism, 15, 25-37.

Issues in Science and Technology ( Report ). ( 2002 ). Federal R and D in FY 2002 will have biggest percentage gain in 20 years. Issues in Science and Technology, 18, 23.

Jefferson T., Demicheli, V., Deeks J., Graves, P., Pratt, M., and Rivetti, D. ( 1998 ). Vaccines for preventing anthrax. The Cochrane Database of Systematic Reviews, Issue 1. Art. No.: CD000975. DOI: 10.1002/14651858. CD000975.

Johnston, R.G., Garcia, A.R.E., and Pacheco, A. ( 2002 ). The efficacy of tamper indicating devices. Journal of Homeland Security, April. Los Alamos National Laboratory, Vulnerability Assessment Team. Available online at: http://www. homelandsecurity. org/journal/articles/displayArticle.asp? article = 50.

Lallement, G., Clarencon, D., Masqueliez, C., et al. ( 1998 ). Never agent poisoning in primates: Antiletal, anti-epileptic and neuroprotective effects of GK-11. Archives of Toxicology, 72, 84-92.

Landes, W.M. ( 1978 ). An economic study of U.S. aircraft hijackings, 1961-1976. Journal of Law and Economics 21, 1-31.

LeVine, V. T. and Salert, B. A. ( 1996 ). Does a coercive official response deter terrorism? The case of the PLO. Terrorism and Political Violence, 8( 1 ), 22-49.

Lipsey, M. and Wilson, D. ( 2001 ). Practical meta-analysis. Applied Social Research Methods Series 49. Thousand Oaks: Sage.

Lum, C. and Yang, S. ( 2005 ). Why do evaluation researchers in crime and justice choose non-experimental methods? Experimental Criminology, 1, 191-213.

Macilwain, C. ( 2002 ). Bush goes to war as budget boosts R and D. Nature, 415, 564.

MacKenzie, D. ( 2000 ). Evidence-based corrections: Identifying what works. Crime and Delinquency, 46, 457-71.

Martz, H. and Johnson, M. ( 1987 ). Risk analysis of terrorist attack. Risk Analysis, 7 ( 1 ), 35-47.

McCord, J. ( 2003 ). Cures that harm: Unanticipated outcomes of crime prevention programs. Annals of the American Academy of Political and Social Science 587: 16-30.

Merari, A. ( 1991 ). Academic research and government policy on terrorism. In C. McCauley ( Ed. ), Terrorism research and public policy. London: Frank Cass.

Mickolus, E. ( 1980 ). Transnational terrorism: A chronology of events 1968 - 1979.

Westport: Greenwood.

Mickolus, E. (1982). International terrorism: Attributes of terrorist events, 1968-1977 (ITERATE 2). Ann Arbor: Inter-University Consortium for Political and Social Research.

Mickolus, E., Sandler, T. and Murdock, J. (1989). International terrorism in the 1980s: A chronology of events. 2 Volumes. Ames: Iowa State University Press.

Mickolus, E., Sandler, T., Murdock, J. and Fleming, P. (1989). International terrorism: Attributes of terrorist events 1978-87 (ITERATE 3). Dunn Loring: Vinyard Software.

Mickolus, E., Sandler, T., Murdock, J. and Fleming, P. (1993). International terrorism: Attributes of terrorist events 1988-91 (ITERATE 3). Dunn Loring: Vinyard Software.

Miller, R. (1988). The literature of terrorism. Terrorism, 11, 63-87.

Nutley, S. and Davies, H.O. (1999). The fall and rise of evidence in criminal justice. Public Money and Management, 19, 47.

Prunckun, H. and Mohr, P. (1997). Military deterrence of international terrorism: An evaluation of Operation El Dorado Canyon. Studies in Conflict and Terrorism, 20, 267-280.

Quinn, C., Semenova, V., Elie, C. M., et al. (2002). Specific, sensitive, and quantitative enzyme-linked immunosorbent assay for human immunoglobulin G antibodies to anthrax toxin protective antigen. Emerging Infectious Diseases, 8(10), 1103-1110.

Romano, T. (1984). Terrorism: An analysis of the literature. Dissertation, Fordham University, Department of Sociology, Criminology and Penology.

Rose, S., Bisson, J., Churchill, R., and Wessely, S. (2002). Psychological debriefing for preventing post traumatic stress disorder (PTSD). The Cochrane Database of Systematic Reviews, Issue 2. Art. No.: CD000560. DOI: 10.1002/14651858.CD000560.

Schmid, A. (1983). Political terrorism: A research guide to concepts, theories, databases, and literature. New Brunswick: Transaction Books.

Schmid, A.P. and Jongman, A.J. (1988). Political terrorism: A new guide to actors, authors, concepts, databases, theories and literature. Amsterdam: North-Holland Publishing Company.

Shadish, W., Cook, T. and Campbell, D. (2002). Experimental and quasi-experimental designs for generalized causal inferences. Boston: Houghton-Mifflin.

Sherman, L.W. (1992). Policing domestic violence: Experiments and dilemmas. New York: Free Press.

Sherman, L.W. (1998). Evidence-based policing. Second Invitational Lecture on Ideas in Policing. Washington, DC: Police Foundation.

Sherman, L.W., Farrington, D.P., Welsh, B.C. and MacKenzie, D.L. (Eds.). (2002). Evidence based crime prevention. London: Routledge.

Sherman, L.W., Gottfredson, D., MacKenzie, D.L., Eck, J., Reuter, P. and Bushway, S. (1997).

Preventing crime: What works, what doesn't, what's promising: A report to the United StatesCongress. Washington, DC: National Institute of Justice.

Silke, A. (ed.). (2004). Research on terrorism: Trends, achievements and failures. New York: Taylor and Francis.

Silke, A. (2005). Fire of Iolaus: The role of state counter-measures in causing terrorism and what needs to be done. In T. Bjorgo (Ed.), Root causes of terrorism: Myths, reality and ways forward. Oxford, UK: Routledge.

Smith, Brent L. and Orvis, Gregory P. (1993). America's Response to Terrorism: An Empirical Analysis of Federal Intervention Strategies During the 1980's. Justice Quarterly, 10(4):661-681.

Smith, B.L., Damphousse, K.R., Jackson, F. and Sellers, A. (2002). The Prosecution and punishment of international terrorists in federal courts: 1980 - 1998. Criminology and Public Policy, 1(3), 311-338.

Stein, D.J., Zungu-Dirwayi, N., van der Linden, GJH., and Seedat, S. (2000). Pharmacotherapy for post traumatic stress disorder (PTSD). The Cochrane Database of Systematic Reviews, Issue 4. Art. No.: CD002795. DOI: 10.1002/14651858.CD002795.

U.S. House of Representatives. (2004). Effective strategies against terrorism: Hearing before the Subcommittee on National Security, Emerging Threats and International Relations of the Committee on Government Reform. One Hundred Eighth Congress, Second Session, February 3. Available online at: http://www.mipt.org/pdf/Effective-Strategies-Against-Terrorism.pdf.

Walter, E.V. (1969). Terror and resistance: A study of political violence with case studies of some primitive African communities. New York: Oxford University Press.

Weisburd, D., Lum, C. and Petrosino, A. (2001). Does research design affect study outcomes in Criminal Justice? The Annals of the American Academy of Political and Social

Science, 578, 50-70.

Weisburd, D., Petrosino, A. and Lum, C. (Eds.). (2003). Assessing systematic evidence in crime and justice: Methodological concerns and empirical outcomes (Preface). The Annals of the American Academy of Political and Social Science, 587, 6-14.

Wilkinson, P. (1977). Terrorism and the liberal state. New York: John Wiley and Sons, Inc.

Zussman, A. and Zussman, N. (2005a). Targeting killings: Evaluating the effectiveness of acounterterrorism policy. Discussion Paper. Bank of Israel, Research Department.

Zussman, A. and Zussman, N. (2005b). Assassinations: Evaluating the effectiveness of a counterrorism policy using stock market data. Cornell University, Dept. of Economics.

# "杠杆型"集中威慑策略对犯罪的影响

## The Effects of "Pulling Levers" Focussed Deterrence Strategies on Crime

作者:Anthony A.Braga and Davie L.Weisburd

译者:李玉都　朱耀云　核定:张金武　张彦

## 内容概要

　　为防止帮派犯罪和团伙犯罪,美国不少警察部门正在试用一种新型的问题导向警务模式,该模式一般被称为"拉动杠杆型"集中威慑策略。这种集中威慑策略推崇重点威慑理念,如增加犯罪风险,并为实现该目标寻找有创意的新型方法来部署传统或非传统的警务措施,比如针对特定犯罪人,直接或间接地传达相关奖惩措施等。这种策略率先在波士顿实施,用来制止当地严重的帮派暴力犯罪。目前为止,通过联邦政府资助项目,该策略已经在美国许多城市得以应用。简单而言,该方法包括选择帮派杀人犯罪等特定的犯罪问题;组建包括执法部门、社会服务人员和社区工作者的跨部门工作组;进行研究以确定重点的罪犯、犯罪团伙以及犯罪模式;针对犯罪分子和犯罪团伙采用灵活多样的制裁措施("拉动杠杆")作为回应措施,以防止他们继续犯罪;针对特定罪犯和犯罪团伙,集中社会服务和社区资源,配合警察部门的犯罪预防工作;直接并反复与罪犯们沟通,使他们明白为什么会受到这种特别关注。这些新型战略方法已经被用来对付一系列的犯罪问题,如公开的毒品市场和个体累犯,并且收到令人乐观的犯罪下降的效果。

本研究对关于"拉动杠杆型"集中威慑犯罪策略的现有评估研究进行综合,从而对该策略的影响效力作出比较全面的评估。

入选研究须符合以下三个标准:(1)研究项目应该具有"拉动杠杆型"集中威慑犯罪策略的关键因素;(2)应当有一个对照组;(3)至少要报道一种犯罪结果。研究分析单位必须是人或地方。

为保证能穷尽式搜索一切符合条件的研究资料,本研究使用了下面几种搜索策略。第一,在一系列在线摘要数据库中使用关键词搜索的方法。第二,我们研读了以往有关检测"拉动杠杆型"集中威慑项目效果的叙述性或实验性综述文章所列出的文献目录。第三,我们进一步搜索了那些被引用过影响深远的有关集中威慑策略的研究文章。第四,我们搜索了与警察预防犯罪效果有关的综述性文章的文献目录,以及过去完成的 Campbell 系统的评述警察预防犯罪效果有关的文章目录。第五,我们手工检索了本领域的一些顶尖期刊。

对于搜索到的十篇符合条件的研究报告,我们对这些研究报告涉及的预防措施项目对犯罪结果的主要实验效果予以了综述性评论和正式的 Meta 分析。

通过述评发现,十个入选评估研究中有九个报告了有统计显著性意义的犯罪行为减少现象。但是,应当注意的是,这十项评估研究全部使用了非随机准实验设计;我们没有搜索到相关随机对照实验。此外,Meta 分析结果提示,"拉动杠杆型"集中威慑策略与总体上具有统计显著性意义的中等程度的犯罪减少效果存在关联。

我们的结论是"拉动杠杆型"集中威慑策略对于减少犯罪应该是有效的。但是,我们建议在解读这些结果时应当保持谨慎,因为现有的涉及该方法的科学证据尚缺乏更为严谨的随机对照实验。

# 1. 研究背景

威慑理论认为,犯罪分子如果意识到犯罪的成本高于犯罪所获得的利益,其犯罪行为就可以被遏制(Gibbs,1975;Zimring and Hawkins,1973)。大部分关于威慑功能的讨论集中于区分"一般威慑"和"专门威慑"(Cook,1980)。一般威慑的理念是指,普通民众如果清楚犯罪后必受的惩罚,将不敢贸然去犯罪。而专门威慑是指对犯罪人施加惩处,以防止他们将来继续犯罪。很多评估威慑功能的文章都聚焦于通过改变与某些犯罪有关的惩罚的确定性、迅捷性及严重程度以达到预防这些犯罪的效果。

鉴于越来越多的证据表明警务威慑策略的有效性,近期出现了一种警务创新模式,即集中威慑模式,通常被称为"拉动杠杆型"警务模式(Kennedy,1997,2008)。20世纪90年代,这种模式在波士顿率先使用,作为问题导向的警务项目,用以制止当地严重的帮派犯罪活动(Kennedy,Peel,and Braga,1996)。此后,通过联邦政府资助的各种预防犯罪项目,集中威慑模式已在美国很多城市得以实施,比如"社区安全主导战略替代"项目以及"社区安全"项目(Dalton,2002)。集中威慑策略推崇其核心的威慑理念,比如增加犯罪分子所面临的风险,并为实现该目的寻找有创意的新型方法来部署传统或非传统的警务措施,比如针对特定罪犯,直接传达各种奖惩措施。

在其最简单的形式,集中威慑方法包括选定特定犯罪问题,比如青少年杀人犯罪;召集跨部门的工作小组,包括警察、社会服务人员、社区从业者;研究确定主要罪犯、帮派以及犯罪模式;针对犯罪分子和犯罪团伙采用灵活多样的制裁措施("拉动杠杆")制作反应预案,以防止他们继续犯罪;针对特定罪犯和帮派,集中社会服务和社区资源以配合警察的预防措施;直接并反复地与罪犯沟通,使其明白为什么会受到如此特殊关注(Kennedy,1997,2006)。集中威慑方法也与最近的警察创新理论相一致,该理论认为,那些寻求在扩充治安措施手段的同时能够更注重实施多种预防犯罪项目的方法可能会更为成功(Weisburd and Eck,2004)。

在美国,虽然未经正式评估,"波士顿停火行动"集中威慑策略被普遍誉为一个空前的成功(Butterfield,1996;Witkin,1997)。因为在1996年5月中旬波士顿充分推行该策略后,当地青少年杀人犯罪活动数量惊人地下降。但是,随后出现了更为严谨的相关研究。其中一项美国司法部资助的准实验评估报告认为,该威慑策略只与波士顿每月青少年杀人犯罪活动下降数量的63%有关(Braga et al.,2001)。其他有关波士顿犯罪趋势的调查则对波士顿方法在预防犯罪的价值方面持有更多的怀疑(e. g.,Fagan,2002;Rosenfeld et al.,2005)。

自从"波士顿停火行动"的评估报告发布以后,美国其他一些城市也相继出版了类似的关于集中威慑策略的评估报告,如芝加哥(Papachristos et al.,2007)、洛杉矶(Tita et al.,2003)以及印第安纳波利斯(McGarrell et al.,2006)。这些评估报告也报道了与集中威慑策略相关联的令人瞩目的犯罪下降现象。集中威慑策略的基本原理还被应用到公开的毒品市场问题(Kennedy,2009)以及滥用物质缓刑人员的重复犯罪问题(Hawken and Kleiman,2009),并且据报道都取得了积极的预防犯罪效果。

鉴于集中威慑策略在美国日趋普及,以及其遏制犯罪的价值犹存争议,有必要对集中威慑策略预防犯罪效果的实践证据予以系统审视,以衡量该方法在预防犯罪方面的价值。

# 2. 研究目的

本文旨在综合现有已发表的以及未公开发表的有关"拉动杠杆型"集中威慑制止犯罪策略的有效性方面的相关实验证据,并对该方法的预防犯罪价值加以系统的评估。通常情况下,这些新方法代表了在问题导向警务框架下威慑策略的特殊运用(Kennedy,2006;Braga,2008a;Goldstein,1990;Eck and Spelman,1987)。简单来说,许多集中威慑策略使用以问题为导向的警务过程(察看、分析、反应和评估)来构建跨部门的反应机制,以威慑长期犯罪分子团伙,预防其继续进行暴力冲突。但是,最近以来,这些集中威慑策略的基本原则已经被用来对付更广泛的问题,例如公开的毒品市场(Kennedy,2009)。本文将会包括这些广义概念上的集中威慑策略。

# 3. 研究方法

## 3.1 包含标准和排除标准

### 3.1.1 研究类型

只有那些含有对照组设计且评估前后都有检测的研究才符合本文主要分析的要求。有几项知名的"拉动杠杆型"集中威慑评估研究(Braga et al.,2001;McGarrell et al.,2006)的对照组采用现代警务常规的犯罪对策,其中包括兼用传统的警务对策(如随机巡逻、快速反应以及特别调查)和问题导向的技巧型社区对策,虽然某些控制区域在社区警务和问题导向警务中可能使用了策略性预防措施,但其对照区域都没有使用集中威慑策略来应对犯罪问题。此外,这种对照组研究必须为实验或准实验的(非随机的)(Campbell and Stanley,1966;Cook and Campbell,1979)。

### 3.1.2 分析单位类型

"拉动杠杆型"集中威慑策略谋求通过有策略地运用执法和社会服务资源以影响个体犯罪行为、促其转为社会期望行为。但是,根据现有的"拉动杠杆型"集中威慑策略在防止犯罪的有效性方面的研究,目前发表的相关评估报告中仅报道了特定地区综合性测量的潜在犯罪行为水平(Wellford et al.,2005)。例如,在波士顿,"拉动杠杆型"干预策略只针对涉帮派罪犯的暴力行为,但评估者通过整个城市总体严重刑事犯罪的趋势来研究涉帮派罪犯的行为变化。

### 3.1.3 干预措施种类

适合本篇文章研究的干预措施必须是经过确认的集中威慑策略。如肯尼迪(2006:156—157)所描述,"拉动杠杆型"行动往往遵循以下基本框架:

- 挑选一种特定的犯罪问题,如青少年杀人犯罪或街道毒品交易犯罪。
- 组建一个跨部门的执法小组,通常包括警察、缓刑官、假释官、地方或联邦检察官,以及有时包括联邦执法部门。
- 展开调查,通常严重依赖一线有经验的警察来确认重点罪犯——常是帮派罪犯,如街道黑帮、贩毒团伙等——以及其犯罪行为方式。
- 针对这些犯罪及犯罪团伙,制定特定执法方案,并且设计明显影响其犯罪情境的措施,比如,可以利用一切可以利用的法律武器(或称杠杆)来制裁犯罪团伙,如那些成员实施严重犯罪的贩毒团伙。
- 针对同一批罪犯或帮派,配合上述执法方案,在受影响社区,同样着力于提供社会服务或道德规劝。
- 直接并反复与罪犯和犯罪帮派相沟通,让他们知道自己受到特别的关注,知道什么样的违法行动(比如开枪)会受到特别关注,在什么时间特定的罪犯和帮派会受到关注,并且知道他们能做什么以避免警察对其采取行动。其中一种沟通方式是"开会""通知"或"顺访",就是邀请或指令罪犯(通常因为他们处在假释或缓刑期间)与执法部门、社会服务提供者及社区工作人员见面座谈。

我们运用此基本框架来协助判定某项特定项目是否采用了集中威慑方法。但是,需要注意的是,本综述所认可的项目并不一定完全遵循肯尼迪(2006)所认定的"拉动杠杆型"的具体步骤。"拉动杠杆型"集中威胁策略经常被设定为问题导向的行动,即对反复发生的特定犯罪问题进行研究分析,所制定的反应措施也高度适应当地的具体情况和行动能力。为此,我们完全可以预料到,本系统综述所认可的"拉动杠杆型"集中威慑策略将会以各种形式出现。

### 3.1.4 结果评估种类

符合条件的研究项目对集中威慑干预策略实验效果的测评必须是基于官方记录的本地犯罪率或个人犯罪率。恰当的犯罪测量措施包括犯罪事件报告、市民紧急呼叫服务以及拘捕数据。本文特别关注了那些对犯罪转移或犯罪控制效益扩散现象进行评估的研究成果。例如,肯尼迪(2006)所描述的在北卡罗来纳州高地市所实施的以当地混乱的毒品市场为目标的"拉动杠杆型"集中威慑策略。有学者批评那些聚焦特定地域的犯罪预防策略会导致犯罪转移到其他地区(Repetto,1976)。最近,一些学者观察到,一些防止犯罪的项目会导致完全与犯罪转移相反的结果,即犯罪控制的效益超过预期并"溢出"影响到目标区之外的区域(Clarke and Weisburd,1994)。本文也评估了犯罪转移和效益扩散的测量方法,以及犯罪转移的(空间、时间、目标、作案手法)种类。

## 3.2 筛选研究中的搜索策略

本文使用了多种搜索策略以对符合条件的文献进行穷尽式搜索。第一,在一系列的在线摘要数据库中进行关键词搜索。第二,我们研读了过去检测"拉动杠杆型"集中威慑策略项目效果的叙述性及实验性研究的文献目录(Kennedy,2006,2008;Wellford et al.,2005;Skogan and Frydl,2004)。第三,我们进一步搜索了那些被引用过的影响深远的有关集中威慑策略的研究文章(Kennedy et al.,1996;Kennedy,1997;Braga et al.,2001;McGarrell et al.,2006;Papachristos et al.,2007)。第四,我们搜索了有关警察犯罪预防效果的综述性文章的文献目录(Braga,2008a;Braga,Kennedy,and Tita,2002;Sherman,2002;Weisburd and Eck,2004)以及过去完成的 COMPBELL 系统的评述警察犯罪预防效果的相关文章目录(Braga,2007;Mazerolle et al.,2007;Weisburd et al.,2008)。第五,我们手工搜索了在本领域的一些顶尖期刊。①

我们的搜索在 2010 年 5 月至 9 月之间全部完成。因此,我们的研究只涵盖那些

---

① These journals were:Criminology,Criminology & Public Policy,Justice Quarterly,Journal of Research in Crime and Delinquency,Journal of Criminal Justice,Police Quarterly,Policing,Police Practice and Research,British Journal of Criminology,Journal of Quantitative Criminology,Crime & Delinquency,Journal of Criminal Law and Criminology,and Policing and Society.Hand searches covered 1979-2009.

在 2010 年或更早时间发表的研究报告。第六,在完成上述相关搜索并研读后文所列文章后,我们在 2010 年 9 月将符合我们研究条件的文章清单电邮给在犯罪理论和刑事司法领域熟谙集中威慑策略的 90 位顶尖级学者。这些学者的择选条件是,至少有一篇文章被列入我们所确定的文章清单,或参与过国家科学院关于警察研究(Skogan and Frydl,2004)和枪支研究(Wellford et al.,2005)的述评工作,以及其他(本文)作者所确定的顶尖学者。这些专家能够帮我们发现上述搜索方法所遗漏的研究,特别是那些未公开发表的研究。第七,我们在研究伊始及过程中不断请教一位信息方面的专家,以确保我们使用了正确的搜索策略来筛选适合本文所需要的研究。①

下列为用于搜索的 15 个数据库:

1. 社会学摘要

2. 社会科学摘要

3. 社会科学引用目录

4. 艺术与人文搜索

5. 刑事司法摘要

6. 国家刑事司法参考文献服务(NCJRS)摘要

7. 教育资源信息交换中心(ERIC)

8. 法制资源目录

9. 论文摘要

10. 政府出版物办公室,月刊目录(GPO 月刊)

11. 谷歌学者

12. 在线计算机图书中心(OCLC)搜索优先

13. CINCH 数据搜索

14. C2 SPECTR(CAMPBELL 联合社会学、心理学、教育学及犯罪学试验注册数据库)

15. 刑事司法期刊目录

下列为用于搜索上述 15 个数据库的关键词:

1)拉动杠杆和警察

2)问题为导向的警务策略

3)警察和累犯

---

① 罗格斯大学刑事司法学院 Gottfredson 图书馆的 Phyllis Schultze 女士完成了摘要的初步搜索并在后面整个搜索过程中提供了建议。

4）警察和帮派

5）警察和枪支

6）制止帮派犯罪

7）集中威慑

8）威慑严重罪犯

9）策略性帮派执法

10）严打和帮派

11）执法失效

12）毒品市场管理

### 3.3　研究编码种类详情

采用多种标准对所有入选研究进行编码,其中包括:

1. 参考文献信息(题目、作者、出版信息等)

2. 择选地点及问题等的描述特性

3. 对照组或对照时间选择及其性质

4. 分析单位

5. 样本数量

6. 研究方法类型(随机实验研究还是准实验研究)

7. 有关拉动杠杆型干预的描述

8. 实施程度和类型

9. 实施的困难

10. 所用统计测验

11. 统计意义报告(如果有)

12. 影响规模/影响力(如果有)

13. 作者结论

两名来自哈佛大学刑事司法政策与对策专业/方向的研究助理分别独立地对每个入选研究予以编码。如果两人编码存在差异,Braga 博士会对争议文章予以审阅并对编码做最终决定。

### 3.4　统计程序及协定

对这些研究结果的测量手段进行了统一的分析,并适时运用定量分析方法。基于效应量和研究取样量的变化,我们对项目效果进行了 Meta 分析,以确定项目效果的大小和方向以及加权效应的规模(Lipsey and Wilson,2001)。在本系统综述中,我们使用了标准化均差效应量的方法(也称 Cohen's d;Rosenthal,1994)。对每项研究所报告结果的标准均差效应量,采用效应量计算器来计算。该计算器是由 David B. Wilson 发明并可在 Campbell Collaboration 网页获得。[①] 我们接着使用 Biostat's Comprehensive Meta-Analysis Version 2.2 来计算 Meta 分析的效应量。用来计算每个入选研究所包含的结果的效应量的具体方法会在 Meta 分析部分予以描述。

### 3.4.1 独立研究结果之确定

在犯罪与司法领域进行 Meta 分析有一个问题,就是研究者经常不把检验结果进行优先排序。这在社会科学研究中是比较常见的,因为在社会科学中,作者倾向将所有的相关成果都予以报道。例如,"波士顿停火行动"的评估研究提供了一系列的成果测量结果,包括在高危险地区的青少年杀人犯罪、开枪紧急呼救电话、枪击袭击事件,以及青年人枪击袭击事件(Braga et al.,2001)。但是,由于研究未将所测成果按重要程度排序,这会产生如何推导干预措施整体效果的问题。例如,对某显著效果的报告可能会导致某种形式的"提炼"后果,即作者关注某一明显结果而忽视其他不太积极的结果。但是,作者通常认为,报告多种研究发现,有助于辨认有效干预所处的具体情境。如果这种比较排序数量较少因而不太可能影响到特别比较的错误率,那么上述不加排序的方法经常是有效的。

我们采用三种方法分析入选研究。第一种是保守的方法,即将所报道的全部结果汇总成一个综合的平均效应量数据。第二种代表了研究所报告的最大成效,并且给我们的研究设置一个较高的上限。值得注意的是,有些研究报告了多个结果,其中最大的结果反映了作者心目中最为直接的干预效果。"波士顿停火行动"的评估就是如此,该评估测量了宽泛的多种严重枪支犯罪的结果测评,但是假设最大的干预效果应当在青少年杀人犯罪中发现(Braga et al.,2001)。最后,我们提供每篇研究的最小效应量。这个方法是最保守的,而且可能会低估"拉动杠杆型"集中威慑策略的干预犯罪效果,我们在此主要用它为本研究提供一个较低下限。

# 4. 研究发现

## 4.1 研究的择选

在系统审查过程中使用的搜索策略搜索到大量的可用于潜在相关研究的引用及

---

① http://www.campbellcollabortion.org/resouces/effect_size_input.php.

摘要,这些结果必须要仔细筛选以决定是否符合标准(Farrington and Petrosino,2001)。筛选过程产生了相对较少的适合研究的文章。四种搜索策略共搜到2473篇不同的摘要。这些摘要的内容都被审查以确定是否评估了"拉动杠杆型"集中威慑策略。有93篇不同的摘要被挑选出来以作进一步的审阅。我们同时获取并审核了这些摘要所属的全文报告、期刊文章以及书籍来仔细评估以决定这些干预措施是否为"拉动杠杆型"集中威慑策略,以及这些研究是否使用了随机对照实验设计或非随机准实验设计。(经审核)共有十篇符合条件的研究被挑选出来用于本文研究:

1. 波士顿停火行动,马萨诸塞州(Braga,Kennedy,Waring,and Piehl,2001)。
2. 印第安纳波利斯减少暴力犯罪伙伴关系,印第安纳州(McGarrell,Chermak,Wilson,and Corsaro,2006)。
3. 斯托克顿和平卫士行动,加利福尼亚州(Braga,2008b)。
4. 洛威尔安全社区项目,马萨诸塞州(Braga,Pierce,McDevitt,Bond,and Cronin,2008)。
5. 辛辛那提减少暴力犯罪行动,俄亥俄州(Engel,Baker,Skubak Tillyer,Dunham,Hall,Ozer,Henson,and Godsey,2009)。
6. 纽沃克市停火行动,新泽西州(Boyle,Lanterman,Pascarella,and Cheng,2010)。
7. 洛杉矶停火行动,加利福尼亚州(Tita,Riley,Ridgeway,Grammich,Abrahamse,and Greenwood,2003)。
8. 芝加哥安全邻里项目,伊利诺伊州(Papachristos,Meares,and Fagan,2007)。
9. 纳什威尔毒品市场干预行动,田纳西州(Corsaro and McGarrell,2009)。
10. 洛克福毒品市场干预行动,伊利诺伊州(Corsaro,Brunson,and McGarrell,2010)。

### 4.2 适选文章的特点

所挑选的十份研究报告探究了"拉动杠杆型"集中威慑策略在美国大、中、小多个城市的实施情况。[①] 其中三篇符合条件的评估研究(辛辛那提、纳什威尔和纽沃克)在本研究完成时还没有公开发表。[②]

有两种聚焦于个人犯罪的减少犯罪策略与肯尼迪(2006)界定的源于波士顿的

---

① 在合格研究搜索过程中,有几位学者建议将夏威夷执行缓刑机会项目(the Hawaii Opportunity with Probation Enforcement,HOPE)的随机控制试验纳入本系统综述(Hawken and Kleiman,2009)。虽然该项目与我们择选标准存在不符,我们也认为,其威慑机制与本研究报告收入的十篇拉动杠杆型机制威慑评估内含机制是非常相似的。我们在本综述的早期版本(Braga and Weisburd,2012)收入了该项目。
② 本报告撰写过程中,纽沃市(停止开火行动)研究获《公正研究与公正政策》杂志同意发表,纳什威尔(毒品市场干预行动)研究也获《评估评论》杂志接受发表。

经典"拉动杠杆型"集中威慑策略有所不同。但是,经过仔细审阅这些项目的各项因素,我们认为,这两份研究具有入选研究的必备因素。为此,我们联系了这两份研究的作者,并与他们一起复核了我们的选择决定。入选的十篇文章全都是在 2000 年以后发布的,其中七篇是在 2007 年以后完成的。其中六篇评估了对以街道帮派或街道犯罪活动组织为目标的"拉动杠杆型"集中威慑策略减少犯罪的效果(波士顿、辛辛那提、印第安纳波利斯、洛杉矶、洛威尔、斯托克顿)。两篇报道评估了针对街道毒品市场引发的犯罪而采取的策略(纳什威尔和洛克福),一般被称为"毒品市场干预"(DMI)"拉动杠杆型"集中威慑策略。还有两篇文章评估了以减少个体犯罪为目的的策略(芝加哥和纽沃克)。①

Boyle et al.(2010)认为,纽沃克"停止开火策略"聚焦于防止犯罪活跃分子实施的枪支犯罪,兼具波士顿停火行动中"拉动杠杆型"模式(Kennedy et al.,1996)和芝加哥"立足民众"停止开火方法的特点。该策略利用经过训练的街头外展人员、公共教育活动以及社区动员来阻止枪击事件的发生(Skogan et al.,2008)。有关芝加哥"安全邻里项目"的研究评估了包含四种主要措施的减少暴力犯罪干预策略的效果:(1)增加对已定罪的持枪或使用枪支的重罪犯的联邦起诉;(2)延长联邦起诉的罪犯的刑期;(3)开展供方武装警备活动;(4)罪犯通知开会,传输推广威慑信息和社会规范信息。

所有符合条件的十篇报告都使用了准实验的设计方法来分析"拉动杠杆型"集中威慑策略对犯罪的影响。其中七份评估使用了非等效对照组准实验设计(波士顿、辛辛那提、印第安纳波利斯、洛威尔、纳什威尔、洛克福和斯托克顿)。两份评估使用匹配技术产生对照组的准实验设计(芝加哥和纽沃克)。还有一份评估使用的准实验设计同时包含了非等效对照组和匹配技术产生的对照组(洛杉矶)。

五份研究报告通过比较目标区域(界定为某一社区、警务区或严格界定的地带)和对照区域的关键性结果变量所呈现趋势有何差异,来评估集中威慑策略在减少犯罪方面的效果。芝加哥的研究利用倾向指数匹配技术来确定与目标警务区非常相似的对照警务区,并将两者予以比较。洛杉矶的研究采用了两个非等效对照研究(将目标区域与所在社区的剩余区域加以对照;将目标社区与更大的周边地理社区加以对照)。洛杉矶研究同时也使用了倾向指数匹配技术,以确定与目标普查区块组群

---

① 就纽沃克市停止开火行动项目,我们联系了罗格斯大学(Rutgers University)的 George Kelling 教授,该项目的开发和实施主要由他所带领的研究团队负责,Boyle 等(2010)对此进行了评估。就芝加哥安全邻里项目,我们联系了马萨诸塞州立大学的 Andrew Papachristos 教授、耶鲁法学院的 Tracey Meares 教授及哥伦比亚大学的 Jeffrey Fagan 教授。

相似的普查区块组群,并将两者加以对照。纽沃克的评估使用了犯罪制图技术以及简单匹配技术来确定在枪击受伤事件、地域范围大小以及社会人口特征等方面与停止开火项目目标区相似的枪支犯罪热点对照区域。在田纳西和伊利诺伊州的研究报告分别比较了目标区的犯罪趋势与相邻州县及城市的犯罪趋势。

五份报告评估了在全城范围内"拉动杠杆型"干预措施在减少犯罪方面的效果。波士顿、印第安纳波利斯、洛威尔以及斯托克顿的准实验设计比较了目标城市与一系列在实验期间没有采取"拉动杠杆型"干预措施的非等效城市的主要结果数据。辛辛那提的评估报告比较了全城范围内含有"拉动杠杆型"干预措施所针对的犯罪活跃团体分子的杀人案件的趋势与不包含犯罪活跃团体分子的杀人案件趋势。

三份研究报告检测了"拉动杠杆型"干预措施可能导致的犯罪场所直接转移以及犯罪控制效益扩散(洛杉矶、纳什威尔和纽沃克)的可能性。但只有一个研究注意到了某些潜在的威胁会影响干预措施的完整实施。据 Tiga 等(2003)报告,洛杉矶的"拉动杠杆型"干预措施就没有按照计划完全实施:洛杉矶 BOYLE HEIGHTS 社区实施的"停火"项目受到著名的 RAMPARTS 洛杉矶警署贪腐丑闻以及无人主管的问题的消极影响。

### 4.3 关于"拉动杠杆型"集中威慑策略防治犯罪实验效果的叙述性综述

十份关于集中威慑策略的评估报告中,有九份报告了该方法与具有统计性显著意义上的犯罪下降效果。虽然作者们确实发现了值得注意的枪击受伤事件没有出现统计性显著意义上的减少效果,只有 NEWARK 停止射击行动的评估没有报道任何该减少暴力犯罪策略产生具有统计性显著意义上的犯罪预防效果。

针对帮派和活跃的犯罪组织的集中威慑策略的评估报告,认为这些策略在降低暴力犯罪的作用上具有统计性显著意义。这些结果包括:波士顿的青少年杀人犯罪案件下降了63%,洛威尔枪击事件下降了44%,斯托克顿枪击杀人案件下降了42%,辛辛那提的活跃犯罪组织的成员杀人犯罪率下降了35%,印第安纳波利斯的总体杀人案件下降了34%,洛杉矶的暴力犯罪在短时期之内明显减少。对两起毒品市场干预措施的评估也报道了明显的犯罪减少的效果。在 NASHVILLE,毒品市场的干预措施导致非法持有毒品案件下降了55%。在洛克福,毒品市场干预措施促使非暴力罪行下降了22%。虽然纽沃克针对惯犯的干预策略并没有产生明显的犯罪控制效果,但另外两项聚焦个体罪犯的项目则报道了明显的犯罪下降效果。在芝加哥,PSN 的干预措施与37%的杀人案件下降有关联。

在检测潜在犯罪转移或犯罪控制效益扩散的三份评估报告中,有两份报告了与集中威慑策略有关联的犯罪控制效益扩散的现象。与没有干预效果的报道相一致，纽沃克的评估报告没有发现任何统计意义上的显著犯罪转移或控制效果扩散现象。纳什威尔评估研究报告说濒临目标区的未干预地区呈现有统计显著性的毒品犯罪和紧急求助呼叫总量下降现象。而洛杉矶的评估报告中发现了在实施集中威慑的普查区以及其周围街区都有统计显著性的犯罪下降，该报告还发现与被威慑帮派关联密切的其他帮派也有明显的严重犯罪减少的现象。

为检测十篇入选研究所观察到的犯罪减少效果分布情况的统计学意义上的显著性，我们使用了一种二项分布法，一般称为符号检验（Blalock，1979）。这种简单的检验法是从具有相同成功与失败比例的群体中检测可观察到的成功比率的可能性。十份报告中有九份（90.0%）报道了与"拉动杠杆型"集中威慑策略相关的值得注意的犯罪下降现象。根据符号检测法，该结果具有统计意义上的显著性（精确的二项双尾概率为 .0215）。

### 4.4 拉动杠杆型威慑策略效果的 Meta 分析

这里需要注意的是，虽然"拉动杠杆型"集中威慑策略项目是在较大地域范围内予以检测（城市、警务区、目标区、普查单位），这些干预措施都高度聚焦于上述范围内相对少数的在高犯罪率地点实施犯罪活动的一小撮危险人物或危险组织身上。"拉动杠杆型"集中威慑策略是一种高度集中的干预策略，而不是广泛使用在大面积人口和大范围地区。同时，这些研究中效应量的计算并不都是直接的。我们的目标是把所有观察到的效应量转换成标准化均差效应量来度量。我们所探究的所有研究中，没有一份研究计算了标准效应量。事实上，从发表材料中研究精确的效应量的度量标准有时并不容易。这反映了在犯罪学与刑事司法中更为普通的"报告有效性"问题（Farrington，2006；Lösel and Köferl，1989）。近期有关犯罪学与刑事司法报告有效性方面的综述对此已有记载。

如前所述，本文计算入选文章所有结果的标准均差效应量时应用了 David B. Wilson 的效应量计算器。波士顿、洛威尔、斯托克顿的研究是基于新估计的普通最小二乘法回归分析模式来计算标准平均效应量，这种分析模式使用了与原始评估的记数回归模式相同的协变量和模式选择。① 对于芝加哥、辛辛那提、印第安纳波利斯、纳

---

① 基于 Possion 所估算的治疗系数和这些评估报告中所使用的负二项式回归模型，我们无法找到一个令人满意的方法来计算效应量。Braga 作为主要作者参与了波士顿、洛威尔和斯托克顿研究并根据原始的数据计算了新的 OLS 回归数值。未标准化的回归系数、因变量的标准差，以及治疗和控制 Ns 标准偏差分别被输入效应计算器来计算标准均差效应量。值得注意的是，尽管从计数回归变化到 OLS 模式，在方向、大小或这些研究治疗评估的统计显著性并没有实质性的变化。

什威尔、纽沃克以及洛克福,我们根据干预变量影响结果变量的 t 检验结果来计算标准平均效应量。[①] 对于洛杉矶的研究,我们获得了原始的评估数据,计算出平均收益值、实验前后标准差以及配对 t 检验,然后把上述数据输入效应量计算器来计算标准均差效应量。

我们对所有符合标准的研究使用平均效应标准,显示了所有入选研究在 95% 的置信区间内目标对象与控制组或对照条件的均值标准差。分布在 0 左侧的各点表明,在与目标条件有关的控制条件增加时,会出现一种事与愿违的效果。由于 Q 统计在 p<0.05 水平是显著的,基于一种非匀称效应量分布,我们使用随机效果模式来估计总体的平均效应量。效应量的 Meta 分析结果表明存在一个有利于"拉动杠杆型"集中威慑策略的较强的显著效果。这些研究的总体效应量是 0.604(Cohen,1998)。这超过了 Cohen 的中等效果值 0.50 但低于较高效果值 0.80(Cohen,1988)。虽然如此,与一般的关于犯罪与刑事司法干预措施的评估相比,这个整体的效应量还是相对较高的。

除了辛辛那提、洛杉矶以及纽沃克的研究没有报告统计意义上的显著效应量,其他研究关于效应量的报道都得出了有利于干预条件优于控制条件的结果。洛威尔(1.186)和印第安纳波利斯(1.039)研究结果都报告了最大值的统计意义上显著的效应量,而芝加哥的研究(.181)报道了最小的具有统计意义上的显著效应量。对于最大值的 Meta 分析来说,整体的标准均差效应量大(.806),而且在 p<0.05 水平具有统计意义上的显著性。对于最小值的 Meta 分析来说,整体的标准均差效应量处于中等,在 p<0.05 的水平亦有统计意义上的显著性。

### 4.5　项目类型和作为效应量调节变量的研究设计

我们的综述报告记录到"拉动杠杆型"集中威慑策略已经直接用来减少街道帮派和犯罪活跃组织实施的犯罪、毒品市场以及高度危险地区的高度危险个体。这些项目代表了不同的"拉动杠杆型"策略在控制各种显著问题上的应用。调节变量有助于解释和理解在研究中观察到的结果的不同。对于我们整个 Meta 分析的效应量,项目类型能够成为一种有影响的调节变量。值得注意的是,组与组之间的变化相关联的 Q 统计量很大,而且具有统计意义上的显著性(Q = 20.430,自由度= 2,p<0.05),这表明项目

---

① 　如果没有报道 t 检验,我们通过用报道的标准误差除去报道系数的方法来计算这些统计信息。辛辛那提和洛克福的评价报告使用计数回归模型来估计治疗实验效果。根据我们的要求,Nicholas Corsaro 教授,在两份评估报告中都是首席分析师,使用了与原始评估同样的共变量和模式选择来计算新的 OLS 回归模式。我们使用 OLS 的 t 检验结果来作为结果变量的干预变量来计算标准均差效应量。值得注意的是,尽管从计数回归变化到 OLS 模式,在方向、大小或这些研究治疗评估的统计显著性并没有实质性的变化。

类型在决定效应量的时候是有影响力的。帮派/团伙干预项目与组内最高效应量有关联（0.770,p<0.05）,其次是毒品市场干预项目（DMI）（0.661,p<0.05）和与高度危险个体有关的项目（.186,p<0.05）。当项目类型作为一个调节变量被包含进来时,本 Meta 分析会检测到一个较为温和的整体效应量（0.306,p<0.05）。

毒品市场干预措施与帮派/团伙干预策略相比较,直接以犯罪高发区的高危个体作为目标的"拉动杠杆型"集中威慑策略产生较小的组内效应量。这些较小的效应量可能部分是从地区水平而不是个人水平来对结果予以分析的结果。如在本文综述部分所描述的,芝加哥的 PSN 准实验评估对个体累犯的干预措施进行了额外的分析。作为一种探索工作,我们计算出了芝加哥研究的效应量（.434,SE = 0.050,p<0.05）。这个中等但有着统计意义显著性的效应量说明一个项目的影响与由毒品市场干预和帮派/团伙犯罪干预措施所产生的地区影响基本相似。

考虑到非等效准实验和准实验利用匹配技术来确定对照组在方法质量上的重要区别,我们把研究设计视为调节变量。值得注意的是,与 Q 统计有关的组内变化统计量大,而且统计意义显著（Q = 31.039,df = 1,p <.05）,这表明研究设计在决定效应量时是有影响力的。与前述研究相一致,犯罪学与刑事司法的研究中,较弱的设计有更多机会报道较高的影响值（Weisburd et al.,2001;Welsh et al.,2011）,与准实验设计相比,非等效准实验的研究设计与一些较大的组内效应量是有关联的（.766,p <.05）。当研究类型被视为一调节变量时,Meta 分析会产生一些更加适度的整体效应量（.312,p<.05）。

Lipsey（2003）提醒到,只有一个调节变量可能会产生误导,因为这些研究类型由于缺少其他相关变量而变得混乱一样。在本文分析中,"研究设计类型"与"项目类型"紧密相关。六份关于帮派/团伙的研究中,有五份使用了非等效准实验设计来分析项目效果。除了值得注意的洛杉矶研究,其他五项关于帮派/团伙的干预措施项目都尝试去影响在全城范围冲突关系网中的帮派与团伙之间根深蒂固的矛盾。例如,"波士顿停火行动"评估报告的作者报道,考虑到干预措施的性质以及问题的变化性,不考虑城市内部对照帮派和对照地区是不可能的（Braga et al.,2001）。

### 4.6　发表偏倚

任何评估研究都面临发表性偏倚的有力挑战（Rothstein,2008）。我们这种 CAMPBELL 研究采用了多种步骤去减少发表偏倚的影响,例如,我们所使用的十篇文章中有四篇文章是没有发表的（有一篇政府报告和三篇未发表的报告）。Wilson（2009）辩称在多数情况下,在发表与未发表的研究文献中,方法质量上的无差别性说明搜索"灰色文章"的重要性。作为调查可能存在发表偏倚的第一步,我们比较了发表文章的平均效应量 0.713(p<0.05)与四篇未发表文章的平均效应量 0.384(p<0.05)。虽然发表的研究报告报道了较大的效应量,但是发表文章与未发表文章在平均效应量的方向以及统计显著意义上的相似性表明,发表偏倚也许不会严重影响到本文的研究结果。

我们接着使用修剪-填充程序(Duval and Tweedie,2000)来估算潜在数据审查对 Meta 分析结果造成的影响,如发表偏倚。诊断漏斗图是基于这样一种想法,就是在没有偏见的情况下,研究的效应量图应该是对称的。如果是不对称的,则修剪-填充程序就会归错于丢失的研究,把它们添加到分析中来,然后重新计算平均效应量。通过对漏斗图的目视检查表明,在不对称图形中,位于平均值的右侧研究要比左侧的多一些,而这些研究有较大的影响和标准误差值。修剪-填充程序确定应该添加三份研究,以实现对称性。

这些额外的研究一定程度上改变了平均效应量的估判。平均随机实验效果从 0.604(95% CI = 0.349, 0.859)下降到 0.437(95% CI = 0.200, 0.637)。相反,由于 95%的置信区间是重叠的,这表明平均效应量可能是完全一致的。

# 5. 结 论

我们检测到的结果是非常积极的。十份符合条件的研究中,九份都报道了与该策略有关联的较强的和具有统计意义显著性的犯罪率减少现象。虽然如此,我们仍然考虑到该有前景的策略缺乏较严格的随机实验性的评估。虽然存在于准实验中的偏差不是很清楚(Campbell and Boruch,1975;Wilkinson and Task Force on Statistical Inference,1999),但最近的相关犯罪学与刑事司法的评论认为,较弱的研究设计往往会产生更积极的研究结果(Weisburd,Lum,and Petrosino,2001;Welsh et al.,2011)。但这并不意味着非实验性的研究就不是高质量的,只是与随机实验相比,有证据表明在犯罪学与刑事司法研究中,非实验设计更容易夸大研究结果。在他的关于环境制止犯罪的评估报告中,GUERETTE(2009)发现随机评估的结果与大部分非随机评估的结果基本一致。虽然我们的研究报告与 GUERETTE(2009)报告相吻合,我们计算出的效应量表明较不严谨的集中威慑评估设计与较强的效果相互关联。因此,我们在对有关"拉动杠杆型"干预措施的效应量作出结论时应该谨慎。

同时,在本文所分析的研究报告中所观察到的(制止犯罪)实验效果往往非常大,而且此种效果值也被那些利用了较强对照组的评估报告所证实(Papachristos, Meares,and Fagan,2007),我们的研究显示了较强的集中威慑策略在制止犯罪有效性的实际证据。即使我们假设所观察到的效果包含一些未能发现的误差,这些干预措施的整体影响仍然是值得关注的。这些发现当然是非常令人鼓舞的而且与人们对该策略的预期相一致。

我们当然相信,本研究所获得的积极结果表明额外的实验性评估的必要性,无论这些评估是多么困难和花费巨大。但是潜在的困难也是存在的,特别是要确认有效的干预措施和对照地区。但是,已有的证据已足够充分来支持在更多的地区进行大投资的实验(Weisburd and Taxman,2000)。这些实验能够解决单一辖区内的少数地方上的问题,而且也允许在不同的环境下检查有效性的变化。

虽然我们担心缺少随机实验的影响,我们相信,合适的集中威慑策略评估与现存研究互相吻合表明,如果能够正确实施,基于威慑功能的策略是能够减少犯罪的(Apel and Nagin,2011)。集中威慑策略看上去具有一种理想特性,就是能够改变罪犯对制裁风险的感知。我们的发现亦支持正在逐渐增长的科学依据,就是警察部门和他们的合作部门,如果警察部门能够得到更多部门的支持,是能够有效控制各种特定犯罪问题的,而且还能制定不同的策略来对付潜在犯罪特性的条件和活跃因素(Braga,2008a;Weisburd and Eck,2004)。实际上,我们的研究证明 DURLAUF 和 NAGIN(2011)的结论是正确的,就是通过重新分配警察和他们在刑事司法制度内同伴的资源来增强犯罪分子被逮捕的可能性,而由此产生的边际威慑效果是可以用来减少关押(罪犯)和犯罪数量的。

虽然本文研究结果非常支持威慑策略的基本原则,我们相信在此描述的与威慑策略相配套并发挥作用的其他犯罪控制方法也需要予以强调和更好的理解(Weisburd,2011)。DURLAUF 和 NAGIN2011 年的文章重点是增加感知风险的可能性和由增加警察力量产生的威慑性。虽然本文结论有相关的数据保证,能代表促进集中威慑策略有效性的因果机制的重要成因,我们相信它还是缺少了一个重要环节。集中威慑策略强调的重点不仅是增加犯罪的风险性,而且还强调减少机会结构暴力犯罪,使犯罪分子远离犯罪,增加社区的集体效能,增加警察执法的正当性。实际上,我们怀疑我们所观察到的这些较强(制止犯罪的)效果,准确来说,是来源威慑策略所在的多维方法。

一些学者在讨论犯罪制止措施的效益时把重点放在"挫折"功能方面(e.g.Clarke and Weisburd,1994)。挫折功能强调的是减少犯罪机会和为罪犯增加可替代性机会。

在此背景下,情景犯罪制止方法经常被用来作为"拉动杠杆型"集中威慑策略的一部分(Braga and Kennedy,2012;Skubak,Tillyer and Kennedy,2008)。例如,辛辛那提"主动降低使用暴力犯罪行动"使用民事没收方法来关闭一些非常有问题的重复发生严重暴力犯罪的酒吧(Engel,Corsaro,and Skubak Tillyer,2010)。延伸监护,协助自然监督,加强正常监督,减少罪犯的匿名性,而且利用地方管理者能够非常有效地加强针对罪犯团伙和犯罪网络中关键分子的执法和管理水平的范围和质量。集中威慑策略同样寻求通过提供社会服务和机会来引导罪犯远离暴力犯罪。在本文所分析的所有帮派/团伙干预措施中,都有给帮派成员提供工作培训和工作,滥用毒品治疗、住房帮助,以及提供多种其他社会服务和机会。

"破窗"理论的观点也可以帮助理解集中威慑策略是怎么以及为什么能够减少犯罪(Wilson and Kelling,1982)。"破窗"理论认为警察部门所实施的减少社会混乱和身体暴力的密集措施能够恢复已崩溃的社区管控机能,而这种崩溃是与无人制止和不受约束的违反社会秩序的行为紧密相关的。因此,犯罪率下降部分原因是警察采取的措施,而部分原因则是社区成员增加了警戒性。Kleiman 和 Smith(1999:88)描述了产生于警察所采取的针对涉毒犯罪和无序行为的集中措施的潜在效益,他们注意到,"一项有力的警察行动措施能够增加的社区在反对毒品交易方面的自我防御功能;考虑到警察工作的有限性,这种自我防御功能对于要想长期控制毒品交易也许是必不可少的"。

Sampson,Raudenbush,and Earls(1997)强调一个社区通过居民之间的凝聚力和互相之间的信任来实现共同价值和管控社区居民行为的能力。他们认为,衡量犯罪是否会发展壮大的关键因素是看一个社区的"集体效力"。一个有很强的集体效力的社区的特点就是具有"较强的以公共利益为目的的集体行动能力"(St.Jean,2007:3)。集中威慑策略通过强调社区人员在策略实施中的召集和参与的重要性来加强社区集体效力。例如,高点市的毒品干预策略行动就是依靠集体效力的基本原则,通过家庭、朋友和其他有影响力的社会成员的参与来对付当地毒品犯罪分子的犯罪行为(Kennedy,2009)。

最后,集中威慑策略的方法得益于最近的程序正义和正当性理论。警务工作的有效性是建立在公共群体对警察工作的认知之上的(Skogan and Frydl,2004;Tyler,1990,2004)。正当性是指公众相信有一种义务和责任来自觉接受和服从由权威部门作出的决定(Tyler,1990,2004)。最近的研究表明当警察使用程序正义方法时,公众不仅会给予警察较高的正当性的评价,而且还更加容易去遵守未来的法律

（Paternoster et al.，1997）。集中威慑策略的倡导者认为目标罪犯应当获得尊敬和尊严（Kennedy，2008，2009），这反映了程序正义的基本原则。例如，在芝加哥 PSN 策略的沟通环节，在与罪犯沟通时，通过加强程序正义的方式来谋求罪犯"买账"、增加自觉遵守亲社会和反暴力社会规范的可能性。

最后，我们认为，认识到集中威慑策略是最新的关于现存犯罪控制和减少策略学术理论的一个补充是非常重要的。虽然有关该策略的评价证据有待加强以及理论基础需要进一步细化，我们认为，那些饱受帮派犯罪、公开毒品市场，以及累犯所困扰的司法管辖区应该把集中威慑策略加入他们既有的犯罪阻止和控制措施中去。现有证据已经表明这些新的阻止与控制犯罪的措施能够产生值得注意的犯罪减少效果。

# 6. 研究的更新计划

作者希望能每隔五年更新本研究。

# 7. 致　谢

本研究得到英国国家治安改善局的资金支持。我们同时感谢 David B. Wilson，Terri Piggott，Charlotte Gill，Michael Maxfield，以及其他几位匿名审核者的建议及对本研究较早版本提出的有用意见。我们同时感谢罗格斯大学 GOTTFREDSON 图书馆的 Phyllis Schultze 为查寻可能符合本研究要求的论文报告所提供的帮助。同时为 Nicholas Corsaro，Danielle Wallace，Andrew Papachristos，George Tita，and Greg Ridgeway 献上特别的感谢，为他们能够分享并提供我们所要求的额外的分析。本文表达的观点和意见仅为本文作者的，并不代表国家治安改善局的意见。

# 8. 参考文献

被选入本综述报告的研究文献

Problem-Oriented Policing，Deterrence，and Youth Violence："An Evaluation of

Boston's Operation Ceasefire." Journal of Research in Crime and Delinquency, 38(3): 195-225.

Braga, Anthony A., Glenn L.Pierce, Jack McDevitt, Brenda J.Bond, and Shea Cronin. 2008. "The Strategic Prevention of Gun Violence Among Gang-Involved Offenders." Justice Quarterly, 25(1):132-162.

Corsaro, Nicholas, Rod Brunson, and Edmund McGarrell. 2010. "Problem-Oriented Policing and Open-Air Drug Markets: Examining theRockford Pulling Levers Strategy." Crime & Delinquency(forthcoming).

Corsaro, Nicholas and Edmund McGarrell. 2010. An Evaluation of theNashville Drug Market Initiative (DMI) Pulling Levers Strategy. East Lansing, MI: Michigan State University, School of Criminal Justice.

Engel, Robin S., Nicholas Corsaro, and Marie Skubak Tillyer. 2010. Evaluation of theCincinnati Initiative to Reduce Violence (CIRV). Cincinnati, OH: University of Cincinnati Policing Institute.

McGarrell, Edward, Steven Chermak, Jeremy Wilson, and Nicholas Corsaro. 2006. "Reducing Homicide through a 'Lever-Pulling' Strategy." Justice Quarterly, 23:214-229.

Papachristos, Andrew, Tracey Meares, and Jeffrey Fagan. 2007. "Attention Felons: Evaluating Project Safe Neighborhoods inChicago." Journal of Empirical Legal Studies 4: 223-272.

Tita, George, K.Jack Riley, Greg Ridgeway, Clifford Grammich, Allan Abrahamse and Peter Greenwood. 2004. Reducing Gun Violence: Results from an Intervention inEast Los Angeles.Santa Monica, CA: RAND Corporation.

**其他参考文献**

Apel, Robert and Daniel Nagin. 2011. "General Deterrence: A Review of Recent Evidence." In James Q. Wilson and Joan Petersilia (Eds.), Crime and Public Policy (pp. 411-436).New York: Oxford University Press.

Berk, Richard. 2005. "Knowing When to Fold 'Em: An Essay on Evaluating the Impact of Ceasefire, Compstat, and Exile'." Criminology & Public Policy, 4:451-466.

Blalock, Hubert. 1979. Social Statistics. Revised Second Edition. New York, NY: McGraw-Hill Publishing Company.

Blumstein, Alfred, Jacqueline Cohen, and Daniel Nagin (Eds.). 1978. Deterrence and

Incapacitation: Estimating the Effects of Criminal Sanctions on Crime Rates. Washington, DC: National Academy of Sciences.

Boruch, Robert F., Brook Snyder, and Dorothy DeMoya. 2000. "The Importance of Randomized Field Trials." Crime & Delinquency, 46: 156−180.

Boyum, David A., Jonathan P. Caulkins, and Mark A. R. Kleiman. 2011. "Drugs, Crime, and Public Policy." In James Q. Wilson and Joan Petersilia (Eds.), Crime and Public Policy (pp. 368−410). New York: Oxford University Press.

Braga, Anthony A. 2001. "The Effects of Hot Spots Policing on Crime." Annals of the American Academy of Political and Social Science, 578: 104−125.

Braga, Anthony A. 2005. "Hot Spots Policing and Crime Prevention: A Systematic Review of Randomized Controlled Trials." Journal of Experimental Criminology, 1: 317−342.

Braga, Anthony A. 2007. The Effects of Hot Spots Policing on Crime. Campbell Systematic Reviews DOI: 10.4073/csr.2007.1.

Braga, Anthony. 2008a. Problem-Oriented Policing and Crime Prevention. Second edition. Monsey, NY: Criminal Justice Press.

Braga, Anthony A. and David M. Kennedy. 2012. "Linking Situational Crime Prevention and Focused Deterrence Strategies." In Graham Farrell and Nick Tilley (Eds.), The Reasoning Criminologist: Essays in Honour of Ronald V. Clarke. London: Taylor and Francis.

Braga, Anthony, David M. Kennedy, and George Tita. 2002. "New Approaches to the Strategic Prevention of Gang and Group-involved Violence." In C. Ronald Huff (Ed.), Gangs in America (pp. 271−286), Third edition. Thousand Oaks, CA: Sage Publications.

Braga, Anthony A., Jack McDevitt, and Glenn L. Pierce. 2006. "Understanding and Preventing Gang Violence: Problem Analysis and Response Development in Lowell, Massachusetts." Police Quarterly, 9: 20−46.

Braga, Anthony and Glenn L. Pierce. 2005. "Disrupting Illegal Firearms Markets in Boston: The Effects of Operation Ceasefire on the Supply of New Handguns to Criminals." Criminology & Public Policy, 4: 717−748.

Braga, Anthony A. and David L. Weisburd. 2012. "The Effects of Focused Deterrence Strategies on Crime: A Systematic Review and Meta-Analysis of theEmpirical Evidence." Journal of Research in Crime and Delinquency, forthcoming. Available online doi: 10.1177/0022427811419368.

Butterfield, Fox. 1996. "InBoston, Nothing is Something." The New York Times, November 21: A20.

Campbell, Donald T. and Robert F. Boruch. 1975. "Making the Case for Randomized Assignment to Treatment by Considering the Alternatives: Six Ways in Which Quasi-Experimental Evaluations in Compensatory Education Tend to Underestimate Effects." In Carl Bennett and Arthur Lumsdaine(Eds.), Evaluation and Experiment: Some Critical Issues in Assessing Social Programs(pp.195-296). New York: Academic Press.

Campbell, Donald T. and Julian Stanley. 1966. Experimental and Quasi-Experimental Designs for Research. Chicago: Rand McNally.

Clarke, Ronald V. and David L. Weisburd. 1994. "Diffusion of Crime Control Benefits: Observations on the Reverse of Displacement." Crime Prevention Studies, 2, 165-184.

Cohen, Jacob. 1988. Statistical Power Analysis for the Behavioral Sciences. 2nd edition. Hillsdale, NJ: Lawrence Erlbaum.

Cook, Philip J. 1980. "Research in Criminal Deterrence: Laying the Groundwork for the Second Decade." In Norval Morris and Michael Tonry(Eds.), Crime and Justice: An Annual Review of Research, Vol.2(pp.211-268). Chicago: University of Chicago Press.

Cook, Thomas and Donald Campbell. 1979. Quasi-Experimentation: Design and Analysis Issues for Field Settings. Boston: Houghton Mifflin Company.

Corsaro, Nicholas and Edmund McGarrell. 2009. "Testing a Promising Homicide Reduction Strategy: Re-assessing the Impact of theIndianapolis 'Pulling Levers' Intervention." Journal of Experimental Criminology, 5: 63-82.

Dalton, Erin. 2002. "Targeted Crime Reduction Efforts in Ten Communities: Lessons for the Project Safe Neighborhoods Initiative." U.S. Attorney's Bulletin, 50: 16-25.

Durlauf, Steven and Daniel Nagin. 2011. "Imprisonment and Crime: Can Both Be Reduced?" Criminology & Public Policy, 10(1): 13-54.

Duval, Sue, and Richard Tweedie. 2000. "A Nonparametric 'Trim and Fill' Method of Accounting for Publication Bias in Meta-analysis." Journal of the American Statistical Association 95: 89-98.

Eck, John E. and William Spelman. 1987. Problem-solving: Problem-oriented policing inNewport News. Washington, DC: National Institute of Justice, U.S. Department of Justice.

Engel, Robin, S. Gregory Baker, Marie Skubak Tillyer, John E. Eck, and Jessica

Dunham.2008.Implementation of theCincinnati Initiative to Reduce Violence(CIRV):Year 1 Report.Cincinnati,OH:University of Cincinnati Policing Institute.

Engel,Robin S.,Marie Skubak Tillyer,Jessica Dunham,Davin Hall,Murat Ozer,William Henson,and Timothy Godsey. 2009. Implementation of theCincinnati Initiative to Reduce Violence(CIRV):Year 2 Report.Cincinnati,OH:University of Cincinnati Policing Institute.

Fagan,Jeffrey.2002."Policing Guns and Youth Violence." The Future of Children, 12:133-151.

Fagan,Jeffrey,Tracey Meares,Andrew V.Papachristos,and Danielle Wallace.2008. "Desistance and Legitimacy:Effect Heterogeneity in a Field Experiment with High-Risk Offenders." Presented at the annual meeting of the American Society of Criminology,St. Louis,MO,November.

Farrington, David. 2006. "Methodological Quality and the Evaluation of Anti-crime Programs." Journal of Experimental Criminology 2(3):329-327.

Farrington,David and Anthony Petrosino. 2001. "TheCampbell Collaboration Crime and Justice Group." Annals of the American Academy of Political and Social Science,578: 35-49.

Gibbs,Jack P.1975.Crime,Punishment,and Deterrence.New York:Elsevier.

Goldstein,Herman. 1990. Problem-Oriented Policing. Philadelphia:Temple University Press.

Guerette, Robert T. 2009. " The Pull, Push, and Expansion of Situation Crime Prevention Evaluation:An Appraisal of Thirty-Seven Years of Research." In Johannes Knutsson and Nick Tilley(Eds.),Evaluating Crime Reduction Initiatives,Crime Prevention Studies,Vol.24( pp.29-58).Monsey,NY:Criminal Justice Press.

Hawken,Angela and Mark A.R.Kleiman.2009.Managing Drug Involved Probationers with Swift and Certain Sanctions:Evaluating Hawaii's HOPE.Final report submitted to the National Institute of Justice,U.S.Department of Justice.

Kennedy,David.1997."Pulling Levers:Chronic Offenders,High-Crime Settings,and a Theory of Prevention."Valparaiso University Law Review,31:449-484.

Kennedy,David.2006."Old Wine in New Bottles:Policing and the Lessons of Pulling Levers." In David Weisburd and Anthony Braga ( Eds.), Police Innovation:Contrasting

Perspectives(pp.155-170).New York:Cambridge University Press.

Kennedy,David.2008.Deterrence and Crime Prevention:Reconsidering the Prospect of Sanction.London:Routledge Press.

Kennedy,David.2009. "Drugs, Race, and Common Ground:Reflections on the High Point Intervention." NationalInstitute of Justice Journal,262:12-17.

Kennedy,David M.,Anne M.Piehl,and Anthony A.Braga.1996."Youth Violence in-Boston:Gun Markets,Serious Youth Offenders,and a Use-Reduction Strategy." Law and Contemporary Problems,59:147-196.

Kleiman,Mark A.R.and Kerry D.Smith.1990."State and Local Drug Enforcement:In Search of a Strategy." In Michael Tonry and James Q.Wilson( Eds.),Drugs and Crime, Crime and Justice:A Review of Research,Vol.13(pp.69-108).Chicago:University of Chicago Press.

Lipsey,Mark.2003."Those Confounded Moderators in Meta-analysis:Good,Bad,and Ugly." Annals of theAmerican Academy of Political and Social Science,587:69-83.

Lipsey,Mark and David B.Wilson.2001.Practical Meta-analysis.Applied Social Research Methods Series( Vol.49).Thousand Oaks,CA:Sage Publications.

Lösel,Friedrich and Peter Köferl. 1989. "Evaluation Research on Correctional Treatment inWest Germany:A Meta-analysis." In Herman Wegener,Freidrich Lösel and Jochen Haisch( Eds.), Criminal Behavior and the Justice System ( pp.334－355).New York:Springer.

Ludwig,Jens.2005."Better Gun Enforcement,Less Crime." Criminology & Public Policy,4:677-716.

Mazerolle,Lorraine,David W.Soole,and Sacha Rombouts.2007.Street Level Drug Law Enforcement:A Meta-analytic Review.Campbell Systematic Reviews,DOI:10.4073/csr. 2007.2.

McGarrell,Edmund F.and Steven Chermak.2003."Problem Solving to Reduce Gang and Drug-Related Violence inIndianapolis." In Scott H.Decker( Ed.),Policing Gangs and Youth Violence( pp.77-101).Belmont,CA:Wadsworth Publishing Company.

Meares,Tracey,Andrew Papachristos,and Jeffrey Fagan.2009.Homicide and Gun Violence inChicago:Evaluation and Summary of the Project Safe Neighborhoods Program.Review of Research.

Morgan, Stephen L. and Christopher Winship. 2007. Counterfactuals and Causal Inference: Methods and Principals for Social Research. New York: Cambridge University Press.

Nagin, Daniel. 1998. "Criminal Deterrence Research at the Outset of the Twenty-First Century." In Michael Tonry(Ed.), Crime and Justice: A Review of Research, Vol. 23(pp. 1-42). Chicago: University of Chicago Press.

Paternoster, Raymond 1987. "The Deterrent Effect of the Perceived Certainty and Severity of Punishment: A Review of the Evidence and Issues." Justice Quarterly, 4(2): 173-217.

Paternoster, Raymond, Robert Brame, Ronet Bachman, and LawrenceSherman. 1997. "Do Fair Procedures Matter? The Effect of Procedural Justice on Spouse Assault." Law & Society Review 31(1): 163-204.

Perry, Amanda and Matthew Johnson. 2008. "Applying the Consolidated Standards of Reporting Trials(CONSORT) to Studies of Mental Health Provision for Juvenile Offenders: A Research Note." Journal of Experimental Criminology, 4: 165-185.

Perry, Amanda, David Weisburd, and Catherine Hewitt. 2010. "Are Criminologists Reporting Experiments in Ways that Allow us to Assess Them?" Journal of Experimental Criminology, 6: 245-263.

Piehl, Anne M., Suzanne J. Cooper, Anthony A. Braga, and David M. Kennedy. 2003. "Testing for Structural Breaks in the Evaluation of Programs." Review of Economics and Statistics, 85(3): 550-558.

Piehl, Anne M., David M. Kennedy, and Anthony A. Braga. 2000. "Youth Violence and Problem Solving: An Evaluation of theBoston Gun Project." American Law and Economics Review, 2(1): 68-106.

Reppetto, Thomas. 1976. "Crime Prevention and the Displacement Phenomenon." Crime & Delinquency, 22: 166-177.

Rosenfeld, Richard, Robert Fornango, and Eric Baumer. 2005. "Did Ceasefire, Compstat, and Exile Reduce Homicide?" Criminology & Public Policy, 4: 419-450.

Rosenthal, Robert. 1994. "Parametric Measures of Effect Size." In Harris Cooper and Larry Hedges(Eds.), The Handbook of Research Synthesis(pp. 231-244). New York: Russell Sage Foundation.

Rothstein, Hannah R. 2008. "Publication Bias as a Threat to the Validity of Meta-analytic Results." Journal of Experimental Criminology,4:61-81.

Sampson, Robert, Stephen Raudenbush, and Felton Earls. 1997. " Neighborhoods and Violent Crime." Science 277:918-924.

Sherman, Lawrence.2002." Fair and Effective Policing." In James Q.Wilson and Joan Petersilia( Eds.) , Crime:Public Policies for Crime Control( pp.383-412).Oakland,CA: Institute for Contemporary Studies Press.

Skogan, Wesley and Kathleen Frydl ( Eds.) 2004. Fairness and Effectiveness in Policing:The Evidence. Committee to Review Research on Police Policy and Practices. Washington,DC:The National Academies Press.

Skogan,Wesley, Susan Hartnett, Natalie Bump, and Jill Dubois. 2008. Evaluation of CeaseFire-Chicago.Evanston,IL:Northwestern University,Institute for Policy Research.

Skubak Tillyer,Marie and David M.Kennedy.2008."Locating Focused Deterrence Approaches within a Situational Crime Prevention Framework." Crime Prevention and Community Safety,10( 2 ):75-84.

St.Jean,Peter K.B.2007.Pockets of Crime:Broken Windows,Collective Efficacy,and the Criminal Point of View.Chicago:University of Chicago Press.

Tita,George E., K. Jack Riley, and Peter Greenwood. 2003. "FromBoston to Boyle Heights:The Process and Prospects of a ' Pulling Levers' Strategy in a Los Angeles Barrio." In Scott H.Decker( ed.) ,Policing Gangs and Youth Violence( pp.102-130).Belmont, CA:Wadsworth Publishing Company.

Tyler,Tom R.1990.Why People Obey the Law:Procedural Justice, Legitimacy, and Compliance.New Haven,CT:Yale University Press.

Tyler,Tom R.2004."Enhancing Police Legitimacy." Annals of theAmerican Academy of Political and Social Science 593:84-99.

Wakeling,Stewart. 2003. Ending Gang Homicide:Deterrence Can Work. Perspectives on Violence Prevention,No.1.Sacramento,CA:California Attorney General's Office /California Health and Human Services Agency.

Weisburd,David.2011."Shifting Crime and Justice Resources from Prisons to Police: Shifting Police from People to Places." Criminology & Public Policy,10( 1 ):153-164.

Weisburd,David and John E.Eck.2004."What Can Police Do to Reduce Crime, Disorder and Fear?" Annals of theAmerican Academy of Political and Social Science,593:

42-65.

Weisburd, David, Cynthia Lum, and Anthony Petrosino. 2001. "Does Research Design Affect Study Outcomes in Criminal Justice?" The Annals of theAmerican Academy of Social and Political Sciences, 578:50-70.

Weisburd, David and Faye Taxman. 2000. "Developing a Multi-Center Randomized Trial in Criminology:The Case of HIDTA." Journal of Quantitative Criminology, 16(3): 315-339.

Weisburd David, Cody Telep, Joshua Hinkle, and John E. Eck. 2008. The Effects of Problem-Oriented Policing on Crime and Disorder. Campbell Systematic Reviews, DOI:10. 4073/csr.2008.14.

Weisburd, David, Laura Wyckoff, Justin Ready, John Eck, Joshua Hinkle, and Frank Gajewski. 2006. "Does Crime Just Move Around the Corner? A Controlled Study of Spatial Displacement and Diffusion of Crime Control Benefits." Criminology 44:549-592.

Wellford, Charles F., John V. Pepper, and Carol V. Petrie (Eds.). 2005. Firearms and Violence:A Critical Review. Committee to Improve Research Information and Data on Firearms. Washington, DC:The National Academies Press.

Welsh, Brandon C. and David P. Farrington. 2009. Making Public Places Safer:Surveillance and Crime Prevention. New York:Oxford University Press.

Welsh, Brandon C., Meghan E. Peel, David P. Farrington, Henk Elffers, and Anthony A. Braga. 2011. "Research Design Influence on Study Outcomes in Crime and Justice: A Partial Replication with Public Area Surveillance." Journal of Experimental Criminology, 7 (2):183-198.

Wilkinson, Leland and Task Force on Statistical Inference. 1999. "Statistical Methods in Psychology Journals: Guidelines and Expectations." American Psychologist, 54: 594-604.

Wilson, David B. 2001. "Meta-Analytic Methods for Criminology." Annals of theAmerican Academy of Political and Social Science, 578:71-89.

Wilson, David B. 2009. "Missing a Critical Piece of the Pie:Simple Document Search Strategies Inadequate for Systematic Reviews." Journal of Experimental Criminology, 5: 249-440.

Witkin, Gordon. 1997. "Sixteen Silver Bullets:Smart Ideas to Fix the World." US News and World Report, December 29:67.

　　Wilson, James Q. and George L. Kelling. 1982. "Broken Windows: The Police and Neighborhood Safety." Atlantic Monthly, March:29-38.

　　Zimring, Franklin and Gordon Hawkins. 1973. Deterrence: The Legal Threat in Crime Control. Chicago: University of Chicago Press.

# 警务活动的合法性

## Legitimacy in Policing

作者:Lorraine Mazerolle,Sarah Bennett,Jacqueline Davis,
Elise Sargeant and Matthew Manning

译者:陈璇　核定:张金武　张彦

## 内容概要

警务工作需要公众自愿合作,遵守指令并表现出遵守法律的意愿,才能更加有效地控制犯罪。研究表明,若人们认为警察系统及警务工作是具有合法性的,他们会更加遵守法律并与合法机构合作。其中一个可以有效增强警务活动合法性的措施,是使用"程序正义"的沟通方法,尊重市民的参与和意见,传递公正公平的信念,并且公平地对待市民。本系统综述的目的,是对"程序正义"的沟通方法的直接效果和非直接效果进行系统的分析,从而对这种措施是否可以增强警务活动合法性的效果进行客观衡量。本系统综述共收集了 163 个符合条件的研究报告,其中 30 个符合元分析的要求并被用于元分析。结果显示,包含了"程序正义"沟通方法中某种技巧的警方干预措施,的确可以有效增强市民眼中警务活动的合法性。我们的研究结果表明,警方通过使用"程序正义"沟通方法中的某种技巧,可以增强警务活动的合法性,减少重新犯罪,并增强市民的满意度、对警方的信心,以及对警务活动的配合与支持。

# 1. 背　景

　　警务工作需要公众自愿合作,遵守指令并表现出遵守法律的意愿,才能更加有效地控制犯罪。长期以来,理解认知的合法性以及警务该如何有效/无效地塑造这些认知彼此之间的关系,二者都在不断发展。实际上,早在 20 世纪 60 年代大量公民游行骚乱并与警方发生冲突时,研究表明,若人们起初把那些权威机构看作是合法的,他们会遵守法律并与合法机构合作(Bayley & Mendelsohn,1968;Bellman,1935;Decker,1981;Parratt,1938;Reiss,1971;Walker, Richardson, Williams, Denyer, & McGaughey,1972;Winfree & Griffiths,1971;Tyler,2006)。当代研究表明,如果公民认为警察的行为具有合法性,他们更可能会遵守警察的指令(Tyler,1990,1997;Tyler,1988,1994,1998,2001,2003,2004;Tyler & Fagan,2008;Tyler & Huo,2002)。

　　Tyler(2006,p.375)这样对"合法性"进行定义:"它是权力部门、社会机构或社会制度的心理工具,并让与之相联系的人或物相信它是正确的、恰当的、公正的。"定义合法权威的最大特色就是让人们认为有义务去遵守权威的指令。这种自觉遵从不等同于出于害怕而遵从或者期望得到奖励而遵从(Tyler,2006)。在警务方面,合法性指的是"对待权威和机构的社会价值取向"(Hinds & Murphy,2007,p.27),在我们对警务和社会秩序的认知当中,合法性是一个核心的概念,并且是服从、合作的起源(Tyler,2006)。有证据表明,一个人对权威机构或机构合法性的信任使得人们认为其有权力被遵从和服从(Sunshine & Tyler,2003,p.514)。

　　大量的实证研究发现,警务合法性与警民冲突、警民合作具有明显的关联。例如,Mastrofski,Snipes 和 Supina(1996,p.269)在调查警民冲突中发现,公民是否服从警察,与他们是否认可"警务干预的合法性"相关联。McCluskey,Mastrofski 和 Parks(1999)在警民冲突中有相似发现,也就是说,公民是否认可警务工作具有合法性,影响了他们对警方所采取的行为,因此强调了警务工作合法性的重要性。Sunshine, Tyler(2003)和 Tyler,Fagan(2008)也表明,合法性不仅与遵从有关,还与公民是否自愿报告犯罪给警方,是否自愿与其他社区成员一起努力以达到控制并阻止犯罪有关。因此,合法性的定义也影响着公民是否投身于正式或非正式犯罪阻止活动的可能性,比如,举报犯罪活动或是"嫌疑活动"给警方(Sunshine & Tyler,2003,p.541;Murphy, Hinds,& Fleming,2008;Tyler,2004)。

公民对警务合法性的认可,可以使公民在真正的或潜在的警民冲突中守法,还可以使公民在冲突之外以及日常生活中也守法(Sunshine & Tyler,2003;Tyler & Huo, 2002)。Tyler(2004,p.85)的研究表明,如果警察不被公众广泛接受,如果其合法性不被认可,那么警方在维持秩序中就会遇到更多的冲突(Tyler 于 1990 年也得出类似的结果)。调查表明,当人们认为警方是合法时,他们会表达出对警方(不管是个人官员或是机构)更高的满足感与自信。当看到警方在犯罪控制中的成效时,人们更愿意去协助警方,也更容易接受与警方交涉的结果(Tyler,2004)。警务合法性产生了遵从,巩固了合作,提高了公民对警方的满意度,促进了警方在维持秩序与控制犯罪的可能性。

公众对警务合法性的认知,同时还受到警方与其他因素的影响,例如当地企业老板、学校领导、家长等(Mazerolle & Ransley,2005)。例如,Berrien 和 Winship(2002)在争论第三方参与话题中指出,以教堂牧师为主的十点联盟合作组织参与波士顿的犯罪控制项目,进一步说明了波士顿市中心社区警务活动的合法性。Berrien 和 Winship(2002,p.203)宣称,通过在制止和控制犯罪成效中给警方提供协助,波士顿的十点联盟合作组织的加入减少了青年犯罪。因此,增加或提升警务合法性的定义,有利于警方鼓励公民与警务合作、遵从警察,除此之外,还可能加强公民对法律的遵从(比如,在没有警方指示的情况下)。

全球的警务部门增加警务合法性的兴趣不断增加。我们现有文献的综述表明,警方采用了五种途径来增加公民对合法性的理解。包括在公民冲突中使用公正的处理方法,改善警方表现并与公众加强交流,包括分配公平、依靠法律,以及/或者利用传统声誉。下面的逻辑模式(见图 1)是文献提及的五种途径,巩固对警务合法性的理解。

### 1.1 逻辑模型

图 1 中简要描述了警务合法性因果的相关理论,表明有五种实现警务合法性的途径。我们在对现存文献的系统搜索中收录这五种途径(Bennett, Denning,

Mazerolle,& Stocks,2009）。但是我们减少了在图1中由实线箭头代表的关于对程序公正因果途径的系统评论和Meta分析,原因是来自其他四种因果途径的干预并未产生实质可观的结果。

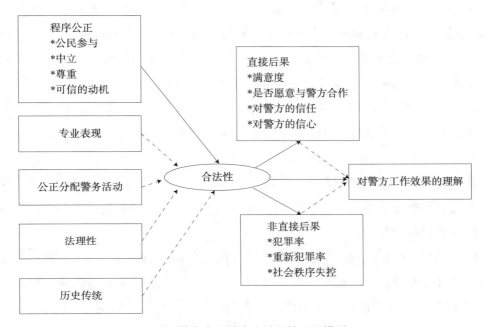

**图1　警务合法性产生过程的理论模型**

　　为了确保加强市民对合法性认知的干预具有意义,我们将评论重点放在了警方干预是否明确表明了干预是为增强合法性以及干预对话是否至少使用了程序公正原则中的一项。最近由于Bottoms和Tankebe(2012)关于加强警方对话代表对合法性认知的辩论,将警民对峙时程序公正对话的重要性又一次推向风口浪尖。对于Bottoms和Tankebe(2012)而言,Max Weber最初关于合法性的讨论为其关于合法性本质就是对话理论的辩论提供了基础。他们辩论的焦点就在于来自强势一方(比如警方)对合法性的持续要求所造成的后果以及来自市民反复的回应是否意味着"合法性需要一如既往的被视为对话和关系相称"(Bottoms & Tankebe,2012,p.129)。

　　在我们的评论中涵盖了相关的直接和间接合法性结果。但是我们没有将警方表现的认知作为基准结果。文献表明警方表现是警务合法性和获得合作的晴雨表;但是警方效率(或警方表现)同样也是警方守法和合作改善的合理结果(Tyler & Fagan,2008)。正因如此,我们力求提供一篇能被广泛认知的包含"预期"干预所产生的"预期"结果的评论文章。

### 1.2 程序公正

学者认为,程序公正是实现警务合法性的最重要途径(Hinds & Murphy,2007; Tyler,2001,2004)。Tyler(2004,p.91)表示"有关部门和机构的合法性的根源就在于公众关于警方执法时采用适当方法的看法"。程序公正模型描述了警方通过提高"态度质量"和"决策处理质量"来实现公平公正执法(Reisig, Bratton, & Gertz,2007, p.1006)。近期研究表明程序公正已经作为警方对待市民以及提高决策公平性的方法开始实施(Reisig et al.,2007;Sunshine & Tyler,2003)。

Thibaut 和 Walker(1975)首先提出"程序公正"这一术语,其定义是指个体在决策处理时对其待遇的认知。20 世纪 80 年代到 90 年代初,在警务领域关于程序公正的学术兴趣开始复兴,此时正值全球警务机构大力推广社区警务方案以及影响公众的警方腐败和行为不检事件频发(Kelling & Moore,1988;Reiner,1985,2000)。这些关注为关于警务合法性的研究以及随之而来的关于警民对峙时公平平等处理程序的研究提供了很好的基础。

自此,学者开始跨学科领域(例如税收合规以及组织行为学)共同研究在与有关部门沟通时态度和决策的影响。程序公正,如资料中所述,通常是由四种主要因素所构成:市民在当局作出决策前在事件中的参与(或市民发言权),他/她作出决策时当局保持中立,沟通时当局是否表现出尊重以及当局是否传达出可信的动机(Goodman-Delahunty,2010;Tyler,2008;Tyler & Huo,2002;Tyler & Murphy,2011)。这四种核心因素决定了警方在面对市民及后续影响时对警务合法性的认知。

研究表明在警民对峙情况下使用程序公正原则可以增强警民沟通的质量,会使市民对沟通过程和结果更加满意(Mastrofski et al.,1996;McCluskey,2003;Reiss,1971;Tyler & Fagan,2008;Wells,2007)。以程序公正方式对待的个人认为是被个别针对(比如种族归纳)的可能性降低,而且会更容易接受当局作出的决策(比如罚款或判刑)(Tyler & Wakslak,2004)。

这些结果证明程序公正对待以及市民在某一事件上对警方的认知存在直接联系。但是现有文献中未能清楚表明与警方的积极交涉是否能让公众更相信程序公正和警务合法性。广而言之,我们确信如果警方公平公正执法,那么警方的形象则更合法化(Elliott, Thomas, & Ogloff,2011;Fischer et al.,2008;Murphy, Hinds, & Fleming,2008;Reisig, Bratton, & Gertz,2007)。反之,如果警方执法时未按照程序公正原则,则其行为合法性也将削弱,由此会导致公众的不服从和反抗(Fischer et al.,2008)。Sunshine 和 Tyler(2003)在根据人们对于警务合法性评价研究关于警方程序公正更广泛评价影响时,发现对于程序公正的全局观点是合法性的关键前提。这些评价并非针对某一单独警民交互事件,更多的是对于警方的一般性认知。

研究表明在警民对峙情况下使用程序公正原则可以增强警民交互质量,会使市民对交互过程和结果更加满意(Mastrofski,Snipes,& Supina,1996;McCluskey,2003;Reiss,1971;Tyler & Fagan,2008;Wells,2007)。Tyler 和 Wakslak(2004)也认同使用程序公正原则可以导致多种积极结果;例如,近期与法院或警方打过交道的人在接受程序公正方式对待后,认为自己已经被种族接纳的可能性降低,并且会更愿意接受当局作出的决策(Tyler & Wakslak,2004)。与此类似的是,澳大利亚(Hinds & Murphy,2007)和英国(Jackson & Sunshine,2007)的共同研究表明对程序公正的个人认知与对警务合法性以及满意度的认知有关。研究同样认同程序公正具有更广泛的社区福利潜力。Murphy 与其同事们(2008)在研究社区警务干预对警务合法性以及与警方合作的影响时,发现受程序公正待遇影响对警务合法性的一般认知会随时间而改变,而这种对警务合法性的认知又会影响到随后与警方的合作。

把程序公正描述为合法性行为的整体前提有些过分简化这个实际上十分复杂的过程。比如 Hawdon(2008)曾提出一个通过假设程序公正与合法性之间的关系非线性而是周期和倒数型的新观点来强调这一过程的复杂性。根据 Hawdon(2008)所言,对机构部门合法性的认知会推广到对程序公正的信仰上,反之又会影响对机构部门合法性的认知,如此周而复始。虽然这一推测没有被证实,但是其他作者已经找到了这个永动循环存在的证据(Brandl,Frank,Worden,& Bynum,1999;Reisig & Chandek,2001;Tyler,2004)。尽管其理论十分复杂,但是仍然有一些研究表明和显示了程序公正和合法性之间关系的重要性(Hinds & Murphy,2007;Jackson & Sunshine,2007;Paternoster,Brame,Bachman,& Sherman,1997;Sunshine & Tyler,2003;Tyler,1990)。

总的来说,提高警务合法性的关键还是在于对合法性的认知能带给警方(包括个人和机构)和社区什么好处。对于警方来说,好处就是市民服从性提高:在其被认为是合法权威时,警方会更多鼓励市民自愿遵从警方指示和法律(Sunshine & Tyler,2003)。另外,不服从会对警方和市民造成威胁,由此可能会造成对警务人员使用暴力行为,增加了事件中警方和市民受伤的风险(Reiss,1971)。Tyler 和 Huo(2002)以及 Sunshine 和 Tyler(2003,p.519)提出:当警方被视为合法权威时,市民更容易接受"入侵式警方策略",从而使得警方在控制犯罪时操作更灵活。

### 1.3　警方表现和合法性

市民对警方表现的认知是另一种学者经常引用作为影响市民对合法性认知重要

性的途径。当公众发现警方表现优良或者相信警方能做好本职工作时,他们会更加认可警方权威合法性(Hinds & Murphy,2007;Tyler,2006)。有证据表明不同文化背景下警方表现和警务合法性之间的关系也会不同。比如,Hinds 和 Murphy(2007)在2611 名澳洲人中对关于程序公正、警方效率、警务合法性以及对警方满意度进行了调查。Hinds 和 Murphy(2007)发现,在澳大利亚文化背景下,程序公正更能预测警务合法性,而由 Tyler 和其同事在美国进行的同样的调查则显示了相反的结果。

Tankebe(2009)发展中国家—加纳文化背景下对警务合法性进行了调查研究。在对 450 户加纳家庭的调查中,Tankebe(2009)发现警方效率是与自愿和警方合作相关的唯一警务变量(也就是说在其最终统计模型中程序公正以及对警方信任完全与是否和警方合作无关)。Tankebe(2009,p.1281)提出在类似加纳这样拥有高犯罪率以及高警方行为不检率的国家文化背景下,关于警方效率以及“公共安全”的问题显得尤为重要。此外,他还推断在使用暴力获得合作的国家文化背景下,警务合法性和与警方合作比程序公正更重要(Tankebe,2009)。Tankebe(2009)的研究证明程序公正可能不是所有文化背景下警方基本的做法,警方表现或效率可能同样重要(Murphy & Cherney,2012)。

Jonathon-Zamir 和 Weisburd(2009)在以色列对警方效率和警务合法性二者关系以及对威胁认知程度进行了调查。二人发现警方尽其职能与犯罪斗争的表现的确在警方行使合法性权力中扮演了很重要的角色,同时威胁也在增加,程序公正仍然是最主要的前提。但是,他们推断在警方表现和程序公正之间并不是场“零和博弈”。“在安全受到威胁时,对强力行为以及最终结果的渴望将会增强,但是绝不是以失去高标准的程序公正为代价获得”(Jonathon-Zamir & Weisburd,2009,p.27)。

Tyler 和其同事类似的研究也表明了在获得公众信任和合作方面,程序公正比警方表现和警方效率更重要。Tyler(2004,p.86)提出市民对警方的看法及回应是“只在警方打击犯罪效率上有些许联系”(Sunshine & Tyler,2003)。此外,Tyler 和其同事发现就整体而言,警务合法性是获得合作和服从的关键前提(Sunshine & Tyler,2003)。举例来说,在其对 483 名纽约人的研究后,Sunshine 和 Tyler(2003)发现警务合法性与市民服从性有关,而非警方表现,警方表现仅与市民合作度有关,警务合法性才是最有效的晴雨表。与此相似的是,他们还发现通过警方表现和程序公正即可预测警方行使合法性权力情况,程序公正与警务合法性二者紧密相关联(Sunshine & Tyler,2003;Tyler & Fagan,2008)。

根据 Tyler 和 Fagan(2008)所言,行使合法性权力,获得合作以及市民尽量遵从警方的义务可以提高警方效率。在对比程序公正和警方效率或警务合法性,获得合作和服从的效果后,其结果常常被作为降低犯罪率的典型引用(其用意是为表现警方效率的提高)。比如,Tyler 和 Fagan(2008,p.223)提出:"为更有效地降低犯罪率和创建更安全的社区,警方必须能获得社区居民的合作协助……对公众来说,这样的合作可能包括遵守法律以及帮助警方或社区其他居民共同抵制社区内犯罪。"

总的来说,我们承认在警方效率—合法性关系中存在一些互惠因素,而且警方表现毫无疑问对警方行使权力合法性是十分重要的。然而,考虑到研究总体表明程序公正是比警方表现更好的警务合法性晴雨表(Sunshine & Tyler,2003;Tyler & Fagan,2008),我们的评论最好将重点放在程序公正对行使合法性途径的影响上,而非对追求更深一层——合法性途径之上,除非干预明显表现出对合法性的增强(详见纳入排除标准)。

### 1.4 公正分配

公正分配是警务合法性的另一项前提,是指在不同的社区公正分配警力。众多研究证明,种族(Jonathon-Zamir & Weisburd,2009,p.7)、年龄和经济地位(包括其他变量)都是影响警务人员个人作出公平和合法判断的重要因素。例如,警务人员中的种族歧视已经被文学作品广泛披露。美国(Sunshine & Tyler,2003;Tyler & Huo,2002)、英国(Bowling & Philips,2002;Bradford & Jackson,2008)和澳大利亚(Bird,1992;Pickering, McCulloch, & Wright-Neville, 2008; Sivasubramaniam & Goodman-Delahunty,2008)的研究者发现分配公正的看法能影响合法的判断,并且基于歧视的基础上对待人民或者团体奖会暗中破坏警方的合法形象。

其中,以年轻人为目标的警务活动的分配问题,历来是研究的重点。考虑到年轻人经常和警方接触,并且年轻人和警方的关系经常处于紧张的状态,因此那些特别针对年轻人的警务活动(例如,驱赶那些在街上闲逛但没有做违法事情的团体)会导致年轻人认为警方并没有正当地行使他们的权力(Fagan & Tyler,2005;Hurst & Frank,2000;Leiber,Nalla,& Farnworth,1998;Murphy & Gaylor,2010;Piquero,Fagan,Mulvey,Steinberg,& Odgers,2005)。

在经济地位方面,Jackson 和 Bradford(2009)注意到那些长期与警方难以相处的人群和那些长期与警方融洽共处的人群之间对于分配公平的看法是不同的。他们认为"警方象征着规则、稳定和凝聚,而对于那些弱势群体的人们而言,警方象征着统治阶级不公平的优先权,甚至是压迫"(Jackson & Bradford,2009,pp.6-7)。

许多研究发现,不同的文化和种族背景的团体对于司法程序上公正的前提和结果有相同的看法（Bradford & Jackson, 2010; MacCoun, 2005; Murphy & Cherney, 2011; Tankebe, 2009; Tyler & Huo, 2002）。这就使得从程序公正上梳理出分配公平变得有点难了（e.g., Tyler, 1994）。而且，最近的研究声称分配公平相比程序公正而言是一个不重要的前提。例如，Murphy and Gaylor（2010）发现虽然"正如警方的表现是有用的因素那样，分配公平和年轻人与警方的关系也是重要的……关于警务合法性是程序公正的看法是具有压迫性的因素"（p.16）。

## 1.5 法理上的合法性

尽管他们强调在警务合法性和法理正当性之间存在非常明显的关系，相比把法理的正当性当成警务合法性的前提的问题而言，研究者把更多的精力投入在程序公正的问题上。事实上，Murphy, Tyler 和 Curtis（2009）与 Murphy 和 Cherney（2012）指出，过往研究的大部分都聚焦于对执行任务的警察的合法性，而忽视了对法律本身合法性的理解。然而研究者发现为了获得合法性，警方不仅需要在他们的职责上表现出公正，而且也需要表现出强制执行他们所认为合法的规则、政策和法律。也就是说，对于警方的合作和顺从性，法理正当性是一种重要的前提条件（Jackson, Bradford, Hough, & Murray, 2011）。同时，一些学者认为不管警方履行他们职责期间如何影响所强制执行的法律和规则，在个人遭遇到警方程序公正的问题上，会发现这不仅影响了警务合法性的观点，而且也会影响法理的正当性（Barnes, 1999; Tyler, 1990; Tyler & Huo, 2002）。

研究者指出，值得注意的是公众对于法理正当性的看法也会缓慢地影响程序公正。事实上，Murphy 和 Cherney（2012）发现怀疑强制执行的法律或规定的正当性人群对待程序公正问题上比那些没有怀疑法理公正性的人群有更强烈的积极性反应。但是，对于那些不支持法律和完全"脱节"的案例来看，程序公正看上去就像不服从的混合物（Murphy & Cherney, 2012）。而且，当一种权力（比如，警方）看上去是合法的，那么这种权力所强制执行的政策、规则和法律也许看上去就不是合法的（Murphy, Tyler, & Curtis, 2009）。的确，全美司法学会下属的一个研究基金会发现只有 27% 的美国人对刑事司法体系表达了信心，但警方作为刑事司法体系的组成部分却超过了它的两倍达到了 59%（Tyler, 2004）。总之，研究者认为警方表现，程序公正和被认为公正的包括警方行动和法律在内的体系，他们的执行需要被理解，就像警务合法性中分离出来的元素。

## 1.6 源于传统的合法性

把文学作品中对于公平性的描述当作前提条件是轻率的行为，并且各方面都提到警方在传统意义上所扮演的角色,是代表社会秩序和凝聚力的象征。传统,可以宽泛的理解为任何从过去流传到现在的东西。它带来的是历史元素、文化信念和实践经验。传统对于警务合法性的回应和所持有的信念,比如,一个多年来与警方维持友好关系的社区对于警务服务合法性或者不合法,所持有的固定信念。基于实际情况,这些信念(和它们所对应的行动和行为)都是必要的,但是作为一种期望和反应从一代代人手中流传下来的。而且,人作为社会性动物,会被他们日常生活中相互交流的人的态度所影响。随着时间的流逝,人们可能会发展或者传递分享那些法理公正性的观点或者那些曾管过他们的法理观点。他们可能也属于历史的、社会的一部分,除了那些曾遭到警方歧视很多年或很多代的团体,而且他们会分享一种不顺服或者顺服权威的"传统"。这些信念体系都被包含在一个社会层面上,并且在对警方如何很好地执行基于法律、分配和程序公正的职责评估中有很高的影响力。

### 1.7　警方可使用的增加警务合法性的措施

增强警务工作合法性往往涉及警方和公众之间的沟通,这种对话机制(Bottoms & Tankebe,2012)表明,对话的形式比对话的实质内容更加重要。同样的,我们认为只要干涉方式有相同的对话模式的话,广泛的警方干涉会暗中增加居民对警务合法性的看法。程序公正的警务活动(中立、尊严和尊重、可靠的行动和决策的参与度)提供了一种包括有"喜欢"因素的干涉在内的基础工作。同样的,我们定位和回顾警方干涉的事件中不是明确清晰地反映出干涉会增加居民对其合法性的看法,就是程序公正所包含的最后一个要素。在我们的回顾中我们所期望的干涉范围应该包括社区警务方案,例如"邻里监督组织"、雷霆警务行动、"放心"警务方案和接触性巡逻,这些方案都提供了一系列融合警民关系的机会。我们也期望许多问题导向型警务方案,通过改善环境来预防犯罪的方案以及以风险为本的警务行动能够包含程序公正的要素和为警方提供改善市民对警方的看法的机会。合理的文学作品也会关注恢复性司法会议作为一种可以促进警方合法性重要媒介的干涉情况。同样,跨机构行动包括警方与社会服务机构共同应对国内暴力行为,警方与学校合作来降低逃学率,以及广泛的多机构合作方案经常被引用为警方为了加强警方合法性的努力。

专门的警方训练项目像技能培训、多样性训练、危机处理能力训练,以受害人为本的训练和社区警务行动训练经常包括明确的程序公正训练,用来提高合法性。同样,组织创新,例如更小的基于地域的指挥中心单元的创新,在那里,官员们可以向他们指挥中心的代表汇报情况,有时候还可以向前线指挥官下达促进居民对警务合法性的理解的明确定义。我们也期望一些基于学校的干涉方式,包括当地的警官应进入学校来培养和学生之间的联系,这样应该可以创造学生和警方之间进行非正式交流的机会,并因此应该可以提高他们对警方合法性的看法。

总之,在我们的回顾中以提高合法性为目的的警方干涉行为(见下文)有严格的内部条例的同时,我们也在基于被期望来实现目标的广泛的不同类型的干涉体系来广泛撒网。因此,对于我们的回顾,相对于服务多样性方式而言,我们的首要关注点是研究包含促进合法性的对话(Bottoms & Tankebe,2012)。

### 1.8　目的和贡献

随着对警务合法性的研究日益增多,回顾过去 20 年的经验性证据可以用来帮助警方和政策制定者理解哪种方式可以有效提高警务合法性。目前,仍然缺乏对相关文献的综合性分析。因此,我们对如何提高警务合法性的研究文献进行系统综述。

我们系统性回顾调查关注怎样在微观层面来设计可以促进警务合法性的干涉方案(例如,在警方个人与犯罪分子、证人和其他居民相处期间)从系统性回顾的结果中可以为政策制定者和警务部门提供以下证据:

1)警方多样性的干涉方案会促进居民对警务合法性的看法;

2)以证据为基础的方案可以帮助警方履行他们的职责;

3)提高居民的顺从意识并提高公众对警方的尊重程度。

## 2. 回顾的目的

对警方为提高居民对警务合法性的认识而采用的措施的效果进行综合回顾。研究中如果他们被各级政府的警方(例如,本地、州和联邦的执法人员)所引导,那么就包括"合法性干预"的评估我们仔细选择了"被警方所引导"来排除那些被法院、其他刑事司法部门或者其他警务实体包括非警方机构(例如,税收部门)和其他不是有组织的或被得到公共资助警方官员所命令的警员所执行的干涉行为。

我们提供了一个通过追求增加合法性的干涉行为的明确陈述或者至少应用一个这些程序公正的原则(中立、尊严/尊重、可靠的行动)来培养警务合法性方案带来的直接或间接的好处的系统性回顾。

我们的检阅包括了任何类型的公共警务干预(例如:例行巡逻、交通中断、热点警务、问题导向警务、会议技术),其公共警务干预措施包含了与公民的联系,在这些地区,有一个关于包括一些训练、管理或组织创新等干预的清晰的阐释,而这些创新力图提高合法性或使用至少一个程序公正的核心内容:警方鼓励公民参与其中,在判定中保持中立,证明可依赖的动机,或是在整个互动中显示尊严与尊重。

在我们检阅的研究也需包含至少一种符合提高合法性的直接成果。基于学术研究文献,我们力图更好地理解培养警务合法性的直接益处。这些直接益处包括增加服从的观念、合作以及公民对警方的满意度。

我们也力图探索合法性警务的间接益处,包括累犯(或再欺骗)、犯罪和骚乱行为。我们寻求检测在警方和计划培养合法性的个体公民之间的微观层面的干预措施以及那些警方与在更普遍的警务中也计划培养合法性的社区之间的宏观层面的干预措施。

具体来说,该检阅提供:

·一份旨在鼓励警务合法性的警务干预措施的经验证据总结;

·一份在文学上经鉴定的关于干预措施的详细目录,到目前为止,其用于促进在警务合法性,或是明确标注干预措施旨在提高警务合法性或暗中使用干预措施与程序公正的关键因素;

·一份干预措施自我报告测量的平均效应量的总结(例如,Hedges'g,让步比);

·一份在适用的情况下直接的(例如:服从的观念、合作以及力图提高警务合法性的干预措施的满意结果)和间接的(例如:累犯、犯罪和骚乱)成果总结;

·调节可能影响干预措施效果的变量,其干预被设计通过至少一个程序公正的内容和一个直接的合法性成果的运用,来明确或含糊地提高警务干预。这些调节的变量包括合法性干预(例如:社区警务制度或者恢复性司法会议)的特殊形式,研究中的人口(特别是罪犯或群众)、定向犯罪类型(财产犯罪或暴力犯罪)和评价设计(实验的或准实验的)。我们也看公布时期的影响,去看干预措施效果是否随着时间的改变而改变,影响力更小的研究员是否会实现不同的结果。

# 3. 方 法

检阅综合现存的出版和未出版的经验证据,在一个直接的合法性成果上,去评定被设计去提高警务合法性(或包括一个明确或含糊使用至少一种过程公平内容的干预措施)并受警务影响的干预措施的效果。该检阅的各个阶段和标准,被用以选择符合条件的研究,描述如下。

### 3.1 标准或在检阅中研究的纳入与排除

当有大量的关于警务合法性和程序上警务公正的方法的研究时,绝大多数的研究都不会采用实验设计。这个现象最近被 Weisburd,Mastrofski,and Telep(2009,p.1)强调。他们声明,现有的研究为我们理解警务合法性和程序公正提供了重要的见解,但是却没有一个由警务合法性支持者提出的测试关键命题实验领域研究。

合法性文献在本质上是典型的,它不局限于特定的参与者(例如:年轻人、累犯或少数群体)或是离散犯罪(例如:贩卖毒品罪)或是头脑中与社区的问题(例如:社区历史的警民敌意)。同样的,以警方为主导的合法性干预包括专注于特定类型的个人(例如:年轻人、毒品走私者或社区成员)或是不同群体的总和(或者两者都是)。

#### 3.1.1 系统检阅所覆盖的时段

在检阅中,应用发行或未发行的文学普查有助于判断被覆盖的时段,而这些文学主要关注在程序公正和合法性上给予了重要贡献的作者(例如,Tyler,Murphy,Hinds,Skogan,and Mastrofski)。作为刑事司法观念的程序公正和合法性,自 1990 年 Tyler 有影响力的书《为什么人们遵守法律》第一次发布,就取得巨大的发展;然而,我们的初步审查显示了一些在 20 世纪 80 年代发布的开创性的作品,这些作品与程序过程检阅和法制相关(e.g.,Tyler & Lind's,1986),例如,Roehl(1988)的测量程序公正的观念。因此,为了包含在程序公正和警务合法性方面突出的材料,调查小组决定包括从 1980 年起的文学。如下所述,我们得到一个由合法性警务的系统搜索法创建的综合数据库,它代表着英国国家警务改善局(NPIA)(Bennet et al.,2009)。

#### 3.1.2 研究设计方案

本文的系统综述中,采用至少以下一种研究设计方案:

a.随机实验方案,该方案至少包含以下两种类型:一是由警务合法干预设计方案,用来增强警务合法性(显式或隐式地应用至少一种程序正义成分与一项直接合法性结果)——详细参见 3.1.5 部分关于干预的定义类型;二是一个调控类型,合理对照/调控类型可以是警务部门领导的干预或其他类型的形式警务干预,但是其中不能使用直接的、训练有素且组织严密的设计类型来增强警务部门的合法性(既不能显式也不能隐式地应用任何一种程序正义成分与一项直接合法性结果)。

b. 准实验研究方案(非随机实验),该方案至少包含以下两种类型:一是由警务部门领导的合法干预设计方案,用来增强警务部门的合法性(显式或隐式地应用至少一种程序正义成分与一项直接合法性结果);二是一个对照类型(关于合理对照的相关要求与研究设计方案 a 中的一致;此类设计方案可能包含先期测验,但并不对实验特质进行很大的干扰)。

c.中断时间序列的准实验研究方案,该方案包含一个聚合的结果测验,例如,等间隔的时间间隔中,在启动警务部门领导的干预前后,对犯罪率的比较。警务部门领导的干预必须使用直接的、训练有素且实现组织的设计类型来增强警务部门的合法性。合理对照实验方案的分析单位是独立的个体。需要注意的是,准实验研究方案需要包含一个允许的变量来设计干预组和对照实验组进行分类与观察比较。

### 3.1.3 统计数据类型

为了进行合理的实验分析,研究的数据报告须遵循以下规则:效应值可以进行识别/或计算(参见3.5部分,关于数据统计过程的详细说明)。本文的系统综述也录入了一些效应值不可计算的研究,是为了提供一个全面的库存,来研究警务部门领导的干预类型,提高警务合法性(显式或隐式地应用至少一种程序正义成分与一项直接合法性结果)。

### 3.1.4 参与类型／分析单位

本系统综述致力于研究警务部门与人民大众之间的相互影响,以及这些影响在微观层面(如个人)与宏观层面(如组织、社团或第三方)的情况。因此,本系统综述集中研究警务部门与公众的互动方式:

· 个人(公民、受害人、非法者等),和/或

· 组织(社会和组织团体等),和/或

· 第三方(宗教领导者和社区顾问等)

综上所述,本系统综述检索了以个人、组织和/或第三方作为研究单位的研究数据。然而,在综述与Meta分析过程中,本系统综述只检索了以个人为分析单位的研究。

### 3.1.5 警务合法干预类型

警务部门参与的干预类型,包括:(1)致力于通过显性方式提高警务合法性(使用直接的、训练有素且组织严密的设计类型来增强警务部门的合法性)或(2)使用程序正义四个组成部分中的某一个部分,即如下四个中的某一个:

· 公民参与

· 权力中立

· 尊严与尊重

· 信任动机

警务部门通过干预参与到活动中(包括逮捕前和逮捕后),如:例行日常治安、交

通中断、调查、执行令、问题导向警方、会议、校警合作、强制镇压以及其他使用直接的、训练有素且组织严密的或者使用至少一种程序正义方法的警务手段与民众合作来提高警务合法性。本系统综述同样收录了关于社区活动（Murphy et al., 2008）和/或第三方（Berrien & Winship, 2002）的警务干预类型。

本系统综述未录入关于其他刑事警务或管制机构（例如税收部门、地方政府和儿童警务部门）如何与个人组织和第三方互动的研究。此外，关于警务部门内部管理的干预，以及关于通过其他组织手段（来提高警务职业满意度、警务部门的腐败问题）的相关研究，也未录入本系统综述。

本系统综述的对照类型包括由警务部门选择采取的方法或使用直接的、训练有素且组织严密的设计类型来增强警务部门的合法性的其他警务机构和/或没有使用任何一种程序正义成分来增强警务合法性（例如：公民参与认知中立、表达尊严、树立可信赖的意图）。研究使用了"business as usual"比较类型（即一个不可替代的干预类型）来录入进行 Meta 分析。

### 3.1.6　结果评价方法

若研究对提高警务合法性的干预进行了效果评价，研究则符合录入条件。符合要求的研究对提高警务合法性的干预进行了效果评价（或至少使用了一种程序正义性警务组成）或者间接或直接地报告了以下至少一种结果：

直接结果：

包含至少一种对以下结果的评价（以下所列出的结果和/或至少一种结果和/或此类结果之下包含的至少一个方面）：

·合乎理义

警务服从义务

o 道德层面的警务服从义务

o 更高价值层面的警务服从义务

警务合法性

o 尊重警务部门

o 信任警务部门

守法义务

o 道德层面的守法义务

o 认知层面的守法义务

·程序公平（认知层面的程序公平）

公平

o 警务决策层面的公平

o 警务部门决策时给民众话语权

o 警务部门决策前听取民意

中立

o 警务部门用事实说话,摒弃个人偏见或陈见

o 警务部门信任民众

o 警务部门相信民众自愿守法

尊重

o 警务部门尊民爱民

o 文明执法的尊重

· 配合警务部门意愿(愿意配合)

配合警务部门

o 发现犯罪活动主动报警

o 为警务部门提供线索

o 举报危险/犯罪嫌疑活动

o 积极协助警方破案

· 警务部门在民众心中树立的信誉/民众对警务部门的信心

o 警务部门的信誉

o 对警务部门的信心

o 对警务工作的满意度

· 社会关系

认为累犯对社会关系会产生不良影响

o 重犯再犯被捕问题的严重性

o 违法犯罪被捕对家人亲朋好友的不良影响

o 涉案入狱对当事人人生和社会生活的影响(如:姓名与罪行在报纸上公之于众)

o 重犯再犯受惩罚的严重性

· 服从

o 愿意继续服从警务部门

o 落实为行动上的服从

· 满意

警务效率

o 警务工作效率

o 警务工作民众满意度

结果公平

o 公众对警务程序公平的结果满意度

o 公众对警务工作的公平待人的满意度

非直接结果:

包含以下一种或多种方法:

· 减少违法行为

· 减少犯罪率

· 减少社会动乱

### 3.1.7 语言和地理起源

本系统综述不会在地理因素上排除任何研究。本系统综述的语言要求是英语。本系统综述曾考虑录入法语与德语研究成果。但在本系统综述进行时,因资源配置原因,无法完成翻译工作。本系统综述在日后更新过程中将录入英语语种研究成果的英文译本。

### 3.1.8 出版地位

已出版与未出版的相关研究成果皆在本系统综述的考虑范围内。

## 3.2 相关研究定位的检索策略

研究小组利用数据库文件对警务合法性相关文献进行 NPIA 系统检索(Bennett et al.,2009)。检索范围包括 1980 年 1 月至 2009 年 4 月期间已出版与未出版的研究文献,共检索出 20600 条综述记录,其中 2526 条记录符合程序正义和/或警务合法性。检索者在 Microsoft Excel 表单中记录了检索信息(检索日期、数据库和检索方法)、研究信息(方案、方法、机构、结果、群体)以及参考信息,以便日后对数据进行检索更新。

## 3.3 关于检阅的提取和编码的研究

为了找到与系统检阅相关和相符合的文学,四个训练有素的研究助理(RAs)负责质问系统探究的结果。初步被选中资格的特点在 3.1 部分提出。关于检阅的提取和编码的程序应用如下。

### 3.3.1 关于 Meta 分析潜在相关材料的识别

在系统的文献研究中有 963 种被识别的记录,这些研究提供了这种系统检阅的起点。研究助理使用含在 Excel 电子表格的过滤器去产生最初列表潜在相关的物质。例如,许多文件是警务合法性或是程序公正的讨论部分:这样的物质对背景文学检阅是有帮助的,但与 Meta 分析不符。

### 3.3.2 文献的编码

研究助理利用一个详细的编码表去评定文献加入检阅是否合格。符合条件的研究随后单独由两名研究助理编码,他们把结果输入到微软文字处理软件编码文档中。编码的差异会在涉及领导作者的会议中解决。编码表要求以下初步信息:

I. 合格检查表

II. 合格标准(例如:研究包括干预组和对照组)

III. 查询信息

IV. 参考信息(如:作者、出版类型)

若文件符合标准,研究助理将会记录以下信息:

V. 干预信息

VI. 分析单元

VII. 方法论的研究设计 & 质量评定

VIII. 结果报告

IX. 结果变量

X. 统计数据效应值/报告

XI. 数据

XII. 作者结论

### 3.3.3 额外的调查

研究小组检查合格的研究结果资料以确定在初始调查中是否有其他重要的研究未被检索。任何重要文献都应获得并评估其是否合格。

### 3.3.4 数据输入

一旦文献编码完成,研究助理会将数据录入专业综合测验 Meta 分析 2.0。

### 3.3.5 质量评定

我们承认,研究质量的评定会掺杂主观与客观因素。因此,在评定研究质量时,应根据各自的研究设计、样本偏差、组间等价、摩擦偏差、干预发送的完整性、保持处理和控制条件差异的完整性、警务处理发送的水平、收集结果数据的研究标准、分析是否基于"处理意向"或处理实证进行、随机化错误是否发生和错误如何改正（若错误发生），干预期间的稳定性以及在实验组对照组之中和在实验组对照组之间继续/快速进行干预时间架构。根据编码表部分 VII 问题的答案，我们会为研究质量给出一个有间隔等级的总评分。分数越低，设计的质量就越高。我们也会评估个体对效应值的影响。

### 3.3.6 定性研究处理

定性研究并不包括在目前的研究中。然而，我们有必要答谢文献背景和讨论中的琐碎的研究成果。

### 3.3.7 检索过的研究的独立评价

通过 Meta 分析得出的调查参考表被流传至以下专家/作者，他们对警务合法性概念给予慎重思考，并且也是我们搜寻单（按字母表顺序）中排名前 5% 的学者：Stephen Mastrofski，Tina Murphy，Lawrence Sherman，Wesley Skogan，Heather Strang，Justice Tankebe，Tom Tyler and David Weisburd。

### 3.3.8 编码质量评定

合格的研究是双重编码和相互参考的，以确保数据输入的一致性和质量。

## 3.4 招募、培训和评定者

### 3.4.1 招募

四名助理研究员（RAs）被招募去进行检查、评定和编码文献。研究助理要求是在职人员或者持有研究生学位并且有数据录入、统计和数据库管理经验。每位研究助理需完成一份评定者可信度测试，以确保评估、评价和编码文献的一致性。

### 3.4.2 评定者可信度培训、编码和测试

培训、双重编码和评定者可信度测试（IRR）对确保研究材料的评估和编码的一致性至关重要。

启动会议促进了培训进程。在会议中，带头的作者们对检查、编码表和分析提供了关于项目、研究目的、系统搜索、检索策略的概述。

首先研究助理分得培训任务。在任务中，他们需要通过完成每份文件的编码表来判断从 Excel 检索中提取的 10 份文件是否合格。带头的作者们再检阅其结果并提出关于合格和/或编码决定不同的反馈意见。在接下来的培训训练中，从 Excel 检索结果中抽出 10 个更难的文件，并进行评定者信度测试。

所有合格的文件会双重编码，编码差异性问题也会在带头的作者们举办的一个会议中得以解决。

### 3.5 统计程序和约定

通过使用统计 Meta 分析软件包专业综合测验 Meta 分析 2.0(CMA)进行数据合成。我们通过单独的 Meta 分析测量每个结果,包括警务干预的直接(合法性、程序公正、协作性、顺应性、满意度)和间接(再次违反、犯罪、混乱)结果。检查时用到的统计程序和约定的简短总结的列表如下:

· 效应的独立性

我们运用 CMA 中应用到的方法计算出在主要研究中有效数据范围内的效应值。对于这五个重要评定结果中的每一个,他们的效应值会连同方差一起被算出。本次研究允许在检阅时对这五个重要结果评定区每一个施加影响。一些研究记录了这五个重要结果中某一个的多重结果数据。在这种情况下,我们通过运用合理的统计程序(如:转换百分比成功率或对数奇数率的回归系数),对每一份研究计算出一个与结果对应的简单效应值。

· 效应值

我们用一个研究一个结果的方法获得或计算简单效应值。因为结果会被连续记录在最初的文件中,所以我们计算了标准平均值差异测量(Cohen's d),并为小型研究效果进行调整(将 Cohen's d 转换成 Hedge's g)。因为结果会被连续记录在最初的文件中,所以我们计算了对数奇数率效应值和标准误差。在 Meta 分析报告中,我们用 g 代表连续的结果,当结果成叉状时,我们将对数奇数率转换成奇数率。对于报告目的,奇数率被认为比对数奇数率更容易解释。我们决定遵守作者间的协议,但在此之前我们会将最初的研究中所出现的交叉结果作为奇数率,这有助于一组数据的积极结果的奇数与另一组结果的奇数对比;并将最初研究中连续的结果作为标准平均值差异,以便呈现平均分中的差异。我们应用反方差重量法将研究效果与合适的随机效果模板结合在一起。

· 不均匀性

对每个分析结果我们使用 Q-统计值评估结果(Hedges & Olkin,1985)测量的不均匀性。我们用 $I^2$ 统计值(Higgins & Thompson,2002)评估存在于研究中的方差占资料组中总方差的比例。$I^2$ 统计值的测量范围是 0 到 100%,其中大的 $I^2$ 统计值表明结果上的差异可能是受某些因素而不是干预的影响。

· 版主

我们探寻警务合法性内可能的版主,包括:干预类型、研究人群、研究设计、出版年代以及作者应用到的类似 CMA 中亚组分析需应用的方差分析法(ANOVA)。

·缺失数据

显然,缺失的内容导致效应值的绘制无法继续,所以研究还包括提供 2010 年 5 月 15 日的原作者提供的缺失数据。

·敏感性

我们做了一系列敏感性分析以测试结果的稳健性,分析如下:数据估算后的研究包含内容,劣质研究包含内容(如:缺乏处理完整性)。

·出版物和小号样本偏差

此外,如 Sutton,Duval,Tweedie,Abrams and Jones(2000)所提议一样,我们对出版物和小号样本偏差进行了缺点评估。

# 4. 结　果

首先,我们从搜索结果到符合 Meta 分析出版物的过程对出版物的磨损进行了描述。其次,我们将适合 Meta 分析的出版物数据能搜寻出的直接(合法性、程序公正、协作性、顺应性、满意度)和间接(再次违反、犯罪、混乱)的结果展示了出来。我们阐述了一些关于评价受警务影响的合法性干预的研究。无论有无设计或能深化统计合成的数据,该干预都被设计用于提高(明确或含糊地用到至少一个程序公正原理和一个直接的程序公正结果)警务合法性。

## 4.1　系统检测结果

该系统搜寻法在警务合法性和/或程序公正和警务的情况下能识别 963 个独立信息来源(如:出版或未出版文件)。尽管做了许多尝试(通过自身努力以及聘请信息专家),但我们检阅过的有资格的信息源仍未达到 30 个。其中多是大学论文,大学和/或警方也无法从中确定作者和/或找到编码记录。在几个缺失信息源中,因为网上数据库中的编码有误,我们已无法对其定位。我们从所获得的 933 个信息源中,有 163 份研究记录了 176 个关于提高合法性(明确或含糊地)的受警务影响的干预案例,有 770 份研究并未记录干预案例,相反,他们属于文献综述、理论文章或相关性研究。163 份关于干预的研究有 69 份进一步排除了检测过程,因为他们只进行过程评价或没有参照组或是没有控制组的两种不同等级的处理对照。余下包含了对比信息的 94 份是为适应 Meta 分析而进一步筛选过的。当然,其中有 64 份无比较数据,未记录重要结果记录或单独收集数据,这些不能算在内。最后的 30 份符合 Meta 分析的研究有 41 份独立评估。

### 4.1.1　收录研究的特点

根据干预策略、程序公正内容和其他因素,30 份研究各有不同之处。表 1 中总结了他们的不同点。

干预策略

详细的策略通常会影响公民对研究中不同的警务合法性的看法。干预策略最常见的类型是社区警务类干预。通过社区型警务训练的实施、特殊社区型工作组的创立或巡逻保安人员、社区警务制度条款(如:"杂草和种子"条款)促进了警方和社区之间的合作关系。有 19 份研究对某些类型的社区警务策略进行了评估。在 19 份研究中,有两份将干预定义为安心警务,这与社区警务在消除对犯罪的恐惧上是不同的(Singer,2004;Tuffin,Morris,& Poole,2006)。有 9 份研究对一系列具体的被称为"杂草和种子"条款的社区警务条款进行了评估(Dunworth & Mills,1999a,1999b,1999c,1999d,1999e,1999f,1999g,1999h;Zevitz,Palazzari,Frinzi,& Mallinger,1997)。并且还有一份清楚的把干预定义为搜索警务(Bond & Gow,1997)。另外的 7 份社区警务研究对一系列在研究中称为"社区警务"的活动进行了评估(Dai,2007;Eckert,2009;Murphy,Hinds,& Fleming,2008;Panetta,2000;Ren,Cao,Lovrich,& Gaffney,2005;Robinson & Chandek,2000;Skogan & Steiner,2004)。有 3 份对传统治安投诉程序变化进行了评估。其中一份用到了非正规的解决程序(Holland,1996),一份用到了明确的以恢复性司法为基础的程序(Young,Hoyle,Cooper,& Hill,2005),最后一份用到了明确的以程序公正为基础的程序(Kerstetter & Rasinski,1994)。有 2 份研究使用了受警务影响的恢复性司法会议的方法。警务人员组织会议替代法律程序,让受害人与罪犯讨论和协商赔偿(Shapland et al.,2007;Sherman et al.,1998)。

有 3 份研究用到面向问题的警务策略(Hartstone & Richetelli,2005;McGarrell & Chermak,2004;Weisburd,Morris,& Ready,2008)。虽然我们使用邻里警务策略对许多干预进行了筛选,但只有一类(Hall,1987)符合 Meta 分析。最后,有一份研究用到了警员与学龄儿童的非正式接触(Hinds,2009)。

结果

在编码结果测量的过程中,我们遇到大量概念上和操作型定义上的主要结果的不均匀现象。很难定义和测量潜在变量,如:对每一概念需大量的测量才能得到满意的结果。例如:Skogan(2004)对警方认知的 10 项测量维度(警方的行为、响应能力和表现等)进行了测评;而 Hall(1987)用一句简单的话对警方的认知进行了测评。由于一些作者记录的统计数据是针对个别项目（Sherman et al.，1998），而其他作者（Ren，2005）记录的统计数据只针对全体范围，因而我们无法对研究中相同的选择项目进行分析。因此，我们决定接受作者研究报告中的结果定义，即使这些定义与其他作者的不同。这就意味着一些作者的操作型定义与其他作者会发生冲突。例如：Ren（2005）将信任定义为主要的结果，并用 7 项要求来衡量：警员是否公平、有素养、诚实、不恐吓群众、为人民服务、平等待人且关怀他人。Murphy（2008）用 4 项对警方进行了衡量：警方的职业精神、是否恪尽职守、是否尊敬警方和警方是否合法办公。在同一研究中术语也会出现不同的情况，如：Weisburd 和他的同事（2008）写的文章中提到的"程序公正"概念就与"合法性"概念相互交换使用。因为作者一般都没有对有效的和可靠的测量统计数据进行记录，因此我们很难评估怎样的测量会影响到研究中的干预效力。我们知道测量的不均匀性会影响检阅结果。我们也知道 Meta 分析处理问题的能力取决于初步研究主体的质量。

程序公正原理

只有一份研究阐释了明确打算提高合法性的干预因素，但在干预中并未包括程序公正原理（Weisburd et al.，2008），其他的研究都至少包含了一项程序公正原理。恢复性司法会议干预明显倾向于包含超过一项程序公正原理（Shapland et al.，2007；Sherman et al.，1998）。在干预中明显包含超过一项程序公正原理的其他研究属于安心警务干预（Singer，2004；Tuffin et al.，2006）、某些社区警务制度干预（Dai，2007；Murphy et al.，2008；Ren et al.，2005；Skogan & Steiner，2004；Zevitz et al.，1997）、有选择性的申诉程序（Holland，1996；Kerstetter & Rasinski，1994；Young et al.，2005）和非正式接触干预（Hinds，2009）。公民独自参与属于邻里监督计划的一部分。它也是 2 个面向问题警务干预（Hartstone & Richetelli，2005；McGarrell & Chermak，2004）和几个社区警务干预的一部分（Dunworth & Mills，1999a，1999b，1999c，1999d，1999e，1999f，1999g，1999h；Eckert，2009；Robinson & Chandek，2000）。值得信赖的动机是分段警务干预的主要程序公正原理（Bond & Gow，1997）。作为干预的主要原理，所有干预都不会明确包含"中立"或"尊严和尊重"。他们只会逐渐包含其他用到程序公正的多重原理的干预。

研究设计和数据收集方法

有 4 份研究的野外试验是随机的（Shapland et al.，2007，2008；Sherman et al.，1998；Weisburd et al.，2008），其中一份是研究面向问题警务的，有两份是研究恢复性司法会议的。有 15 份只用到前后规划（Bond & Gow，1997；Dunworth & Mills，1999a，

1999b，1999c，1999d，1999e，1999f，1999g，1999h；Eckert，2009；Hartstone & Richetelli，2005；Hinds，2009；Kerstetter & Rasinski，1994；Murphy et al.，2008；Singer，2004），11 份用到其他的非随机规划（Dai，2007；Hall，1987；Holland，1996；McGarrell & Chermak，2004；Panetta，2000；Ren et al.，2005；Robinson & Chandek，2000；Skogan & Steiner，2004；Tuffin et al.，2006；Young et al.，2005；Zevitz et al.，1997）。研究需要用到"一如既往"或标准模型管制的方法作为对照。干预随机分配和控制条件的缺失可能引起一些初始研究结果的偏差。如果可能，我们会尽量通过版主的分析方法确定所有对初始研究有影响的因素。数据报告类研究都在表 1 中。

目标人群

根据干预策略，研究随目标人群的不同而不同。因此，会议干预针对罪犯和受害人（Shapland et al.，2007，2008；Sherman et al.，1998）；社区警务和安心警务干预一般针对社区成员（Dai，2007；Dunworth & Mills，1999a，1999b，1999c，1999d，1999e，1999f，1999g，1999h；Eckert，2009；Murphy et al.，2008；Panetta，2000；Ren et al.，2005；Singer，2004；Skogan & Steiner，2004；Tuffin et al.，2006；Zevitz et al.，1997）；可选择性申诉程序针对投诉人（Holland，1996；Kerstetter & Rasinski，1994；Young et al.，2005）；以及非正式相互干预针对学龄儿童（Hinds，2009）。面向问题型策略的方向是多变的。有一类是针对罪犯的（McGarrell & Chermak，2004），有两类是针对社区成员的（Hartstone & Richetelli，2005；Weisburd et al.，2008）。还有一类社区警务干预是专门针对家庭暴力受害者的（Robinson & Chandek，2000）。

从以上描述中我们发现，本次检阅中许多我们希望调查的版主，事实上都混杂在了本组研究中。即以不同的方法研究其他的干预，对特定干预策略的评估研究也倾向于使用特定的评估方法，着眼于特定的结果和针对特定的人群。在解释 Meta 分析结果时，劝告读者谨记：混杂情况使我们很难分离出由于版主分析的特定研究习惯产生的效果。

表 1　各研究报告的内容简介

| Study | Outcomes | Intervention | Research design | Respondents | N |
|---|---|---|---|---|---|
| Bond 1997 | Cooperation Re-victimisation Satisfaction | Beat policing | Pre-post only | Community members | 905 |
| Dai 2007 | Compliance | Community policing | Quasi-experimental | Community members | 818 |

| Study | Outcomes | Intervention | Research design | Respondents | N |
|---|---|---|---|---|---|
| Dunworth 1999<br>Akron<br>Hartford<br>Las Vegas<br>Manatee<br>Pittsburgh<br>Salt Lake City<br>Seattle<br>Shreveport | Satisfaction Revictimisation | Community policing (Weed and Seed) | Pre-post only | Community members | 457<br>136<br>546<br>473<br>483<br>391<br>633<br>407 |
| Eckert 2009 | Legitimacy | Community policing | Pre-post only | Community members | 636 |
| Hall 1987 | Effectiveness | Neighborhood Watch | Quasi-experimental | Community members | 118 |
| Hartstone 2003 | Revictimisation | Problem oriented policing | Pre-post only | Community members | 831 |
| Hinds 2009 | Legitimacy | Informal contact | Pre-post only | School children | 414 |
| Holland 1996 | Satisfaction | Alternative complaints process | Quasi-experimental | Complainants | 384 |
| Kerstetter 1994 | Confidence | Alternative complaints process | Pre-post only | Complainants | 199 |
| McGarrell 2004 | Effectiveness Reoffending | Problem oriented policing | Quasi-experimental | Offenders | 365 |
| Murphy 2008 | Legitimacy | Community policing | Pre-post only | Community members | 102 |
|  | Procedural Justice |  |  |  |  |
|  | Satisfaction |  |  |  |  |
|  | Compliance |  |  |  |  |
| Panetta 2000 | Procedural Justice | Community policing | Quasi-experimental | Community members | 190 |
| Ren 2005 | Confidence | Community policing | Quasi-experimental | Volunteers | 838 |
| Robinson 2000 | Cooperation | Community policing | Quasi-experimental | Victims | 336 |
| Shapland 2008 & Shapland 2007 | Reoffending Satisfaction Procedural Justice | Conferencing | Experimental | Offenders and victims |  |
| London Robbery (LOR) |  |  |  |  | 158 |
| London Burglary (LOB) |  |  |  |  | 186 |
| Northumbria Property (NCP) |  |  |  |  | 105 |

续表

| Study | Outcomes | Intervention | Research design | Respondents | N |
|---|---|---|---|---|---|
| Northumbria Assault（NCA） | | | | | 165 |
| Sherman 1998 | PLegitimacy Procedural Justice Satisfaction | PConferencing | Experimental | POffenders and victims | |
| Drink Driving（DD） | | | | | 900 |
| Juvenile Property-Shoplifting（JPS） | Compliance Reoffending | | | | 80 |
| Juvenile Personal Property（JPP） | | | | | 93 |
| Youth Violence（YV） | | | | | 80 |
| Singer 2004 | Satisfaction | Reassurance policing | Pre-post only | Community members | 1205 |
| Skogan 2004 | Satisfaction | Community policing | Quasi-experimental | Community members | —540 |
| Tuffin 2006 Manchester Lancashire Leicestershire Metropolitan Police（MPS）Surrey Thames Valley | Confidence Procedural Justice Reoffending | Reassurance policing | Quasi-experimental | Community members | 365 386 354 390 404 389 |
| Weisburd 2008 | Procedural Justice Reoffending | Problem oriented policing | Experimental | Community members | 800 |
| Young 2005 | Satisfaction | Alternative complaints process | Quasi-experimental | Complainants | 36 |
| Zevitz 1997 Metcalfe Park（MP）Avenues West（AW） | Satisfaction | Community policing（Weed and Seed） | Quasi-experimental | Community members | 772 530 |
| Total：41 | | | | | Total：17600 |

## 4.2 Meta 分析

我们为包括直接结果和间接结果在内的五个先验结果测量分别进行了五个 Meta 分析，所有的结果都是在微观层面对个人收集的数据进行测量。这些结果至少经过两个评估测量，我们搜寻的其他结果没有被任何符合条件的研究所测量过，也没有在仅仅一个研究中进行测量,更不可能实施 Meta 分析。

具体地说,对以下结果进行了分析:

直接结果:合法性、程序正义、遵从性、合作性、满意度、置信度。

间接结果:累犯。

### 4.2.1　调解人分析

我们进行了一系列的模拟方差分析,以确定不同研究水平调解人变量对各个结果处理效应量是否有影响。这些分析是通过在 CMA 亚组分析中采用最大似然估计法实施的。相关变量是:干预类型、研究设计、受访者类型、犯罪类型、出版年份和出版国家。这些结果大部分是多层次分类的。

因为每一个结果包括一个不同的研究群体,所以不是所有的调解人都被所有的结果进行了检验。对于某些结果,在被包含的研究对象之间调解人方面没有差异,所以不可能检验调解人变量的效应。例如,所有记录累犯为结果的研究使用的是实验设计,那么我们就不能在实验设计与准实验设计之间比较针对于累犯的干预效应。

### 4.2.2　敏感性分析

为了检验我们的分析决策是否对结论产生影响,我们进行了一系列的敏感性分析。我们使用漏斗图来检查数据中可能的偏倚来源,包括发表偏倚和小规模研究效应。我们使用"剪补法"方法(Duval & Tweedie,2004)来检验发表偏倚,使用 Egger 所提出的方法(1997)检验小规模研究效应。

我们使用两个分析来评估每个结果其结论的敏感性以研究其质量。首先,我们只使用论文以外的同行评议的研究和报导进行分析,从结论方向和结论意义的角度,分别包括和不包括各个结果的灰色研究进行结论敏感性评估。我们还为以下质量元素授予研究通过或失败的标志:研究设计、样本偏倚、处理和控制组等效性、失访偏倚、干预交付的完整性、处理与控制组分离的完整性、处理交付控制水平、研究标准、"意向性治疗"分析、随机化分组错误、干预时间和后续实验与控制组间时限的一致性。我们也为每个研究对象计算区间尺度的质量总分,然后进行一系列的 CMA 元回归来评估这些元素对于研究效应量的影响。

### 4.3　直接结果

比数比

Meta 分析中报导感知合法性、程序正义性、合作性、遵从性、满意度与置信度结果的文章,主要报导了这些结果呈二叉分并且通常一定比例或一定数量的群体呈积极结果。例如,Sherman 及其同事(1998)称实验组和控制组中同意"警察是合法的"

这一问题的受访者占有一定比例。我们将每个研究的二进制结果测量转换成比数比（OR）。该比数比是由有干预经历的人们对于某事件的比数除以有对比经历的人们对于某事件的比数。在此案例中，OR 代表作者所使用问题的积极回答的比数率，来测量两种情况下的合法性感知、程序正义、合作性、遵从性、满意度与置信度。

在研究对象对构造的连续测定非二叉分测定的报导处，我们使用 Lipsey 和 Wilson（2001）所讨论的方法估算了一个标准化均差值（d）效应量并将之转变为比数比。

研究对象间真正的差异由参数 $\tau^2$ 表示。我们使用最大似然估计法估计 $\tau^2$（正如 Borenstein，Hedges，Higgins，Rothstein，2009 所概述的），并将每个研究的权重与研究结果间的差异预估结果相加。然后我们将加权效应量估计值与所有结果效应量的整体估计值相结合。这些步骤在 CMA 中实施。

相结合的结果

我们决定考虑结合几个被主要提出的结果作为单一结果。我们将测量市民对警察的满意度与市民对警方的置信度结合在一个 Meta 分析中。这样做是因为如果对这些被包含的研究进行单独分析，每一个适合的研究对象数量很少。对警方的满意度与置信度的操作型定义总是与警务类文献重复。例如，英国犯罪调查曾使用如下条目"地区性的警察工作的比较好或很好""警察所解决的事情对社区人民很重要"来测量公众对警方的置信度（Home Office，2011），芝加哥长期的社区警务评估使用如下条目"你所在地区的警察在维持街道与人行道治安方面做得有多好""你所在地区的警察在与人民息息相关的问题处理上做得有多好"来测量公众对警方的满意度（Skogan，2004）。我们也在此结果测量项目中引入测量，因为这些问题在原始文本上多方面地表现出了群众对警方的置信度、满意度及感知度。

我们也结合了研究作者所标注的"市民的遵从性"和"与警方的合作性"的研究结果。合作性与遵从性可以以两种方式测量：通过参与者对自身今后合作或遵从意图的自我报告，或他人对行为上遵从与合作的直接观察。在我们的样本（Dai，2007）中只有一个研究在测量遵从性时使用行为观察，而所有其他的研究使用的是对今后合作或遵从意图的自我报告。仅有两份研究测量了合作性。结合遵从性与合作性使我们能够在 Meta 分析中获得所有的这些研究，以确保广泛的覆盖率和有意义的结果。

4.3.1 感知合法性

合法性作为一个干预结果，实际上只有四个研究（包括七个评估）对其进行测量和提供合法性效应量。六个评估的 OR 值大于 1,表明对于这些研究,警务干预与警察合法性感知度增加相联系。但是,这些 OR 大于 1 的评估中只有一个在统计上是显著的:堪培拉 RISE 评估的酒驾试验(Sherman et al.,1998)。

随机效应模型所得的相结合的七个评估的加权平均值 OR 为 1.58。但是 OR 值 95% 非常宽且包含 1(下限值 = 0.85,上限值 = 2.95)。该结论表明,当研究间的异质性被考虑进模型时,警务干预对警察合法性感知的效应便不明显。尽管点估计呈较高积极性,但是研究间的变化太大以至于我们不能把效应归因于干预而是研究层的差异。在最初研究检验中可以发现关于该结论的可能性解释。合法性的定义与测量在原始研究间有很大的不同,使得研究具有异质性而无法将研究间变量的效应与研究内的干预效应分离。为了支持该观察,统计 $I^2$ 表明 OR 中 93% 方差可能归因于研究层因素($I^2 = 93.08, \tau^2 = .589, s.e. = .48$),七个评估据统计 Q(Q(6) = 86.73, p < .001)具有显著的异质性。

在 CMA 进行的调解人分析显示出,根据大量因素,研究之间比数比效应量存在显著的差异(见表 2 和表 3)。在该案例中,研究层调解人的效应值不容易解释,因为所包含的干预中有四个来自堪培拉 RISE 研究(Sherman et al.,1998),该研究不同于其他所包含的几乎所有我们编码的调解人变量的干预。所有亚组分析的结论共同表明,在 RISE 研究的发现中,干预引起的合法性增加大于其他任何研究,但是考虑到它们不同的特点,我们无法解释这种差异。我们需要更多的评价研究对合法性这一结果进行测量,我们需要对跨研究对象进行标准的测量以便于对合法性干预的效应进行更长远的评判。

研究对象中使用估算数据的研究(Q(1) = 0.85, p = 0.356)和未发表的研究(Q(1) = 0.95, p = 0.332)没有影响感知合法性方向与意义的整体效应。

表 2  各研究的个体特征与"合法性"的效果量的关系

| Study Characteristic | k | OR | 95% CI Low | 95% CI High | z | p | Q (df)* | P |
|---|---|---|---|---|---|---|---|---|
| **Intervention** | | | | | | | 5.98 (2) | 0.050 |
| Community policing | 2 | 0.99 | 0.53 | 1.86 | −0.04 | 0.968 | | |
| Conferencing | 4 | 2.67 | 1.50 | 4.74 | 3.34 | 0.001 | | |
| Informal Contact | 1 | 1.08 | 0.43 | 2.68 | 0.16 | 0.875 | | |
| **Research Design** | | | | | | | 10.38 (1) | 0.001 |
| Pre-post only | 3 | 1.02 | 0.68 | 1.53 | 0.08 | 0.935 | | |
| Randomized trial | 4 | 2.87 | 1.77 | 4.66 | 4.28 | <.001 | | |

续表

| Study Characteristic | k | OR | 95% CI Low | 95% CI High | z | p | Q (df)* | P |
|---|---|---|---|---|---|---|---|---|
| **Respondent Type** | | | | | | | 5.98（2） | 0.050 |
| Community | 2 | 0.99 | 0.53 | 1.86 | −0.04 | 0.968 | | |
| Offenders | 4 | 2.67 | 1.50 | 4.74 | 3.34 | 0.001 | | |
| School children | 1 | 1.08 | 0.43 | 2.68 | 0.16 | 0.875 | | |

表3　各研究的个体质量与"合法性"的效果量的关系

| Quality Indicator | b | s.e. | z | p | $\tau^2$ |
|---|---|---|---|---|---|
| Sample bias | 0.66 | 0.63 | 1.05 | 0.295 | 0.29 |
| Equivalency of control group | 0.46 | 0.65 | 0.70 | 0.483 | 0.32 |
| Consistency of intervention and follow-up periods | −0.60 | 0.47 | −1.26 | 0.207 | 0.26 |
| Research standards adhered to | 0.46 | 0.65 | 0.70 | 0.483 | 0.32 |
| Quality composite score | −0.16 | 0.21 | −0.76 | 0.449 | 0.31 |
| Year of publication | −0.10 | 0.03 | −3.58 | <.001 | 0.08 |

### 4.3.2　感知程序正义

6个研究提供了程序正义的结果数据,给出了14个所有的独立的效应量。14个评估中有13个OR大于1,表明对于很多被包含的研究而言,警务干预与感知程序正义的增加相联系。在这13个OR大于1的评估中,有5个在统计上是显著的:堪培拉会议研究的酒驾试验(Sherman et al.,1998),以及莱斯特郡、曼彻斯特、英国大都会及泰晤士河谷保障警务评估(Tuffin et al.,2006)。

总之,干预与程序正义感知度重大及显著的增加相联系。通过随机效应模型得知14个评估相结合的加权平均值OR为1.47,95%可信区间不包括1(下限值=1.16,上限值=1.86)。

据统计值Q(Q(13)= 45.37,p <.001),14个评估具有显著异质性。统计值$I^2$表明OR中71%的变量归因于研究层因素($I^2$= 71.35,$\tau^2$=.13,s.e.=.08)。这一结果所包含的所有干预策略中,保障警务干预相较于其他干预策略的效应量更高。另外,以社会成员为目标的干预相较于单以违法者为目标的干预,程序正义效应值更高。

### 4.3.3　遵从性与合作性

八个评估将遵从性或合作性作为干预结果进行报导。这八个评估中有七个OR值大于1,表明对于这些研究,警务干预与遵从性或合作性的增加相联系。这七个

OR 值大于 1 的研究中有三个在统计上是显著的（Sherman 等人的酒驾试验，1998；Dai 的社区警务评估，2007；Bond 和 Gow 的巡区警务评估，1997）。

总之，干预对遵从性与合作性联合的测量有重大的积极效应。随机效应模型所得的八个评估相结合的加权平均值 OR 为 1.62。OR 值 95% 可信区间不包括 1（下限值 = 1.13，上限值 = 2.32）。测量合作性的研究与测量遵从性的研究相比显示出更高的效应量，但两者差异并不大，这表明二者兼具的 Meta 分析对结论没有实质影响。

研究层的因素很大程度上造成了记录于研究中的效应量的变化。据统计值 Q（$Q(7) = 22.05, p = .002$），八个评估具有显著异质性。$I^2$ 统计值较大，表明 OR 中 68% 的方差可能是研究因素的结果（$I^2 = 68.26, \tau^2 = .17, s.e. = .15$）。警官引导的恢复正义性会议相较于其他形式的干预，其遵从性与服从性效应更大。同样，针对违法者的干预相较于针对犯罪受害者或公众的干预，其遵从性与合作性效应量更大。整体处理的研究焦点显著影响了其结果，整体处理值越低的研究，相结合的测量的效应量越高。

敏感性分析表明，当 Meta 分析中不同时包含已发表和未发表的研究时研究结果是有所不同的。两份已发表的同行评议的文章指出组合的 OR 值为 0.94，这表明对于遵从与合作的合法性警务具有消极效应，尽管其可信区间较宽且包含 0（下限值 = 0.71，上限值 = 1.24，$p = 0.663$）。相比之下，六个未发表的资源相结合的 OR 值很大且极有意义（OR = 2.17，下限值 = 0.71，上限值 = 1.24，$p<0.001$）。这一分析没有使用估算数据。

### 4.3.4　满意度和置信度

我们的研究总体最常用的结果测量是关于满意度、置信度或警方效果感知的测量。因为该结果的测量在研究间并不标准，并且对这些结果相互独立的假设并不正当有理，所以我们在 Meta 分析中同时引入了三个态度测量。在这 29 个被包含的评估中有 27 个 OR 值大于 1，表明对于这些研究，警务干预与对警方积极态度提升有联系。这 27 个 OR 值大于 1 的评估中，14 个在统计上是显著的（Bond & Gow，1997；Dunworth & Mills，1999a，1999d，1999e；Hall，1987；Holland，1996；Kerstetter & Rasinski，1994；McGarrell & Chermak，2004；Murphy et al.，2008；Ren et al.，2005；Shapland et al.，2007；Skogan & Steiner，2004；Tuffin et al.，2006；Zevitz et al.，1997）。

总之，合法性干预导致警察感知积极性重大的增加。随机效应模型所得的 29 个评估相结合的加权平均值为 1.75。95% 可信区间不包括 1（下限值 = 1.54，上限值 =

1. 99）。每一个结果测量（满意度、置信度、实效性）也独立地记录了一个整体的有意义的积极效应量，表明将它们结合的这一选择没有影响整体的结论。

研究间的差异很大意义上导致了效应量的变化。据统计值 Q（Q(28)= 66. 68，p <.001），29 个评估具有显著异质性。较大的统计值 $I^2$ 表示 OR 中 58% 的方差可能是研究因素的结果（$I^2$ = 58. 01，$\tau^2$ =. 07，s.e. =. 03）。单独针对受害者的干预相较于单独针对公众或犯罪者的干预，其效应量更小。干预传送整体影响结果，研究的传送整体值越低，相结合的结果效应量越高。

结合的满意度结果的调查结果不敏感于既包括未发表的研究也包括已发表的研究的 Meta 分析（Q(1)= 3. 22，p-0. 073），尽管五个已发表的同行评价研究相比于未发表的研究（OR = 1. 67，下限值 = 1. 45，上限值 = 1. 92）记录了更高的整体效应量（OR = 2. 27，下限值 = 1. 67，上限值 = 3. 08）。该结果所包含的效应量在计算中均不需估算数据。

### 4.4 间接结果

当我们试图检验警察提高合法性的努力的直接结果时，我们也解出被定义为合法警务的间接利益的学术研究文献的编码。这些间接结果被犯罪及混乱的减少和自我报导累犯（重复犯罪被害）的减少关联起来。在我们的检阅中，由 26 个评价组成的 15 个研究报导了累犯这一间接结果。这些研究在累犯测量上各异，一些使用累犯自我报导或累犯官方警察记录（McGarrell & Chermak，2004；Shapland et al.，2008；Sherman et al.，1998；Weisburd et al.，2008），另一些使用犯罪被害自我报导（Bond & Gow，1997；Dunworth & Mills，1999a，1999b，1999c，1999d，1999e，1999f，1999g，1999h；Hartstone & Richetelli，2003；Tuffin et al.，2006）。

因为这些结果通常由连续量表测量，而不是二叉分，所以我们使用标准化均值差（g）来作为效应量。在 Hedges 和 Olkin（1985）的 Meta 分析过程之后，我们将每一个研究的累犯结果测量转变为标准化均值差分数（d）。分数 d 描述了实验组和控制组在结果测量上的差异，并不受不同研究测量量表的影响。然后我们调整每个研究的分数 d 以计算小规模研究样本含量所造成的偏倚（Hedges & Olkin，1985），最终得出每个研究的 g 值。该程序的公式推导于 Deeks 和 Higgins（2005）。接下来的计算使用 CMA 进行。

### 4.4.1 累犯

十五个研究将累犯作为干预结果进行测量，为 Meta 分析一共提供了 26 个效应量。在这 26 个效应量中有 20 个 g 值呈消极，表明对于这些研究，警务干预与累犯减少相联系。在这 20 个 g 值为消极的评估中,只有两个在数据上是显著的(Dunworth & Mills,1999d,1999e)。

虽然很多单个研究显示出累犯效应无效,但是 Meta 分析却表明,整体干预导致了在 .05 层近乎显著的累犯的减少。随机效应模型所得的相结合的 26 个评估的加权平均值 g 为-0.07。g 值95%可信区间的最大上限值包括 0(下限值=-0.14,上限值= 0.00)。通过官方统计或犯罪者自我报导所测量的累犯研究效应量与使用受害者自我报导或重复犯罪被害所测量的累犯研究效应量之间存在实质上的差异。调解人分析表明,使用官方数据测量累犯的研究记录的整体干预效应无效(g = 0.03,95% CI 下限=-0.05,95%CI 上限= 0.11,p = 0.473)。但是,使用受害自我报导测量累犯的研究发现由于整体干预,重复犯罪被害有重大且明显的减少(g =-0.13,95%CI 下限=-0.23,95%CI 上限=-0.05,p = 0.001)。

研究层变量没有显著的造成研究间效应量的差异,这表明大部分效应量变量归因于干预效应。据统计 Q(Q(25)= 36.30,p = .067)26 个评估并不具有明显异质性。统计表明,g 值 31%的方差可能由研究因素造成(I² = 31.11,τ² = .01,s.e.= .01)。仅使用前后评估设计的研究与使用其他准试验设计或随机试验的研究相比,其效应量明显更大。社区警务干预中"杂草与种子"群组仅使用前后评估设计所得的较大的效应量可能导致这一效应。因为单一的前后评估设计易受一系列的偏倚影响(Shadish,Cook,& Campbell,2002),因此在解释 Meta 分析结论时需谨慎对待。另外,研究的干预传送整体显著地影响了它们的结论,研究的传送整体越低,因干预引起的累犯减少就越大。该结果只包含了一个同行评价研究(Weisburd et al.,2008)。当该研究不包含在分析中时,结论显示针对累犯的合法性干预效应显著,单单未发表的研究的整体 g 值是-0.08(下限值=-0.52,上限值=-0.01,p = 0.035;Q(1)= 0.68,p = 0.411)。Weisburd 等研究也是我们估算数据用以计算效应量的唯一的研究。

### 4.5 结果总结

总之,结论显示出了警方引导的干预效应结果有希望提高合法性。满意度与置信度相结合的结果在我们所检阅的干预研究中显示出最高的整体效应。该效应的可信区间合理得小,表明满意度与置信度合法性干预效应在研究总体中不仅大而且可信。结果发现第二高的效应量是相结合的遵从性与合作性结果。当该结果被研究总体所打破时,我们发现针对犯罪者的干预相较于针对受害者或公众的干预,其遵从性与合作性效应量更高。

　　程序正义的结果指出其较小却积极稳定的增长是警方合法性干预的结果。程序正义与满意度或置信度都没有被我们分析中的调解人显著地影响,这表明合法干预不管在哪种环境下实施,其在这些结果上都有明显的效果。

　　有趣的是,根据我们的分析,一般称设计干预是用来提高合法性的研究实际上并没有影响作者原始研究测量方式中"合法性"的构建。"合法性"结果所估计的效应量非常大,但是可行区间太大意味着估计中不确定量高。有助于合法性结果的效应量的研究调查揭示出,这归因于四个报导合法性分数高于其他所包含的研究结果的RISE组群。因为在研究总体、调查方法、合法性测量上,RISE研究不同于其他研究,很难清楚地确定为何它们的效应量不同于其他研究。这些异质源值得进一步研究。我们仅仅需要更多的干预研究对象来测量合法性这一结果。

　　最后,合法性干预作为一个间接结果测量显示出了边际效应。当累犯被测量方法所打破时,使用官方警方数据的累犯测量研究没有显示出合法性干预效应,但是测量犯罪被害自我报告的研究作为干预的一个结论,其重复犯罪被害显示出大大的减少。这一差异可能表示很多问题,但是一个可能的解释是,官方数据和自我报导犯罪从两个方面受到干预的影响:实际犯罪可能减少,但是报导增加,整体效应无效。相反的,受害测量中报导不足的动机减少。另一个可能的解释是合法干预实际上不同地影响了累犯行为和重复犯罪被害。

　　Meta分析结论表明,合法性干预使某些结果稳定,使另一些结果变化。敏感度分析表明,这些结论大体上不归因于评论者对方法论的决策。调解人分析表明,评估设计等研究层变量可能影响某些结果的结论。但是,实际上研究发现Meta分析中包含少量研究,在某种程度上限制了调解人分析的稳健性。因为几乎没有研究能满足我们的所有标准并拥有足够的数据实施Meta分析,某些调解人变量层仅有一个研究提及此(例如只有一个观察)。例如,对于合法性结果,只有一个研究报导了暴力犯罪的效应量,也只有一个研究报导酒驾。这意味着若能从新的研究中囊括更多的效应量,便能从实质上改变调解人分析结论的某些结果。

**表 4　直接结果汇总**
**Random Effects Model Results**

|  | Legitimacy | Procedural Justice | Compliance Cooperation | Satisfaction Confidence |
|---|---|---|---|---|
| 95% CI Lower | 0.85 | 1.16 | 1.13 | 1.54 |
| **Odds Ratio** | **1.58** | **1.47** | **1.62** | **1.75** |

续表

| | Legitimacy | Procedural Justice | Compliance Cooperation | Satisfaction Confidence |
|---|---|---|---|---|
| 95% CI Upper | 2. 95 | 1. 86 | 2. 32 | 1. 99 |
| P | . 148 | . 001 | . 009 | <. 001 |
| Q | 86. 73 | 45. 37 | 22. 05 | 66. 68 |
| I² | 93% | 71% | 68% | 58% |
| K | 7 | 14 | 8 | 29 |

表 5　非直接结果汇总

| Random Effects Model Results | |
|---|---|
| | Reoffending |
| 95% CI Lower | −0. 14 |
| **Standardized Mean Difference** | **−0. 07** |
| 95% CI Upper | 0. 00 |
| P | 0. 053 |
| Q | 36. 30 |
| I² | 31% |
| K | 26 |

# 5. 结　论

　　本文的主要研究发现是警务合法性干预项目就每个直接的测量结果而言,是具有积极效果的。对于所有的合法性指标,结果呈统计学显著。我们的调查表明,前线警务主导干预的对话因素对促进市民满意、自信、顺从和与警方合作非常重要,并加强对程序正义的看法。就实际情况而言,这意味着警方可以通过采用在程序上公正的对话实现公民对警察态度的积极变化。

# 6. 参考文献

Angrist, J. D. (2006). Instrumental variables methods in experimental criminological research：what，why and how.*Journal of Experimental Criminology*，2(1)，23-44.

Applegate，R.J.(2004).Problem-oriented policing inPlymouth.*Crime Prevention and Community Safety：An International Journal*，6(2)，35-50.

Arthur，G.L.，Sisson，P.J.，& McClung，C.E.(1980).Use of group process in teaching communication and life skills for law enforcement personnel.*The Journal for Specialists in Group Work*，5(4)，196-204.

Barbrey，J. W. (2003). *An analysis of crime control policies in Knoxville's public housing.*(Doctoral dissertation，University of Tennessee).Retrieved from ProQuest Dissertations & Theses(UMI Number：3126986).

Battle，F.(1999).*Measuring performance in the organized crime drug enforcement task force program.*(Doctoral dissertation，University of Southern California).Retrieved from ProQuest Dissertations & Theses(UMI Number：9987561).

Beedle，S. (1984). *Citizen response to burglary information brochures：A follow-up study.*Portland，OR：Public Affairs Unit，Crime Prevention Section，Portland Police Bureau.

Bennett，T.(1990).Getting back in touch.*Policing*，6(3)，510-522.

Berringer，R.D.(2004).*The effect of formal leadership training on the leadership styles of police field trainers.*(Master's thesis，University of Prince Edward Island).Retrieved from ProQuest Dissertations & Theses(UMI Number：MQ93873).

Berry，G.，& Carter，M. (1992).*Assessing crime prevention initiatives：The first steps.* London：Home Office Crime Prevention Unit.

*Bond, C. E. W., & Gow, D. J. (1997). Policing the beat：The experience inToowoomba，Queensland.In R.Homel(Ed.)，*Crime Prevention Studies*，Vol.7.*Policing for prevention：Reducing crime，public intoxication and injury* (pp.154－173).Monsey，NY：Criminal Justice Press.

Bower，D.L.，& Pettit，W.G.(2001).TheAlbuquerque police department's crisis intervention team.*FBI Law Enforcement Bulletin*，70(2)，1-6.

Brennan，M.，& Brennan，R.(1994).*Cleartalk：Police responding to intellectual disability.*Wagga Wagga，Australia：Literacy Studies Network，School of Education，Charles Sturt University.

Brensilber，D.，& Krasco，K.(1999).*Analysis of police activity and programming in the Woburn，Massachusetts Weed and Seed area.*Statistical Analysis Center，Massachusetts Executive Office of Public Safety Programs Division. Retrieved from http://www.weedandseed. info/docs/studies_local/woburn-ma.pdf.

Brewster, J., Stoloff, M., & Sanders, N. (2005). Effectiveness of citizen police academies in changing the attitudes, beliefs, and behavior of citizen participants. *American Journal of Criminal Justice*, 30(1), 21−34.

Brimley, S., Garrow, C., Jorgensen, M., & Wakeling, S. (2005). *Strengthening and rebuilding tribal justice systems: Learning from history and looking towards the future*. Cambridge, MA: The Harvard Project on American Indian Economic Development.

Brownlee, I., & Walker, C. (1998). The urban crime fund and total geographic policing initiatives in West Yorkshire. *Policing and Society*, 8(2), 125−152.

Buren, B.A. (2003). *An evaluation of citizen oversight in the Tempe, Arizona police department*. (Doctoral dissertation, Arizona State University). Retrieved from ProQuest Dissertations & Theses (UMI Number: 3109548).

Burrows, J., Tarling, R., Mackie, A., Poole, H., & Hodgson, B. (2005). Forensic science pathfinder project: Evaluating increased forensic activity in two English police forces *Home Office Online Report* 46/05 Retrieved from http://webarchive. nationalarchives. gov. uk/20110220105210/rds. homeoffice. gov. uk/rds/pdfs05/ rdsolr4605.pdf.

Burt, M.R., Zweig, J.M., Andrews, C., Van Ness, A., Parikh, N., Uekert, B.K., & Harrell, A.V. (2001). 2001 Report: Evaluation of the STOP formula grants to combat violence against women. Washington, DC: The Urban Institute.

Butler, A.J.P., & Tharme, K. (1983). *Chelmsley Wood policing experiment*. Chelmsley Wood, UK: West Midlands Police.

Bynum, T.S., McCluskey, C.P., & Patchin, J.W. (2000). *Westside Operation Weed and Seed: An Evaluation of an Early Truancy Initiative*. East Lansing, MI: School of Criminal Justice, Michigan State University. Retrieved from http://www. jrsainfo. org/programs/ grand-rapids.pdf.

Carroll, R. (2002). *Partnerships: From rhetoric to reality (a case study in vehicle theft prevention)*. Paper presented at the Crime Prevention Conference, Sydney. Retrieved from http://www. aic. gov. au/events/aic% 20upcoming% 20events/2002/~/media/ conferences/crimpre/carroll.pdf.

Challinger, D. (2004). Crime StoppersVictoria: An Evaluation. Technical and Background paper No.8.Canberra: Australian Institute of Criminology.

Chandler, W.C. (2001).The deterrent effect of the undercover compliance check strategy to reduce the sale of alcoholic beverages to minors in North Carolina: A quasi-experimental design.(Doctoral dissertation, North Carolina State University).Retrieved from ProQuest Dissertations & Theses(UMI Number:3030029).

Child andFamily Policy Center.(1999).*Des Moines Weed and Seed Evaluation: Final Report.* Retrieved from http://www. weedandseed. info/docs/studies _ local/des-moines-ia.pdf.

Clarke, C. (2003).Hands firmly on the steering wheel: Restructuring Metro Toronto Police Service.*Policing: An International Journal of Police Strategies & Management*, 26 (3),473-489.

Cook, P.M. (1994).Breaking the link on the streets.*Policing*,10(2),80-87.

Corcoran, J., & Allen, S. (2005).The effects of a police/victim assistance crisis team approach to domestic violence.*Journal of Family Violence*,20(1),39-45.

Cox, S.M. (1999).*Final report of the evaluation of the New Britain Weed and Seed program.* New Britain, CT: Department of Criminology and Criminal Justice, Central Connecticut State University.Retrieved from http://www.weedandseed. info/docs/studies_local/new-britain.pdf.

Crawford, A. (1994).The partnership approach to community crime prevention: Corporatism at the local level? *Social & Legal Studies*,3(4),497-519.

Crawford, A. (1995).Appeals to community and crime prevention.*Crime, Law and Social Change*,22(2),97-126.

Crime Prevention Unit, South Australian Attorney-General's Department. (2002).*The South Australian Residential Break and Enter Pilot Project evaluation report: Summary volume.*Canberra: Commonwealth Attorney-General's Department.

Criminal Justice Commission.(1998).*Beenleigh Calls for Service project: Evaluation report.*Brisbane, Australia: Author.

* Dai, M. (2007).*Procedural justice during police-citizen encounters.*(Doctoral dissertation, University of Cincinatti).Retrieved from ProQuest Dissertations & Theses(UMI Number:3280116).

Davis, R. C., & Taylor, B. G. ( 1997 ). A proactive response to family violence: The results of a randomized experiment. *Criminology*, 35( 2 ), 307–333.

Department of Justice, Victoria. ( 2008 ). *Enforcement Operations Koori Strategy*, 2008–2010. Melbourne, Australia: Author.

Dogutas, C. ( 2007 ). *Reactive vs. proactive strategies: The effectivenss of school resource officers to prevent violence in schools.* ( Doctoral dissertation, Kent State University ). Retrieved from ProQuest Dissertations & Theses( UMI Number: 3286550 ).

Driscoll, L. N., Bora, D. J., & DeTardo-Bora, K. A. ( 2003 ). *Program evaluation of the O. N. E. Wheeling Weed and Seed.* Wheeling, WV: Wheeling Jesuit University. Retrieved from http://www.weedandseed.info/docs/studies_local/wheeling.pdf.

Dunham, R. G., & Alpert, G. P. ( 1995 ). Controlling the use of force: An evaluation of street-level narcotics interdiction in Miami. *American Journal of Police*, 14( 1 ), 83–100.

Dunworth, T. ( 2000 ). National evaluation of youth firearms violence initative. Research in brief. Washington, DC: National Institute of Justice.

*Dunworth, T., & Mills, G. ( 1999a ). *National evaluation of Weed and Seed: Akron, Ohio research report.* Washington, DC: National Institute of Justice. Retrieved from http://www.weedandseed.info/docs/studies_national/akron-oh.pdf.

*Dunworth, T., & Mills, G. ( 1999b ). *National evaluation of Weed and Seed: Hartford, Connecticut research report.* Washington, DC: National Institute of Justice. Retrieved from http://www.weedandseed.info/docs/studies_national/hartford-ct.pdf.

*Dunworth, T., & Mills, G. ( 1999c ). *National evaluation of Weed and Seed: Las Vegas, Nevada research report.* Washington, DC: National Institute of Justice. Retrieved from http://www.weedandseed.info/docs/studies_national/lasvegas-nv.pdf.

*Dunworth, T., & Mills, G. ( 1999d ). *National evaluation of Weed and Seed: Manatee and Sarasota Counties, Florida research report.* Washington, DC: National Institute of Justice. Retrieved from http://www. weedandseed. info/docs/studies _ national/manatee-sarasota-fl.pdf.

*Dunworth, T., & Mills, G. ( 1999e ). *National evaluation of Weed and Seed: Pittsburgh, Pennsylvania research report.* Washington, DC: National Institute of Justice. Retrieved from http://www.weedandseed.info/docs/studies_national/pittsburgh-pa.pdf.

*Dunworth, T., & Mills, G. ( 1999f ). *National evaluation of Weed and Seed: Salt Lake*

*City, Utah research report.* Washington, DC: National Institute of Justice. Retrieved from http://www.weedandseed.info/docs/studies_national/saltlakecity-ut.pdf.

*Dunworth, T., & Mills, G. (1999g). *National evaluation of Weed and Seed: Seattle, Washington research report.* Washington, DC: National Institute of Justice. Retrieved from http://www.weedandseed.info/docs/studies_national/seattle-wa.pdf.

*Dunworth, T., & Mills, G. (1999h). *National evaluation of Weed and Seed: Shreveport, Louisiana research report.* Washington, DC: National Institute of Justice. Retrieved from http://www.weedandseed.info/docs/studies_national/shreveport-la.pdf.

*Eckert, R. (2009). Community policing as procedural justice: An examination ofBaltimore residents after the implementation of a community policing strategy. (Master's thesis, Villanova University). Retrieved from ProQuest Dissertations & Theses (UMI Number: 1462400).

Feder, L., Jolin, A., & Feyerherm, W. (2000). Lessons from two randomized experiments in criminal justice settings. *Crime & Delinquency,* 46(3), 380-400.

Friday, P.C., Lord, V.B., Exum, M.L., & Hartman, J.L. (2006). *Evaluating the impact of a specialized domestic violence police unit.* Charlotte, NC: Department of Criminal Justice, University of North Cardina.

Gladstone, F.J. (1980). *Co-ordinating crime prevention efforts. Home Office Research Study No.* 62. London: Home Office Crime Policy Planning Unit.

Goldkamp, J.S., & Vilcica, E.R. (2008). Targeted enforcement and adverse system side effects: The generation of fugitives inPhiladelphia. *Criminology,* 46(2), 371-409.

Goldstein, H. (1990). *Problem-oriented policing.* New York: McGraw-Hill.

Grossman, A.H. (2004). *Attitudes and perceptions regarding community policing programs in metropolitan police agencies.* (Master's thesis, California State University). Retrieved from ProQuest Dissertations & Theses (UMI Number: 1424804).

Guzik, K.W. (2006). Governing domestic violence: The power, practice, and efficacy of presumptive arrest and prosecution against the violent subjectivities of intimate abusers. (Doctoral dissertation, University of Illinois). Retrieved from ProQuest Dissertations & Theses (UMI Number: 3223604).

Hakkert, A.S., Gitelman, V., Cohen, A., Doveh, E., & Umansky, T. (2001). The evaluation of effects on driver behavior and accidents of concentrated general enforcement on interurban roads inIsrael.*Accident*:*analysis and prevention*,33(1),43-63.

   * Hall,P.A.(1987).*Neighborhood Watch and participant perceptions.*(Doctoral dissertation,University of Southern California).Retrieved from ProQuest Dissertations & Theses (UMI Number:0560502).

   Hallas,H.B.(2004).*City of Youngstown Police Department's Weed and Seed Strategy Year Four Evaluation Report.*Youngstown,OH:Center for Human Services Development, Youngstown State University.Retrieved from http://www.weedandseed.info/docs/studies_ local/youngstown-oh.pdf.

   Hanewicz,W.B.,Fransway,L.M.,& O'Neill,M.W.(1982).Improving the linkages between community mental health and the police. *Journal of Police Science and Administration*,10(2),218-223.

   Harrington,M.P.(2002).*An inquiry into the effects of diversity training on police policy makers in Fairfax County, Virginia.* ( Doctoral dissertation, University of Virginia ), Retrieved from ProQuest Dissertations & Theses(UMI Number:3044904).

   Harris,R.J.,O'Connell,J.P.,& Mande,M.J.(1998).*City of Wilmington Operation Weed and Seed* 1992 *to* 1996:*An evaluation.* Dover,DE:Delaware Statistical Analysis Center.Retrieved from http://www.weedandseed.info/docs/studies_local/wilmington3.pdf.

   Harris,R.J.,O'Connell,J.P.,& Wilhite,S.(2005).*Evaluation of Operation Weed and Seed in Wilmington,Delaware*-2001 *to* 2004.Dover,DE:Delaware Statistical Analysis Center.Retrieved from http://sac. omb. delaware. gov/publications/documents/2004_Weed_ and_Seed_Evaluation.pdf.

   * Hartstone,E.C.,& Richetelli,D.M.(2003).*Final assessment of the Strategic Approaches to Community Safety initiative in New Haven.*Washington,DC:National Institute of Justice.Retrieved from https://www.ncjrs.gov/pdffiles1/nij/grants/208859.pdf.

   Henderson,C.,Papagapiou,P.,Gains,A.,& Knox,J.(2004).*Driving crime down:Denying criminals the use of the road.*London:PA Consulting Group.

   Henig,J.R.(1984).Citizens against crime:An assessment of the neighborhood watch program inWashington,DC.Occasional Paper No.2.Washington,DC:Center for Washington Area Studies,George Washington University.

   * Hinds,L.(2009).Youth,police legitimacy and informal contact.*Journal of Police and Criminal Psychology*,24,10-21.

* Holland, R.C.(1996).Informal resolution: Dealing with complaints against police in a manner satisfactory to the officer and the complainant. *International Journal of Comparative and Applied Criminal Justice*, 20(1), 83-93.

Holmberg, L.(2005).Policing and the feeling of safety: The rise(and fall?)of community policing in the Nordic countries. *Journal of Scandinavian Studies in Criminology and Crime Prevention*, 5(2), 205-219.

Holmberg, U.(2004).Crime victims' experiences of police interviews and their inclination to provide or omit information. *International Journal of Police Science and Management*, 6(3), 155-170.

Honess, T., Maguire, M., & Charman, E.(1993). *Vehicle watch and car theft: An evaluation* (Paper No.50).London: Police Research Group, Crime Prevention Unit, Home Office Police Department.

Hovell, M.F., Seid, A.G., & Liles, S.(2006).Evaluation of a police and social services domestic violence program: Empirical evidence needed to inform public health policies. *Violence Against Women*, 12(2), 137-159.

Hoyle, C., Young, R., & Hill, R.(2002).Proceed with caution: An evaluation of the Thames Valley Police initiative in restorative cautioning. York, UK: Joseph Rowntree Foundation.

Johnson, R.A.(1997).Integrated patrol: Combining aggressive enforcement and community policing. *FBI Law Enforcement Bulletin*, 66(11), 6-10.

Jones, R., Joksch, H., Lacey, J., Wiliszowski, C., & Marchetti, L.(1995). *Summary report: Field test of combined speed, alcohol, and safety belt enforcement strategies.* Winchester, MA: Mid-America Research Institute.

Josi, D.A., Donahue, M.E., Magnus, R.E., & Bennett, K.J.(2000). *Savannah's Weed and Seed program evaluation* (1999): *Final report.* Savannah, GA: Statistical Analysis Center, Criminal Justice Coordinating Council of Georgia. Retrieved from http://www.weedandseed.info/docs/studies_local/savannah-ga.pdf.

Kaiser, M.(1995).1995 *CAPS training evaluation report.* Chicago, IL: Institute for Policy Research, Northwestern University.

Katz, C.M.(1997). *Police and gangs: A study of a police gang unit.* (Doctoral dissertation, University of Nebraska).Retrieved from ProQuest Dissertations & Theses(UMI Number:9820701).

Keaton,S.,Ward,R.,& Burke,C.(2009).*North County Gang Enforcement Collaborative final evaluation report.* San Diego, CA: San Diego Association of Governments (SANDAG).Retrieved from http://www.sandag.org/uploads/publicationid/publicationid_1478_10693.pdf.

Kennedy,D.M.,Braga,A.A.,Piehl,A.M.,& Waring,E.J.(2001).*Reducing gun violence:The Boston Gun Project's Operation Ceasefire.* Washington,DC: National Institute of Justice.Retrieved from https://www.ncjrs.gov/pdffiles1/nij/188741.pdf.

Kent,D.R.,Donaldson,S.I.,Wyrick,P.A.,& Smith,P.J.(2000).Evaluating criminal justice programs designed to reduce crime by targeting repeat gang offenders.*Evaluation and Program Planning*,23(1),115-124.

Kerley,K.R.,& Benson,M.L.(2000).Does community-oriented policing help build stronger communities? *Police Quarterly*,3(1),46-69.

* Kerstetter,W.A.,& Rasinski,K.A.(1994).Opening a window into police internal affairs:Impact of procedural justice reform on third-party attitudes.*Social Justice Research*,7(2),107-127.

Kessler,D.A.,& Borella,D.(1997).Taking back Druid Hills:An evaluation of a community policing effort inBirmingham,Alabama.*Law & Policy*,19(1),95-115.

Korander,T.,& Torronen,J.(2005).Zero confidence in youths?:Experiences of the zero tolerance experiment inFinland.*Young:Nordic Journal of Youth Research*,13(1),47-71.

Koss,M.P.,Bachar,K.J.,Hopkins,C.Q.,& Carlson,C.(2004).Expanding a community's justice response to sex crimes through advocacy,prosecutorial,and public health collaboration:Introducing the RESTORE program.*Journal of Interpersonal Violence*,19(12),1435-1463.

Kreisel,B.W.(1998).An evaluation of police officers' perceptions of internal and external systems of citizen complaint procedures of police misconduct.(Doctoral dissertation,University of Nebraska).Retrieved from ProQuest Dissertations & Theses(UMI Number:9901210).

Lardner,R.(1992).Factors affecting police/social work inter-agency co-operation in a child protection unit.*The Police Journal*,*July*,213-228.

Lawrenz, F., Lembo, J.F., & Schade, T.(1988).Time series analysis of the effect of a domestic violence directive on the number of arrests per day.*Journal of Criminal Justice*, 16 (6),493-498.

Loveday, B.(2007).Basic Command Units(BCUs)and local authorities:Future mechanisms of police accountability and service delivery.*International Journal of Police Science and Management*, 9(4),324-335.

Lurigio, A., Davis, R., Regulus, T., Gwisada, V., Popkin, S., Dantzker, M., Smith, B., & Ouellet, A.(1993).*An evaluation of the Cook County state's attorney's office narcotics nuisance abatement program*.Chicago, IL:Loyola University Department of Criminal Justice.

Matthews, R. (1993). Kerb-crawling, prostitution and multi-agency policing. Crime Prevention Unit Series Paper No. 43. London: Home Office Police Department, Police Reasearch Group.

Mazerolle, L.G., & Terrill, W.(1997).Problem-oriented policing in public housing:Identifying the distribution of problem places.*Policing:An International Journal of Police Strategies & Management*, 20(2),235-255.

McCold, P.(2003).An experiment in police-based restorative justice:The Bethlehem (Pennsylvania)Project.*Police Practice & Research*, 4(4),379-390.

McCold, P., & Wachtel, B.(1998).*The Bethlehem Pennsylvania Police Family Group Conferencing Project*. Pipersville, PA: Community Service Foundation. Retrieved from http://www.realjustice.org/uploads/article_pdfs/BPD.pdf.

McDevitt, J., Farrell, A., & Wolff, R.(2008).*COPS Evaluation Brief No.3:Creating a culture of integrity*. Washington, DC: Office of Community Oriented Policing Services, US Department of Justice.

* McGarrell, E.F., & Chermak, S. (2004).Strategic approaches to reducing firearms violence:Final report on theIndianapolis violence reduction partnership.Washington, DC: National Institute of Justice.

Meerbaum, M. L. ( 1980 ). *Role-playing involvement and the effects of a crisis intervention training program for police recruits* ( Doctoral dissertation).Retrieved from ProQuest Dissertations and Theses database(UMI No.8109826).

Mesko, G., & Lobnikar, B.(2005).The contribution of local safety councils to local responsibility in crime prevention and provision of safety.*Policing:An International Journal of*

*Police Strategies & Management*,28(2),353.

Moffett,L.(1996).*An evaluation of selected variables of the Truancy Reduction Impact Program.*(Doctoral dissertation,Texas A&M University).Retrieved from ProQuest Dissertations & Theses(UMI Number:9704363).

Moon,B.,McCluskey,J.,& Lee,S.(2005).Korean police officers' attitude toward the efficacy of mini-police stations.*Journal of Criminal Justice*,33(5),441-449.

Morrison,S.(2000).*Evaluation of Albuquerque Weed and Seed Sites:Trumbull and La Mesa Neighborhoods:Final Report.* Albuquerque,NM:Statistical Analysis Center,Institute for Social Research,University of New Mexico.Retrieved from http://www.weedandseed. info/docs/studies_local/albuquerque-nm.pdf.

*Murphy,K.,Hinds,L.,& Fleming,J.(2008).Encouraging public cooperation and support for police.*Policing and Society*,18(2),136-155.

Murray,B.J.(2003).Perceptions of principals,school resource officers,and school resource officer supervisors of the School Resource Officer Program in comprehensive high schools inRiverside County,California.(Doctoral dissertation,University of La Verne).Retrieved from ProQuest Dissertations & Theses(UMI Number:3090259).

NorthCentral Florida Health Planning Council.(1999).City of Ocala Weed and Seed evaluation final report. Ocala, FL: Author. Retrieved from http://www. weedandseed. info/docs/studies_local/ocala.pdf.

Novak,K.J.,Hartman,J.L.,Holsinger,A.M.,& Turner,M.G.(1999).The effects of aggressive policing of disorder on serious crime.*Policing:An International Journal of Police Strategies & Management*,22(2),171-190.

*Panetta,M.J.(2000).*Identifying and assessing citizen perceptions of police and community policing practices.*(Doctoral dissertation,Michigan State University).Retrieved from ProQuest Dissertations & Theses(UMI Number:9971979).

Part,D.(2006).A flexible response to domestic abuse:Findings from an evaluation. *Practice*,18(1),47-58.

Pate,A.M.,& Annan,S.O.(1989).*The Baltimore community policing experiment: Summary report.*Washington,DC:Police Foundation.

Pearce,J.B.,& Snortum,J.R.(1983).Police effectiveness in handling disturbance calls:An evaluation of crisis intervention training.*Criminal Justice and Behavior*,10(1),

71-92.

Penfold, C., Hunter, G., Campbell, R., & Barham, L. (2004). Tackling client violence in female street prostitution: Inter-agency working between outreach agencies and the police. *Policing and Society*, 14(4), 365–379.

Perez, D. (1992). Police review systems. *MIS Report*, 24(8), 1–12.

Pickering, S., Wright-Neville, D., McCulloch, J., & Lentini, P. (2007). *Counter-terrorism policing and culturally diverse communities*. Melbourne, Australia: Monash University.

Pierce, K. M., & Vandell, D. L. (1997). *Safe Haven program evaluation* (1996–97). Madison, WI: Office of Community Services, City of Madison.

*Ren, L., Cao, L., Lovrich, N., & Gaffney, M. (2005). Linking confidence in police with the performance of the police: Community policing can make a difference. *Journal of Criminal Justice*, 33, 55–66.

Richter, K. K. P. (1998). *Three case studies evaluating a community-based initiative to reduce adolescent substance abuse.* (Doctoral dissertation, University of Kansas). Retrieved from ProQuest Dissertations & Theses (UMI Number: 9904809).

Rigotti, N. A., DiFranza, J. R., Chang, Y., Tisdale, T., Kemp, B., & Singer, D. E. (1997). The effect of enforcing tobacco-sales laws on adolescents' access to tobacco and smoking behavior. *The New England Journal of Medicine*, 337(15), 1044–1051.

*Robinson, A. L., & Chandek, M. S. (2000). Philosophy into practice? Community policing units and domestic violence victim participation. *Policing: An International Journal of Police Strategies & Management*, 23(3), 280–302.

Rodabough, T., & Young, A. R. (2002). Fairness in the application of a curfew ordinance: A case study in applied sociology. *Michigan Sociological Review*, 16, 15–38.

Roehl, J. A., & Cook, R. F. (1984). *Evaluation of the Urban Crime Prevention program.* Reston, VA: Institute for Social Analysis.

Rohe, W. M., Adams, R. E., & Arcury, T. A. (2001). Planner's notebook: Community policing and planning. *Journal of the American Planning Association*, 67(1), 78–90.

Rosenbaum, D. P. (1987). Coping with victimization: The effects of police intervention on victims' psychological readjustment. *Crime & Delinquency*, 33(4), 502–519.

Rosenthal, S., & Reimer, H. (1997). *Final evaluation report for the Philadelphia Weed and Seed project*. Philadelphia, PA: Center for Social Policy and Community Development, Temple University. Retrieved from http://www. weedandseed. info/docs/studies _ local/ philadelphia97.pdf.

Roth, J.A., Ryan, J.F., Gaffigan, S.J., Koper, C.S., Moore, M.H., Roehl, J.A., ...Thacher, D. (2000). *National evaluation of the COPS Program—Title I of the* 1994 *Crime Act*. Washington, DC: National Institute of Justice.

Rubenser, L.L. (2000). *Special units in policing: A case study of a nuisance task force*. (Doctoral dissertation, University of Nebraska). Retrieved from ProQuest Dissertations & Theses (UMI Number: 9975584).

Ryan, B.J. (2007). What the police are supposed to do: Contrasting expectations of community policing inSerbia. *Policing and Society*, 17(1), 1-20.

Sagar, T. (2005). Street Watch: Concept and practice. Civilian participation in street prostitution control. *British Journal Of Criminology*, 45(1), 98-112.

Schmitz, R., Wassenberg, P.S., Gransky, L., Hagner, P.G., & Sims, P.L. (1998). *An evaluation of the Homicide and Violent Crime Strike Force program in Madison and St. Clair counties*. Springfield, IL: Center for Legal Studies, Institute for Public Affairs, University of Illinois.

Sellers, C.S., Taylor, T.J., & Esbensen, F.-A. (1998). Reality check: Evaluating a school-based gang prevention model. *Evaluation Review*, 22(5), 590-608.

Shaler, G. (2004). *Lincoln County Weed & Seed: An implementation evaluation of a rural crime prevention project*. Portland, ME: Maine Statistical Analysis Center, Muskie School of Public Service, University of Southern Maine. Retrieved from http://www. jrsa. org/programs/maine.pdf.

* Shapland, J., Atkinson, A., Atkinson, H., Chapman, B., Dignan, J., Howes, M., Johnstone, J., Robinson, G., & Sorsby, A. (2007). Restorative justice: The views of victims and offenders. *Ministry of Justice Research Series* (3). United Kingdom: Ministry of Justice.

* Shapland, J., Atkinson, A., Atkinson, H., Dignan, J., Edwards, L., Hibbert, J., ...Sorsby, A. (2008). Does restorative justice affect reconviction? The fourth report from the evaluation of three schemes. Ministry of Justice Research Series (Vol.10). London: Ministry of Justice.

Sharkey, S.M., & Stoke, C.B. (1985). *Evaluation of 1983 selective speed enforcement* *projects in Virginia.*Charlottesville, VA：Virginia Highway & Transportation Research Council.

Sharp, D. , Atherton, S. , & Williams, K. ( 2008 ).Civilian policing, legitimacy and vigilantism：Findings from three case studies inEngland and Wales.*Policing & Society*, 18( 3 ), 245–257.

Shepherd, J. , & Lisles, C. ( 1998 ). Towards multi-agency violence prevention and victim support.*British Journal Of Criminology*, 38( 3 ), 351–370.

*Sherman, L. W. , Strang, H. , Barnes, G. C. , Braithwaite, J. , Inkpen, N. , & Teh, M. M. ( 1998 ).*Experiments in restorative policing：A progress report on the Canberra Reintegrative Shaming Experiments( RISE )*.Canberra：Australian Federal Police and Australian National University.

Shernock, S. ( 2004 ).The MJTF as a type of coordination compatible with both the police consolidation and community policing movements.*Police Practice and Research*, 5( 1 ), 67–85.

Simmons, J. , Legg, C. , & Hosking, R. ( 2003 ). National Crime Recording Standard ( NCRS )：An analysis of the impact on recorded crime.Part One：The national picture.London：Home Office.

*Singer, L. ( 2004 ).Reassurance policing：An evaluation of the local management of community safety.Home Office Research Studies( Vol.228 ).London：Home Office.

*Skogan, W. G. , & Steiner, L. ( 2004 ).*CAPS at Ten：Community policing in Chicago-An evaluation of Chicago's alternative policing strategy.* Chicago, IL：The Chicago Community Policing Evaluation Consortium.Retrieved from http：//www. ipr. northwestern. edu/publications/policing_papers/Yr10-CAPSeval.pdf.

Smith, B. W. , Novak, K. J. , Frank, J. , & Travis, L. F. I. ( 2000 ).Multijurisdictional drug task forces：An analysis of impacts.*Journal of Criminal Justice*, 28( 6 ), 543–556.

South Australian Office of Crime Statistics and Research. ( 2005 ).*Evaluation of the Fake ID project.*Adelaide, Australia：Author.

Stokes, R. J. , Lawton, B. , Henderson, K. , & Greene, J. R. ( 2006 ).*Co-producing commercial safety services in Philadelphia.*Philadelphia, PA：Center for Public Policy, Temple University.

Sun, I. Y. ( 2003 ). Officer proactivity：A comparison between police field training officers and non-field training officers.*Journal of Criminal Justice*,31(3),265-277.

Swanson,C.,& Owen,M.(2007).*Building bridges:Integrating restorative justice with the school resource officer model.*Working Paper No.1.International Police Executive Symposium.Retrieved from http://www.ipes.info/WPS/WPS%20No%201.pdf.

Taylor,N.,& Charlton,K.(2005).*Police shopfronts and reporting to police by retailers.* Trends and Issues in Crime and Criminal Justice No.295.Canberra,Australia:Australian Institute of Criminology.

Tennant,W.A.(1986).*Police management of dangerous mentally disturbed individuals through proactive intervention.*(Doctoral dissertation,Wright Institute).Retrieved from ProQuest Dissertations & Theses(UMI Number:8706397).

Terpstra,J.,& Trommel,W.(2009).Police,managerialization and presentational strategies.*Policing:An International Journal Of Police Strategies & Management*, 32 ( 1 ), 128-143.

Tita,G.,Riley,K.J.,Ridgeway,G.,Abrahamse,A.F.,&Greenwood,P.W.(2003).*Reducing gun violence:Results from an intervention in East Los Angeles.*Santa Monica,CA: Rand Corporation.

* Tuffin,R.,Morris,J.,&Poole,A.(2006).*An evaluation of the impact of the National Reassurance Policing programme. Home Office Research Study* 296.London:Development and Statistics Directorate,Home Office Research.

Turnbull, P. J., Webster, R., & Stiliwell, G. ( 1996 ). Get it while you can: An evaluation of an early intervention project for arrestees with alcohol and drug problems.London:Home Office Drugs Prevention Initiative.

Urban,L.S.(2005).*The deterrent effect of curfew enforcement:Operation Nightwatch in St.Louis.*(Doctoral dissertation,University of Missouri).Retrieved from ProQuest Dissertations & Theses(UMI Number:3173535).

Virginia Department of Criminal Justice Services. ( 2000 ). *Evaluation of Virginia's Weed and Seed Initiative.*Richmond,VA:Author.Retrieved from http://www.dcjs.virginia. gov/research/documents/weedandseed/.

Virta, S. ( 2002 ). Local security management. Policing: An International Journal of Police Strategies & Management,25(1),190-200.

Volpe,M.R.,& Phillips,N.(2003).Police use of mediation.*Conflict Resolution Quar-*

*terly*,21(2),263-267.

Walker,S.(2001).Domestic violence: Analysis of a community safety alarm system. *Child Abuse Review*,10(3),170-182.

Wallis, A., & Ford, D. (Eds.)(1980). Crime prevention through environmental design: The commercial demonstration inPortland, Oregon. Washington, DC: National Institute of Justice.

* Weisburd,D.,Morris,N.A.,& Ready,J.(2008).Risk-focused policing at places: An experimental evaluation.*Justice Quarterly*,25(1),163-200.

Weisel,D.L.(1990).Playing the home field: A problem-oriented approach to drug control.*American Journal of Police*,9(1),75.

White,M.D.,Fyfe,J.J.,Campbell,S.P.,& Goldkamp,J.S.(2001).The school-police partnership: Identifying at-risk youth through a Truant Recovery Program. *Evaluation Review*,25(5),507-532.

Willis,J.J.,Mastrofski,S.D.,& Weisburd,D.(2007).Making sense of COMPSTAT: A theory-based analysis of organizational change in three police departments.*Law & Society Review*,41(1),147-188.

Winfree,L.T.Jr,Lynskey,D.P.,& Maupin,J.r.(1999).Developing local police and federal law enforcement partnerships: G.R.E.A.T.as a case study of policy implementation. *Criminal Justice Review*,24(2),145-168.

* Young, R., Hoyle, C., Cooper, K., & Hill, R. (2005). Informal resolution of complaints against the police: A quasi-experimental test of restorative justice.*Criminal Justice*,5(3),279-317.

* Zevitz,R.G.,Palazzari,T.,Frinzi,J.N.,& Mallinger, A. (1997).*Milwaukee Weed and Seed program evaluation final report*. Milwaukee, WI: Marquette University. Retrieved from http://www.weedandseed.info/docs/studies_local/milwaukee.pdf.

# 地点警务中的犯罪空间转移和利益扩散

## Spatial Displacement and Diffusion of Benefits among Geographically Focussed Policing Initiatives

作者:Kate Bowers,Shane Johnson,Rob T.Guerette,
Lucia Summers and Suzanne Poynton

译者:夏一巍　核定:张金武　张彦

## 内容概要

　　对地点警务(例如问题导向型警务、警务"严打"或是热点警务)的效果的最大质疑是:如果这些警务活动仅仅是驱使犯罪分子由一个区域转移到另一个区域,那么地点警务其实并没有根除犯罪。这种犯罪发生位移的现象被称为犯罪转移,其中空间位移(即犯罪从目标区域转移到邻近区域的现象)最为常见。在极端情况下,犯罪转移的存在会削弱甚至破坏地点警务的效果。然而,研究表明犯罪转移这种现象极少发生,相反,犯罪位移的反面——利益扩散更为常见。利益扩散现象指的是与地点警务目标区毗邻的且未接受地点警务措施干预的区域,发生犯罪率下降(或其他类似情况)的现象。因此本次研究使用元分析的方法综合各项研究结果以确定是否出现犯罪转移现象或是利益扩散现象。经过初步筛选,剩下44篇合格的研究。进一步筛选对目标区、毗连区和扩散区至少三种区域均有前后测的研究有16篇,我们对这16篇研究进行了元分析中的让步比分析并报告了各自的目标区域和毗连区的平均效应大小,这个指标①反映了犯罪转移和利益扩散的程度。此外,由于每项研究有不止一个主效应,因此我们分别报告了最大效应和最小效应。我们也对每项研究的主效应进行了组合检验,并计算其加权扩散系数等不一而足。经过上述分析,元分析主要的发现有两点:(1)基于现有证据平均来说,基于总体上地点的警务措施能显著减少犯罪与社会失序。(2)总体上说,虽然毗连区能显著减少犯罪与社会失序利益扩散效应不显著,但是存在犯罪和失序下降的趋势。加权扩散系数分析结果表示,扩散区犯罪的变化②超过了控制区的变化,表明更有可能发生利益扩散现象而非犯罪转移现象。比例变化分析的结果表明,绝大多数目标区域和毗连区的犯罪率均出现了下降现象。虽然比例变化分析未经过统计上的测试,但其结果和其他分析结果是基本一致的。最后,我们可以得出结论,基于地点的警务措施是有效的,而犯罪转移则并非完全不可避免,相反可能发生利益扩散的现象。

# 1. 研究背景

对于地点警务最常见的批评是,由于犯罪的根源本身没有得到解决,或者由于地点警务减少的仅仅是犯罪"机会",故犯罪分子依然活跃于市井小巷,因此犯罪仅仅是从某一个时间或空间转移到其他的时间或空间,这种现象,我们称之为犯罪的"转移"。犯罪转移对于许多警务项目有极其重要的影响。迄今为止,一共发现有6种类型的犯罪转移,而犯罪的空间转移已被证明是六种主要的犯罪转移中最普遍的一种(Eck,1993),其他的五种转移也在犯罪预防的研究中得以广泛的证实。一般来说,犯罪转移一共有六种形式:1. 时间转移(犯罪分子改变其犯罪的时间);2. 空间转移

---

① 指平均效应大小。——译者注
② 指犯罪和失序的减少。——译者注

（犯罪分子从侵害某一地点的目标到侵害另一地点的目标）；3. 手段转移（犯罪分子改变犯罪的手法）；4. 目标位移（犯罪分子从侵害一类目标到侵害另一类目标）；5. 犯案转移（犯罪分子从犯某类罪到犯另一类罪）；6. 犯罪人转移（由于地区警务的效果，被迫转移或停止犯罪的原犯罪人被新的犯罪人所取代）。在极端情况下，广泛转移的存在将会对地点警务带来极大的负面影响。然而，最近的研究表明，更多的情况下犯罪转移只占总体中很小的一部分。此外，犯罪转移所引发的连锁效应的反面则是犯罪控制效应的扩散（Clarke and Weisburd, 1994）。犯罪扩散是犯罪转移的反面，并且其存在已在对于地区警务的若干评估中得以证实（Bowers and Johnson, 2003；Chaiken, Lawless, and Stevenson, 1974；Green, 1995；Miethe, 1991；Weisburd et al., 2006；Weisburd and Green, 1995）。扩散效应是指那些在实施了犯罪预防干预措施的区域的周围，虽然其本身并未被当作犯罪预防干预措施的目标区域，但其实质上产生了犯罪率下降、社区环境得以改善的效果（Clarke and Weisburd, 1994）。这种特殊的犯罪预防的效应也被称之为"奖金效应""光环效应""搭便车效应"和"增值效应"。正是由于扩散效应的存在，目标区域的毗连区域也"免费"地享受了此项目带来的好处，因此，我们对于那些能够观察到扩散效应的警务项目，对该项目效益评估理应增加。虽然有一些著名的实验证明了犯罪转移的程度和利益扩散效益的存在，但是依据现有材料对于这两者的系统评估依然略显不足。

总体而言，犯罪转移被视为犯罪预防工作的一个负面后果，但即使转移确实发生了，它仍然可以提供一些好处。例如犯罪转移量就可以减少：犯罪后干预可以使目标区域减少 100 起犯罪，而犯罪的转移可能只会导致犯罪行为干预后的邻近地区增加（比如说）50 起犯罪。因此，实质上净减少 50 宗犯罪。除此之外，Barr and Pease（1990）的实证研究也证明，犯罪转移也会表现为从严重犯罪到较为轻微的犯罪转变（例如从抢劫转变为小规模盗窃），这也被称之为犯罪转移的"良性"效应。

良性的犯罪转移表现在如下几个方面：1）犯罪转移分散了被害的承担（如同 Barr and Pease 在 1990 年所称的那样，犯罪将会从侵害一个较少的重复被害群体向更广泛的被害群体转移）。2）犯罪转移将会使犯罪远离弱势群体（如老人和小孩）。3）犯罪转移将会给社区带来更少的影响，这种效应主要有如下两种形式，其一，街头卖淫或者贩毒会由原来的居住区向偏远地区转移，故而此类犯罪将会产生较少的危害（例如对犯罪的恐惧、居住环境的恶化和商业环境的恶化）；其二，假如犯罪的浓度一定，犯罪向更广阔区域的转移无疑会导致犯罪的集中程度降低。简言之，由犯罪位移引起的犯罪数量的降低，危害程度的降低等都可称之为良性的犯罪转移。

　　当然,并非所有的转移都是良性的,犯罪转移有时候可能会导致恶性的后果。例如,犯罪可能向更严重的形态转变(例如由小规模盗窃到抢劫)或者由同一种犯罪引发更加严重的后果(Barr and Pease,1990),此类转移统称为恶性转移。恶性转移指在任何情况下将情况变得更糟的转移。这种恶化可能导致犯罪数在非目标区域的增加,也可能导致犯罪集中在一小群被害者之间,或者对社区的危害增加,甚至犯罪会发生在更加弱势的群体中。当犯罪预防干预措施取得的受益小于由这种措施带来的犯罪数或犯罪危害程度的增加时,这种犯罪预防措施就是无效的。

　　由各种大相径庭的理论引发了对是否发生犯罪转移的讨论,然而这些理论如何解释犯罪转移还有待进一步发展。一般来说,决定主义理论对犯罪的转移提供了较好的解读,这些理论认为犯罪行为是由失业、亚文化价值和经济状况等因素决定的,故而通过改变环境来降低犯罪机会不可避免地会使犯罪人寻求新的发展机会(Clarke and Eck,2005;Eck,1993;Weisburd et al.,2006),因此犯罪转移不可避免会发生。由于通常认为犯罪倾向由情境特点所决定并且具有持续性和决定性,所以,在某种程度上,如果决定主义理论是正确的话,犯罪转移的发生就具有必然性。

　　与此相反,理性选择论[①]将犯罪行为解释为犯罪人理性选择的产物(Cornish and Clarke,1986)。因此犯罪行为将会极大地受到当时犯罪机会的影响。这种理论不认为犯罪是由其他因素驱使犯罪人实施的,而是认为犯罪是犯罪人为了满足某些需要或欲望主动选择的结果。理性选择论认为犯罪人在决定实施犯罪时会综合考虑各种因素,例如将要付出的努力、承担的风险和获得的回报等。正是由于犯罪这一选择是由犯罪人对客观机会等因素的主观估计和判断,因此阻却犯罪机会势必会遏制犯罪。就这种观点来看,(由于地区警务的影响)选择其他犯罪时间、地点、目标、实施其他犯罪或者选择其他犯罪手段所承担的风险和付出的努力将会超过期待得到的利益,因此犯罪转移也不太可能发生。犯罪人选择是否改变其犯罪行为是由各种各样的"选择要件"所决定的,例如犯罪时间、类型和地点(Cornish and Clarke,1986)。

　　然而,理性选择论既解释了为何不发生犯罪转移,也解释了为何发生犯罪转移。当且仅当获得的利益大于承担的风险和付出的努力时,犯罪人才会改变其犯罪行为,故而发生犯罪转移(Cornish and Clarke,1986)。基于理性选择论,另一个需要值得注意的观点是,当犯罪机会被阻却时,改变原犯罪的各个要件,进而实施"新"的犯罪并非是犯罪人满足自身需求的唯一选择。阻却犯罪机会会使原犯罪人更愿意采用合法

---

　　① 也指古典犯罪学派。——译者注

途径满足自身需求。例如,对于美国新泽西州泽西市的一项对街头卖淫定性研究表明,警方对卖淫市场的严打导致很多妓女完全退出了卖淫的行当(Brisgone,2004)。相类似的,Mathews(1990)对伦敦芬斯伯里公园的研究也表明,很多妓女卖淫仅仅由于该方式更容易获得报酬,而当治安严打和街区封闭时她们则不会从事卖淫活动,这种现象也似乎可以解释为卖淫行为的风险和付出与得到的金钱之比与其是否卖淫有紧密联系。

日常活动论(Cohen and Felson,1979)揭示了更多犯罪机会的本质,也更有助于我们理解犯罪转移是否发生。日常活动论认为,当有动机的犯罪人、合适的目标和缺乏可能的防护三元素在同一时空下聚集时,犯罪就会发生。例如,当店铺里有价值的陈列物(合适的目标),一个已知的盗窃犯(有动机的犯罪人)和没有保安(没有对盗窃的合适的防护)三要素积聚,店铺盗窃案就很有可能发生。根据日常活动论,犯罪发生在犯罪预防干预措施(例如在特殊地点的犯罪机会的遏阻)介入之后这种现象也是合情合理的。犯罪因此会发生在这三元素积聚的其他地方,而不会发生在那些一个或者两个元素缺失的地方。

犯罪机会是一个常量,这一思想不仅对理解犯罪转移也对犯罪本身及其预防有着重要的意义。早期的犯罪学思想认为犯罪机会是无限的,因此,通过控制机会来预防犯罪是不切实际的(Clarke and Felson,1993;Weisburd et al.,2006:552)。事实上,改变犯罪的分布现如今被视为犯罪预防中很有前景的措施。后来的犯罪学研究着重强调理解犯罪(即犯罪作为一种事件)而非犯罪性(即犯罪人实施犯罪的一种倾向)。也许这种趋势是被声名狼藉的Martinson(1974)的报告所影响,这份报告遏制了民间认为防止犯罪应当使用矫正方法的思潮。最近的研究表明犯罪机会虽然不是一个常量但是随着时间、空间(Brantingham and Brantingham,1981;Sherman,Gartin,and Buerger,1989)、被害人(Pease,1998)和设施(Eck,Clarke,and Guerette,2007)的聚集而聚集。如果犯罪机会如早期的思想所设想的那样是无限和连续的,犯罪转移将会在现存的犯罪机会改变时大量出现。然而,如果犯罪机会不是持续性的,那么犯罪转移则会相对抑制。

理性选择论也解释了如上的利益扩散效应。扩散效应的两个重要流程已经被识别,即震慑和挫折(Clarke and Weisburd,1994)。由于犯罪预防措施的目标区域已被公开,犯罪人对于风险增长的不确定性(震慑机制)将会导致其认为实施该种犯罪的投入与收益不成比例(挫折机制)。因此,衍生理性选择论的内涵,我们也可以很好地解释为何在犯罪预防措施实施的扩散区域也能观察到扩散效应的存在。

以下几点需要特别予以重视：首先，犯罪转移和利益扩散完全有可能共存，例如犯罪在周围的某些地区继续恶化而在其他地区则有所改善。其次，犯罪转移和利益扩散可能具有方向性（例如，犯罪向一个方向扩增而不会向其他的方向）。不幸的是，这种模式尚未被研究和证实。相反，研究表明最常见的情况是，从总体上讲犯罪往往会在目标区域周围呈非方向性分布。

早期对犯罪转移和利益扩散的评估

现如今，最接近犯罪转移的研究是对犯罪转移的实证研究的文献回顾，然而迄今为止只有三篇此类文献（Barr and Pease，1990；Eck，1993；Hesseling，1994），而且目前为止还没有已发表的对于利益扩散的系统性回顾（Weisburd et al.，2006）。上述的研究几乎一致表明犯罪转移相对不易被观察，而且犯罪转移带来的损失也远低于比犯罪预防干预措施带来的收益。Eck（1993）回顾的 33 项研究中，其中 30 项（91%）没有或者仅发现很少的犯罪转移（例如警务措施带来的收益大于犯罪转移的损失），而仅仅有 3 项（9%）发现有大量的犯罪转移。与此类似，Hesseling（1994）发现 55 项研究中有 40%（22 项）完全没有犯罪转移，其中 6 项发现有利益扩散。最后，Barr and Pease（1990）采用了不同的回顾策略，即选择性的回顾。他们的研究表明，有时候甚至有些犯罪转移，由其引发的犯罪重新分配也带来了极大的社会利益。

虽然这些文献回顾得出的结果大致相同，但是这些早期的对犯罪转移的文献回顾却有着或多或少的缺陷：首先，他们在各自的时间内仅仅回顾了相对较少的案例。最近一次文献回顾距今已经有 16 年，越来越多的研究在期间开展，特别是地点警务带来的副效应也日益普及。其次，所有的文献回顾都仅仅使用了描述性方法，仅给出了汇总的统计数据表明是否出现了犯罪转移和利益扩散，而并没有检查其效度，也没有进行进一步的统计学分析。这主要由于上述的文献回顾使用的数据主要是学者基于个人力量收集的，因此无法获得犯罪转移程度的决定性测定。很多情况下，由于作者仅仅“将能否观察到犯罪转移是否发生作为第一要务”，研究人员因此很大程度上受到了限制。最后，即使当时获得足够的数据，能够提供更加可信的实证测具的统计方法（例如，能够将犯罪转移和利益扩散的同时加以考虑的综合的测具）在近几年才渐渐成熟（Bowers and Johnson，2003；Clarke and Eck，2005）。

最近，为了弥补其上所述的若干不足，Guerette and Bowers（2009）回顾了犯罪情境防治措施产生的犯罪转移和利益扩散。这项研究检验了 102 项对犯罪情境防治措施的评估，旨在发现犯罪转移被观察到的程度。其结果是，在这 102 项被检验（或允许被检验）的评估中，观察到了 572 次犯罪转移和利益扩散效应的存在。这既是说一些研究实质上报告了不止一起犯罪转移或者(和)某一种类型的犯罪转移。在这些观察中,观察到的犯罪转移占 26%,犯罪转移的对立面——利益扩散则占 27%。此外,在其上 102 项评估中其中有 13 项在对犯罪预防项目做评估的时候充分考虑了利益扩散和犯罪转移,对 13 项评估的分析表明,犯罪的空间转移的确会发生,但是其带来的损失比犯罪预防措施带来的收益要少,这即是说犯罪预防措施依然是有效的。虽然 Guerette and Bowers(2009)弥补了早期研究的很多不足,但是其仅仅关注了主动的犯罪机会防治措施,而且并没能评估犯罪转移和利益扩散的程度。

为了清晰起见,我们用如下的方法区分两种主要的犯罪控制策略:首先,犯罪情境预防(Situational Crime Prevention,SCP)强调通过改变目标区域的环境从而减少目标区域的犯罪机会。犯罪情境预防泛指所有的通过增加犯某类罪的风险和投入以及减少犯罪收益、犯罪借口和挑衅的方法措施。例如,强化犯罪目标(例如,加强锁具的质量以及安装防盗报警器等)、加强监控(例如加强闭路电视系统监控或者邻里监控措施)、强化意识(例如通过媒体宣传或其他宣传活动)和控制出入口(例如控制街道、修筑路障和建立个人识别系统)。对于减少犯罪收益的例子包括涂鸦清除项目和限制现金项目。减少观看橄榄球赛中的犯罪借口和挑衅则可以通过分离支持不同队伍的球迷和张贴标语等方式实现,详见 http://www.popcenter.org/25techniques/。其次,本文所要研究的地点警务则着重强调对已知犯罪高发地点的策略措施,通常做法是对某一特别的犯罪或(和)犯罪人投入更多的警力,让警察在目标处高度可见、高度活跃从而起到震慑作用。实施地点警务有很多模式可供指导,例如问题导向型警务、破窗警务、情报导向警务、热点警务和严打。我们会在下面章节将这些概念进行进一步解释。

## 2. 研究目标

本篇系统性研究回顾的目的是在实证意义上发掘重点警务的犯罪转移和利益扩散的程度。本文回顾了一切能实质减少犯罪的预防干预措施,并重点关注其中的犯罪转移和利益扩散的程度。为了实现这个目的,同时也是为了更好地全面理解犯罪转移和利益扩散的本质和普遍性,本文必须延伸那些对犯罪情境防治的回顾的研究成果(Guerette and Bowers,2009)。因此,我们会进一步探究如下的问题:重点警务之后的犯罪转移和利益扩散究竟能达到怎样的程度? 这两种效应是否随着重点警务的规模大小变化而变化？它们是否随着重点警务类型的变化而变化？它们是否随着目标区域的变化而变化？

# 3. 研究方法

本文的研究指导方法和之前的两篇 Campell 文献回顾的研究方法相同：问题导向警务的有效性（Weisburd，Telep，Hinkle and Eck，2008）和重点警务对犯罪的影响（Braga，2007）。与此同时，上文提到的有关犯罪情境防治的犯罪转移和利益扩散的回顾的方法（Guerette and Bowers，2009），我们也有所借鉴。

## 3.1 选择和排除文献的标准

如下条件在审查中必须得到满足

1. 这项评估必须包括以下几个重点警务中的一个：

（1）热点警务或直接巡逻

（2）警务严打

（3）问题导向型或情报导向型警务

（4）社区警务

（5）破窗警务或警务责任系统

（6）民事禁令和民事补救

（7）警务导向的环境改善

为了评估问题导向型警务项目我们采用 Weisburd et al.（2008）对其的可操作化定义。问题导向型警务是指遵循 S.A.R.A.（即观察 Scanning、分析 Analysis、反馈 Response 和评估 Assessment）过程的警务，并且"包含了识别与犯罪和（或）混乱的密切相关的问题，发展和管理对此问题的特别的应对措施以及评估这些应对措施对犯罪或混乱的影响"（Weisburd et al.，2008：p.10）。

2. 这项评估必须使用一些定量的方法来测量犯罪和（或）失序。

3. 这项评估必须报告了所要评估的研究项目的结果。系统性回顾或其他对犯罪预防项目自身的元分析则不被包括在内，但是包括若干个案研究的文章我们可以采用。如一项研究被不同的渠道出版（例如一次在政府报告，一次在学术期刊）我们会寻找其包含最多信息的手稿。

4. 干预措施会集中在地理意义上某一区域实施，这儿的"区域"是指小于一个城市或者地区的特殊区域。例如人口普查所使用的街区、警区、居民区、行政区、郊区、街区、一系列街道、邻里和热点。因此,实施大规模区域或某一司法区的干预警务措施则不被包括在我们的研究中。

5.这项评估可以在任何时间点开展(这即是说时间不被视为排除该项研究的依据)。

6.这项评估可以在任何时间点开展(这即是说地理意义上的地点也不被视为排除该项研究的依据)。

7.这项研究可以是已经被发表的研究,也可以是尚未被发表的研究。这两种材料我们均予以采用。未发表的研究包括:学位论文或者是正在进行这项研究的专家推荐的那些不能通过一些正式渠道获得的研究(详见下文)。

**3.2 识别有关研究的搜索方法**

对相关文献的检索使用了如下的几种方法:

1.电子摘要数据库的关键词搜索(详见下文的关键词和数据库列表)。

2.对现存的犯罪转移研究的参考文献的回顾(Barr and Pease,1990;Eck,1993;Hesseling,1994;Guerette and Bowers,2009)以及对重点警务措施的有效性的回顾(Braga,2007;Mazerolle et al.,2007;Weisburd et al.,2008)。

3.进一步的研究将集中于那些引用了关键犯罪转移的发表物,包括上述的犯罪转移的回顾和如下的关键文献:Bowers and Johnson(2003),Clarke(1994),Clarke and Weisburd(1994)and Weisburd et al.(2006)。

4.对专业的研究项目和公安部门的研究报告的回顾。

5.徒手搜寻相关的期刊和出版物。包括 The Security Journal(安全期刊);Crime Prevention and Community Safety:An International Journal(犯罪预防和社区安全:国际版);Crime Prevention Studies(犯罪预防研究);Crime-prevention reports from the Home Office;the Australian Institute of Criminology(AIC);Police Quarterly(警察季刊)。

这些研究是在 2009 年 12 月到 2010 年 1 月之间出现的,因此本篇回顾仅仅涵盖发表(或通过各种渠道能获得)上述日期为止的研究材料。每一份材料都经过上述的筛选标准进行筛选。我们将所有符合标准的材料整理并变成列表发送给这个领域的权威学者,以上就是本次研究的第六步也是最后一步工作。上述权威学者是指在犯罪转移和利益扩散、热点警务这些研究领域有特殊知识的学者。

筛选后的文献的全文是以以下方式获得:

1.佛罗里达大学和伦敦大学学院(也包括通过这些学校链接到的其他作为财团

的学校的电子数据。例如伦敦大学的参议院众议院图书馆）的图书数据库的电子拷贝。

2. 佛罗里达大学和伦敦大学学院的纸质拷贝（也包括通过这些学校链接到的其他作为财团的学校的电子数据。例如 M25 财团）。

3. 伦敦大学学院馆际互借系统获得的纸质与电子文献,这些材料主要来自不列颠图书馆。

4. 从作者手中直接获取的电子或纸质材料。

如果使用上述途径获取的全文并未完全符合我们编码格式的要求,我们会直接联系文章作者。

本次研究是国际性研究并且涵盖我们能获得的所有年代的资源。我们进行本次研究使用了如下的数据库:

1. Criminal Justice Periodicals(刑事司法期刊)。

2. Criminal Justice Abstracts(刑事司法摘要)。

3. Criminology：A SAGE Full Text Collection(犯罪学：SAGE 全文版)。

4. National Criminal Justice Reference Services(NCJRS)Abstracts(国家刑事司法参考文献服务)。

5. HeinOnline(法律数据库)。

6. JSTOR(西文过刊全文库)。

7. Sociological Abstracts(社会学摘要)。

8. Social Sciences Full Text(社会科学全文库)。

9. Social Science Citation Index(社会科学文献引用库)。

10. PsycINFO(心理学文摘)。

11. Dissertations and Theses(学位论文库)。

12. Electronic Theses Online Service(ETHOS)(电子论文在线服务)。

13. Index to Theses(索引论文库)。

14. Australian Digital Theses Program(澳洲数字论文项目)。

15. Government Publications Office, Monthly Catalog(GPO Monthly)(政府工作报告：月刊)。

16. Australian Institute of Criminology-CINCH Database(澳洲犯罪学会)。

17. National Improvement Policing Agency(NPIA)(国家警务改善局)。

18. National Police Library(UK based)(国家警察图书馆：英国)。

19. SCOPUS(斯高帕斯数据库)。

20. IBSS(International Bibliography of Social Sciences)(国际社会学参考书目数据库)。

我们也搜索了如下组织的出版物:

1. Center for Problem-Oriented Policing(Tilley Award and Goldstein Award winners)(问题导向警务中心)。

2. Institute for Law and Justice(法律与司法部)。

3. Vera Institute for Justice(policing publications)(维拉司法机关)。

4. Rand Corporation(public safety publications)(兰德公司)。

5. Police Foundation(警察基金)。

6. Police Executive Research Forum(PERF)(警界智库警政研究公会)。

7. The Campbell Collaboration reviews and protocols(C2)(康拜尔文献回顾和协议公司)。

国家警务机关的出版物也在我们的搜索范围之内,包括:

1. Home Office(United Kingdom)(英国内政部)。

2. Australian Institute of Criminology(澳洲犯罪学研究所)。

3. Swedish Police Service(瑞典警务服务)。

4. Norwegian Ministry of Justice and the Police(挪威警务和司法部)。

5. Royal Canadian Mounted Police(加拿大皇家骑警)。

6. Finnish Police(Polsi)(芬兰公安)。

7. Danish National Police(Politi)(丹麦国家公安)。

8. The Netherlands Police(Politie)(荷兰公安)。

9. New Zealand Police(新西兰公安)。

搜索电子数据时我们采用如下的布尔搜索条件:

(displac* OR "diffusion of benefit" OR "diffusion of benefits" OR "multiplier effect" OR "free side benefit" OR "halo effect" OR "spill over*" OR "free rider effect" OR "bonus effect" OR "spill-over")

AND

(police OR policing OR law enforcement)

AND

("hot spot policing" OR "hot spots policing" OR crackdown* OR "problem oriented policing" OR "problem solving" OR "focused policing" OR "targeted policing" OR "directed patrol" OR "enforcement swamping" OR "intelligence led policing" OR "broken windows" OR "compstat" OR "community policing")

AND

(evaluat* OR impact OR assessment OR test)

### 3.3 文献编码策略的细节

每一项材料都独立地由两个评判者检验(Lucia Summers & Rob Guerette),检验的主要内容是这些案例是否满足以下条件:1)具有对犯罪空间转移和利益扩散的分析;2)作者报告了实际观察出的犯罪转移和利益扩散。某些案例中甚至还有证实犯罪转移和利益扩散的实证证据,尽管这项研究的作者可能并未意识到。

筛选合格的研究将会以如下测量进行编码:

- Study identifiers 研究标示(title 题目,author 作者,year 年份,publication type 出版类型)
- Location of intervention 措施地点(Country 国籍,Region 地区名,State 州名,City 城市名)
- Size of intervention, control and catchment areas 控制区域的大小(e.g.km,number of residents 居民数,number of households 住户数)
- Research design 研究设计(randomized experiment 实验,pre-post w/catchment and control 前后测+控制变量,etc.)
- Nature(type)of focused policing intervention 警务措施类型
- Crime type targeted 犯罪类型
- Length of pre-assessment, intervention and post assessment 事前评估、措施实施和事后评估的时间长短(i.e.follow up period 跟近时间)
- Unit of analysis/ sample size 分析单位和样本大小取决于研究设计(详见下文)
- Pre and post outcome measure statistics(评估前后效果的统计方法)
- In intervention area(s)
- In catchment area(s)
- In control area(s)
- Statistical test(s)employed 使用的统计方法
- Effect size 效果大小(见下文)
- Reported intervention, displacement and diffusion effects 报告的犯罪转移、利益扩

散和犯罪干预措施

由于其包含了可能的犯罪转移和利益扩散以及警务干预措施的效果,因此本次系统回顾的数据收集过程十分复杂。因此,我们尽可能地收集更多细节已达到编码的需要,然后在必要的时候,如何整合、概括这些数据。我们编码的一些细节如下所述:

1. 不同的编码人员对同一材料进行编码

有些研究包含了一系列的处理、控制组和实验组(例如 Braga and Bond,2008 的研究就使用了 17 个独立的热点)。我们尽可能地寻找尝试把这些信息结合起来的研究。此类研究通常使用回归分析和相关系数这两种统计方法来报告结果。

其他研究则包含一系列的不同类型的犯罪或者(和)不同种类的数据(例如使用了服务数据或者犯罪记录数据,Braga et al.,1999;Press,1971)。我们视个人收集情况而定,收集了各种不同种类的犯罪资料。进一步的研究设计将会在不同时间点使用观察多次。例如我们可以使用对这些区域按月计算的数据。这种设计为原作者进行时序分析提供了可能(Roman et al.,2005)。

2. 对效果大小的不同类型的编码

计算存在效果大小有多种计算方法。文献作者使用了 t 检验、F 检验、DID 计算和让步比。这些作者经常仅仅使用单位时间(例如月或周)内犯罪数的平均数和标准差来报告组间差异。这种计算有时也会结合几个地区的数据。例如单样本 t 检验会比较被试区域预防措施前后的犯罪月平均数。进一步研究设计可以对控制组收集相同的数据以及对扩散区域收集进一步收益的数据。

3. 不同的因变量

有些研究使用数量作为自变量,有些则是比率。前者比后者更常见。因此我们尽可能地把比率转换为数量。我们也尽量保证对目标区域、控制区域和扩散区域的数据收集都在一个相对一致的时间段进行。

### 3.4 方法总结

先前的对基于地点干预的元分析(Farrington and Welsh,2002;Weisburd et al.,2008)已经分析了类似数据的估计平均效应大小,此外,他们还使用让步比来联系每个研究的置信区间(Lipsey and Wilson,2001:pp.52-54)。因此,我们在此使用让步比来度量效应大小。

本次研究,我们的研究重点主要在扩散区。扩散区被定义为有可能出现犯罪转移和利益扩散的区域(Weisburd and Green,1995a)。扩散区的位置非常普遍,但是并非一直以"戒指"形或"甜甜圈"形紧紧环绕在目标区域的周围。在此,我们的重点在发现是否在这些扩散区出现犯罪数量普遍增长或下降的量比控制区域的更加多。值得注意的是,大多数研究犯罪的空间位移和利益扩散的文献,它们在测量效应大小时排除了已经被识别的扩散区域的基本变化,而且在计算时独立计算了目标区域(即接受犯罪预防措施的区域)的犯罪数的变化。当然,为了把这些变化放到当时的情境中,我们也有必要检验目标区域自身的犯罪数量的变化。因此,我们对每项研究的让步比的计算分为处理区和扩散区。除此之外,我们还计算每项研究对不同类型区域(目标区和扩散区)的个人评估的效应大小,这意味着我们可以进行跨研究间的效应大小的计算,从中可以得出一般推论。所有的分析都是以 R 统计编程语言生成,使用的也是作者自己开发的程序脚本(可按客户要求定制)。

让步比是对效应大小的点估计,而且让步比(相对于其他方法)很容易出现取样误差。相应的,置信区间也是为相关估计量提供的估计误差的一种计算方法,实际值(若能观察到的话)很可能处于置信区间的值域范围内。本次研究所采用的为让步比评估置信区间的方法和先前的对基于地点的干预措施的元分析方法类似,但是我们需要对这种分析方法的精确性的讨论引起重视(Marchant,2004,2005)。上述讨论其中之一是,估计总体参数到什么程度上才是合理的(Farrington et al.,2007),例如,假设某一数据生成过程是泊松过程,这种数据生成过程可能很好地适用分析单位为个人的研究,但对分析单位为地点的研究就不那么适用(Marchant,2005;Farrington et al.,2007;Johnson,2009),产生这种结果的原因是使用标准方程得出的标准误差可能会低于实际的方差,因此置信区间会变得过窄。因此,我们采用了不同的方法(Farrington et al.,2007;Weisburd et al.,2008),在计算置信区间时我们将标准误差乘以一个膨胀系数。这样就会扩大置信区间,从而得到一个对真实效应大小的保守的估计。然而即使如此,真实的效应大小也有可能在我们的置信范围之外。由于缺乏更好的统计方法,我们仅能使用上述的统计方法。我们希望读者能够看到总体的变化趋势、大小和结论,而非仅仅拘泥于统计显著性大小的绝对性,由于统计方法本身只是也本应该是一种估计方法而已。

此外,我们并非使用传统意义上的让步比来测量效应大小。解释如下:在一项分析单位为人的研究中,让步比代表某种措施有出现不同结果的不同概率,这种结果是与我们事先创造的控制条件相对的。类比我们的研究,我们已知在干预措施介入的前后评估直接发生了 N 起犯罪(在控制区发生了 M 起),N 起犯罪在干预措施实施之前在目标区域发生的概率,相对于 M 起犯罪在干预措施实施之前在控制区域发生的概率。因此在我们的研究中,分析单位是犯罪而不是人。介于我们使用了这种非传统的定义和方法,Farrington et al.(2007)提到一种新的统计方法,这种统计方法可以测量基于地点的干预措施的相对效应大小,而避免使用传统的让步比。为了避免表述上出现过大差异,我们因此还是使用让步比来表示这种方法。虽然我们承认这种方法存在一定的局限性,但是这是综合我们可用的数据的最合乎逻辑的方法。

更麻烦的是,很多研究对相同的目标区域采用了多次观察。例如,某些情况下,研究人员对目标区、扩散区和控制区干预措施前后的对比不止一种犯罪进行了观察。另一些情况下,我们能获得了对多个扩散的有关数据。虽然,毫无疑问,对某一个效应大小的不同观察假设上是彼此独立的,但是如何将不同的观察的结果结合起来计算平均效应则是一个难题。简言之,实际存在多次观察,如果我们在计算平均效应大小时包括了所有的数据,这就导致了不同观察并非相互独立,这就和我们的先前的假设相违背。从另一方面讲,如果我们排除某些数据则会导致丢失很多重要的数据而且还需要建立一个无偏的模型来筛选。我们采用了这样的一种折中的方法,使用那些能够代表最好和最坏情况的观察样本,并计算估计的平均效应大小(Weisburd et al.,2008)。

然而,由于这种方法只使用了两列数据,基于此方法的结论极易受到异常值的影响。我们计算了现有数据的每个排列的平均效应大小,这为检验排列间平均效应大小提供了很好的机会。

在总体上使用元分析方法外,我们还对有意义的子集使用了中介分析。这些分析使用平均效应大小来评估研究设计,干预措施类型和干预措施规模的效应。我们使用标准测试评估发表偏倚可能的影响(这种修补方法是由 Duval and Tweedie (2000)提出的)。

为配合校验和三角测量,进一步的分析包括计算:总效应($GE$)、净效应($NE$)、总的净效应($TNE$)和转移权重系数($WDQ$)。上述划分是由 Bowers and Johnson(2003)发展的,并由 Eck and Johnson(Clarke and Eck,2005)予以拓展。$GE$ 和 $NE$ 定义为如下公式:

$$GE = R_b - R_a$$

$R_a$ 是目标区域在干预措施实施后的犯罪数,而 $R_b$ 是目标区域在干预措施实施前的犯罪数。

$$NE = R_b/C_b - R_a/C_a$$

$C_a$ 是控制区域在干预措施实施后的犯罪数,$C_b$ 是控制区域在干预措施实施前的犯罪数。

*WDQ* 用来反映犯罪转移和利益扩散的效果,用如下公式表示:

$$WDQ = \frac{D_a/C_a - D_b/C_b}{R_a/C_a - R_b/C_b}$$

$D_a$ 是扩散区域在干预措施实施后的犯罪数,$D_b$ 是扩散区域在干预措施实施前的犯罪数。

解释上述公式:当 *WDQ* = 0 时,表明扩散区的犯罪率变化速率和控制区的相同;*WDQ* > 0,表明扩散区的犯罪率的减少的速率大于控制区;当 *WDQ* < 0 代表相反的结论。观察到的效果是与目标区域的效果变化密切相关,因此当 *WDQ* = 1 代表扩散区的该变量和目标区的该变量相同。*WDQ* 也可分别拆分成计划成功和计划的犯罪转移和利益扩散,如下所示:

成功的测量(*WDQ* 的分母)= $R_a/C_a - R_b/C_b$

扩散区转移的测量(*WDQ* 的分子)= $D_a/C_a - D_b/C_b$

除此之外,某一项目的总体效应我们用 *TNE*(总的净效应)来测量:

$$TNE = [R_b(C_a/C_b) - R_a] + [D_b(C_a/C_b) - D_a]$$

*TNE* 评估了对犯罪的某项干预措施的总效应。这即是说,已知控制区和扩散区的犯罪率的变化,目标区和扩散区的犯罪数的差异与没有干预措施时两者的差异的不同在何处?*TNE* > 0 表示干预措施从总体上说是有效果的,而负数表示干预措施不仅没有效果,事实上,似乎还增加了犯罪问题。

*WDQ* 最初是用来反省犯罪率的变化而非犯罪数量的变化。此外,上述公式仅仅是用于点估计。在此我们修改了原公式并使用了一种简单方法计算置信区间。

考虑到 *WDQ* 的点估计,使用犯罪率有利于将公式中的值标准化。特别是当这个方程要使用 DID 统计方法时,这种转化变得格外有吸引力,而且 *WDQ* 本来就要求使用犯罪率。在本方程中犯罪率不得不被犯罪数所取代,如果本方程计算的区域的地理特征差异太大的话就会出现缩放真实值的情况。如果研究地点的大小(例如面积大小)差异过大,这种误差就会扩大。由于无法使用犯罪率,缩小这种误差的方法是对各个值都取对数,而不是直接对它们进行计算。以下是我们采用的方法:

至于前面部分提到的让步比,虽然使用点估计的办法计算 *WDQ* 十分有用,但是这种方法极易受误差的影响,因此能够估计误差可能有多大则会十分有益。这样的话我们就能够为提供一个范围,真实值很可能位于这个范围中。由于 *WDQ* 的取样分布是未知的,依据用假设的总体参数来估计标准误差建立起来的公式显得不太理想。我们可以用其他方法予以替代:我们可以使用非参数引导程序来计算置信区间,这种非参数引导程序不是建立在对某一统计分布的先验假设基础上的(Moore & Mc-Cabe,2006)。简言之,引导程序使用了蒙特卡罗重采样技术,故可以使用简单样本的数据来估计取样分布。在此我们不打算进一步介绍这项技术,由于其细节过于繁杂,内容也过于技术化。然而,正如上文所述,用置信区间的方法来计算让步比,这种方法也并非天衣无缝。因此读者需注意,我们计算出来的置信区间也仅仅是估计的真实 *WDQ* 值的范围,而非绝对精确的估计。

# 4. 发　现

## 4.1　我们选择的研究

对电子数据库的搜索确认了超过 2500 项研究。然后我们回顾了这些文献的标题和摘要,排除了那些明显没有评估重点警察干预措施,也排除了明显缺乏对犯罪和混乱的定量量化的文献或书评。我们也排除了系统性的文献回顾或元分析报告。剩余总共 103 项研究。我们然后检验这 103 项研究的全文,以确定这些研究是否符合我们上文所述的筛选标准。最终,只有 38 项研究符合这些条件,而剩下的 65 项不符合。

在这 79 篇符合标准的文献中,其中 27 篇发表了不止一次,为避免重复,故予以删除。此外还有 8 篇,虽然符合筛选标准,但是无法获得数据(例如数据无法获取或文章作者无法联系)。最终,只剩下 44 篇文献,被用于我们的分析,我们也在文末的参考文献中予以罗列。

## 4.2　选择的研究的特征

这 44 篇已经被编码的文献在其各种研究使用的方法上有所不同。为了严格计算不同方法的水平,我们根据各个文献采用的不同的证据层级对这些文献分类。大多数的文献(57%)使用了比较简单前后评估方法,其余的则采用了不止一个控制区域。极少数(9%)的文献使用了随机分配的方法来减少偏差。此外,少数的研究(14%)使用了单独的扩散区作为研究对照。值得注意的是,所有的研究,包括本文,均有对扩散区的独立的前后测。

不出所料,不同的研究使用了不同的方法和数据。在某些研究中,对一个主研究使用了多个干预措施、多个控制区和扩散区,而且将这些区域全部结合起来计算效应大小。此外,有些研究是通过观察不同犯罪类型及其相关数据(例如,逮捕和立案的数量)来确定效应大小。而且,这些研究也使用了不同的历时研究数据:有些研究使用了不同的时间序列数据;其他则使用了犯罪数或者犯罪率。与此同时,这些研究也使用了不同的方法来计算效应大小和确定统计学显著。下文将对此详尽阐述。

其中绝大多数的研究都是在美国(68%)和英国(23%)展开的。这些被研究的干预措施的实施的客观环境也有所不同。有些干预措施实施的环境是纯居民区(52%)或分别对多种环境进行研究(20%)。其中有4项研究在既有居住区和商业区的混合区域开展;有2项研究则是纯商业区。最常见的数据类型是官方犯罪记录(35项研究);7项研究使用了其他机构的服务;4项研究使用了逮捕统计数据;1项研究使用了自行观察的数据。这些研究的选择的区域的面积也呈现多种分布:24项研究的对象是大型区域;9项中型;11项小型。最后,这些研究所评估的干预措施类型也不尽相同:问题导向型警务(27%)、严打(23%)、警务巡逻(16%)、社区警务(11%)和热点警务(9%)。

### 4.3 对于地点警务的犯罪转移和利益扩散的回顾的综述

从本质上说,我们尝试总结两种效应:干预措施本身的效应和由其产生的犯罪转移、利益扩散的效应。调查这两种效应在不同研究间的效应大小有所不同,因此我们觉得有必要对这些变化予以评论。对这一部分不感兴趣的读者可以直接跳至下一部分:元分析结果。

#### 总结综述

总结综述表明了作者观察到犯罪转移和利益扩散的可能性。我们发现55%的研究没有发现空间犯罪转移,较之于39%的研究发现了犯罪转移的实质性证据。对利益扩散而言,43%的研究发现存在扩散效果,而5%没有。剩下的7%(犯罪转移)和52%(利益扩散)是指结果未知,这是由于原文作者没有检验这两种效应的存在。以上数据表明,研究人员有这样一个偏见:他们更愿意寻找犯罪转移的证据而非利益扩散的证据。

我们的目的仅仅是分析原文作者使用的方法,并没有统一的(甚至特别频繁使用的)假设检验方法。坚持组间差异的最常见的方法是ANOVA或t检验。使用t检验的作者(Smith,2001;Weisburd et al.,2006;Wagers,2007;Segrave and Collins,2005;Sherman and Rogan,1995)倾向于分别计算目标区、扩散区和控制区的统计数据,并在干预措施前后比较其每月、每周的犯罪数。同样,使用ANOVA和F检验的作者(Priest and Carter,2002;Ratcliffe and Makkai,2004;Weisburd and Green,1995;Farrell et al.,1998)和使用 t 检验的作者相同。很少有人对这些效应的互动建模,或将干预的正面效应和控制区变化放到一起考虑。只有 4 项研究使用了中断时间(Katz et al.,2001;Lawton et al.,2005;Novak et al.,1999;Roman et al.,2005)。Katz et al.(2001)将目标区和扩散区的效应分别建模予以分析;Lawton et al.(2005)和 Roman et al.(2005)将目标区、扩散区和控制区分别建模予以分析;Novak et al.(1999)在此基础上增加了第四个模型——目标扩散区。时间序列模型是用于不同程度复杂性的空间滞后和用自相关对当时的数据计算时间趋势的方法。其中三项研究使用了回归分析(Braga and Bond,2008;Braga et al.,1999;Eck and Spelman,1987),后者使用了每个月固定时间点的观察,而其他的研究者收集多个治疗区、扩散区和控制区的前后测数据。只有一项研究使用了相关研究(Chenery et al.,1997),这项研究中,作者比较在干预措施发生前和发生时,目标区和毗邻区的犯罪率。同样,只有一项研究(McCabe,2009)使用了分层线性模型。

# 5. 元分析

## 5.1  数据总结

这 44 项研究中,最一致的报告是,对(至少)一个目标区域、一个扩散区和一个控制区运用描述性统计方法对比干预措施前后的犯罪数。对干预措施前后这三种区域的时间段的犯罪数量的研究有 16 项。然而,我们的研究设计是打算涵盖所有的研究。大多数(N=11)的研究,使用了一个控制区。然而,少量研究(N=5),为实验组和扩散区分别选取了控制区。有些研究中(N=4),对各个目标区域选取了不止一个扩散区。有些研究分别选择了干预前、后、中各一个时间段。一些研究(N=5)目标区域和控制区域的选择是随机的,但大多数都没有这种条件(N=11)。最后,有些研究计算了不同的犯罪类型,与此同时,其他的研究只研究了一种犯罪(N=12)。上述各种研究方法的差异让计算多个让步比成为可能。

很多研究只有一个目标区、扩散区和控制区,其他的(Braga and Bond,2008)使用了多个目标区、扩散区和控制区。对于后者,我们往往得到单个区域的数据,因此我们将在群体意义上使用数据。

## 5.2  最好的和最坏的情况

对那些只有一次观察的特殊的研究,置信区间用来描述最好和最坏的情况。对那些有多次观察的研究,最好的情况是,对效应的点估计是最大的正数(例如,处理效果最有利)。如果多次观察发现的处理效果是相等的,那么我们会选择扩散区最大正面效果的数据。

对一些扩散区和对照区的数据都给出的研究来,当对计算扩散区的让步比时,我们会容易获得数据的控制区。这即是说,当扩散区独立的时候我们就会用上面的策略;如果扩散区不是独立的,那么我们就直接使用那些和目标区相对的控制区的数据进行计算。

考虑到一般趋势,我们计算了 Q 统计(Wilson and Lipsey,2001)来决定是否效果大小的变化表明了超过或低于期望的取样误差。对目标区域和扩散区域而言,分别的值是 34.8(df=15)和 37.9(df=15),统计显著性 p<0.05。因此,我们可以预测各个研究的效果大小具有异质性。同样,为了和我们康拜尔合作组织对于参数选择的政策相一致,计算权重之后的平均效应,我们使用了随机效果的模型。这也为我们的研究提供一个更好的理论背景,由于我们的目标是从这些实验中概括出一个假象的总体,所以这一方法也是处理组成不同的若干项研究唯一可能的办法(Hedges,1992)。为了研究的完整性,对于那些 Q 统计并不显著的,我们也用修正后的效果计算了加权效应,因此我们也可以作出对比,但是这不是作为主要的研究目的。

总之,加权平均数 OR 是 1.39(CI:1.22—1.59),这表明干预措施总体来说是起到积极效果的(p<0.05)。解释上述数据时,读者需回忆起我们仅仅使用的是那些三种区域(目标区、控制区和扩散区)均有数据的研究,因此那些没有检验扩散效应的研究被排除在外。因此,读者不应将这一结果解释为,对目标区为代表的地点警务效果大小的总体上的估计,而只是对三个区域的变化都知道的那部分地点警务效果的评估。对扩散区而言,结果也是正值,而不是表明犯罪在扩散区是增长的,最好的情况下平均数 OR 是 1.14(CI:1.03—1.14),这表明扩散区的犯罪在总体上下降了(p<0.05)。

### 5.3　组合检验

如上文提到的那样,仅仅使用最好的、最坏的情况分析则会对异常值过于敏感。较好的方法是计算最好和最坏之间的值。考虑到所有的研究,一共有 69120 个可能的排列。我们采用了蒙特卡洛模拟法从所有可能的排列中取出 1000 个特殊的评价效应估计。对每一个样本来说,我们使用随机效应模型计算其加权平均效应大小和置信区间,这是为我们的假设检验提供更加保守的估计。为了和上述研究一致,我们也比较了控制区,结果表明三个区域均出现了犯罪的下降,尽管仅仅对目标区的犯罪下降有统计学显著。

### 5.4 评估研究设计、措施类型和干预措施的效应大小

研究设计

在这一部分,我们将那些可以进行归类的研究归类。首先,我们检验了那些对目标区和控制区进行随机选择的研究的结果。这些研究都有很好的内部效度,假设随机选择的方法的确能形成(也应该形成)可比较的组。在这种情况下,我们可以有信心地说,对目标区和扩散区能够观察到的任何改变都是干预措施的效果(Campbell & Stanley,1963)。因此,当观察到扩散区的犯罪下降时(相对于控制区的变化而言)这可以被解释干预措施效应的扩散,即使在目标区域观察到很小或者甚至没有犯罪下降时我们也可以作出上述结论。同样的,相对于控制区、扩散区的犯罪上升幅度更大,则可解释为犯罪的扩散,即使不能这样解释,我们也可以说干预措施对犯罪的空间分布具有反效果(如果犯罪活动在目标区域持续发生,在毗连区也呈相同的态势,我们称之为犯罪行为的扩散)。

当这些研究是准实验,由于各个区域本身的差异性,我们作出结论的因果推断则会比实验方法显得弱,尤其是那些没有被研究者观察的区域,差异可解释为观察的差异而非干预措施的效应。在这种情况下,犯罪的增长(减少)可以解释为犯罪扩散(或利益扩散),或者也可以被其他没能控制的因素所解释,甚至是实验设计的误差。正是由于这个原因,我们将随机实验(RCT)的研究和准实验的研究分别开来。

对随机实验来说,数据只有两种排列:其一,犯罪记录数据。犯罪记录数据将由Braga(1999)分析。其二,相同研究中使用其他组织收集的数据。结果显示,目标区的 Q 统计不显著($Q = 1.51, df = 4, p > 0.75$),但是扩散区却是显著的($Q = 12.28, df = 4, p < 0.025$)。对目标区域而言,加权平均数 OR 是 1.39(CI:1.20—1.60),这表明干预措施起到了正面的效果。对扩散区而言,加权平均数 OR 是 1.14(CI:0.97—1.35),这表明利益扩散不显著。

因此,对那些方法上都是最高级别的研究,和那些存在两个可能的排列的研究,趋势都是相同的:犯罪在目标区域均显著下降。对扩散区而言,结论尚不明显,但是最坏情况表明很少或没有变化,而最好情况表明犯罪下降了,即干预效应扩散了。

如上文所述,对准实验而言,内部效度的风险可能会削弱研究的因果推论。正是由于这个原因,对评估准实验中的犯罪转移和利益扩散时,似乎应当使用更加严格的标准。其中一个标准是:寻找扩散区的犯罪扩散时,必须建立在干预措施对目标区域有效果的前提下(Weisburd & Green,1995;Bowers & Johnson,2003)。对准实验而言,

犯罪显著下降结论经由五种方法的评估。其中一种评估有两次观察,而其他的评估有五次(在第一次研究中报告了两个扩散区的数据,其他的则报告了不同种犯罪的数据)。因此,对这些数据而言,有四个可能的排列。为简洁起见,将来的我们将不报告 Q 统计,并且使用随机效果模型以实现研究的一致性。在这种情况下,目标区域的加权平均效应大小是 1.66(CI:1.37—2.01),扩散区是 1.39(CI:1.04—1.86),这表明干预措施起到了正面的效果。

最坏情况分析的数据和最好的模式基本一致,但是一次同时目标区域的加权平均效应大小是 1.50(CI:1.27—1.78),这是统计学显著的。但是对扩散区而言则不然(M=1.05,CI:0.89—1.24)。此外,虽然犯罪数量在扩散区减少的程度超过了其他地方,但是对所有的对比而言并不明显。

为了研究的完整性,我们依然列出了准实验的结果,无论目标区域是否观察到犯罪的变化。为此,一共有 11 项研究,25920 种可能的排列组合。在这种情况下,很明显干预措施起到了积极的效果,虽然其加权平均效应明显比上面的方案要低。对扩散区而言,虽然加权平均数 OR 是正值,但是置信区间表明,观察到的趋势并不可靠。

那么对准实验而言,结论和随机实验类似:对目标区域而言,似乎有积极干预效果,而且这些研究,结果也可以被描述为支持利益扩散的假设,或者说扩散区很少甚至几乎没有出现犯罪变化。到目前为止,似乎没有任何一项结论说明,地点警务可能导致犯罪的地理转移。

扩散区 vs.目标控制区

对 80% 的随机实验研究和 1 项准实验研究而言,对目标区和目标控制区均收集了数据。我们很自然会提出这样一个问题:是否使用不同的控制区来评估效应大小会导致不同的结论。对这些研究中的其中两项来说(Braga,1999;Ebensen,1987),他们对不同种犯罪的数据都进行了收集,结果是他们的研究一共有九对观察。对这些数据的外观检验表明,除 Braga and Bond(2008)外,这两种控制区的趋势是一样的。

对这 9 种研究进行这样计算的目的是,为评估扩散区的 OR 而使用扩散区和目标区的数据。对这 9 项中的七项研究而言,个体 OR 和置信区间与使用控制区评估扩散区效应的结果无关。剩下的两项研究(Braga and Bond,2008;Braga,1999 均使用了其他机构收集的数据)其 OR 的统计学显著发生了改变。对 Braga and Bond(2008)的研究而言,当使用了扩散控制区的数据时,扩散区的 OR 变得不显著,而当使用目标区的数据时则是显著的。对 Braga(1999)的研究而言,当使用了扩散区时,OR 是统计学显著的,而当使用目标区时则不然。然而,在这两项实验中,当我们从假设存在犯罪转移到假设利益扩散时结论发生改变,反之亦然。因此,结论可能随着选择的扩散区的不同而不同,这一发现说明了如果情况允许,将来的研究应尽可能收集扩散控制区的数据。

干预措施的大小

我们进一步研究的方法是,对这些文献依据其研究的干预措施涉及的地理面积大小而分类。例如,有可能大面积的干预措施较少出现犯罪转移的情况,这即是说,在这种大小的干预措施下,如果犯罪人被这些干预措施所震慑,他们可能会在相当远的地方寻找犯罪机会;有时,认真研究表明不存在上述规律(Rengert and Wasilchick, 1995)。因此,我们对研究不同干预措施大小的文献进行分类。

7 份文献研究了大型区域,这些研究共有 720 个可能的组合。最好的情况下目标区域的加权平均效应大小是 1.46(CI:1.19—1.80),这是统计学显著的,但是对扩散区而言则是 1.19(CI:0.99—1.44),虽然这个值是正数,但是近乎不显著。最坏的情况下,目标区域的加权平均效应大小是 1.21(CI:0.99—1.46),这也近乎不显著,与此同时,对扩散区而言,则完全没有犯罪上升或下降的趋势(OR = 0.98,CI:0.83—1.16)。

6 份研究被定义为中等大小。这一部分研究的最好情况的结果,目标区域的加权平均效应大小是 1.27(CI:1.05—1.54),这是统计学显著的,但对扩散区而言则是不显著(OR = 1.07,CI:0.94—1.22)。最坏情况而言,结果类似,目标区加权平均效应大小是 1.14(CI:1.01—1.29),统计学显著,但是对扩散区而言则不显著(OR = 1.15,CI:0.97—1.37)。对这些研究而言,一共有 16 种可能的排列,结果倾向于存在利益扩散。

只有三项研究被归于小区域。最好情况下,目标区域的加权平均效应大小是 1.40(CI:1.15—1.70),这一结果是可靠的。反之对扩散区而言则不然(OR = 1.08, CI:0.93—1.26)。最坏情况下呈现相似的结果,目标区域的加权平均效应大小是(OR = 1.21,CI:1.00—1.47),扩散区(OR = 1.04,CI:0.89—1.21)。因此,我们可以作出结论,结论和干预措施地理面积大小无关(至少是对本次研究的分类标准而言)。

干预措施的类型

这 16 份文献研究的干预措施被分为三类:1)POP(问题导向型警务)和社区警务;2)增加人力(热点警务、严打和徒步巡逻);3)其他重点干预措施。最好最坏情况检验如下:目标区最好(OR = 1.22,CI:1.09—1.37),最坏(OR = 1.18, CI:1.07—

1.30），两者均显著。对扩散区而言，最好（OR = 1.06,CI:0.93—1.22），最坏（OR = 1.10,CI:0.94—1.27），虽然都是正值但是不可靠。结果表示总体上说两个区域均观察到犯罪评价下降的趋势，虽然对扩散区而言观察到的效应可能是由于取样误差导致，而非可信的干预措施的效果。

展示了对第二类干预措施的分析（N = 8）。对目标区而言，最好情况呈现出正面效应（OR = 1.54,CI:1.18—2.01），而最坏情况下则不然（OR = 1.13,CI:0.98—1.29）。对扩散区而言情况有所变化，最好情况下没有可信的效果（OR = 1.25,CI:0.97—1.60），而对最坏情况来说结果反而支持了犯罪转移（OR = 0.93,CI:0.84—1.03）。然而，当我们使用将所有的480个可能的排列均罗列出来时，结果表明趋势并不典型，对扩散区来说结果最可能是犯罪没有变化。

最后，对第三类干预措施的分析（N = 4），结果类似，但对最好（OR = 1.34,CI:0.98—1.83）和最坏（OR = 1.26,CI:0.94—1.67）的情况而言，干预效果都是积极的但是较不显著。对扩散区而言，最好（OR = 1.12,CI:0.94—1.34）和最坏（OR = 1.11,CI:0.90—1.38）的情况下，结果均不显著，这表明犯罪在扩散区有所下降，尽管这种效果十分小而且统计学不显著。对这类研究的8种可能的排列得出与上述一致的结论。

发表偏倚

在我们写作本文时，只有3篇文献尚未发表。其中有一篇已提交给学术期刊，鉴于我们把它归于另一类显得不太合适，所以权衡之下还是放在本类。对剩下的两个研究而言（Wagers,2007;Higgins & Coldren,2000），两者均表明目标区犯罪均呈现下降的趋势，但都不显著。Higgins & Coldren（2000）研究显示扩散区犯罪几乎无变化，对 Wagers（2007）的实验来说，扩散区的犯罪有所下降但是趋势并不统计学显著。

检验发表偏倚的方法有很多种，在此，和 Weisburd et al.（2008）一样我们使用 Duval and Tweedie（2000）提出的修补算法。对目标区域的最后情况，其结果显示遗漏了八项研究。原始点估计的对数单位是0.337,对应的风险率是1.40。调整后的点估计是0.193,让步比为1.21。对目标区域的最坏情况的分析，结果显示缺失1项研究。原始点估计的对数单位是0.156,对应的风险率是1.17。调整后的点估计是0.151,让步比为1.16。对扩散区最好情况的分析，表明缺失3项研究。原始点估计的对数单位是0.136,对应的风险率是1.15。调整后的点估计是0.093,让步比为1.10。对扩散区的最坏情况的分析，表明不缺少文献，原始点估计的对数单位是0.068,对应的风险率是1.07。调整后的数据与调整前相同。

这些结果表明,从总体上说,发表偏倚似乎没有影响到元分析最初的结论;调整后的估计效果大小机会和元素数据类似。但有一个轻微的例外,最好情况的让步比略有下降。为此,即使经过调整,其效应大小依然说明干预效果显著。因此,似乎发表偏倚对本项分析来说影响不大。

Weisburd et al.(2008)指出,这一方法对特殊研究可能有误导效果。这完全可能由于,较小的研究(有较大的标准误差)可能被预计产生平均值,甚至大于平均值的处理效应。很可能行警的区域越小,能布置的资源就越集中。此外,我们也不可能假设研究的群体具有同质性。由于我们已经看到各个研究的方法论上、目标和环境的差异,故将任何的不对称都归结于取样误差是不合理的。

总结元分析结果

简言之,这些证据的效力表明无论怎样组织数据,地点干预措施一般不会将犯罪扩散到邻近区域。相反,犯罪在这些区域还会下降。

## 5.5 加权扩散系数和总体净效应分析

描述性统计

我们在研究方法部分解释了我们如何计算描述性统计的公式。基于以上理由,我们仅仅为那些有证据表明目标区域犯罪下降的准实验研究予以度量。

最好情况下,加权平均效应大小大于 0,其置信区间的最小值也是大于 0 的。总之,加权平均数 WDQ 对最好和最坏两种情况来说,利益扩散是地点干预措施最可能的结果。

## 5.6 前后研究

对符合筛选标准的 44 项研究的 36 项来说,均使用了犯罪数的数据,或者能通过其提供的信息估计犯罪数。这其中也包括能进行元分析的 16 项研究。对这些数据而言,对目标区和扩散区的前后干预时间均进行了观察,我们使用这些数据来制作比例变化表。为进行这项检验,我们须确保对扩散区和目标区"前""后"两个时间段均有数据。对每种情况来说,我们将目标区和扩散区的数据紧靠在一起。对大多数研究来说,目标区和扩散区均有犯罪的下降。这个先前的假设是一致的,即干预措施减少了目标区域的犯罪,而且没有出现扩散效应。

干预措施实施面积大的区域的犯罪率变化和小的区域相比,似乎没有明显的不同。即使有的话,似乎面积大的干预措施其目标区和扩散区的犯罪下降相较于小的区域而言更加明显。但是,值得着重注意的是,对这一部分的分析结果来说,我们观察到的犯罪变化并没有和相应的控制区对比。

# 6. 讨论与结论

本篇文献回顾的目的是评估地点警务对邻近区域的犯罪转移和利益扩散的程度。因此,在此我们需要强调的是,这些结果只是犯罪干预措施的一部分,即犯罪转移和利益扩散的程度都是地区级的。之所以选择"重点警务措施"(包括热点警务、问题导向型警务、巡逻、严打、破窗警务和民事禁令)作为我们的研究对象,是因为我们希望对重点警务提供更加普遍的结论。使用我们的筛选条件最初筛选出 44 篇文献,其中更加合理的 16 篇文献用于我们的元分析。

对现有数据的元分析结果是:(1)犯罪和(或)显著下降。(2)从总体上讲,扩散区的犯罪变化不明显,但是数据支持有利益扩散的趋势。为评估研究设计的效果,干预措施大小和干预措施类型,我们分别使用了若干不同的研究。对那些条件最充足的研究(RCT(随机试验)),有证据表明存在干预措施效应和显著的利益扩散效应。对准实验而言,我们着重研究观察那些能观察到干预效果的研究,结果表明存在明显的利益扩散效应。对那些收集了扩散控制区和目标区域的研究,结果表明选取不同的控制区会最终影响结论,因此,我们建议条件允许时,尽量收集控制扩散区的数据。结果也表明,对不同大小的干预措施而言,其结果几乎没有不同。最后,问题导向型的警务相较之仅仅加强警务的其他警务措施,利益扩散的程度略占上风。我们使用修补算法评估可能的发表偏倚,结果显示,未被发表的研究不可能对上述结论带来较大影响。

总的净效应和加权扩散指数分析,为我们的研究提供更深入的方法,但是这些分析的总体的结果和上述结论一致。即对本次研究包含的文献来说,证据表明扩散区的犯罪变化超过了没有干预措施时的期待变化,而这种变化翻译的是干预措施效应的扩散,而非犯罪的转移。

对至少存在两个区域的(目标区和适合的扩散区),存在前后干预的数据的 36 项研究,我们也对其进行了比例分析。结果表明,这些研究大多数都反映了目标区域犯罪的下降,这表明干预措施设计的成果。对其扩散区而言,大多数也呈现可能的犯罪下降,表明可能存在利益扩散。故再一次地,这些发现印证了上述的结论。

这些发现,和其他对犯罪转移和利益扩散文献回顾研究一起,基本上印证了两个犯罪学理论。首先,在我们回顾的研究中,由于利益扩散似乎比犯罪转移更加容易观察到,这可以表明犯罪人会积极地进行情境推理,这恰恰是理性选择论的一个主要的观点。如果犯罪人是被"趋势"实施犯罪的话,我们就可能会观察到更少的利益扩散和更多的犯罪移位,至少目标区域的犯罪不太会显著下降。我们研究的结果表明,犯罪行为可能更加"普遍",即犯罪行为更有可能是基于犯罪人的理性选择,为满足基本需求和愿望而实施的行为,而不是之前根深蒂固的观点所认为的,犯罪人具有社会学或是心理学意义上的犯罪"倾向"(即犯罪决定主义)。

有可能出现这样的情况,由于我们回顾的文献均是着重研究警察行为,而事实上目标区域的犯罪数下降以及利益扩散这种趋势是监狱措施的影响(例如,由于监禁,街上流窜的犯罪分子减少了)而非警察行为导致。如果是那样的话,可能对我们得出犯罪人在实施犯罪时会进行理性选择这一结论大打折扣。尽管本次研究不能排除监禁措施带来的影响的假设,考虑到对情境干预措施的评估中发现的确凿证据(Guerette and Bowers,2009),这些证据表明犯罪下降很大程度上不依赖于监禁,监禁的存在影响本次研究的结果这种情况不太可能发生。值得注意的是,重点警务导致警方抓获所有的犯罪人也是不可能的,这即是说有相当一部分的犯罪分子依然在街头小巷流程作案。因此,如果这些犯罪人是基于性格而犯罪的话(决定论的观点),目标区的犯罪下降这一趋势,或至少是扩散区的利益扩散效应就不会那么明显。

其次,这些研究也证明了犯罪机会是间断的而非持续的。这就支持了日常活动理论的观点,与此同时,也与一系列证明犯罪机会的趋势研究(Brantingham and Brantingham,1981;Eck,Clarke,and Guerette,2007;Pease,1998;Sherman,Gartin,and Buerger,1989)相一致。如果犯罪机会是连续不断的,那么犯罪转移可能发生得更加普遍,这是由于犯罪人能很轻易地在其他地方发现犯罪机会。相反,我们的研究表明犯罪机会是如此的集中,以至于无论我们是采取重点警务还是情况控制,都能在很大程度上减少犯罪。

和任何研究一样,我们的研究依然存在很多值得注意的问题,同时也能解决一些问题。在作者看来,有三类问题值得重视:首先,在方法论上,如何使用单个的干预措施来分析犯罪转移。在回顾文献的过程中我们发现有很多种不同的方法,这些方法也各有优劣。值得一提的是,很多作者分布考虑目标区、扩散区和控制区的犯罪变化,并没有把一类地区的变化和另一类地区联系起来。这就对某些研究提供了依据,它们要么比较干预前后的犯罪变化,要么使用了更加正式的时间序列模型。在今后的研究中,研究者如果能考虑到各个区域的交互效应的话将会十分有帮助,这样一来如果观察到扩散区的变化超过了相对应的变化,那么如果实际观察到的两者的差异超过或少于这个程度,就可能是取样误差导致的。

其次,研究人员可以适当考虑,选择评估犯罪转移和利益扩散的地区的物理性状。我们在文献回顾上发现,各类文献所评估的干预措施区域面积差异巨大,几乎没有研究考虑过犯罪扩散的方向性问题,而且,几乎所有的作者都默认,这种扩散效果是在目标区外呈同心圆分布的。

最后,今后的研究应该注意研究犯罪转移和利益扩散的地位和机制。根据我们的回顾,似乎以下的因素能影响犯罪转移和利益扩散的程度:

- 警务活动减少犯罪的效应
- 警务干预措施的类型
- 目标区域集中的犯罪类型
- 警务措施实施的效力和强度
- 措施的物理和社会环境
- 犯罪人的认知和动静
- 扩散区的环境

对上述中介因素的进一步研究可以提醒决策者,哪种情况下犯罪转移更可能或更不可能发生。

总之,结果表明,本次研究所考虑的各项警务措施都有正向效果。研究表明犯罪转移并非不可避免,相反的,更有可能出现利益扩散的效果。

# 7. 更新研究成果的计划

作者计划每五年更新一次文献回顾。

# 8. 参考文献

Barr, Robert and Ken Pease. 1990. Crime Placement, Displacement and Deflection. In Crime and Justice: A Review of Research, eds. Michael Tonry and N. Morris, Vol. 12. Chicago: University of Chicago Press.

Bowers, Kate and Shane Johnson. 2003. Measuring the Geographical Displacement and

Diffusion of Benefit Effects of Crime Prevention Activity. Journal of Quantitative Criminology 193:275-301.

Braga Anthony A.,David L.Weisburd,Elin J.Waring,Lorraine Green Mazerolle,William Spelman and Francis Gajewski(1999)Problem-Oriented Policing In Violent Crime Places:A Randomized Controlled Experiment.Criminology 37(3):541-580.

Braga,Anthony A.and Brenda J.Bond.2008.Policing Crime and Disorder Hot Spots:A Randomized Controlled Trial.Criminology 46(3):577-607.

Braga,Anthony A.2007.Effects of Hot Spots Policing on Crime.A Campbell Collaboration systematic review,available at:http://www.aic.gov.au/campbellcj/reviews/titles.html.

Brantingham,Patricia L. and Paul J. Brantingham. 1981. Notes on the geometry of crime.In Environmental Criminology,eds.Paul Brantingham and Patricia Brantingham.Beverly Hills,CA:Sage Publications.

Brantingham,Patricia L.1986 Trends in Canadian crime prevention.In Kevin Heal and Gloria Laycock(eds.),Situational Crime Prevention:From Theory to Practice.London:HMSO.

Brisgone,Regina.2004.Report on qualitative analysis of displacement in a prostitution site.In Does Crime Just Move Around the Corner? A Study of Displacement and Diffusion in Jersey City, NJ, eds. David Weisburd, Laura A. Wyckoff, Justin Ready, John E. Eck, Joshua C.Hinkle,and Frank Gajewski.Report submitted to National Institute of Justice. Grant No.97-IJ-CX-0055.Washington,DC:U.S.Department of Justice.

Chaiken,Jan M.,Michael Lawless and Keith A.Stevenson.1974.The Impact of Police Activity on Crime.Urban Analysis 3:173-205.

Clarke,Ronald V.and John Eck.2005.Crime Analysis for Problem Solvers in 60 Small Steps.Office of Community Oriented Policing Services,United States Department of Justice. Washington,DC.

Clarke, Ronald V. 2005. Seven Misconceptions of Situational Crime Prevention. In Handbook of Crime Prevention and Community Safety.ed.Nick Tilley.Devon,UK:Willan Press.pp 41-72.

Clarke,Ronald V.1994.Displacement:An Old Problem in New Perspective.In Crime Problems,Community Solutions:Environmental Criminology as a Developing Prevention

Strategy.ed.Greg Saville.Port Moody, British Columbia: AAG Inc.Publications.

Clarke, Ronald V.and David Weisburd.1994.Diffusion of Crime Control Benefits: Observations on the Reverse of Displacement. In Crime Prevention Studies, ed. Ronald V. Clarke, Vol.2.Monsey, N.Y.: Criminal Justice Press.

Cohen, Lawrence E.and Marcus Felson.1979.Social change and crime rate trends: a routine activity approach.American Sociological Review.44:488-608.

Cornish, Derek B. and Ronald V. Clarke. 1989. Crime Specialisation, Crime Displacement and Rational Choice Theory. In Criminal Behavior and the Justice System: Psychological Perspectives, eds. H. Wegener, F. Losel and J. Haisch. New York: Springer-Verlag.

Cornish, Derek B.and Ronald V. Clarke. Editors. 1986. The Reasoning Criminal. New York: Springer-Verlag.

Duval, Sue, J. and Richard L. Tweedie 2000. A non-parametric — trim and fill ‖ method of accounting for publication bias in meta-analysis.Journal of the American Statistical Association 95:89-98.

Eck, John, Ronald V.Clarke and Rob T.Guerette.2007.Risky Facilities: Crime Concentration in Homogeneous Sets of Establishments and Facilities.Crime Prevention Studies, 21:225-264.

Eck, John E.1993.The Threat of Crime Displacement.Criminal Justice Abstracts 253: 527-546.

Farrington, David andBrandon Welsh. 2002. Effects of Improved Street Lighting on Crime: A Systematic Review. Home Office Research, Development and Statistics Directorate, August, Research Study 251.

Farrington David P. and Brandon Welsh (2004) Measuring the Effects of Improved Street Lighting on Crime: A reply to Dr. Marchant The British Journal of Criminology 44 448-467.

Farrington, David P., Martin Gill, Sam J.Waples, and Javier Argomaniz. (2007). The effects of closed-circuit television on crime: Meta-analysis of an English national quasi-experimental multi-site evaluation.Journal of Experimental Criminology 3(1):21-38.

Green, Lorraine.1995.Cleaning Up Drug Hot Spots in Oakland, California: The Displacement and Diffusion Effects.Justice Quarterly 124:737-754.

Guerette,Rob T.2009.The Pull,Push and Expansion of Situational Crime Prevention Evaluation:An Appraisal of Thirty-Seven Years of Research.Crime Prevention Studies,24: 29-58.

Guerette, Rob T. and Kate Bowers. 2009. — Assessing the Extent of Crime Displacement and Diffusion of Benefits:A Review of Situational Crime Prevention Evaluations.Criminology,47(4).

Hedges, Larry. V 1992 Meta-analysis. Journal of Educational Statistics 17 ( 4 ): 279-296.

Hesseling,Rene.1994.Displacement:A Review of the Empirical Literature.In Crime Prevention Studies,ed.Ronald V.Clarke,Vol.3.Monsey,N.Y.:Criminal Justice Press.

Johnson,Shane.D.2009.Potential Uses of Computational Methods in the Evaluation of Crime Reduction Activity.In Knuttson,J.,and Tilley,N.(Eds.)Evaluating Crime PreventionNew York:Criminal Justice Press.

Lipsey,Mark.W.,& David Wilson 2001.Practical meta-analysis.Thousand Oaks,CA: Sage.

Marchant.Paul 2004.A Demonstration that the Claim that Brighter Lighting Reduces Crime is Unfounded.British Journal of Criminology,44:441-447.

Marchant.Paul 2005.What Works? A Critical Note on the Evaluation of Crime Reduction Initiatives.Crime Prevention and Community Safety,7(2):7-13.

Martinson,Robert.1974.What Works? Questions and Answers about Prison Reform. Public Interest,Spring 35:22.

Mathews,Roger.1990.Developing more effective strategies for curbing prostitution.Security Journal 1:182-187.

Mathews, Roger. 1986. Policing Prostitution: A Multi-Agency Approach. Centre for Criminology Paper No.1.London:Middlesex Polytechnic.

Mazerolle,Lorraine,Sacha Rombouts and David W.Soole(2007),Street-level drug law enforcement:A meta-analytic review.A Campbell Collaboration Systematic review,available at:http://www.campbellcollaboration.org/library.php.

Miethe,Terance D.1991.Citizen-based crime control activity and victimization risks: An examination of displacement and free rider effects.Criminology,29:419-39.

Moore,David.S.,and George.P.McCabe,(2006).Introduction to the Practice of Statistics(5thEd.).WH Freeman.

Mooney,Christopher.Z.,and Robert.D.Duval(1993).Bootstrapping:A nonparametric approach to statistical inference.London:Sage.

Nicholson,Linda.1995.What Works in Situational Crime Prevention? A Literature Review.Edinburgh,Scotland:Scottish Office Central Research Unit.

Pease,Ken.1998.Repeat Victimization:Taking Stock.Crime Detection and Prevention Paper Series Paper #90.London,UK:Home Office.

Petticrew,Mark.and Helen Roberts,(2006)Systematic reviews in the social sciences: a practical guide.Oxford:Blackwell.

Reppetto,Thomas A.1976.Crime Prevention and the Displacement Phenomenon.Crime and Delinquency 222:166-177.

Rothstein,Hannah R.(2008)Publication bias as a threat to the validity of meta-analytic results Journal of Experimental Criminology 4(1):61-81.

Sherman,Lawrence,Patrick R.Gartin,and Michael E.Buerger.1989.Hotspots of predatory crime:routine activities in the criminology of place.Criminology 27(1):27-56.

Sutherland,Edwin (1947).Principles of Criminology. Fourth Edition. Philadelphia: J.B43.

## 初步筛选合格的文献

Bellamy,L.C.(1997),The Toller Lane Crime Management Tool:tackling crime more effectively,Security Journal,9(1-3),15-21.

Braga,A.A.& Bond,B.J.(2008),Policing crime and disorder hot spots:A randomized controlled trial.Criminology:An Interdisciplinary Journal,46(3),577-607.

Braga,A.A.,Weisburd,D.L.,Waring,E.J.,Mazerolle,L.G.,Spelman,W.& Gajewski, F.(1999),Problem-oriented policing in violent crime places:A randomized controlled experiment.Criminology,37(3),541-580.

Caeti,T.(1999).Houston's targeted beat program:? A quasi-experimental test of police patrol strategies.PhD.Diss.,Sam Houston State University.Ann Arbor MI:University Microfilms International.

Cator,M.(2006),Operation Mullion:Reducing anti-social behaviour and crime in and aroundMayfield School.Hampshire Constabulary.Tilley Award Finalist.

Chenery, S., Holt, J. & Pease, K. (1997), Biting Back Ⅱ: Reducing repeat victimisation inHuddersfield.Crime Detection and Prevention Series, Paper 82, Home Office.

Clarke, R. V. & Goldstein, H. (2002), Reducing theft at construction sites: Lessons from a problem oriented project, Crime Prevention Studies, 13, 89-130.

Clarke, R. V. & Goldstein, H. (2003), Thefts from cars in city-center parking facitlities: A case study in implementing problem oriented policing, Crime Prevention Studies, 15, 257-298.

Cohen, J. & Ludwig, J. (2003), 'Policing crime guns'. In J.Ludwig & P.J.Cook(Eds) Evaluating gun policy: Effects on crime and violence (pp 217-250). Washington, DC: Brookings Institute Press.

Cummings, R. (2006). What if: the counterfactual in program evaluation. Evaluation Journal of Australasia, Vol.6(new series), No.2, 6-15.

Curran, K., Dale, M., Edmunds, M., Hough, M., Millie, A., Wagstaff, M. (2005), Street crime inLondon: deterrence, disruption and displacement. Government Office for London: London.

Eck, J. & Spelman, W. (1987), Problem-Solving: Problem oriented policing inNewport News. Police Executive Research Forum.

Esbensen, F-A (1987). Foot Patrols: Of What Value. American Journal of Police, 6, p. 45. Retrieved from www.heonline.org.

Farrell, G., Chenery, S. & Pease K. (1998), Consolidating police crackdowns: Findings from an anti-burglary project. Police Research Series Paper 113, London, UK.

Forrester, D. H., Chatterton, M. R. & Pease, K. (1988), The Kirkholt burglary prevention demonstration project, Home Office Crime Prevention Unit Paper no. 13, London: H.M.Stationary Office.

Green, L. (1995), Cleaning up Drug Hot Spots inOakland, California: The Displacement and Diffusion Effects, Justice Quarterly, 12, p.737.

Grogger, J. (2002), The Effects of Civil Gang Injunctions on Reported Violent Crime: Evidence fromLos Angeles County, Journal of Law and Economics, 45(1), 69-90.

Higgins, D. F. & Coldren, J. R. (2000), Evaluating gang and drug house abatement inChicago. Chicago, Illinois: Criminal Justice Authority.

Hope, T.J. (1994), Problem oriented policing and drug market locations: Three case studies, Crime Prevention Studies, 2, 5-31.

Hopkins, M. (2004), Targeting hotspots of alcohol-related town centre violence: A Nottinghamshire case study, Security Journal, 17(4), 53-66.

Kane, R.J. (2006), On the Limits of Social Control: Structural Deterrence and the Policing of "Suppressible" Crimes. Justice Quarterly, 23(2), 186-213.

Katz, C.M., Webb, V.J.& Schaefer, D.R. (2001). Assessment of the impact of quality-of-life policing on crime and disorder. Justice Quarterly, 18(4), 825-876.

Knutsson, J. (1996), Restoring public order in a city park, Crime Prevention Journal, 6, 133-151.

Lateef, A.B. (1974), "Helicopter patrol in law enforcement-An evaluation", Journal of Police Science and Administration, 2(1), 62-65.

Lawton, B.A., Taylor, R.B.& Luongo, A.J. (2005). Police Officers on Drug Corners in Philadelphia, Drug Crime, and Violent Crime: Intended, Diffusion, and Displacement Impacts. Justice Quarterly, 22(4), 427-451.

Matthews, R. (1993), Kerb-crawling, prostitution and multi-agency policing. Crime Prevention Unit Paper 43.

Mazerolle, L.G., Price, J.F.& Roehl, J. (2000), Civil remedies and drug control: A randomized field trial inOakland, California, Evaluation Review, 24(2), 212-241.

McCabe, J. E. (2009). The Narcotics Initiative: An Examination of the NYPD Approach to Drug Enforcement, 1995-2001. Criminal Justice Policy Review, 20, 170-187.

McGarrell, E.F., Chermak, S., Weiss, A.& Wilson, J. (2001). Reducing firearms violence through directed police patrol. Criminology & Public Policy, 1, 119-148.

Morris, S. (1996), Policing problem housing estates. Crime Prevention and Detection Series, Paper 74, Home Office.

Novak, K.J.Hartman, J.L., Holsinger, A.M.& Turner, M.G. (1999). The Effects of Aggressive Policing of Disorder on Serious Crime, Policing: An International Journal of Police Strategies & Management, 22(2), 171-190.

Press, S. J. (1971), Some effects of an increase in police manpower in the 20th precinct ofNew York City.R-704-NYC.New York, NY: New York City Rand Institute.

Priest, T. B. & Brown Carter, D. (2002). Community-oriented policing: Assessing a police saturation operation(from policing and community partnerships, P 111-124, 2000, dennis J.stevens,ed.,—see NCJ-194083).Retrieved from http://www.policetrainings.

Ratcliffe,J.H.,Taniguchi,T.,Groff,E.R.and Wood,J.D.(2010)ThePhiladelphia Foot Patrol Experiment:A Randomized Controlled Trial Of Police Patrol Effectiveness In Violent Crime Hotspots.Submitted to Criminology.

Ratcliffe, J. & T. Makkai. ( 2004 ). Diffusion of Benefits: Evaluating a Policing Operation.Trends & Issues in Crime and Criminal Justice,278,Australian Institute of Criminology,Canberra.

Roman,C.,Cahill,M.,Coggeshall,M.,Lagerson, E.& Courtney,S.( 2005 ).Weed and seed initiative and crime displacement in southflorida:An examination of spatial displacement associated with crime control initiatives and the redevelopment of public health.

Segrave,Marie & Collins,Lisa( 2005 ),Evaluation of a suburban crime prevention team,Technical and background paper series,14,Australian Institute of Criminology,Canberra.

Sherman,L.W.& Rogan,D.P.( 1995 ).Effects of Gun Seizures on Gun Violence:Hot Spots Patrol inKansas City.Justice Quarterly,12,p.673.

Skogan, W.G.& Hartnett, S.M. ( 1997 ).Community Policing:Chicago style. Oxford: Oxford University Press.

Smith,M.R.( 2001 ).Police-led crackdowns and cleanups:An evaluation of a crime control initiative inRichmond,Virginia.Crime and Delinquency,47( 1 ),60−83.

Tilley,N.& Hopkins,M.( 1998 ).Business as Usual:An Evaluation of the Small Business and Crime Initiative.Police Research Series Paper 95.London:Home Office.

Tita,G.,Riley,K.J.,Ridgeway,G.,Grammich,C.,Abrahamse,A.& Greenwood P.W. ( 2003 ),Reducing gun violence:Results from an intervention inEast Los Angeles. Rand Public Safety and Justice,Rand Corporation,Santa Monica,CA.

Wagers,M.( 2007 ),Broken windows policing:The LAPD experience,Ph.D.diss., Rutgers The State University of New Jersey-Newark.

Weidner, R. R. ( 1999 ). "I won't doManhattan": A study of the causes and consequences of a decline in street prostitution".Ph.D.diss.,Rutgers The State University of New Jersey-Newark.

Weisburd,D.,& Green,L.( 1995 ).Policing drug hot spots:The Jersey City Drug Market Analysis experiment.Justice Quarterly,12( 4 ),711−742.

Weisburd, D., Wyckoff, L. A., Ready, J., Eck, J. E., Hinkle, J. C. & Gajewski, F. (2006).Does crime just move around the corner? A controlled study of spatial displacement and diffusion of crime control benefits.Criminology: An Interdisciplinary Journal, 4.

**被排除的文献**

Adamson, S., (2005), Burglary reduction in action: The Hartlepool experience, Crime Prevention and Community Safety: An International Journal, 7(2), 41−52.

Aitken, C., Moore, D., Higgs, P., Kelsall, J. & Kerger, M. (2002), The impact of a police crackdown on a street drug scene: Evidence from the street, International Journal of Drug Policy, 13(3), 189−198.

Allat, P. (1984), "Residential security: containment and displacement of burglary", Howard Journal of Criminal Justice, 23, 99−116.

Amadi, J.& Thomas, N. (2008), Piloting penalty notices for disorder on 10-to 15-year-olds: results from a one year pilot.Ministry of Justice Research Series 19/08.

Andresen, M.A. (2009).Crime Specialization across the Canadian Provinces.Canadian Journal of Criminology and Criminal Justice.51: 31−53.

Annan, S.O.& Skogan, W.G. (1993), Drug enforcement in public housing: Signs of success inDenver.Police Foundation, Washington, D.C.

Anne Duncan Consultancy & NZ Police Evaluation Services Team(2009), Evaluation of theAuckland City East Community Policing Team.New Zealand Police, Wellington, NZ.

Anselmo, D. (2002), Hispanic robbery initiative: Reducing robbey victimization and increasing trust of police and financial institutions in a Hispanic community. Charlotte Mecklenburg Police Department.Herman Goldstein Award Finalist.

Arlington Police Department (2006), Stopping open-air drug sales onWest Cedar Street, in Arlington, Texas.Herman Goldstein Award Submission.

Aspin, M. (2006).Trafford Park security initiative-reducing crime in Trafford Park.Safer Trafford Partnership.Tilley Award Submission.

Australian Federal Police(2005), Targeting burglary, Platypus magazine: The Journal of the Australian Federal Police, 87. See http://www. afp. gov. au/afp/raw/Publications/Platypus/Jun05/4_Halite.pdf.

Avdija, A. (2008), Evidence-Based Policing: A Comparative Analysis of Eight Experimental Studies focused in the area of Targeted Policing. International Journal of Criminal

Justice Sciences,3(2),110-128.

Baker, T. E. & Wolfer, L. (2003), The crime triangle: Alcohol, drug use, and vandalism.Police Practice and Research,4(1),47-61.

Barnsley,Rowan H.& Cole,Cathy(1998),Impacting on crime:an evaluation of a problem solving initiative,Policing and Society:an International Journal of Research and Policy,8(2),189-203.

Barron,J.M.(1991),Shuffling crime around:offender response to preventive action. M.A.thesis,University of Manchester.

BenShahar,O.and A.Harel(1996).The economics of the law of criminal attempts:A victim-centered perspective.University of Pennsylvania Law Review.145:299-351.

Boston Police Department (1998), Operation Ceasefire. Boston Police Department, Boston,MA.Bowers,K.J.and S.D.Johnson(2003).Measuring the geographical displacement and diffusion of benefit effects of crime prevention activity.Journal of Quantitative Criminology.19:275-301.

Bowers,K.J.(2001),Small business crime:An evaluation of a crime prevention initiative,Crime Prevention and Community Safety:An International Journal,3(1),23-42.

Bowers,W.J.& Hirsch,J.H.(1987),Impact of Foot Patrol Staffing on Crime and Disorder inBoston:An Unmet Promise. American Journal of Police, 6, p. 17. Retrieved from www.heonline.org.

Boydstun,J.E.(1975),San Diego Field Interrogation:Final Report,Washington DC, Police Foundation.Braga,A.A.(2007),The effects of hot spots policing on crime.A Campbell Collaboration Systematic review, available at: http://www. campbellcollaboration. org/library.php.

Braga,A.A.,Kennedy,D.M.,Waring,E.& Piehl,A.M.(2001),"Problem oriented policing,deterrence,and youth violence:An evaluation of Boston's Operation Ceasefire", Journal of Research in Crime and Delinquency,38(3),195-225.

Braga,A.A.,McDevitt,J.& Pierce,G.L.(2006),Understanding and preventing gang violence:Problem analysis and response development,Lowell,Massachusetts,Police Quarterly,9(1),20-46.

Braga,A.A.(2001),The effects of hot spots policing on crime,The Annals of the American Academy of Political and Social Science,578,104-25.

Brown, R. Cannings, A. & Sherriff, J. (2004), Intelligence-led vehicle crime reduction: An evaluation of Operation Gallant. Home Office Online Report, 47/04.

Brunsdon, C., J. Corcoran, et al., (2007). Visualising space and time in crime patterns: A comparison of methods. Computers Environment and Urban Systems. 31:52−75.

Budz, D. (1996), The West End Police Beat: An evaluation, Criminal Justice Commission. Research and Co-ordination Division, Queensland.

Budz, D. (1998), Beenleigh Calls for Service project: evaluation report, Criminal Justice Commission; Qld.

Buerger, M. (1993), Convincing the recalcitrant: Reexamining the Minneapolis RECAP experiment. Dissertation submitted to Rutgers, the State University of New Jersey-Newark.

Buffalo Police Department (2001). Workable solutions to the problem of street prostitution inBuffalo, NY. Herman Goldstein Award Submission.

Burrows, J. & Heal, K. (1980), "Police car security campaigns". In R. V. G. Clarke and P. Mayhew (eds), Designing Out Crime. London: Her Majesty's Stationery Office.

Burton, K. (1998), Cowboys: A problem solving initiative. Arlington (TX) Police Department. Herman Goldstein Award Submission.

Burton, S. (2006), Safer travel at night. Transport for London. London Transport Policing and Enforcement Directorate. Herman Goldstein Award Winner.

Canty, C., Acres, J. G. Loxley, W., Sutton, A. James, S. P, Lenton, S., Midford, R. & Boots, K. (2001), Evaluation of a community-based drug law enforcement model for inter-sectoral harm reduction, Australasian Centre for P Capowich, G. E., Roehl, J. A. & Andrews, C. M. (1995), Evaluating problem-oriented policing: Process and outcomes in Tulsa and San Diego. Washington, DC: National Institute of Justice, Office of Justice Programs.

Chaiken, J. M. (1976), "What is known about the deterrent effects of police activities". The Rand Paper Series. Santa Monica, California: RAND.

Chaiken, J. M., Lawless, M. W. & Stevenson, K. A. (1974), The impact of police activity on crime: Robberies on the New York City Subway System. Report no. R-1424-NYC. Santa Monica, California: RAND.

Chenery, S. & Deakin, E. (2005). Review of The Tower Project. Report submitted to Lancashire Police Constabulary.

Child andFamily Policy Center(1999),Des Moines Weed and Seed evaluation:Final Report.Des Moines:The Child and Family Policy Center.

Chilvers,M & Weatherburn,D(2004),The New South Wales "Compstat" process:its impact on crime,Australian and New Zealand Journal of Criminology,37(1),22−48.

Clarke,R.V.& Bichler-Robertson,G.(1998).Place managers,slumlords and crime in low rent apartment buildings.Security Journal 11:11−19.

Cohen,J.,Gorr,W.& Singh,P.(2003),Estimating intervention effects in varying risk settings:Do police raids reduce illegal drug dealing at nuisance bars?,Criminology,41 (2),257−292.

Cohn,E.G.and D.R.Farrington(2007).Changes in scholarly influence in major inter- national criminology journals. Australian andNew Zealand Journal of Criminology. 40: 335−359.

Coles,A.M.(1985),The effectiveness of "community policing" styles:a comparative analysis of three areas-Plymouth(Crownhill),Leicester(Highfield)and Derby(East),M. Phil Nottingham,36−430.

Communities and Local Government(2008).Displacement of Crime or Diffusion of Benefit:Evidence from the New Deal for Communities Programme.London:Department for Communities and Local Government.

Coombs, A. (2006). Policing theGlastonbury Festival. Avon and Somerset Constabulary.Tilley Award Submission.

Criminal Justice Commission(1995).Toowoomba Beat policing Pilot Project.Main e- valuation report.Brisbane:Criminal Justice Commission.

Davies,A.(2006).Operation clean up.Staffordshire Police.Tilley Award Submission Donaghy,J.(1999).Northfields Project:Project brings peace back to city estate.Leicester- shire Constabulary.Tilley Award Winner.

Duailibi,S.,Ponicki,W.,Grube,J.,Pinsky,I.,Laranjeira,R.& Raw,M.(2007),The effect of restricting opening hours on alcohol-related violence,American Journal of Public Health,97(12),pp.2276−2280.

Duncan, A. (2009), Canterbury Community Policing small business robbery prevention case study.New Zealand Police,Wellington,NZ.

Dunworth,T.& Mills,G.(1999),National evaluation of Weed and Seed,U.S.Dept.of

Justice, Office of Justice Programs, National Institute of Justice, Washington, D.C.

Dunworth, T. (2000), National evaluation of the youth firearms violence initiative, U. S. Dept. of Justice, Office of Justice Programs, National Institute of Justice, Washington, D.C.

Earle, J.& Edmunds, A. (2004). Operation Cobra: Tackling vehicle crime in the city of Portsmouth. Hampshire Constabulary. Tilley Award Runner-Up. Eck, J. E. & Wartell, J. (1998), Improving the management of rental properties with drug problems: A randomized experiment, Crime Prevention Studies, 9, 161-185.

Ekblom, P. (1995). Less Crime By Design. Annals of theAmerican Academy of Political and Social Science. 539: 114-129.

Ekblom, P., Law, H., Sutton, M., Crisp, P.& Wiggins, R. (1996), Safer Cities and domestic burglary. Home Office Research Study 164.

Evans, D. (2001). Spatial analyses of crime. Geography. 86: 211-223.

Evans, M. (1998). PRIDE: Police response to incidents of domestic emergencies. Reducing domestic violence related homicides. Newport News Police Department. Herman Goldstein Award Finalist.

Farrington, D. P. and B. C. Welsh (2002). Improved street lighting and crime prevention. Justice Quarterly. 19: 313-342.

Felson, M., Berends, R., Richardson, B.& Veno, A. (1997), Reducing pub hopping and related crime, Crime Prevention Studies, 7, 115-132.

Fritsch, E.J., Caeti, T.J.& Taylor, R.W. (1999), Gang Suppression Through Saturation Patrol, Aggressive Curfew, and Truancy Enforcement: A Quasi-Experimental Test of the Dallas Anti-Gang Initiative, Crime Delinquency, 45(1), 122-139.

Gabor, T. (1981), "The crime displacement hypothesis: An empirical investigation", Crime and Delinquency, 27, 390-404.

Gant, F.& Grabosky, P. (2000), Preventing motor vehicle theft inNew South Wales. In The promise of crime prevention. 2nd ed. Research and public policy series; no. 31, Australian Institute of Criminology, Canberra.

Giacomazzi, A. (1995), Community crime prevention, community policing, and public housing: an evaluation of a multi-level collaborative drug-crime elimination program inSpokane, Washington. Unpublished PhD, Washington State University, Washington.

Goldkamp, J.S., & Vîlcicã, E.R. (2008), Targeted enforcement and adverse system side effects: The generation of fugitives inphiladelphia. Criminology: An Interdisciplinary Journal, 46(2), 371-409.

Green Bay Police Department (1999), Street sweeping, Broadway style: revitalizing a business district from inside out. Green Bay Police Department, Green Bay, WI. Hall, D.M. (1995). Drug activity at Birch Street. Norfolk Police. Herman Goldstein Award Submission.

Hampshire Constabulary (2004), Operation Cobra: Tackling vehicle crime in the city ofPortsmouth. Hampshire Constabulary, Hampshire, UK.

Harel, A. (1994). Efficiency And Fairness In Criminal-Law-The Case For A Criminal-Law Principle Of Comparative Fault. California Law Review. 82: 1181-1229.

Harman, A (2001). Canberra's operation dilute, Law & Order, 49(3), 52-55. Harris, R.J.; O'Connell, J.& Wilhite, S. (2005). Evaluation of Operation Weed and Seed in Wilmington, Delaware-2001 to 2004. Dover, DE: Delaware Statistical Analysis Center.

Hauritz, M., Homel, R., McIlwain, G., Burrows, T. and Townsley, M. (1998), Reducing violence in licensed venues through community safety action projects: The Queensland experience. Contemporary Drug Problems, 25(3), 511-551.

Herzog, S. (2002). Does proactive policing make a difference in crime? An implementation of problem-solving policing inIsrael. International Journal of Comparative and Applied Criminal Justice 26(1): 29-52.

Hewitt, E.J. (1984), Preventative policing: An examination of the effectiveness of a form of directed patrol carried out by Greater Manchester's Tatical Aid Group, M. A. (Econ) Manchester, 36-2734.

Hinkle, J.C.& Weisburd, D. (2008), The irony of broken windows policing: A micro-place study of the relationship between disorder, focused police crackdowns and fear of crime. Journal of Criminal Justice, 36(6), 503-512.

Hirsch, L.E. (2007). Weaponizing classical music: Crime prevention and symbolic power in the age of repetition. Journal of Popular Music Studies. 19: 342-358.

Hirschel, D., Dean, C.W.& Dumond, D. (2001), Juvenile Curfews and Race: A Cautionary Note. Criminal Justice Policy Review, 12, 197-214.

Hoffmann, G., Legosz, M.& Budz, D. (2005), Problem-oriented policing in a detective environment: aQueensland case study, Crime and Misconduct Commission, Brisbane,

Queensland.

Holderness, T. ( 1998). — Ten-4: The Transient Enrichment Network: A community collaboration to reduce homelessness.Fontana Police Department.Herman Goldstein Award Submission.

Holmberg, L. ( 2002), Personalized policing: Results from a series of experiments with proximity policing inDenmark.Policing, 25( 1), 32–47.

Holt, T.J., K.R.Blevins, et al., ( 2008).Examining the displacement practices of johns with on-line data.Journal of Criminal Justice.36: 522–528.

Hovell, Melbourne F., Seid, Arlene G.& Liles, Sandy( 2006), Evaluation of a Police and Social Services Domestic Violence Program: Empirical Evidence Needed to Inform Public Health Policies.Violence Against Women, 12, 137–159.

Hunt, A L.& Weiner, K. ( 1977), Impact of a juvenile curfew: suppression and displacement in patterns of juvenile offenses.Journal of Police Science and Administration, 5 ( 4), 407–412.

Jesilow, P., Meyer, J., Parsons, D.& Tegeler, W. ( 1998), Evaluating problem-oriented policing: A quasi-experiment. Policing: An International Journal of Police Strategies and Management, 21( 3), 449–464.

Johnsen, S.& Fitzpatrick, S. ( 2007), Impact of enforcement on street users inEngland, Policy Press: University of York.

Johnson, S.D., L.Summers, et al., ( 2009).Offender as Forager? A Direct Test of the Boost Account of Victimization.Journal of Quantitative Criminology.25: 181–200.

Jordan, J. T. ( 2001). School impact project 2000: Dorchester High School. Boston Police Department.Herman Goldstein Award Submission.

Kelling, G.L., Pate, T., Dieckman, D.& Brown, C.E. ( 1974), TheKansas City Preventative Patrol Experiment: Technical Report.Police Foundation, Washington, DC.

Kennedy, D.M., Piehl, A. M.& Braga, A. A. ( 1996). Youth Violence inBoston: Gun Markets, Serious Youth Offenders, and a Use-Reduction Strategy, Law and Contemporary Problems, 59( 1), Kids, Guns, and Public Policy, 147–196.

Kessler, D.A.& Duncan, S. ( 1996), The impact of community policing in fourHouston neighborhoods, Evaluation Review, 20( 6), 627–669.

Kleiman, M. ( 1988), Crackdowns: The effects of intensive enforcement on retail heroin dealing.In Chaiken,J.M.,(ed.),"Street Level Drug Enforcement:Examining the issues", National Institute of Justice,US Department of Justice.

Knoxville Police Department ( 2002 ), The Knoxville public safety collaborative, Herman Goldstein Award Submission.

Knutsson, J. ( 2000 ), Swedish drug markets and drug policy, Crime Prevention Journal,11,179−201.

Koper,C.( 1993 ),The Maryland Project:Community-oriented policing and drug prevention inEdgewood,Maryland. College Park:Center for Substance Abuse Research ( CESAR),University of Maryland.

Koper,C.S.( 1995 ).Just Enough Police Presence:Reducing Crime and Disorderly Behavior by Optimizing Patrol Time in Crime Hot Spots.Justice Quarterly,12,p.649.

Lasley J.1998.— Designing Out Gang Homicides and Street Assaults.Natl.Inst.Justice Res.Brief,NCJ 173398,U.S.Dep.Justice,Washington,DC.

Lauritsen,J.L. and K.F.D.Quinet( 1995 ).Repeat Victimization Among Adolescents And Young-Adults.Journal of Quantitative Criminology.11:143−166.

Laycock, G. ( 1997 ), Operation identification or the power of publicity? In R.V. Clarke( Ed.),Situational Crime Prevention:Successful case studies,2nd ed.Monsey,NY: Criminal Justice Press.

Legget,L.M.W.( 1997 ),Using police enforcement to prevent road crashes,Crime Prevention Journal,7,175−197.

Leong,K.,J.C.Li,et al.,( 2009 ).An Application of the Dynamic Pattern Analysis Framework to the Analysis of Spatial-Temporal Crime Relationships.Journal of Universal Computer Science.15:1852−1870.

Lindsay,B.& McGillis,D.( 1988 ),"Citywide Community Crime Prevention:An assessment of the Seattle Program".In D.P.Rosenabaum( ed.)Community Crime Prevention: Does it Work? Beverly Hills,CA:Sage.

Lopez,Y.( 2001).Reducing juvenile graffiti vandalism:A study of community policing problem-solving inSan Benito,Texas.Thesis submitted to the University of Texas-Pan American.

Luna,E.( 2000).Constitutional road maps.Journal of Criminal Law & Criminology.90: 1125−1250.

Madensen,T.D.& Morgan,D.G.(2005).Evaluation of Traffic Barricade Impact on Crime in Pendleton:Cincinnati,Ohio. Report submitted to Sgt. Maris Herold of the Cincinnati Police Department.

Madensen,T.D.,Skubak,M.K.,& Morgan,D.G.(2005).Pendleton crime reduction project.Division of Criminal Justice:Cincinnati,OH.

Maguire,M & Nettleton,H.(2003),Reducing alcohol-related violence and disorder: An evaluation of the 'TASC' project.Home Office Research Study,265.

Mair,J.S.and M.Mair(2003).Violence prevention and control through environmental modifications.Annual Review of Public Health.24:209-225.

Males,M.A.(2000).Vernon,Connecticut's Juvenile Curfew:The Circumstances of Youths Cited and Effects on Crime.Criminal Justice Policy Review,11,254-267.

Malm,A.E.& Tita,G.E.(2006),A spatial analysis of green teams:a tactical response to marijuana production inBritish Columbia,Policy Sciences,39(4),361-377.

Maskaly,J.(2009),The displacement effects of a police drug crackdown on open air markets and drug houses.M.A.diss.,University of Nevada,Reno.

Maxson,C.L.,Hennigan,K.M.& Sloane,D.C.(2005).It's Getting Crazy Out There: Can a Civil Gang Injunction Change a Community Gangs & Gang-Related Crime.Criminology & Public Policy,4(3),577-605.

Mazerolle,L.,Soole,D.W.& Rombouts,S.(2007),Street-level drug law enforcement: A meta-analytic review. A Campbell Collaboration Systematic review, available at: http://www.campbellcollaboration.org/library.php.

Mazerolle,L.G.,Ready,J.,Terrill,W.& Waring,E.(2000).Problem-oriented policing in public housing:The Jersey City Evaluation.Justice Quarterly,17(1),129-158.

McCabe,J.(2008),What works in policing?,Police Quarterly,11(3),289-314.

McElroy,J.E.,Cosgrove,C.A.& Sadd,S.(1990)CPOP:the research:An evaluative study of the New York City Community Patrol Office Program.Vera Institute for Justice, New York.

McGarrell,E,F.Chenery,S.,Wilson,J.M.& Corsaro,N.(2006),Reducing Homicide through a "Lever-Pulling" Strategy.Justice Quarterly,23(2),214-231.

Mears,D.P.and A.S.Bhati(2006).No community is an island:The effects of resource deprivation on urban violence in spatially and socially proximate communities.Criminology.

44:509-547.

Metro Dade Police Department.(1996).Tourist-oriented police program.Herman Goldstein Award Submission.

Middleham,N.& Marston,C.(2004).Mole hills from mountains.Lancashire Constabulary.Herman Goldstein Award Finalist.

Miethe,T.D.,J.Olson,et al.,(2006).Specialization and persistence in the arrest histories of sex offenders-A comparative analysis of alternative measures and offense types. Journal of Research in Crime and Delinquency.43:204-229.

Mikos,R.A.(2006)."Eggshell" victims,private precautions,and the societal benefits of shifting crime.Michigan Law Review.105:307-351.

Millie,A. & Hough,M. (2004). Assessing the impact of the Reducing Burglary Initiative in southernEngland and Wales,2nd edition.Home Office Online Report 42/04. London:Home Office.

Moeller,K.(2009).Police crackdown on Christiania inCopenhagen.Crime,Law and Social Change,52(4),337-345.

Morris,S.(1996),Policing problem housing estates.Crime Prevention and Detection Series,Paper 74,Home Office.

Morgan,F.(2002),Resource distribution in a repeat burglary intervention,Crime Prevention and Community Safety:An International Journal,4(3),23-36.

Murdie,R. (2003).Campaign Get home safe.' Police Service ofNorthern Ireland. Tilley Award Winner.

Murray,R.K.& Roncek,D.W.(2008),Measuring diffusion of assaults around bars through radius and adjacency techniques,Criminal Justice Review,33(2),199-220.

Newton,A.D.,S.D.Johnson,et al.,(2004).Crime on bus routes:an evaluation of a safer travel initiative.Policing-an International Journal of Police Strategies & Management. 27:302-319.

Nunn,S.,Quinet,K.,Rowe,K.& Christ,D.(2006).Interdiction Day:Covert Surveillance Operations, Drugs, and Serious Crime in an Inner-City Neighborhood. Police Quarterly,9(1),73-99.

NZ Police Evaluation Services Team & Woodhams Research Associates(2009),Evaluation of theCanterbury Community Policing Demonstration Project.New Zealand Police,

Wellington, NZ. ODPM（2005）NRU Research Report 17, New Deal for Communities 2001-2005：An Interim Evaluation, ODPM. London.

Painter, K, and Farrington. D. P.（2001）. The financial benefits of improved street lighting, based on crime reduction. Lighting Research and Technology 33,3-12.

Painter, K. and Farrington, D. P. 1997, — The Crime Reducing Effect of Improved Street Lighting：The Dudley Project, in R. V. Clarke（ed.）, Situational Crime Prevention：Successful Case Studies, 2nd edition, Harrow andHeston, New York.

Painter, K. and Farrington, D. P. 1998, — Street Lighting and Crime：Diffusion of Benefits in the Stoke on Trent Project, in K. Painter and N. Tilley（eds）, in Crime Prevention Studies, vol. X, Criminal Justice Press, New York.

Painter, K. and Farrington, D. P. 1999, — Improved Street Lighting：Crime Reducing Effects and Cost-Benefit Analyses, Security Journal, vol. 12, no. 4, pp. 17-32. Pate, A., Wycoff, M. A., Skogan, W. G. & Sherman L. W.（1986）, Reducing fear of crime inHouston and Newark：A summary report. Police Foundation, Washington DC. Pease, K.（1991）, "The Kirkholt Project：preventing Buglary on a British housing estate", Security Journal, 2, 73-77. Perdomo, C. J. V. Fear of Crime in Mexico：Logical Structure, Empirical Bases and Initial Policy Recommendations. Gestion Y Politica Publica. 19：3-36.

Piehl, A. M., Cooper, S. J., Braga, A. A. & Kennedy, D. M.（2003）, Testing for Structural Breaks in the Evaluation of Programs. The Review of Economics and Statistics, 85（3）,550-558.

Poyner, B. & Webb, B.（1992）, "Reducing theft from shopping bags in city center markets". In Ronald V. Clarke, ed., Situational Crime Prevention：Successful Case Studies, Albany, NY：Harrow and Heaton.

Prenzler, T.（2009）, Strike Force Piccadilly：A public-private partnership to stop ATM ram raids, Policing, 32（2）,209-225.

Prince, J. & Spicer, V.（1999）. Intersecting solutions：How consistent police enforcement, partnerships with the community and environmental change restored order and civility to an urban intersection. Vancouver Police Department. Herman Goldstein Award F Ratcliffe, J.（2001）, Policing urban burglary. Trends and Issues in Crime and Criminal Justice, 213, AustralianInstitute of Criminology, Canberra.

Ratcliffe, J.（2002）, Burglary reduction and the myth of displacement. Trends and Issues in Crime and Criminal Justice,232,AustralianInstitute of Criminology,Canberra.

Ratcliffe, J. H. (2006). A temporal constraint theory to explain opportunity-based spatial offending patterns.Journal of Research in Crime and Delinquency.43:261-291.

Ratcliffe,J.H.,T.Taniguchi, et al., (2009).The Crime Reduction Effects of Public CCTV Cameras:A Multi-Method Spatial Approach.Justice Quarterly.26:746-770.

Ratcliffe, J. (2005), The effectiveness of police intelligence: aNew Zealand case study,Police practice and research:An international journal,6,434-435.

Reuter,P.,Haaga,J.,Murphy,P.& Praske,A.(1988),Drug use and drug programs in the Washington Metropolitan Area.Santa Monica,Calif.:RAND.

Rice,K.J.and W.R.Smith(2002).Socioecological models of automotive theft:Integrating routine activity and social disorganization approaches.Journal of Research in Crime and Delinquency.39:304-336.

Richman,M.,Julian,R.& Hughes,C.(2006),Comparative analysis of Streetsafe in Hobart and Launceston:final report,TasmanianInstitute of Law Enforcement Studies,Hobart,Tasmania.

Robinson,J.B.(2008).Measuring the impact of a targeted law enforcement initiative on drug sales.Journal of Criminal Justice,36(1),90-101.

Ross,H.L.(1981),Deterring the Drinking Driver:Legal Policy and Social Control. Lexington,Mass.:Heath.

Samuels,R.,Judd,B.,O'Brien,B.& Barton,J.(2004),Linkages between housing,policing and other interventions for crime and harassment reduction in areas with public housing concentrations:volume 1:main report,Australian Housing and Urban Resear.

Schnelle,J.F.,Kirchner,R.E.,Casey,J.D.,Uselton,P.H.& McNees,M.P.(1977), "Patrol evaluation research:A multiple base-line analysis of saturation police patrolling during Day and Night Hours",Journal of Applied Behavior Analysis,10(1),33-40.

Schobel,G.B.,Evans,T.A.& Daly,J.L.(1997).Community policing:Does it reduce crime,or just displace it? Police Chief,64(8),64.

Schwartz,A.I.& Clarren,S.N.(1977),The Cincinnati team policing experiment:A summary report.Police Foundation,Washington DC.

Sherman,L.W.(1990).Police Crackdowns-Initial And Residual Deterrence. Crime and Justice-a Review of Research.12:1-48.

Sherman, L., Buerger, M.& Gartin, P. (1989). Repeat call address policing: The Minneapolis RECAP experiment. Washington, DC: Crime Control Institute.

Sherman, L.W.& Weisburd, D. (1995). General Detterent Effects of Police Patrol in Crime Hot Spots: A Randomized, Controlled Trial. Justice Quarterly, 12, p.625.

Sherman, L.W., Rogan, D.P., Edwards, T.& Whipple, R. (1995). Deterrent Effects of Police Raids on Crack Houses: A Randomized, Controlled Experiment. Justice Quarterly, 12, p.755.

Sherman, L. W., Schmidt, J., Rogan, D. P. & Gartin, P. R. (1991). From Initial Deterrence to Long-Term Escalation: Short-Custody Arrest for Poverty Ghetto Domestic Violence. Criminology, 29, p.821.

Sherman, L. W., Roschelle, A., Gartin, P. R., Linnell, D. & Coleman, C. (1986), Cracking Down and Backing Off: Residual Deterrence. Report submitted to the National Institute of Justice, Washington, D.C., by the Center for Crime Control, University of Maryland.

Short, E. and J. Ditton (1998). Seen and now heard-Talking to the targets of open street CCTV. British Journal of Criminology.38:404-428.

Siggs, R. (2005). Operation Dodger: Policing the street community in Brighton and-Hove. Sussex Police. Tilley Award Winner.

Sim, M., Morgan, E.& Batchelor, J. (2005), The impact of enforcement on intoxication and acohol-related harm. New Zealand police, Wellington, NZ.

Smith, A. (2004). Safe and secure-Twenty four seven. Staffordshire Police. Tilley Award Finalist. St. Petersburg Police Department. (1996). Protect — Respect. ‖ Herman Goldstein Award Submission.

Stenzel, W.S. (1977). Saint Louis High Impact Crime Displacement Study. St. Louis. MO: Institute for Public Program Analysis.

Stockdale, J.E. & Gresham, P.J. (1995), Combating burglary: A evaluation of three strategies. Crime Detection and Prevention Series, Paper 59, Home Office.

Stokes, R. Donahue, N., Caron, D. and Greene, J. R. (1996), Safe travel to and from school: A problem-oriented policing approach. Washington, DC: National Institute of Justice, Office of Justice Programs, U.S. Department of Justice.

Stone, S.S. (1993), Problem oriented policing approach to drug enforcement: Atlanta as a case study.Dissertation submitted to Emory University.

Surette,R.(2005).The thinking eye-Pros and cons of second generation CCTV surveillance systems.Policing-an International Journal of Police Strategies & Management.28: 152-173.

Sviridoff,M.,Sadd,S.,Curtis,R.,Grinc,R.& Smith,M.(1992),Neighbourhood effects of street-level drug enforcement:Tactical Narcotics Team inNew York,An evaluation of TNT by Vera Institute for Justice.Vera Institute for Justice,NY.

Tai,R.& Smith,R.C.(1998).San Ysidro Boulevard:Reducing crime in a bordertown block.San Diego Police Department Herman Goldstein Award Finalist.

Taniguchi,T.A.,Rengert,G.F.& McCord,E.S.(2009),Where Size Matters:Agglomeration Economies of Illegal Drug Markets inPhiladelphia,Justice Quarterly,26(4), 670-694.

Taylor,G.(1999),Using repeat victimisation to counter commercial burglary:theLeicester experience,Security Journal,12(1),41-52.

Thacher,D.(2004).The rich get richer and the poor get robbed:Inequality inUS criminal victimization,1974-2000.Journal of Quantitative Criminology.20:89-116.

Thomas,C.(2001).Bristol anti-robbery strategy.Avon and Somerset Constabulary. Tilley Award Submission.

Thomas,G.R.(1998),Coordinated Agency Network(C.A.N.),San Diego Police Department,Herman Goldstein Award Submission.

Townsley,M.(2009).Spatial Autocorrelation and Impacts on Criminology. Geographical Analysis.41:452-461.

Tuffin,R,Morris,J.& Poole,A.(2006),An evaluation of the impact of the National Reassurance Policing Programme.Home Office Research Study,296.

Vandijk,J.J.M.(1994).Understanding Crime Rates-On The Interactions Between The Rational Choices Of Victims And Offenders.British Journal of Criminology.34:105-121.

Villaveces,A.,Cummings,P.,Espitia,V.E.,Koepsell,T.D.,McKnight,B.& Kellerman,A.L.(2000),"Effect of a ban on carrying firearms on homicide rates in 2 Colombian cities",JAMA,283(9),1205-1209.

Weisburd,D.& Green,L.(1995),Measuring immediate spatial displacement:Methodological issues and problems,Crime Prevention Studies,4,349-361.

Weisburd, D., Eck, J.E., Hinkle, J.C.& Telep, C.W. (2008), The effects of problem-oriented policing on crime and disorder. A Campbell Collaboration Systematic review, available at: http://www.campbellcollaboration.org/library.php.

Weisburd, D., Green, L., Gajewski, F.& Belluci, C. (1996). Policing drug hot spots. Retrieved from http://www.ojp.usdoj.gov/nij.

Weisburd, D., Morris, N.A.& Ready, J. (2008). Risk-focused policing at places: An experimental evaluation. Justice Quarterly, 25(1), 163−200.

Weisburd, D., N.A.Morris, et al., (2009). Hot Spots of Juvenile Crime: A Longitudinal Study of Arrest Incidents at Street Segments inSeattle, Washington. Journal of Quantitative Criminology. 25: 443−467.

Welsh, B.C. and D.P.Farrington(2009). Public Area CCTV and Crime Prevention: An Updated Systematic Review and Meta-Analysis. Justice Quarterly. 26: 716−745.

White, M.D., Fyfe, J.J., Campbell, S.P.& Goldkamp, J.S. (2003). The police role in preventing homicide: Considering the impact of problem-oriented policing on the prevalence of murder. Journal of Research in Crime and Delinquency 40(2): 194−225.

Williams, P., White P., Teece, M.& Kitto, R. (2001), Problem-oriented policing: Operation Mantle: a case study, Trends and issues in crime and criminal justice, no.190, Australian Institute of Criminology, Canberra.

Wilson, D. and A.Sutton(2004). Watched over or over-watched? Open street CCTV inAustralia. Australian and New Zealand Journal of Criminology. 37: 211−230.

Wilson, J.M.& Cox, A.G. (2008), The process and impact of problem solving inOakland. Rand Safety and Justice, A Rand Infrastructure, Safety and Environment Program, Rand Corporation, Santa Monica, CA.

Woodhams Research Associates (2009), Evaluation of the Kapiti-Mana Community Engagement Demonstration Project. New Zealand Police, Wellington, NZ.

Worrall, J.L.& Gaines, L.K. (2006). The effect of police-probation partnerships on juvenile arrests. Journal of Criminal Justice, 34(6), 579−589.

Worrall, J.L. (2006), Does targeting minor offences reduce serious crime? A provisional, affirmative answer based on an analysis of county-level data, Police Quarterly, 9 (1), 47−72.

Wycoff, M.A.& Skogan, W.K. (1994), Community policing inMadison: quality from the inside out: an evaluation of implementation impact, U. S. Dept. of Justice, Office of Justice Programs, National Institute of Justice, Washington D.C.

Yang, D. (2008), Can enforcement backfire? Crime displacement in the context of customs reform in thePhilippines, Review of Economics and Statistics, 90(1), 1–14.

Zimmer, Lynn (1990). Proactive Policing against Street-Level Drug Trafficking Drug Enforcement. American Journal of Police, 9, p.43.

# DNA 检验在刑事侦查上对犯罪人识别、逮捕、定罪以及破案率的作用

## Use of DNA testing in Police Investigative Work for Increasing Offender Identification, Arrest, Conviction, and Case Clearance

作者:David B.Wilson,David Weisburd,David McClure

译者:张盖 核定:张金武 张彦

## 内容概要

自 20 世纪 80 年代诞生以来,作为警察调查工作的一部分,DNA 测试技术的使用显著增多。DNA 检测技术最初主要用于严重犯罪案件,例如杀人、强奸案件,近年来 DNA 检测技术的应用已经被扩展到其他犯罪,例如财产犯罪。DNA 检测技术的精确性具有牢固的科学基础。随着 DNA 数据库的扩增,通过将从犯罪现场收集到的 DNA 证据

与 DNA 数据库进行比对来确定犯罪嫌疑人的方法已经具有可行性。一个重要的实证问题是,DNA 检测技术作为警方常规侦查方法来广泛使用能否提高案件结果的准确性。

本文的目标是综合分析关于作为常规侦查方法的 DNA 测试是否比其他更传统的调查方式更加有效的现有证据。

我们收集的研究设计采用了包括随机对照实验设计和观测或者准实验方法在内的研究方法。所有的研究必须提供 DNA 测试的影响的估计(是/否或某程度上)以作为一个刑事案件在侦查阶段的刑事司法系统的结果的一部分,如犯罪事件的确定和犯罪嫌疑人的锁定。

我们搜寻了 35 个电子数据库,并且研究了在这个领域内有重大影响的参考文献。因此,我们找到了超过 10000 篇可能有利用价值的研究。而后我们又对这些研究进行了更细致的检查并用了相应的标准进行了筛选。最终有五项符合我们研究的标准。这五项研究中有四项是学位论文或者政府报告。

这些研究是根据方法论和实质特点的不同特征进行编码的。在可能的情况下,我们通过计算比值来反映 DNA 检测技术对刑事司法结果的影响。考虑到研究方法的多样性,我们并没有对各研究的结果进行元分析。但对于其中两个进行了多地点研究的文章,我们用元分析将其结果加以合成。

在研究中我们发现了 DNA 检测技术实用性的积极成果。在一项 DNA 检测技术在财产犯罪调查中的功效研究中,其结果显示,在所包含的位点内 DNA 检测技术一直具有积极作用。一项时间序列的分析发现,对于大部分犯罪类型而言,当地 DNA 数据库的大小和破案率之间存在某种联系。剩下的三个准实验设计中的两个显示了 DNA 检测技术的积极性,有时候甚至是巨大的作用。一项关于凶杀案的研究发现,DNA 的价值具有负面影响。对这一发现的其他清晰解释也是合理的。

有证据表明,当被用于调查广泛的犯罪类型时,DNA 检测技术发挥了巨大的价值。有人认为这样的结论有危险性,因此需要建立额外的高质量的评价机制以保证结果的稳固性和普遍性。除了美国的五个司法管辖区有合理的评价方法,其他关于侦查严重暴力犯罪时运用 DNA 测试研究具有明显的方法论上的缺陷。

# 1. 背　景

自 20 世纪八九十年代以来(Weisburd and Braga,2006),尽管在警务改革和警察自我定位方面有了长足的进步，但是并没有更多显而易见的证据表明科技（例如先进的信息处理技术、自动指纹系统以及 DNA 分析技术）是否对刑事调查的成功产生影响（Committee，2004）。在这方面，Horvath et al.（2001：5）辩称道："在许多基础方面，刑事侦查过程没有受到过去三十年警察界、犯罪问题和技术巨大变化的影响。"然而，即使在缺少这种评价的情况下，自 20 世纪 80 年代 DNA 技术出现以来（e.g.，Roman et al.，2008；Home Office，2005；Lovrich et al.，2003），DNA 测试技术作为侦查工作的一部分已经取得了实质性的进展。DNA 测试技术最初主要被用于严重刑事案件中，例如杀人和强奸，但是近年来 DNA 测试技术已经被扩展应用于包括其他类型在内的犯罪，例如财产犯罪（Asplen，2004；Home Office，2005）。促使这篇文章的根本问题是：DNA 测试技术是否可以提高警察在对犯罪人定罪和量刑方面起作用，尤其是如果 DNA 测试技术被扩大运用到超过传统的严重、暴力犯罪之外的犯罪？

对 DNA 测试技术在刑侦工作中如此重要的评价，部分来自较低的破案率（例如已结案的犯罪比例），较低的破案率主要来源于常规调查手段的运用。这个问题在国内研究委员会关于警察公平和效率的研究报告中（Committee，2004）被指出，这篇研究报告得出以下结论："大多数财产犯罪和许多暴力犯罪是无法解决的。"（p.227）这个问题在破案率远低于 20% 的财产犯罪中尤为尖锐（Cordner，1989；Weisburd et al. impress）。财产犯罪的低破案率是由许多因素导致的，但是通常是因为财产犯罪侦查过程中缺少证据（目击证人证词很少）以及相对于可支配的调查人员而言，案件数量太庞大（Eck，1983；Greenwood，Chaiken，& Petersilia，1977）。NRC（2004）报告还指出，研究表明，如果公民无法向首先到达现场的工作人员提供指向特定犯罪嫌疑人的线索的话，后续到达的侦查人员在侦破这起案件时会面临很大的困难（p.228）。法医 DNA 为侦查人员提供一种如此重要的早期信息以及认定统一的方法，以防止没有其他的方式可以提供这些信息（Neyroud，2010）。

DNA 从本质上说是由一长串信息构成的，这些信息是以四对可能的酸性物质腺嘌呤、鸟嘌呤、氧氨嘧啶和胸腺嘧啶（AT、GC、TA、CG）的结合为代表。这些长序列中包含了每个个体的遗传信息，就像电脑用字符串的二进制编码中的 1 和 0 可以包含信息一样（例如：00110101101100）。然而，超过 99.9% 的酸对序列在每个人的 DNA 中的排列顺序是一致的，那些较少的不一样的部分的 DNA 对于每个个体而言是唯一的（United States，About Forensic DNA）。在这些独特的部分仍然存在许多已知的点，或者说位点，在这些点上这些短小的酸对序列不断重复排列。通过计算这些短重复序列在这些位点的重复次数，我们可以以非常高的确定性来确定样本的 DNA 是否来自某一特定的个体。在美国国家研究委员会最近的一份报告中,确定法医科学界需求委员会研究了目前正在美国使用的法医科学的许多方面内容。该报告批评了许多其他方法,委员会认为,DNA 是唯一的"已经严格证明有能力并且具有很高确定性的司法方法,以及证明证据和特定个体来源之间的联系"(Committee on Identifying the Needs of the Forensic Sciences Community,2009,p.7)。

测量短串联酸对序列在某一位点的重复次数即是 STR(短串联重复序列)分析技术。STR 分析已经在很大程度上取代了之前使用的 RFLP(限制性片段长度多态性)分析方法,这种测试方法在 DNA 长序列的大部分位置上比 STR 分析技术多测量了更长的重复酸性序列排列。联邦调查局已经确定了 13 个用于法医分析的具体位点,当两个样本在这些位点上每个位点的重复的数目相同时,巧合的可能性是十亿分之一(美国能源部,2008)。DNA 测试方法会导致三种可能的结果:包含、排除或者是不确定(United States,Possible Results from DNA Tests)。认识到一个包含事实上跟"匹配"并不一样是非常重要的。相反的,这只意味着一个样本来自另一个客体的可能性非常小。

正如 STR 方法将 DNA 分析技术从早期的 RFLP 方法进行了改进,法医 DNA 其他方面的进展继续推进学科能力的进步。新的 MTDNA(线粒体 DNA)和 YSTR(Y 染色体 STR)分析技术可用于通过家族成员识别个体(United States,Mitochondrial Analysis;United States,Y-Chromosome Analysis)。自动化和机器人技术都被纳入犯罪实验室来提高 DNA 分析速度和降低 DNA 分析成本(United States,Miniaturization and Automation)。目前正在研发新的便携式分析系统以用于执法过程中(NEC,2007;NPIA,2010)。更灵敏的收集样品的方法可以使分析简单地触摸物品表面而遗留下来的更微小的 DNA(Gill,2001)成为可能。

和这些与法医 DNA 相关的新技术一样迅速发展,法医 DNA 的新政策和程序同样也在迅速发展。如前所述,自 20 世纪 80 年代 DNA 测试技术出现以来,DNA 测试技术在警察调查工作的运用中已取得实质性的进展,DNA 数据库,例如美国的 CODIS(Combined Offender DNA Index System)和英国的 NDNAD(National DNA Database),已经发展成为一种完全全新的犯罪侦查方法。DNA 数据库在有其他证据证明某个人犯罪之前自身就可以确定犯罪嫌疑人,而不是简单地使用 DNA 分析证实先前确定的嫌疑人有罪(或者无罪)。犯罪的 DNA 数据库收集并整合程度已经扩大以至于到 2009 年 6 月,美国 47 个州从被定罪的重罪犯身上提取 DNA 样本,37 个州从轻罪犯身上提取 DNA 样本(DNA Resource,2009)。许多州要么在考虑,要么已经开始实施从被逮捕人员身上采集 DNA 样本政策。最近关注这些数据库的研究已经开始为数据库有效性的未来评估建模(Walsh et al.,2010),并且展示他们的犯罪威慑效应(Bhati,2010)。

除了确定犯罪嫌疑人之外,法医 DNA 也使那些没有犯罪而被错误定罪的人免予刑事处罚。因此到目前为止,在美国,法医 DNA 已使 255 人被判犯有严重罪行的罪犯免罪,他们中的 17 人曾濒临死亡的边缘(The Innocence Project,2010)。

与新技术发展的益处随之而来的也有挑战。法医 DNA 的实用性和普及度已经被证实是法医 DNA 的短板之一。

被称为 CSI 效应的关于 DNA 分析技术和其他法医科学能力的误解是很常见的(Schweitzer & Saks,2007)。随着疑难刑事案件调查方面对法医结果的指望,对犯罪实验室的持续倾向使未加工的证据经常发生积压(Lovrich et al.,2004)。成千上万的强奸案件累积在实验室架子上而没有被分析是非常常见的(Canow,2009;Nadler, 2002;Weiner)。这些公众的误解和执行方面的挑战会对警方合法性产生重要影响,但严格的实证评价(如随机对照研究)能够提供必要的解释以消除这些困难。

实施随机对照研究的最好时间是在一项技术变成常规操作之前。法医 DNA 在刑事侦查领域的扩大使用自然地符合实验法则。当我们有理由相信实验方法可以提高实践时,案件的随机分配对现有实践或者实验方法而言是符合伦理的并且是一种明智的资源使用。然而,随着法医 DNA 在刑事侦查工作中的不断扩大运用,侦查过程中的显在获益可能会阻碍这种严格的实证方法的使用。虽然他们的决定可能无法得到研究结果的支撑,但是极少的决策者会允许 DNA 分析技术为严重/暴力犯罪调查的随机分配。因此,DNA 检测技术在犯罪调查方面直观的益处以及迅速扩张可能会对实证评估具有讽刺的限制,这些实证评估对于法庭 DNA 在犯罪调查方面最大化其潜在益处而言是必须的。

为了解决这个问题,本系统综述的目标是总结关于 DNA 检测在常规警察工作中的效用方面相对可获得的证据。具体来说,促使这篇文章的根本问题是:DNA 测试技术是否可以提高警察在对犯罪人定罪和量刑方面起作用,尤其是如果 DNA 测试技术被扩大运用到超过传统的严重、暴力犯罪之外的犯罪?

## 2. 目　标

本文的目标是综合分析关于作为常规侦查方法的 DNA 测试是否比其他传统调

查方式更加有效的现有证据。我们对 DNA 技术在刑事司法系统中,对于理解个人为犯罪负责和减少无罪的人参与案件可能性的作用也有兴趣。我们对 DNA 测试技术在侦查花费、速度、破案率以及调查后的立案率方面所起的作用同样十分感兴趣。

我们希望这篇文章可以告知政策制定者和警察部门在警方的调查工作中常规使用 DNA 检测技术。许多警察机构正在扩大使用 DNA 检测技术,而且对现存的证据进行严格的检查是有必要的。

# 3. 方　法

## 3.1　本文研究方法的考量

### 3.1.1　干预的类型

本文的视角将被限定在作为警方犯罪调查一部分的 DNA 测试技术。我们将不会考虑刑事被告人或检察官对 DNA 检测技术的使用。我们对 DNA 测试技术在那些没有充分利用可获得 DNA 证据的案件中的常规运用或者扩大化运用尤其感兴趣。合格的研究的首要基础需要在刑事侦查中使用 DNA 时作一些变化。

### 3.1.2　研究的类型

考虑到在这个领域研究数量的限制,我们的研究设计范围很宽泛。然而,所有的实验设计都必须提供一种 DNA 检测相对于一种替代或者其他有限类型或者分析应用的替代的效果评估(即不同程度 DNA 检测)。

理想的设计类型应当是将案件随机分配为要么是 DNA 测试条件,要么是传统的调查实践条件,然后在相同的时间框架内对两种条件下的结果进行评估。我们考虑了不同的 DNA 测试使用的程度,并且检查了上述讨论的结果中的一个或者更多个。比较条件并不必然代表 DNA 分析的缺失,而仅仅表示 DNA 处理条件的变化。

我们还考虑了准实验设计,这个准实验设计是一个要么与测试的 DNA 符合,要么具有可比性的控制组。要包括这些在方法学上不那么严格的设计需要已经确定的控制组的适用性的统计学证明。

中断时间序列设计与其他预计会对 DNA 检测结果产生影响的基于回归的分析一样也被考虑包含在本文中。这些设计被单独进行,因为他们对结果的有效性极容易产生历史性的威胁。时间序列设计的一个重要特征是利息率的多基线估计(例如嫌疑人的确定)。这使得我们需要对随着时间的自然变化以及可能跟警方开始介入有关的变化,例如 DNA 测试技术的运用以及在警察调查工作中与 DNA 测试技术有关的其他变化,进行评估。

　　基本的前后设计评估(包含前测与后测)是合格的,但是这些设计是分开处理的,因为它们为因果推论提供的基础比较薄弱。其他准实验设计也是合格的,例如不同警察机构破案率比较的设计(没有统计学上证明的有效性进行比较),但是这些设计都是被单独报道的。其他准实验设计资格,如设计,对比不同的警察机构的清除率比较无统计学证明的有效性,但这些都被单独公布。

### 3.1.3　测量结果的类型

　　这篇论文包括了所有犯罪类型。然而我们意识到 DNA 测试功效可能由于犯罪类型的不同而有所不同。目前 DNA 测试技术在入室盗窃案件中增加使用的趋势反映入室盗窃是一种发案率比较高的犯罪,罪犯经常从事系列入室盗窃(Roman et al., 2008)。这一系列案件的本性增加了通过现存数据库确定犯罪嫌疑人的可能性,而且有助于警察对同一罪犯所犯的案件进行串案。DNA 检测技术的附加价值对于其他犯罪而言可能比较小。因此,我们按照犯罪类型的不同单独审查证据。

　　DNA 测试可能会在调查过程的几个阶段提高调查的结果。DNA 数据库的使用可以帮助方便确认犯罪嫌疑,如美国的 CODIS 或者英国国家犯罪情报数据库。DNA 检测也有助于消除犯罪嫌疑人或从通过传统调查方法发现的多个犯罪嫌疑人中确定某个犯罪嫌疑人。这些过程可能增加逮捕和定罪的可能性,提高破案率。DNA 测试有效性的研究可能会研究其中的一个成果或多个成果的 DNA 测试的有效性。因此,符合条件的结果包括以下内容:嫌疑人确定率、嫌疑人逮捕率、定罪率、调查时间长度和速度、调查的成本以及结案率(例如多久案件成功告破)。

　　数据通常来自官方记录或者某种形式的报告。然而,根据结果数据的来源,我们不会限制其资格。所有结果来源都会被考虑在内。

### 3.2　识别搜索方法研究

　　初步搜索以 DNA、警察、警务或者调查等术语的方式进行。其他术语通过这些初步搜索发展出来。除了搜索下面列出的这些数据库之外(见电子资源),我们还在英国内务部网站搜索了相关的出版物。谷歌学术搜索也被用来确定那些通过正式数据库尚未获得的出版物。在确定相关研究时,我们还向在这个领域内具有重要影响力的人寻求协助(例如国家警务改革局的 Peter Neyroud)。我们还努力确定英语以外的其他语言的研究。

### 3.2.1 相关识别研究的搜索策略

在咨询信息检索专家之后,我们开发了一个电子数据库搜索策略来达到潜在相关搜索结果和大量使用类似术语的结果之间的最佳平衡,但是这个项目旨在能够解决问题而不仅仅是满足兴趣。该搜索策略十分宽泛,但是可以避免包括大量关于DNA技术研究在内的术语的组合以及专门研究解决非DNA的法医科学。

### 3.2.2 搜索术语

本次搜索发展了两类关键字。第一类解决DNA利益问题。第二类解决DNA检测技术在警察调查工作中的应用问题,包括诸如警务、侦查、逮捕等术语。以这种方式将术语分类是为了包括所有潜在可能相关的结果,同时排除大量的非法庭学科DNA文献。不幸的是,关于犯罪调查中的DNA运用方面的文献数量远小于DNA的其他学科解决方面的文献数量(例如DNA检测的基础科学)。这导致了一些数量低于100的数据库的研究结果。

1. 尤其感兴趣的技术

DNA或"脱氧核糖核酸"

2. 应用程序背景

FORENSIC or LAW or LEGAL or COURT * or TRIAL! or CSI or C.S.I.or "CRIME SCENE" or "CRIME LAB * " or ANALYSIS or INVESTIGATION! or POLIC * or DETECT * or PROSECUT * or DEFEN * or CRIM * or or C.O.D.I.S.or "COMBINED DNA INDEX SYSTEM"or NON-VIOLENT or "RAPE KIT!" or IDENTI * or ARREST! or COST! or CLEARANCE! or CLOSURE! or SPEED or "COLD CASE!"or EXCULPAT * or "WRONGFUL CONVICTION!" or "ACTUAL INNOCENCE" or BACKLOG

这些搜索术语来自法医DNA主题的文献的回顾,例如文字书籍、网站和杂志文章。这些术语被分为上述的两大类,每一类都有不同程度的普遍性。最广泛的层面仅仅包含"DNA"和"脱氧核糖核酸"两个搜索术语。由于这两个搜索术语中的至少一个肯定会有相关的资源,因此我们从这两个术语开始搜索。在许多数据库中只使用这些搜索术语便产生了一个数量庞大的结果,其中大部分显然是与本文无关的。第二个层次的搜索术语涵盖了描述DNA在刑事司法系统中运用的术语。第二个层次的术语与第一个层次的术语以每个数据库的适当连接器连接起来(a Boolean "AND")。由于关于这一话题相关的文献非常重要,即使这两个层次的搜索术语经常反馈比切实可行的评论更多的结果,因此第二层次的搜索术语在必要时会被分为几个组。这限制了搜索结果从那些每组至少包含一个术语到所有组中的至少一个结果。我们对该搜索策略和搜索术语的形式(例如包括搜索设备,例如! ＊)进行了修改,以适应每一个具体的数据库的要求。

### 3.2.3 电子资源

上述搜索策略被应用到以下数据库,这些数据库涵盖了更易于获得的资源以及灰色文献。

Association of Chief Police Officers(ACPO)

Association of Chief Police Officers of Scotland(ACPOS)

Association of Police Authorities(APA)

AIC-AustralianInstitute of Criminology

Australian Research Council Centre of Excellence in Policing and Security(CEPS)

ASSIA-Applied Social Science Index and Abstracts

Canadian Police Research Centre

CINCH(the Australian Criminology Database)

Criminal Justice Abstracts

Dissertation Abstracts

EconLit

ENFSI-European Network of Forensic Science Institutes

Hein Online

Her Majesty's Inspectorate of Constabulary HMIC

Ingenta

Jill Dando Insitute of Crime Science(JDI)

JSTOR

Medline/Embase

National Criminal Justice Reference Service(NCJRS)

National Clearinghouse for Science,Technology,and the Law(NCSTL)

Policy Archive

PolicyFile

PROQUEST

Public Affairs Information Service

RAND Documents

Research Now

Science Direct

Scottish Institute for Policing Research SIPR

Social Sciences Citation Index

Social Services Abstracts

Sociological Abstracts

SSRN-Social Science Research Network

Worldwide Political Science Abstracts

### 3.3　数据收集与分析

#### 3.3.1　对纳入研究偏差的风险评估

研究方法的质量是以附加编码形式中包含的编码特征来评价的。被考虑的信息形式包括:(1)自然条件下的分配,(2)匹配案件的使用或者统计控制的使用,例如利用回归分析来调整非随机分配条件的情况下潜在的选择偏差,(3)案件样本的代表性(例如人口普查、随机抽样、方便抽样),(4)研究中案件的消减,以及(5)多法域调查结果的复制。

方法学质量信息被以表格形式报告,并且与效果大小的信息一并提出。

#### 3.3.2　处理效果的措施

比值比是二元或二元性中的所有结果的效果规模的选择。例如,我们计算一个比值比来代表 DNA 检测技术相对于另一种情况下破案率方面的效果。与此相反,标准化平均差效果大小是用于代表计数率或者比率的一个连续措施或者结果。计算效果规模的标准化方法被运用进来(Lipsey and Wilson,2001)。在准实验设计情况下,对基线差异或者其他协变量的效果大小调整是被优先考虑的。例如,处理逻辑回归模型虚变量的系数可以转换成适应其他模型变数的处理效果模型。同样,协变量调整方法也可以用来计算标准化平均差的影响大小(Lipsey and Wilson,2001)。在相同的时间作为处理条件控制/比较的准实验设计也是优先考虑的。

#### 3.3.3　分析问题部分

在感兴趣的五个研究中的四个研究主要的分析部分是刑事案件,如性侵犯或者抢劫。这些分别为独立的监管单位和独立警察单元的结果而报道的研究影响,如不同城市的不同单元,被分别编码并且在统计学上独立处理。

以相同的研究或者数据为基础的多个报告或手稿在本文中被视为一个整体。我们在第二个研究报告中选出了包含在主报告(如技术报告)内所有相关信息的最完整的引用（例如日记手稿）。然而，如果多份报告里每个报告都提供一份独特的信息（例如不同的结果或者不同的司法管辖区），那么所有的报告都应当包含并且作为密码为本文的一部分。

### 3.3.4 报告偏差评估

报告偏差主要是通过搜索，包括未发表的作品，例如技术报告、学位论文和政府报告来解决。我们计划在实验报告中对发表偏倚的问题进行统计学测试，如使用 Tweedie 与 Duval 提出的 trim-and-fill 技术和漏斗图（Duval & Tweedie，2000）。

### 3.3.5 数据合成

我们没有预料到能够对本文中试验所反映的效果大小进行元分析。我们进行元分析的决策规则如下：两个或者两个以上的研究，每个共同的结果的可计算的效果大小以及类似的比较条件才算数（可能以不同的方式来衡量）。满足这一决策规则的实例要使用标准方法进行元分析，例如方差倒数加权、随机效应模型（Lipsey and Wilson，2001）。按照计划，当这些结果单独报告时，我们确实运用元分析的方法来合成单个研究范围之内的多位点结果。

在没有元分析的情况下，整个研究的结果以及 DNA 技术在刑侦工作中效果的推论是建立在效果的大小和方向以及相关的信任上的。我们应当更关注相似研究的影响的方向以及影响的稳定性而不是统计学意义。如果没有一个同样强大的结果消极的研究的话，一个规模效应显著、影响规模巨大的高质量的评估会被认为是 DNA 可以有效使用的证据。具有重要意义的积极发现一般均视为有希望的，但是同时也是被视为可以提供法庭 DNA 在警察调查工作中的潜在有效性的有限证据。

# 4. 主要结果

## 4.1 搜索结果

搜索策略确定了数据库里超过 10000 个潜在文件。我们对这些文件的标题进行审查以确定是否存在潜在的符合条件的研究可以纳入本文中。在这个阶段，这个过程整体上来说是具有包容性的，并包括任何可能有资格的话题。接下来，这些潜在符合条件的文章的摘要旨在确定那些最有可能符合我们的资格标准的文件。然后这些文件的全部文本都会进行最后的资格审查。最终的合格性是由研究组的两名成员决定的，而且最终造成了五个研究的确定性结果。有些研究针对本文的研究目标提出了一些次要的问题,而且列在了一个附录中(不符合条件的相关研究文献)。

### 4.2 合格研究方法说明

这五个合格研究具备一个设计的共同特征,这个设计的目的是评估 DNA 运用刑事司法系统方面的影响。除此之外,该研究是相当不同的。Roman et al.(2008)运用一种真正的实验设计来评估 DNA 在一些案件结果方面的影响,包括财产犯罪、室内盗窃、商业盗窃以及汽车盗窃案件、犯罪嫌疑人的确定、逮捕和起诉。这项研究在美国不同城市或者不同县(科罗拉多州丹佛市、加州洛杉矶、加利福尼亚州奥兰治县、凤凰城、亚利桑那州的托皮卡、堪萨斯州)的五个警察部门开展。从 NIJ 补助资金支持这项工作提供额外的资源用于提供每个站点进行 DNA 分析这些财产犯罪。从 NIJ 处获得的支持这项研究的补助基金被用来当作额外资源,为每一个点提供额外的资源来实施这些财产性犯罪上的 DNA 分析。仅 60 天之后,干预或者分配案件的环境条件情况下被尽可能进行 DNA 分析或者仅仅在 60 天之后就进行 DNA 分析。工作人员从一个财产犯罪现场获得生物物证之后,很多情况都可能发生。因此,所有的案件都具有 DNA 分析每一个点的潜质,并且有可能代表财产性犯罪案件的一个子集。研究小组进行了随机性控制。每一个点的目标样本大小是每一个条件下有 500 起或者 250 起案件。五个位点中的三个位点要么符合要么超过这一目标数字,还有一个位点有超过 400 起案件,最后一个位点比目标量的一半多一点。这五个位点一共有 2160 起案件。这项研究的测量结果包括犯罪嫌疑人是否确定、犯罪嫌疑人是否被逮捕以及案件是否被提起公诉。这项研究还收集成本数据,这些数据报告了 DNA 检测的边际成本(每一起案件的平均花费)和成本效益或追加定罪的成本。

Dunsmuir et al.(2008)研究了澳大利亚新南威尔士州的一个扩展 DNA 数据库在八种不同犯罪类型破案率方面的影响。2001 年 1 月,澳大利亚新南威尔士州开始检测所有监狱因犯的 DNA,并且将测试结果加入他们的 DNA 数据库。因此,澳大利亚新南威尔士州 DNA 数据库的规模开始大幅增长。从 1995 年到 2007 年,Dunsmuir et al.通过一个时间序列的分析检查了 DNA 数据库的扩大是否可以提升警察调查的有效性,这个时间序列的分析包含月结案率、起诉率以及起诉与结案比率等在内。据推测,在 DNA 数据库的增长与破案率提升之间存在一种滞后,这种滞后会因为犯罪类型的不同而不同。在被从监狱释放之前,监狱因犯无法作案,至少无法对广大市民作案。因此,2001 年 1 月之后,Dunsmuir et al.在警察调查效率增长时机到来的时候测试了不同的滞后性。用来研究这种影响的 ARIMA 模型假设在 DNA 数据库增长和三种不同的从属变量之间存在一种简单的线性关系。他们认为,没有任何理论依据可以解释其他的替代形式。

Briody(2004)、Schroeder(2007)还有 Tully(1998)使用相似的准实验设计来比较案件中在有 DNA 测试和没有 DNA 测试的情况下的刑事司法结果。Briody 的研究在澳大利亚进行,而 Schroeder 和 Tully 的研究在美国进行。

Briody(2004)测试了 DNA 证据的存在是否影响接受案件起诉,被告认罪率以及定罪率。研究设计在犯罪严重性的基础上使 DNA 案件与非 DNA 案件在数量上保持一致。此外,只有那些已经达到一个最终处理结果以及有完整记录的案件才被包括在研究中。澳大利亚昆士兰州 750 起符合条件的案件被用于这个研究设计中。该研究设计对性侵犯犯罪、杀人、严重暴力犯罪和财产犯罪进行了独立的分析。回归模型以及包括指纹证据的存在等众多其他案件特性被用来评估 DNA 对于案件结果的影响。不幸的是,如果与案件结果没有显著相关性的话,DNA 证据的存在会被从模型中移除。

Schroeder(2007)审查了纽约曼哈顿自治市镇凶杀案件的破案率,并且审查了 DNA 证据是否有助于结案。在 1996 年到 2003 年里的 957 起潜在凶杀案件中,Schroeder 从 602 起可用的案件文件中提取数据并且把这些案件按照 DNA 在调查中的使用情况进行归类分组。Schroeder 发现 230 起存在 DNA 证据的案件,但是这些案件没有被用于调查,还有另外 40 起 DNA 证据存在并且被用于调查的案件。Schroeder 比较了这两组案件的破案率。此外,他还考察了 DNA 证据被运用的 40 起案件中 DNA 证据的效用(例如,是否可以确定犯罪嫌疑人等)。

Tully(1998)检查了 DNA 检测在辩诉交易、定罪以及判决方面的影响。Tully 收集了美国马里兰州四个县的官方数据并且按照案件特点进行了编码。只有三个县(安妮·阿伦德尔、蒙哥马利和圣玛丽)把比较条件列入在内。因此,本文只使用这三个县的数据。DNA 案件以两种控制形式进行比较:(1)从 1979 年到 1986 年收集了生物物证的 DNA 历史遗留案件,以及(2)有生物物证但是没有 DNA 检测的当下案件,这两种比较分组在报告中结合以至于我们无法对它们进行单独检测。在这三个县中,仅有 107 起 DNA 案件和 92 起非 DNA 案件是符合条件的。该研究对于如何选择案件可提供的信息有限。

### 4.3　方法学质量的评估

这些研究在方法学质量上相差很大。只有一个研究采用了真正的随机分配条件的实验设计(Roman et al.,2008)。这项研究为 DNA 使用和警察在解决大量犯罪方面因果关系的推断提供了最强的依据。此外,这项研究保持了随机分配的完整性,而且这些分析是以意向处理(即原始的分配条件)为基础的。作者并没有指出某些处理实例在不到 60 天内接受 DNA 检测。因此,这些案件与那些控制条件的案件没有什么区别。这种处理完整性问题会使 DNA 检测效果的真实性降低。这项研究的外部效应被多位点设计拔高。这五个地区的警察司法管辖区在一些重要方面有差别,这些差别提供了一系列 DNA 使用有效性评估的语境。

剩下的四个研究是以现有的刑事司法系统的数据为依托的准实验。这些研究中的三个研究(Briody,2004;Schroeder,2007;Tully,1998)存在的主要问题是选择偏差问题。Schroeder 研究在调查阶段提供的 DNA 鉴定结果的凶杀案件极有可能与利用 DNA 证据的案件差别很大。后者案件的 74% 会被清除,这表示在没有 DNA 帮助的情况下警察在解决这些案件中也是非常成功的。有 DNA 证据的凶杀案件的低破案率和测试结果表明这些案件具有根本性的不同,而且更难以解决。这项研究的另一个弱点在于它截断了以案件文本可用性为基础的样本大小。37.4% 合格的凶杀案件由于案件文本无法获得而没有纳入本项研究中。虽然这些研究可能代表随机抽样的案件,但是我们没办法评估这种假设,而只有提高可获取的在一些重要方面有差别的案件的可能性。此外,这也减少了样本的大小。仅有 270 起案件涉及 DNA 证据的收集,而且这些案件中只有 40 起案件在侦查阶段进行了 DNA 测试。因此,我们对那些怀疑的凶杀案件的 DNA 测试有效性进行判断。

Briody(2004)的研究通过控制以案件的严重性为基础的 DNA 案件与非 DNA 案件数量的一致以及利用那些已经取得最终处理结果的案件的方法来降低选择偏差的影响。此外,Briody 利用回归模型评估了 DNA 测试的影响,并且调整了许多潜在的混淆。如果没有一个更好的机制来了解为什么 DNA 证据在某些案件中被测试而在其他案件中没有被测试的话,我们难以评估选择偏差降低的程度。这项研究主要研究方法的问题是结果的选择偏差。只有与自变量联系紧密的因变量(通常包括 DNA 测试的使用)才被纳入回归模型中。因此,由于这几个模型我们无法评估影响的大小和方向,在这些模型中 DNA 测试的因变量并没有被包括进去。这导致了观察到的积极影响被拔高的可能性,代表这些影响可能是偶然促成的。

与 Schroeder(2007)和 Briody(2004)相似的是,Tully 也比较了使用 DNA 测试与没有使用 DNA 测试的案件结果。所有的情况下,有可用于测试的 DNA 证据。Tully 没有尝试去评估三个县中案件的相似性以及非常小的样本大小导致了极不稳定的结果。如作者详细探讨的那样,Dunsmuir et al.(2008)进行的时间序列分析的首要方法问题是历史的影响——某些历史事件或者对可观察的破案率提高有影响的事件,例如与 DNA 检测无关的警务实践改革。Dunsmuir 试图通过在分析中运用协变量的方式来解决这个问题,但是无法完全排除潜在的威胁。

### 4.4　合格研究的结果

这 5 个合格研究的结果,我们大致表明了在案件中运用 DNA 检验的概率,并控制了达成特定结果(例如:在某条件下识别犯罪人的概率)的条件,以及衡量 DNA 检验与刑事司法结果的关系的比值比和 95% 的置信区间。设计的多样性以及这本论文集所验证的研究问题排除了有意义的元分析。然而,元分析方法被用来在 Roman et al.(2008)和 Tully(1998)研究的五个位点上聚合结果。在后者的情况下,由于个别位点(低至一个位点只有 21 个)样品尺寸非常小,只有聚合结果被检验出来。

纵观研究,我们发现 DNA 测试的效用一般具有积极效果。在 Roman et al.(2008)的研究中,结果是一如既往的积极。Dunsmuir et al.(2008)所做的 24 个模型中的 19 个显示,随着 DNA 数据库大小的增加,破案率随之增加。总体来讲,Tully(1998)的结果是积极的,虽然 9 个聚合比值比中只有 3 个在统计学上具有显著作用(报告的比值比在 1.0 事实上是轻微的积极,1.04)。此外,具体的效果有助于强奸案件的定罪。作者指出,即使有十足的法医证据的存在,强奸案件的主要复杂因素是受害者能够在可以理解的情况下不接受测试。Schroeder(2007)的研究对 DNA 检测的效用产生了很大的负面影响。如上所讨论的,本研究存在严重的方法学上的缺陷。DNA 证据实际检测的凶杀案件数量之少,反映了 DNA 在这类犯罪适用性的有限性。一般情况下,凶杀案件的破案率很高(在 Schroeder 的研究中,在非 DNA 检测的情况下,破案率通常在 75%)。DNA 检测在一小部分凶杀案件中作用明显(被定罪的个人被宣告无罪也不能被忽略)。Schroeder 的研究并没有为这个可能提供一种可信的测试。

Roman et al.(2008)研究的影响十分显著。DNA 测试技术在大量财产性犯罪中的运用增加了三倍以上的犯罪识别率,以及逮捕决定的作出,并且使一倍以上的案件被成功起诉。虽然在某些位点结果可能有差别,但是被检测的所有位点总和增加了犯罪嫌疑人的识别、逮捕和起诉。这种单一的高质量研究提供了 DNA 检测技术解决财产犯罪方面令人信服的证据。

Dunsmuir et al.的研究评估了 12 个月内破案率、起诉率以及起诉与破案率比值的百分比变化,以作为本地 DNA 数据库大小增长的效果。这些预估的负面影响范围从 -0.9% 到 8.1%,大多数的影响是积极的。结果因犯罪类型的不同而产生实质性的变化,这一模型没有明确的解释。最后,Briody(2004)指出在预测各种刑事司法系统结果的回归模型中比值比从 2.1 到 33.1 的自变量代表 DNA 检测技术的应用。

### 4.5 成本问题

随着技术的进步,与 DNA 测试技术有关的成本问题正在迅速改变。只有 Roman et al.(2008)的研究检验了成本。将 DNA 测试运用到财产犯罪侦查中所增加的平均成本从较低的 815 美元到较高的 2481 美元不等。财产犯罪的破案率一般都相当低。即使使用了 DNA 检测,最后能提起公诉的也不到一半(Roman 研究的五个位点中,这一比例是从 7% 到 46% 不等)。因此,检查 DNA 测试的经济效益是十分重要的,也就是说,每一个附加的定罪成本,在 Roman et al.研究所包含的五个位点中,系统获得附加定罪的成本从略低于 2000 美元到略低于 13000 美元不等。后者的数量在很大程度上是一种 DNA 测试在这些位点中的某一个位点最高成本的函数。作者指出,在这些位点上,造成这些高额费用是什么独特的情形。

DNA 检测的成本是一个移动的目标。随着科技进步以及经济规模发挥作用,DNA 检测成本正在大幅下降。我们已经听说有花费在 100 美元以下的 DNA 测试的报道。然而,分析类型和样本的条件可能会造成检测成本戏剧性的巨大悬殊。英国警察部门正在用一个公文包大小的便携式 DNA 检测试剂盒进行实验,这个试剂盒可以被带到犯罪现场并且在一个小时以内得出 DNA 检测结果。在这一领域的巨大变化使成本效益以及成本—效益评估很难达到最佳。

## 5. 结　论

本文的目的是评估 DNA 检测在破案中的效用。认识到我们并不质疑 DNA 检测背后的科学技术是十分重要的。正如美国国家科学院科学、技术和法律委员会(2009)最近一篇研究报告中所指出的那样,DNA 是基于较强的科学性的唯一的法庭科学。在严重的犯罪案件中,如杀人和性侵犯,可以认为解决一个附加犯罪是有价值的。例如,在 Schroeder 的 40 起与 DNA 检测有关的凶杀案研究中,有 16 起可以从 DNA 数据库中得到线索,而且这些案件中的 1 起已被侦破。虽然我们无法确定在没有 DNA 检测的情况下这些案件能否得到侦破,但是在这些严重的犯罪中,DNA 能够解决如果没有 DNA 的话就无法解决的可能性是毫无疑问的。这并不适于不太严重的犯罪,如财产犯罪或者抢劫犯罪。DNA 检测需要时间和财力资源。因此,当 DNA 被更为广泛运用时,对 DNA 测试是否可以提高刑侦工作的效率提出质疑是十分重要的。

本文的证据大体上可以证实 DNA 检测技术的积极作用。DNA 对于很多犯罪有效性的最强有力的证据来自 Roman et al.在五个司法管辖区进行的随机对照实验。DNA 检测在确定犯罪嫌疑人、逮捕和起诉数量上的进步是令人印象深刻的,并且代表解决这些案件的百分比增加两到三倍。考虑到通常解决这种类型的案件所占比例较小,这还是特别有价值的。可以说,随着 DNA 数据库大小的扩大,DNA 检测技术的运用效果将会有大幅度的增加。尽管有警告者,但是 Dunsmuir et al.(2008)的研究支持了上述主张。

DNA 检测技术在大量犯罪中的运用代表着 DNA 在调查工作中使用方式的一个重要转变,意识到这一点是很重要的。DNA 检测初期仅用于比较通过传统的调查方法确定的犯罪嫌疑人的 DNA 与在犯罪现场获得的或者来自受害者体内的 DNA 样本。大型 DNA 数据库的发展使得通过检测数据库里的 DNA 犯罪现场样本来识别犯罪嫌疑人成为可能。五个研究中的三个(Roman et al.,2008;Dunsmuir,2008;Briody,2005)检查了所有已提供的证据,这种做法在解决财产犯罪方面是有价值的。

DNA 在更为严重的犯罪中的价值的证据总体上说是积极的,但却是基于微弱的证据。Briody(2005)、Dunsmuir et al.(2008)、Schroeder(2007)以及 Tully(1998)的研究都提供了 DNA 与更为严重犯罪有关的证据,如性侵犯、强奸、杀人、严重伤人案件。除了 Schroeder 的具有严重选择偏差问题的研究之外,有证据指出使用 DNA 检测的积极的整体利益方向。

总之,这些结果是令人鼓舞的,而且揭示的结论是当被用于调查形形色色的犯罪类型时 DNA 检测是有价值的。有对这个结论提出警告的,并且额外的高品质评估是有必要的,以建立这些结果的坚固性和普遍性。除了在美国的五个司法管辖区的方法合理的评价,DNA 检测在非高容量的犯罪侦查实践中效用的证据是以明确方法的缺点为基础的。我们显然还需要进一步的研究,特别是那些使用方法论上严格的随机实验设计的研究,如 Roman et al.(2008)那样。

# 6. 鸣 谢

感谢对本系统文章的资金支持。同样感谢犯罪与司法指导委员会成员提供关于适合纳入本文的数据库的建议以及其他实质性的评论和建议。

# 7. 参考文献

Asplen, C.H. (2004). *The Application of DNA Technology in England and Wales, final report submitted to NIJ.* Washington, DC: US Department of Justice. (NCJ 203971).

Bhati, A. (2010). *Quantifying the Specific Deterrent Effects of DNA Databases* (pp. 1-98). Washington, D.C.: Justice Policy Center: The Urban Institute.

CA NOW. (2009, April 1). *Los Angeles Rape Kit Crisis Grows to Over 12,000 Untested Kits.* Retrieved May 12, 2009, from California National Organization for Women: http://www.canow.org/canoworg/2009/04/la-rape-kit-crisis-grows.html.

Committee on Identifying the Needs of the Forensic Science Community, National Research Council. (2009). *Strengthening Forensic Science in the United States: A Path Forward* (No. 2006-DN-BX-0001) (p. 350). National Academy of Science. Retrieved from http://www.ncjrs.gov/pdffiles1/nij/grants/228091.pdf.

Committee to Review Research on Police Policy and Practices (2004). *Fairness and effectiveness in policing: the evidence.* Washington, DC: The National Academies Press.

Cordner, G.W. (1989). Police agency size and investigative effectiveness. *Journal of Criminal Justice*, 17: 145-155.

DNA Resource. (2009, June). *State DNA Database Laws-Qualifying Offenses.* Retrieved July 7, 2010, from DNA Resource: http://www.dnaresource.com/documents/statequalifyingoffenses2009.pdf.

Duval, S., & Tweedie, R. (2000). A Nonparametric "Trim and Fill" Method of Accounting for Publication Bias in Meta-Analysis. *Journal of the American Statistical Association*, 95(449), 89-98.

Eck, J. (1983). *Solving crime: A study of the investigation of burglary and robbery.* Washington, DC: Police Executive Research Forum.

Gill, P. (2001). Application of Low Copy Number DNA Profiling. *Croatian Medical Journal*, 229-232. 28 The Campbell Collaboration www.campbellcollaboration.org.

Greenwood, P., Chaiken J., & J. Petersilia. 1977. *The criminal investigation process.* Lexington, MA: D.C. Heath.

Home Office.(2005).DNA*Expansion Programme* 2000–2005：*Reporting Achievement.* London，UK：Forensic Science and Pathology Unit.Retrieved from：http：//www.homeoffice. gov.uk/documents/DNAExpansion.pdf.

Horvath，F.，Meesig，R.and Y.Lee.(2001)*A national survey of police policies and prac- tices regarding the criminal investigation process：twenty-five years after Rand.*East Lansing, MI：Michigan State University Press.

Lipsey，M.W.，& Wilson，D.B.(2001).*Practical Meta-analysis.*Thousand Oaks，CA： Sage.

Lovrich，N.P.，Pratt，T.C.，Gaffney，M.J.，Johnson，C.L.，Asplen，C.H.，Hurst，L.H.，et al.，(2003，December).*National Forensic DNA Study Report*，*Final Report.*Pullman，WA： Washington State University. Retrieved from http：//www. ncjrs. gov/pdffiles1/nij/ grants/203970.pdf.

Nadler，J.(2002，March 13).*Rape Kit DNA Analysis Backlog Elimination Act.* Retrieved May 12，2009，from Congressman Nadler：http：//www. house. gov/nadler/ar- chive107/Mar132002_RapeKit.htm.

NEC.(2007，October 15).*NEC Develops World's First Fully Integrated Portable DNA Analyzer.*Retrieved May 12，2009，from NEC：http：//www.nec.co.jp/press/en/0710/1501. html.

Neyroud，P.(2010).*Cost Effectiveness in Policing：Lessons from the UK in improving policing through a better workforce，process and technology.*Retrieved May 26，2011，from www.eso.expertgrupp.se/Uploads/Documents/Neyroud.pdf.

Neyroud，P.，& Disley，E.(2008).Technology and Policing：Implications for Fairness and Legitimacy.*Policing*，2(2)，226–232.

NPIA.(2010).NPIA：Accelerated DNA Profiling Technology(ADAPT).*National Po- licing Improvement Agency.* Retrieved July 7，2010，from http：//www. npia. police. uk/ en/14553.htm.

Roman，J.K.，Reid，S.，Reid，J.，Chalfin，A.，Adams，W.，& Knight，C.(2008).*DNA Field Experiment：Cost-Effectiveness Analysis of the Use of DNA in the Investigation of High- Volume Crimes.*Washington，DC：The Urban Institute.(NCJ 244318).

Schweitzer，N.，& Saks，M.(2007).The CSI Effect：Popular Fiction About Forensic Science Affects The Innocence Project.(2010，July 7).*Facts on Post-Conviction DNA Exon-*

*erations*. Retrieved July 7, 2010, from The Innocence Project: http://www. innocenceproject.org/know.

U.S.Department of Energy.(2008).*DNA Forensics*.Retrieved May 12,2009,from Human Genome Project: http://www. ornl. gov/sci/techresources/Human _ Genome/elsi/fo-rensics.shtml.

United States.(n.d.).*About Forensic DNA*.Retrieved May 12,2009,from The DNA Initiative: http://www.dna.gov/basics/.

United States.(n.d.).*Miniaturization and Automation*.Retrieved May 12,2009,from The DNA Initiative: http://www.dna.gov/research/min_auto/.

United States.(n.d.).*Mitochondrial Analysis*.Retrieved May 12,2009,from The DNA Initiative: http://dna.gov/basics/analysis/mitochondrial.

United States.(n.d.).*Possible Results From DNA Tests*.Retrieved May 12,2009,from The DNA Initiative: http://dna.gov/basics/analysis/types-of-results.

United States.(n.d.).*Y-Chromosome Analysis*.Retrieved May 12,2009,from The DNA Initiative: http://dna.gov/basics/analysis/ychromosome.

Walsh, S. J., Curran, J. M., & Buckleton, J. S. (2010). Modeling Forensic DNA Database Performance.*Journal of Forensic Sciences*.55(5).1174-1183.

Weiner, A.D.*DNA Justice: Cases Solved-At Last*.Washington, D.C.: U.S.House of Representatives.

Weisburd, D., & Braga, A.(Eds.).(2006).*Police Innovation: Contrasting perspectives*. Cambridge: Cambridge University Press.

Weisburd, D., Hasisi B., Jonathan T.and Aviv, G.(Forth.).Terrorist threats and police performance: A study of Israeli communities.*British Journal of Criminology*.

Wilson, D.B., McClure, D., & Weisburd, D.(2010).Does Forensic DNA Help to Solve Crime? The Benefit of Sophisticated Answers to Naive Questions.*Journal of Contemporary Criminal Justice*,26(4),458-469.

# 侦查讯问的方法及其对供述的效果

## Interview and Interrogation Methods and their Effects on True and False Confessions

作者：Christian A.Meissner,Allison D.Redlich,Sujeeta Bhatt,Susan Brandon

译者：张彦　核定：张金武　张彦

## 内容概要

针对犯罪嫌疑人的侦查讯问对于锁定犯罪人避免错案极其重要。常用的向嫌疑人的提问方法有 2 种：信息收集法和诘问。在英国、新西兰、澳大利亚，更多的在西欧等国家，信息收集法较为常见，其主要特点是着眼于与嫌疑人建立良好关系，挖掘事实真相和主动聆听。而诘问法主要特点是质问、对质、心理防线攻击和禁止否认，这种方法更常见于美国和加拿大。如今越来越多的错误供述被发现，对以上两种方法孰优孰劣的争论也愈加激烈。

我们的研究目的是综合地系统地检验各类关于侦查讯问效果的学术论文,包括已发表的或者未发表的,运用实验法或者观察法的文章。我们主要是检验信息收集为指导思想的方法和诘问法二者的效果。

我们进行了两次独立的元分析。一个主要针对用观察法和田野法评估不同讯问方法效果的文章。所有的田野法的文章必须满足以下条件:1)至少有一个方法是编码定量分析的;2)供述情况的数据要紧扣讯问风格。另一次的元分析主要针对实验法的文章,而且基本事实已经清楚(如供述的真实性是已知的)。这类实验法的研究必须符合以下标准:1)必须有实验组和对照组;2)有足够的关于供述真与否的数据。所以元分析针对的都是犯罪嫌疑人的讯问。我们已经提到,诘问的主要目的是让嫌疑人坦白,而信息收集的方法旨于侦查信息的获得。然而,由于现有的文献和基于文献的分析都侧重于嫌疑人的坦白,我们在这篇文章中也着重于供述而不是信息的获得量。

为了找到符合条件的研究,我们采取了以下策略:1)在20多个数据库里进行关键词查找;2)查阅若干相关书籍和纲要的参考文献;3)查阅近期会议论文的摘要;4)通过私人或者邮件列表咨询相关研究人员和项目的执行者。

我们总共找到了17篇可以用于元分析的相关研究,其中5篇是关于田野调查法,12篇是关于实验法的。我们将每种类型的研究结果进行编码,并且列出了在95%置信区间的平均效度,然后随机选取一个效果模型用来效度分析。必要时还运用了调整分析。

有效的数据支持了信息收集法讯问的效果。然而,由于少数独立样本同时可以用于田野法和实验法,可信度也得以保证。还有其他的研究如运用了类实验法的田野调查也有可靠的保证度。

# 1. 背  景

由于近期的一些社会事件,系统回顾那些关于侦查讯问方法效果研究已经迫在眉睫。具体来说,军队和刑事侦查里的很多丑闻已经被曝光于世。军队讯问、人工情报的效果遭受到巨大质疑,原因是人们看到了军方在伊拉克和阿富汗战争中所使用的"强化"讯问法,并对使用折磨的方法来获取情报的效果产生了争议(Evans,Meissner，Brandon，Russano，& Kleinman，2010；Redlich，2007）。与此同时，由于虚假供述所导致的错案也让刑事司法系统里的警察讯问产生了质疑（Kassin，Drizin，Grisso，Gud-jonsson，Leo，& Redlich，2010）。

错误供述是个世界性的难题，每个大陆都有记录在案的历史（Kassin et al.，2010；Lassiter & Meissner，2010）。有2个比较普遍的因素促使了错误供述的发生：嫌疑人个人脆弱的心理素质和刑讯逼供（基于心理方面的）。逼供的方式在美国、加拿大和亚洲一些国家比较普遍（Costanzo & Redlich，2010；Leo，2008；Ma，2007；Smith，Stinson，& Patry，2009），而由于《欧盟人权法》第6章第1部分的影响，欧盟国家已经废除了使用封闭式或者带有偏见的问题和诱供。其他国家诸如挪威、新西兰和澳大利亚，对其讯问方式作出的调整，引进了以收集信息为导向的讯问方法（Bull & Soukara，2010）。系统检验2类讯问方式效果的研究早在十年前就开始，而且普遍结论也是逼供会增加错误供述的可能性，而收集信息的方法不仅保障了无辜者的权益，而且能让讯问人员从真正的罪犯口中获得供述（Meissner，Russano，& Narchet，2010）。

系统回顾的目的是为了评估信息收集法和逼供（有罪推定）两种方法的效果。当错误供述率比正确供述率要高，或者侦查人员想方设法诱供时，侦查讯问可认为是一种可诊断的活动。我们评价讯问方法的效果时，结果的精确程度显得尤为重要（如结果不能仅仅是"坦白"一词）。强调的是，针对那些有罪和无辜的嫌疑人同时都存在的研究的评价也要重视，因为不同情况下侦查讯问的效果会有所不同。正如前面所提，针对不同情况，田野法和实验法可能会从不同角度来评价特定讯问方法的效果。

总体上来说，信息收集法和逼供有着几方面的不同点：信息收集法旨在通过建立融洽关系，并用直接积极的接触来获得嫌疑人的坦白或其他自述。而逼供恰恰相反，主要目的是控制嫌疑人并用心理压迫的方式来获得供述。因此，这两种方式导致了两种截然不同的讯问方法，信息收集法是开放式的以实验为基础的，而逼供靠的是闭合的确证性的方法。除此之外，这两种方法的初衷也有所不同。信息收集法着重于信息的获取，而逼供主要用意是获得坦白。最后，二者在辨伪去妄的模式上也是相反的：信息收集法依靠认知上线索侦辨欺骗，而逼供靠的是嫌疑人的焦虑。以下是对这两种方法较为深入的研究：逼供的方法（本文的定义）是以美国模式为代表的（Leo，2008）。其与信息收集法根本的不同在于它是对抗性的并且以有罪推定为前提。在美国，警察讯问嫌疑人时分两个阶段。在第一阶段中，讯问人员通常先以非逼供的方式来了解讯问对象是否真的有嫌疑然后再考虑是否需要正式讯问（e. g.，the

"Behavioral Analysis Interview", or BAI, proposed by Inbau, Reid, Buckley & Jayne, 2001)。有罪与否的一个重要评判指标就是嫌疑人的非言语行为的线索和能透露撒谎与否的言语和语言风格,但是此法在一些科学研究中被证实是不可靠的(DePaulo et al.,2003;Sporer & Schwandt,2006,2007)。

只有当询问者认定嫌疑人有罪时,第二阶段的讯问才开始。在此阶段,询问者采用各种心理折磨的方式来获得嫌疑人的坦白认罪。Kassin 和 Gudjonsson 总结了侦查讯问的 3 个要素:1)监视和隔离,把嫌疑人禁足在一间小房间里让其感受到警察讯问带来的焦虑和不安与未知;2)对质,嫌疑人被有罪推定并被告知了相关的证据和所犯罪行带来的后果,而且也不能否认自己的罪行;3)最小化,即讯问者用同情心换取嫌疑人的信任,并给嫌疑人以保全面子的犯罪借口或辩护,还暗示嫌疑人只要供述就会被宽大处理。由于侦查人员深信嫌疑人是有罪的,所以他们将讯问的时间拉长,采取更多的心理折磨,用来证实他们的有罪推断,虽然嫌疑人的供述有些真实有些虚假(Kassin,Savitsky,& Goldstein,2005;Meissner & Kassin,2004;Narchet,Meissner,& Russano)。此情况下的心理压迫以及对嫌疑人的有罪推定,已被证明能直接导致虚假供述(Horgan,Meissner,Russano,& Evans,in press)。而信息收集法是以英国模式为代表的。由于虚假供述的泛滥,英格兰和威尔士在 1984 年通过了《警察与刑事证据法案》(Bull & Soukara,2010;Home Office,2003),用以禁止侦查讯问中的心理压迫并强制推行讯问的全程记录。由于警察主管协会发起的全国性侦查讯问效果审查,PEACE 模式于 1992 年诞生了(Milne and Bull,1999)。该模式着重于融洽关系的建立,解释辩词和犯罪的严重后果,强调诚实的重要性和事实的收集,以及追问嫌疑人对事件的还原。嫌疑人在解释当时情形时可以不受干扰,而讯问人也被鼓励积极地去聆听。只有当嫌疑人全部供述后,讯问人才能对其供述内容中不一致和矛盾的地方进行质询(如运用讯问人掌握了的而嫌疑人却不知情的其他情况)。正如前面提到的,访谈式的侦查讯问目的是发现真相(运用开放式的问题)而不是获得供述,而侦查人员也被严厉禁止欺骗嫌疑人(Milne & Bull,1999;Mortimer & Shepherd,1999;Schollum,2005)。

"平和"模式和认知访问的组成成分类似(CI;Fisher & Geiselman,1992;Memon,Meissner,& Faser,2010)。CI 的研究源于基本的记忆研究,包含了一系列能唤起回忆的记忆引导技术。该技术的关键一点就是情景的恢复(如唤起情感、认识和事件的发展顺序)。另一项技术是将事件的叙述顺序打乱。如 Vrij,Mann,Fisher,Leal,Milne 和 Bull 在 2008 年做了一项调查,评估要求撒谎者和诚实者用相反的顺序回忆事件的经过(理论上对于撒谎者来说更难实现),是否有助于询问者精确地侦辨欺骗。虽然该方法的有效性已在 Cl 的研究中充分评估了,但是大部分该类研究(不是所有的)都把注意力集中在了目击者和受害者的对事件的报告而不是嫌疑人本身(Fisher & Perez,2007)。

侦查讯问的科学研究在过去的 20 年里有了长足的发展。"平和"法以及相关的单独要件(如挖掘证据的策略、运用开放式问题等)已在田野法或者实验室方法里得以研究(Bull & Soukara,2009;Meissner et al.,2010)。同样的,大量的实验也用来研究一般的(e.g.,Russano,Meissner,Narchet,& Kassin,2005)和具体的(e.g.,presenting false evidence;Redlich & Goodman,2003)逼供手段。然而,一个针对信息收集法和逼供法各自效果的综合评估却还没有出现,虽然此类的评估定然会对学界和政府有启发性的意义。

## 2. 评估目标

我们的研究目的是综合地系统地检验各类关于侦查讯问效果的学术论文,包括已发表的或者未发表的,运用实验法或者观察法的文章。我们主要是检验信息收集为指导思想的方法和诘问法二者的效果。我们把嫌疑人当作总体,把访问风格(信息收集法和逼供)当作干预,坦白的真实性作为主要的效果评判标准。我们主要讨论的问题是到底是信息收集法还是逼供法在讯问有罪或者无辜的嫌疑人时,能获取更准确的犯罪信息。需要强调的是只有实验法才能较好地满足讯问法评测的要求,而田野法不能区分基本事实,而这些对于评价讯问准确性或者发现嫌疑人犯罪事实是必须的。但是我们的研究结论却也是基于两种测评法的不同。由于收集(最终作为研究对象的文章)的研究大多用的是对立问题,是/否为选项的坦白变量,我们的结果也是以正/误作为选项的问题来测量的。

## 3. 方法论

我们运用了两次独立的元分析法,一次是田野情况下的观察分析和类实验研究,一次是实验室状况下的实验法。我们的研究标准比较宽泛,目的在于尽可能收集更多的相关的研究样本。我们基于比较细致的选择和排除标准挑出了相关的研究,并由大量的研究员将关键变量进行了编码。

### 3.1 选择与排除标准

#### 3.1.1 田野法

符合田野元分析法的发表或者未发表的论文需要满足以下条件:

干涉:系统研究法庭或者军队所用到的侦查讯问的文章也包含在内。那些讯问人员运用了某些讯问手段的累实验研究也可以作为我们的样本。运用了系统观察法或者针对包含大量细节的档案的研究也是我们的研究对象。所有挑选出来的研究必须至少对一次访谈或者讯问技术进行过编码或量化。这些技术还必须能归类到信息收集法、逼供法或者一般讯问方法中去,而且分类标准要统一。

结果:可靠的研究必须包含了对供述的分析(部分的或者完整的)。此外,还需要有足够的数据计算效果大小,尤其是不同讯问法和讯问结果之间的关系。

总体/样本:目标总体是那些被指控犯了罪的嫌疑人(无论什么年纪、国籍或者身份)。然而针对受害者和目击者的研究并不包含在内,因为二者与侦查讯问的目的和所追寻的信息并不相同。因此,所选取的研究必须包含嫌疑对象。

#### 3.1.2 实验室研究

有效的实验室元分析的已出版或未出版的研究必须满足以下要求:

干涉:干涉的关键在于访问方法的不同(信息收集法、逼供法或者"控制"法)。这里的实验研究必须是有关信息收集法和逼供或者至少有一个控制组(如简单地要求嫌疑人坦白)。

结果:结果的测量因素包括嫌疑人的信息或供述的真实性的比例。所选取的研究必须同时包含针对"有罪"嫌疑人和"无辜"嫌疑人的结论报告,或者至少要有其中一项(如其中有些研究只有无罪的嫌疑人)。另外,所有研究至少运用了一种结论测量工具(需要有足够的数据来计算结果)。

总体/样本:总体包括模拟的嫌疑人(任何年龄、国籍和身份),他们被假设犯有罪行或者隐瞒重要信息。然而针对受害者和目击者的研究并不包含在内,因为二者与侦查讯问的目的和所追寻的信息并不相同。因此,所选取的研究必须包含嫌疑对象。

### 3.2 相关研究的收集策略

我们用多层次方法搜寻了已发表或未发表的研究信息收集法和逼供法的文章,包括描述了实验研究、类实验研究、观察研究。

以下是我们使用过的数据库：

1. 刑事司法期刊索引

2. 刑事司法摘要

3. 国家刑事司法文献参考摘要

4. PsychIfo 检索

5. 联机医学文献分析和检索系统

6. 社会学摘要

7. 社会科学摘要

8. 社会科学引文索引

9. 论文摘要

10. 谷歌/谷歌学术——高级检索

11. 澳大利亚犯罪学数据库

12. 中央警察训练与发展局——英国国家警察图书馆

13. 斯高帕斯

14. 知识网

15. 出版社数据库(如 Springer 和 Wiley)

16. 加州邮政图书馆

我们运用了以下的关键词,或者把关键词结合起来,如"访问"与"嫌疑人"、"坦白"和"讯问",用以得到更多的搜索目标。

1. 侦查讯问

2. 信息收集

3. 讯问

4. 访问

5. 嫌疑人

6. 坦白

7. 认知访问

8. 谈话管理

9. 伦理访问

10. 揭发

11. 策略证据

12. 控诉

13. 欺骗检测

14. 平和式访问

15. 警察犯罪和证据法令

16. 对抗

17. 米兰达法则

18. 强制（心理强制）

19. 钓鱼执法

以下是我们所做的综合回顾的文献

· Educing information. Interrogation：Science and Art. Intelligence Science Board，Phase 1 Report（December，2006）.Washington，DC：National Defense Intelligence College.

· Bull，R.，Valentine，T.，and Williamson，T.（Eds.）（2009）.Handbook of psychology of investigative interviewing.Chichester：Wiley-Blackwell.

· Gudjonsson，G.H.（2003）.The psychology of interrogations and confessions.Chichester：Wiley.

· Justice，B.P.，Bhatt，S.，Brandon，S.E.，& Kleinman，S.M.（2009）.Army field manual 2-22.3 interrogation methods：A science-based review.

· Kassin，S.M.，Drizin，S.，Grisso，T.，Gudjonsson，G.，Leo，R.A.，& Redlich，A.D.（2010）.APLS-Approved White Paper，Police-induced confessions：Risk factors and recommendations.Law and Human Behavior.DOI 10.1007/s10979-009-9188-6.

· Lassiter，G.D.，& Meissner，C.A.（2010）.Police interrogations and false confessions：Current research，practice，and policy recommendations.Washington，DC：American Psychological Association.

· Schollum，M.（2005）.Investigative interviewing：The literature.New Zealand Police Department. Retrieved January 15，2006，http：//www. police. govt. nz/resources/2005/investigative-interviewing/investigative-interviewing.pdf.

· Williamson，T.（2006）.Investigative interviewing：Rights，research，and regulation. Devon，England：Willan Publishing.

最后，回顾人员还与研究访问和讯问的美国和国际学者建立了良好的联系。被联系的学者要求提供所有未发表或者正在发表的论文。对于最初未回应的学者，我们还多次发出后续的邀请。那些流行的相关邮件清单也是我们所考虑的。我们还联系了相关的政府官员，其中包括那些负责相关研究的官员。FAIR（跨学科联合组织）

作为一个自立组织,也收到了我们的邀请(包括中央情报局、美国秘密组织、美国司法研究所、科技政策办公室的工作人员和来自英国、加拿大、澳大利亚、新西兰的国家安全心理专家)。

### 3.3 编码分类详情

所有过了初选的研究(如关于联合目击者的研究就被排除在外)都经历了2轮编码。第一轮筛选决定了最终的合格标准。第二轮的编码集中在那些可能用于后期的描述和有效性分析的研究。

#### 3.3.1 符合条件的研究

论文选择的第一步是分析摘要的内容,随后再对其进行可行性的分析。除了记录文章的基本信息如出版社、数据和作者外,我们还将文章是否符合元分析法所有要求进行了编码(前文已经讨论)。

#### 3.3.2 可以用于元分析的研究

对于那些可以用于元分析的研究,我们编码了它们的以下信息:

a. 参考文献(如标题、作者、出版社等)

b. 研究目的

c. 方法论的相关信息(如编码的方法、观察的类型等)

d. 嫌疑人、犯罪、侦查讯问的特征

e. 相关结果和数据

#### 3.3.3 可以用于针对实验室法进行元分析的研究

针对该类研究,我们编码了以下信息:

a. 参考文献(如标题、作者、出版社等)

b. 讯问方法

c. 具体操作(有罪/无罪、训练、嫌疑人/访问对象的特征)

d. 方法(如随机取样、嫌疑人/访问对象的身份等)

e. 相关结果和数据

两组训练有素的研究人员独立地进行编码和初选。根据可行性的标准,相同组的研究人员通过关键变量的筛选对可行的研究进行编码。如果出现不确定因素或者分歧,两组编码员和研究的第一作者讨论协商,并由第一作者作最终决定。必要时,那些机密的或者政府文件由 Brandon 和 Bhatt 两个数据反应系统处理,因为这些系统能够保障安全性。

# 4. 结　果

## 4.1　研究对象的选择

运用前面提到过的各类搜索策略,我们依据 22 个不同关键词,在 16 个数据库里共定位到了超过 2000 篇文章。我们首先是通过阅读标题和摘要进行初选。例如,那些标题明显包含了"受害者"/"目击者"等字眼的文章就会被排除在外。另外,那些在摘要中没有提到系统实验、准实验或观察法的文章也被排除在外。当研究人员对研究的关键方面不太确定时,文章就得进行更全面的分析和回顾。训练有素的研究生、研究助理负责初步筛选,而 Meissner 和 Redlich 最后拍板。基于以上的筛选指导,我们共找到可供彻底编码的 33 篇田野法的论文和 22 篇实验法的论文。

### 4.1.1　田野法研究

我们共找到 33 篇可利用的田野法的文章,但是只有其中 5 篇能运用元分析法进行分析。以下是 33 篇文章的详细情况:

以前我们认为田野法不适合运用元分析,是因为它无法评价访问/讯问方法同供认结果之间的关系。我们选出的研究中,近半数是由英国或澳大利亚学者完成的,剩下的半数分布于北美(美国和加拿大)。14 篇排除在外的研究来自英国和澳大利亚,它们分别是:

1)Baldwin,1993(peer-reviewed journal,see also,Baldwin,1992);2)Bull and Souka-ra,2010(peer-reviewed chapter);3)Dixon,2007(authored book);4)Griffiths,2008(un-published dissertation);5)McConville and Baldwin,1982(peer-reviewed journal);6)McGurk,Carr,and McGurk,1993(government report);7)Medford,Gudjonsson,and Pearse,2003(peer-reviewed journal);8)Moston,Stephenson,and Williamson,1992(peer-reviewed journal);9)Pearse,2006(government report,see also 2009);10)Pearse and Gudjonsson,1999(peer-reviewed journal);11)Softley,1980(government report);12)Stephenson and Moston,1994(peer-reviewed journal);13)Walsh and Milne,2008(peer-reviewed journal);and 14)Willis,MacLeod,& Naish,1988(government report).

12 篇排除在外的研究来自美国和加拿大,它们分别是:

1)Cassell and Hyman,1996(published law review);2)DesLauriers-Varin,Lussier,& St-Yves,2011(peer-reviewed journal);3)Faller,Birdsall,Henry,Vandervort,and Silverschanz,2001（peer-reviewed journal）;4）Feld,2006（published law review）;5）Lippert, Cross,Jones,and Walsh,2010（peer-reviewed journal）;6）Medalie,Zeitz,and Alexander, 1968（published law review）;7）Neubauer,1974（peer-reviewed journal）;8）New Haven Study,1967（published law review）;9）Reiss and Black,1967（peer-reviewed journal）; 10）Seeburger and Wettick,1967（published law review）;11）Vera Institute Study,1967 （unpublished document）;and 12）Witt,1973（peer-reviewed journal）.

在最初抽样阶段,我们搜寻了出版时间从 1967 年到 2010 年的文章。之所以一些早期的论文被考虑在内,其主要原因是我们想研究"米兰达法则"(始于 1966 年)对供述率的影响大小。但是,大量的早期研究都是非系统化的,而且没有检验讯问方法的关键方面(我们运用元分析法主要关注的点)或者没有包含必要的数据。

回顾 33 篇田野法研究时,我们发现很多都没有嫌疑人或者讯问的相关信息的基本描述。在编码的 33 篇研究中,近半数的没有提到嫌疑人的性别或年龄。三分之一的研究有提到人种信息。另外,侦查人员的特征也常被忽略,但是他们的工龄或者训练的时间(尤其是那些重点在于侦查人员所受训练对讯问结果影响的研究)都有涉及。大部分研究也未曾提到嫌疑人的犯罪类型或者严重程度,其中只有 7 篇尝试了编码指控嫌疑人的证据的效力大小(这是评价供述的重要指标,Gudjonsson,2003)。

文献编码还展示出了研究者和供述者之间存在联系。此外,有 14% 的案子和 6% 的判决虽然并有可能影响供述的特征点,但是也被报告了出来。需要指出的是,挑选出来的所有田野法的研究都运用了系统观察法,即研究员通过现场观察 (14.8%)、录像分析(44.4%)、分析讯问笔录(7.4%)或者其他相关档案(法庭)记录来编码某项预估和结果变量。

那些涉及准实验法分析侦查讯问的田野法并没有包含在内。这些将在讨论部分提到。

### 4.1.2 实验法研究

在 22 篇初选的实验研究中,12 篇最终用于了元分析,其具体情况如下:

另外 10 篇研究排除在外是因为将访谈法和讯问法进行对照,只是检验了其中一种方法的影响(通常只研究了逼供法导致错误供述的情况),而没有合适的控制组或者没有检验其他的影响因素(如焦虑情况、暗示等)。10 篇排除在外的研究包括:

1）Abboud,Wadkins,Forrest,Lanfe,and Alavi,2002（unpublished presentation）;2） Beune,Giebels,& Sanders,2009（peer-reviewed journal, see also Beune,2009）;3） Forrest,Wadkins,and Larson,2006（peer-reviewed journal）;4）Horgan,Russano,

Meissner, and Evans, in press(peer-reviewed journal); 5) Horselenberg, Merckelbach, and Josephs, 2003(peer-reviewed journal); 6) Kebbel and Daniels, 2006(peer-reviewed journal); 7) Kebbel, Hurren, and Roberts, 2006(peer-reviewed journal); 8) Klaver, Lee, and Rose, 2008(peer-reviewed journal); 9) Nash and Wade, 2009(peer-reviewed journal); and 10) van Bergen, Jelicic, and Merckelbach, 2008(peer-reviewed journal).

其中 3 篇研究来自美国,2 篇来自澳大利亚,3 篇来自荷兰,英国和加拿大也各有 1 篇。所有研究都以大学生为研究对象。

## 4.2 可行的研究特征

### 4.2.1 田野法研究

共 5 篇经验研究被用于元分析,每个都包含 6 到 8 段的讯问数据。8 个独立样本的 3 种效应量大小(逼供、信息收集、二者结合)也被给予评估。其中 3 篇研究来自英国,1 篇来自加拿大,1 篇来自美国。这似乎表明所有可行的研究来自的那些国家,其逼供法目前仍然被使用或者近期被使用。

基于讯问法和信息收集法的先天特征,主要评阅者将 5 篇研究里量化了的讯问方法进行了编码,主要考察所提及的方法是否和逼供法、信息收集法或者二者方法结合的方法相一致。结果显示了高度的一致性(大于 90%),而且所有的分歧都通过讨论得以解决。5 篇研究相关描述如下:

King and Snook(2009)

作者编码了 44 份来自加拿大讯问的录像资料。他们运用了 Reid 技术(一种讯问方法),其中 25 项技术中的 23 项是由 Leo(1996)注解为指导框架。讯问的时间跨度达到了 10 年。大部分犯罪都是严重的人身犯罪。总体上讲,50% 的嫌疑人都全部坦白或者部分坦白。

Leo(1996)

最大的田野研究之一。Leo 观察并编码了 122 份现场讯问和 60 份视频讯问资料(跨越了北加州的 3 个不同警察局)。Leo 形容样本中典型的嫌疑人为"年轻、工人阶级、非裔美国男性"(p.273)。大部分犯罪都是严重犯罪(谋杀、抢劫、人身攻击),虽然有 20% 的是偷窃、入室盗窃或"其他"轻型犯罪。Leo 对所用的讯问方法的数量和类别进行了编码。他创造了 25 种方法,并检验了这些方法和其他变量之间的关系。这些方法包括了如"唤起嫌疑人良知""认清矛盾焦点""利用伪证"。其中有 64% 的嫌疑人认了罪。

Pearse, Gudjonsson, Clare, and Rutter(1998)

该研究的主要目的是检验供述和没供述的嫌疑人面对警察讯问时,在心理脆弱方面上的不同。作者也编码了 3 种访问策略:引入证据、强调犯罪本质和通过说嫌疑人在撒谎来盘问。对 160 个嫌疑人的访问从 1991 年 11 月开始,1992 年 4 月结束,共在英国的 2 所警察局进行。访谈内容首先被录音,然后再进行记录。访问策略的编码是以纸质记录为材料的。其中 58% 的案件,嫌疑人认了罪(50% 的容易被推翻,60% 不容易被推翻,并没有显著差异)。

Soukara,Bull,Vrij,Turner,and Cherryman(2009)

作者研究了 80 份录音材料并且编码了 17 种出现了或者没出现的访问策略。访问是在英格兰一间比较大的警察局进行的(p.497),共有 22 种不同的犯罪。80 个嫌疑人中有 31 个在讯问过程中认了罪(Bull & Soukara,2010)。

Walsh and Bull(2010)

在这个研究中,作者把焦点放在了社保诈骗犯罪上。作者利用了 2004 年到 2007 年间的 142 份讯问资料,并将讯问者"平和"与否(信息收集法的要素)进行了编码。他们还编码了 19 种具体的讯问策略,如"对话驾驭能力"。作者还检验了"平和"的讯问方法和供述结果之间的联系(如,否认、部分承认、具体供述)。

### 4.2.2　实验研究

12 个实验研究中描述的 30 个独立样本用于了元分析,代表了 1814 个应答者的总体情况。这 12 份研究在出版社的地位、访问风格和供述结果上都有不同。其中有一份研究来自美国(i.e.,Hill,Memon,& McGeorge,2008,in Aberdeen,UK)。9 份研究发表于同行审阅的杂志(从 1996 年发表的到正在出版的都有),还有 3 份是未发表的。

只有一个研究涉及了 3 种访问风格(逼供/信息收集法/控制法;Meissner,Russano,Rigoni,& Horgan,2011)。只有一个研究检验了信息收集的方法(Narchet,Meissner,& Russano,出版中)。其余的 10 个研究都有与逼供法相对应的控制组。6 组研究同时检验了访问方法对真实供述和虚假供述的影响,另外 6 个研究只检验了对虚假供述的影响。我们没有找到合适的只检验了对真实供述影响的实验研究。

其中有 11 篇研究都用了 Kassin 或 Kiechel(1996)的变量或者 Russano 的范式。Kassin 和 Kiechel 范式就是所有参与者都是模拟的攻击计算机犯罪的无辜者。Russano 范式的参与者被随机分配到无辜或者有罪的情境中去(Meissner)。11 个研究的参与者是本科生,其中 2 个研究的参与者包括其他年龄较小的学生(Billings,Taylor,Burns,Corey,Garven,& Wood,2007;Redlich & Goodman,2003)。

关于这 12 个实验法研究的简要描述如下：

4.2.2.1　Billings, Taylor, Burns, Corey, Garven, and Wood(2007)

Billings 和他同事检验了强化因素对儿童是否愿意虚假供述或者诉说犯罪事实的影响(如受给定答案是正确的或者是需要的言语强化)。幼儿园 3 年级的儿童看着扮演的"小偷"偷窃教室里的玩具。然后这些儿童被随机分配到 2 个访问组:控制组和强化组。控制组的儿童直接被问及与偷窃相关的问题。而强化组的儿童,在被问及相同问题的同时还接受了"正确"答案的灌输。两个组的儿童最后都被问到是否偷了玩具(虚假供述)。在我们看来,强化因素就是逼供的因素(因此是逼供与控制组的比较)。

4.2.2.2　Blair(2007)

该研究以 Kassin 和 Kiechel 的范式为基础,但也做了一些改进。具体来说,被试者被告知不要去同时触碰 Control, ALT 和 Delete 键,否者电脑就会死机(而不是仅仅只按 ALT 键)。本科生被随机安排给予虚假证据或者不给予(如被告知电脑服务器对键盘的敲击都有记录而且事实上 CTRL, ALT 和 DEL 键也被按了),他们也被随机施予非最小化/最大化策略或者最小化/最大化策略。最小化/最大化策略具体如下:"瞧,毫无疑问是你按了 Control, Alt 和 Delete 键。在研究过程中你还按了几次。通常人们这么做只有 2 个原因。要么好奇按键后会发生什么,要么就是想破坏试验。我相信你只是好奇,但是要我相信的话你就得说出事实并在这张纸上签名。否则,我就认为你是想破坏试验。"然而 2 组最终的结果没有差异。

4.2.2.3　Cole, Teboul, Zulawski, Wicklander, and Sturman(2005;未出版的研究报告)

此研究的目的是再现 Kassin 和 Kiechel 的研究,但是使用的是不同的任务组。具体来说,在 Kassin 和 Kiechel 的范式中,参与者被指控按了 ALT 键(而这个行为是不允许的),而且让电脑死机,他们还被要求在供述状上签名(虚假供述)。而在 Cole 等人的研究中,参与者被指控弄坏一张灯,而笔者称这个行为明显很多。55 个本科大学生被指控弄坏了灯盏,并随机分配到实验组和控制组,其中实验组营造了虚假的犯罪证据(有目击者声称目击了参与者敲击了 ALT 键),而控制组没有虚假的犯罪证据。不止一个参与者在每个小组中都提供了虚假供述。

4.2.2.4　Hill, Memon, and McGeorge(2008)

这篇文章包含了 3 个单独的研究。其中只有研究 2 符合我们收录要求。在这个研究的实验中,亚伯丁大学的 64 名大学生自主将自己分配到无辜组或者说谎组(接受组织的答案）。一半有罪组和另一半无辜组的成员都被质问了有罪推定的问题（逼供风格），而另一半被问了中性问题（控制组），两组的供述结果最后都被测量了。但是访问风格对真实／虚假供述并没有明显的作用。

### 4.2.2.5 Kassin and Kiechel（1996）

在这个研究中，一群大学生被邀请参与实验室里关于反映时间的研究。然而，该项研究的目的是调查人民为什么会虚假供述。参与者被安置在一台电脑前，并被要求不要按碰 ALT 键，否则电脑就会死机。电脑死机后，参与者被要求一次或者两次在认罪书上签名（虚假供述）。参与者被随机分配到慢击速组或者快击速组（键盘按键击打电脑的速率），也被随机分配到虚假证据或者非虚假证据情境中。在虚假证据情境组中，一组目击者声称看到了参与者敲击了 ALT 键。虚假证据情境即逼供的情况，而非虚假证据组被当作控制组。主要结果发现在虚假供述的人数从 35％到 100％不等，不同证据情况下结果不同。

### 4.2.2.6 Meissner，Russano，Rigoni，and Horgan（2011；未出版的研究论文）

作者通过两个研究，对信息收集法和逼供法进行了比较分析。通过运用 Russano 等人的范式，有罪和无辜的参与者部分被逼供，部分被用于信息收集方法，部分被用于控制讯问的策略，而所得的真实／虚假供述的结果也被记录在案。作者通过持续观察发现，信息收集的方法能够减少虚假供述的概率，提高真实供述的概率。

### 4.2.2.7 Narchet，Meissner，and Russano（媒体报道）

这个研究探索了询问者对嫌疑人犯罪与否的观念对供述真实性的影响。大学生受试者在实验室中被测了 Russano 范式。研究人员评估了不同类型的讯问方法，包括信息收集法和逼供法，发现信息收集法能够明显减少虚假供述的发生。

### 4.2.2.8 Newring and O'Donohue（2008）

该研究运用了 Kassin 和 Kiechel 电脑死机范式的变型，但也是唯一一个引进了组内设计的研究。作者还设计了嫌疑人的中间情况（被指控把电脑弄死机）和目击者（目击电脑死机）；只有嫌疑人的状况包含在内。所有参与者要经历 5 部分的访问。第一部分是控制性的问题，如"发生了什么"，接下来的部分是基于 Reid 的方法，因此可归类到逼供一项，这部分要求嫌疑人手写陈述，陈述还会被审阅，还被要求解释发生了什么（后部分运用了 Reid 的通过将罪犯道德紧张度降到最低点以减少其罪恶感的理念（p.93））。26 个大学生作为受试的"嫌疑人"。主要的结果是产生了虚假供述。

### 4.2.2.9 Perillo and Kassin（媒体报道）

Kassin 和同事进行了 3 次研究,探讨了恐吓技术对真实供述(只有研究 3 涉及)和虚假供述(3 个研究都有涉及)的影响。恐吓,作为逼供方法的一种,就是讯问者暗示嫌疑人他们已经掌握了相关治罪的证据。研究 1 和研究 2 都运用了 Kassin 和 Kiechel 的范式(1996)。研究 1 邀请了 79 个大学生,设计了 5 种情境:无处理组、虚假目击者证据、恐吓方式、虚假目击证据和恐吓结合及其目击者证明无罪(另一组控制组)。研究 2 共有 44 个大学生参与者,但只运用了恐吓和无处理 2 组对照。研究 3 运用了 Russano 范式(2005)。72 个大学生参与者被随机分配到有罪组或者无罪组。访问风格就是恐吓和非恐吓(控制组)2 种。

### 4.2.2.10  Redlich and Goodman(2003)

该研究是以 Kassin 和 Kiechel 的研究为范本,但又有一些区别。除了大学生参与者外,12 到 13 岁和 15 到 16 岁的青少年也是研究对象,用以探究青少年是否比成年人更容易虚假供述。键盘敲击速率并没有被记录,而虚假证据也不再是目击者的证明,而是提供了一份虚假的纸质报告,证明了参与者敲击了 ALT 键。正如原来的研究一样,虚假证据就是逼供组,非虚假证据就是控制组。和原来研究的结果类似,所有参与者在虚拟的犯罪中都是无辜的,但是却出现了虚假供述。

### 4.2.2.11  Russano,Meissner,Narchet,and Kassin(2005)

在这个研究中,一群大学生参与了在实验室中关于解决问题的能力的研究。在研究过程中,一半的参与者由于证人的作用而撒谎(有罪组),另一半参与者则被分入无罪组。所有参与者都能在采访中撒谎,而对他们的采访都运用了最小化技术或者是宽大处理,或者二者兼有,或者二者都没有(控制组)。结果就是使用逼供法会使真实供述和虚假供述的比率降低。

### 4.2.2.12  Russano,Narchet,and Meissner(2005;未出版的研究报告)

作者运用了 Russano 的范式检验了虚假证据对有罪者和无辜者供述情况的影响。对于虚假证据者的参与者,作者提供了一份签了第二个参与者名字的声明书,并要求他们自己也在认罪书上签名。非虚假证据组的参与者并没有见到这份声明,他们只是被要求在供罪书上签名。结果显示,有罪的参与者比无辜者更容易认罪,但是虚假证据并没有影响供述者的比率。

## 4.3  访谈法和逼供法对供述影响的元分析:田野法

针对田野法的元分析的目的是能够对现实情况下不同讯问方法对供述结果(暂不考虑精确性)的影响进行定量分析。我们主要测量有效度的方法是 LOR,Lipey 和 Wilson 研究也运用了该方法,他们的研究出现了 2 个结果(如目前分析的供述和不供述）。在 LOR 方法中，标准误和权重直接从样本中计算得出，组频数由每篇文章提供或者由作者提供的数据计算得出（Lipsey & Wilson，2001，pp.52-55）。LOR 被转换为 Cox 指数，同时也产生了 Hedge's g 效应量，这也是我们在文章里报告出来的（Cox，1970）。我们检验了不同讯问方法（逼供、信息收集法或一般讯问方法）与供述之间的关系。随机的效果模型可用来估算每种关系的权重。由于每个效果量分析的样本数比较小（小于3），我们并没有进行调节分析。

### 4.3.1　逼供法

共 3 篇经验研究（k=3，N=306）评估了现实状况下刑讯逼供和供述结果之间的关系。和实验法的文章一样，随机的效果分析表明逼供方法能够极大地提高供述率（g=0.90，z=3.43，p<.001）。而研究之间的变异度也不明显（Q=4.89），由于利用的研究较少，所得结果也比较粗糙。

### 4.3.2　信息收集法

共 2 篇经验研究（k=2，N=222）评估了现实状况下信息收集法和供述结果之间的关系。和实验法的文章一样，随机的效果分析表明逼供方法能够极大地提高供述率（g=0.86，z=2.04，p<.05）。我们发现二者之间的变异度很高（Q=5.54，p<.05），而由于样本量少，相应的调整分析也没有进行。样本大小也限制了结果的细致度。

### 4.3.3　一般讯问方法

一些研究中的很多技术都能作为逼供和信息收集法的组成部分而被编码（先前已有所描述）。这些综合性的方法与那些不能被归入逼供法或者信息收集法类别的方法相反，这些方法在现实生活中影响着供述的产生。3 篇经验研究（k=3，N=422）评估了这些方法与供述之间的关系。随机效果分析显示这些讯问方法和嫌疑人供述之间没有明显关系（g=0.19，z=0.41）。3 个研究之间的差异度也很高（Q=25.35，p<.001），因为这些结合性的方法的一般化程度较高，所以这些结果也是预料之中。由于样本量的限制，相应的调整分析也没有进行。

### 4.3.4　总结

在实际情况中，逼供法和信息收集法的运用和供述之间有着显著的关系。虽然结果显示这些方法对供述的取得起着推动作用，但是需要强调的是，所得结论并没有将所得信息的诊断性价值区分开来——田野法的研究几乎没法将无辜和有罪的嫌疑人区分开来，要得到所谓的基本实情在这种情况下几乎是不可能的。因此，研究人员通过将实验室情况下讯问过程建模，用以评估相应讯问方法的诊断值。接下来我们进一步运用元分析法对逼供法和信息收集法的诊断价值进行分析。

### 4.4 访问/讯问法对供述结果影响的元分析:实验研究

元分析的目的就是针对在实验室情况下不同讯问方法所取得真实或者虚假供述可能性进行量化分析。我们主要用到的效果量测度是 LOR。LOR 被转化成了考克斯指数。我们检验了逼供法和信息收集法的对讯问的不同效果。每个方法的独立样本都有很大的差异性。随机选取的效果模型用来估算了每组比较的效果量的平均权重。由于样本量较小,调整分析也受到了限制,虽然我们指出了发表性偏倚并在适当的时候进行了调整性分析。

#### 4.4.1 控制组和逼供组比较

逼供法和控制法的比较在实验研究的文章中出现频率最高,然而相对于真实供述($k=6$, $N=272$),研究人员更多的是估算虚假供述的结果($k=14$, $N=892$)。随机结果分析表明逼供对于真实供述($g=0.46$, $z=2.24$, $p<.05$)和虚假供述($g=0.74$, $z=3.75$, $p<.001$)都有增加。这些反映了中等到大规模的影响,而只有虚假供述的结论比较粗糙,同质化测试结论相似,仅在虚假供述的结果中有明显反应($Q=32.99$, $p<.01$)。我们考虑过很多变量用作影响的调整分析。可是,在很多关键变量上几乎没有差异性。例如,14 个独立样本中,只有 2 个是关于儿童和青少年的(Billings et al.,2007;Redlich & Goodman,2003),而剩下的都是关于大学生的。除此之外,没有一篇发表了的文章研究了人种因素,也没有相关的数据分析。同样的,14 个样本中只有 1 个是来自美国以外的样本(Hill et al.,2008)。最后,我们还将逼供法进行了混合式的研究,包括最小化技术、最大化技术、虚假证据展示,以及各方法的结合,虽然也将这些研究进行了编码,但是对于有意义的调整性分析来说,各研究之间的差异性太大了。不幸的是,这类变量能引起效果量大小的显著差异。有一个变量在采用不同范式的情况下(包括 Kassin and Kiechel(1996)"ALT key" paradigm($k=6$)and the Russano et al.,(2005)"cheating" paradigm($k=6$)),呈现出系统性的差异。针对 2 组研究的调整性分析在效果量上没有显著差异。Kassin 与 Kiechel 范式($g=0.66$, $z=2.14$, $p<.05$, with 95% CI:0.05,1.27)以及 Russano 等人的范式($g=0.93$, $z=4.00$, $p<.001$, with 95% CI:0.47,1.38)在研究中等到大量影响时,表明逼供法能明显提高虚假供述的比例(和控制组相比)。

#### 4.4.2 控制组和信息收集组比较

只有 2 份研究检验了信息收集法(与控制的情况相比较)对真实($k=2$, $N=110$)和虚假供述($k=2$, $N=110$)的影响。随机结果分析表明信息收集法更有可能获得真实供述($g=0.67$, $z=2.02$, $p<.05$),但是对于虚假供述没有明显的影响($g=-0.23$, z=−0.60,ns）。由于相关研究的数目比较少,我们无法对于真实供述的明显影响并不稀奇,通过分析调整结果(Qs<1.41,ns),效果量分析也没能显示出显著差异性。

### 4.4.3 逼供法和信息收集法比较

有3份研究直接检验了逼供法和信息收集法对真实供述(k=3,N=215)和虚假供述(k=3,N=215)的影响。随机结果分析显示,与逼供法相比,信息收集法能够得到更多的真实供述(g=0.64,z=1.97,p<.05),并减少虚假供述(g=−0.77,z=2.19,p<.05)。中等到大型效果量并不显著。同样的,因为缺乏显著差异性,调整分析也没法进行(Qs<4.43)。

### 4.4.4 总结

虽然针对逼供法和信息收集法对供述结果影响的实验室研究还很少,但是数量却在增加。虽然两种方法与控制组相比,都能显著增加获得真实供述的可能性,但此供述同时也显著增加了无辜者虚假供述的可能性。当将逼供和信息收集法直接进行比较时,信息的诊断价值更明显,他们能得到更多的真实供述,明显减少虚假供述的发生。

# 5. 讨 论

我们一开始发现到相对少量的实验和实地研究的文献,评估了讯问方法对真实和虚假供述的系统影响。虽然有些研究显示了很强的效果,但是自变量的数目,尤其是信息收集法针对真实供述的研究,制约了我们结论的可信度。因此,我们只是简要地讨论了实地和实验的元分析研究的结果,然后应用于实践当中。

## 5.1 实地研究的结论

我们共找到33篇可供利用的实地研究的文献,其中只有5篇运用了经验研究的方法探讨了讯问方式和讯问效果之间的关系。只有这么少量的相关研究着实让我惊讶,特别是在我们已经意识到以研究和实证为政策基础的重要性的前提下(Kassin et al.,2010)。

实地研究都表明逼供法和信息收集法都能大幅增加获取供述的可能性,而且效果量显著,但由于可利用的研究少,结论并不十分可靠。有趣的是,那些一般的讯问方法与供述结果并没有显著关联。所以区分信息收集法和逼供法的技术关键在于供述的获得。值得注意的是,田野法并不能给我们提供在供述价值诊断上的重要信息。也就是说,这类研究缺乏"广泛事实",而这是我们判断嫌疑人供述真实性的根据,从而让我们在评估供述时困难重重。评估供述准确性的常用方法是反驳有效证据的力度大小(cf.Behrman & Davey,2001;Leo & Ofshe,1998);然而,这些研究都没有采用这种方法来评估作为讯问效力的中间变量的供述可靠性。还有一点值得注意的是,包含在田野法的元分析研究中的每个研究都检验了特定的讯问方法和讯问效果之间的关系。正如针对那些有效的文献的回顾中提到的一样,很多控制变量都能较好地纳入这样的分析当中(如与讯问者经历相关的因素、犯罪类型、讯问者/嫌疑人的种族情况、地理因素等),本来我们还可以进行更复杂的建模分析(如多层次建模或者是通路分析),即使许多研究(不是全部)没有足够大的样本量来同时考虑多层因素。我们强烈鼓励研究人员去寻求更大的样本量,针对讯问方法影响性作出更系统更多层次的分析。此外,由于我们对特定讯问方法效果的认识日渐成熟,在田野情境下进行类实验的方法也是很有必要的。类实验方法可以将现实讯问中的那些随机分配的因素纳入,如认知访问方法的运用,嫌疑人是否被告知讯问内容将被记录,还有其他需要考虑的变量。这样的类实验方法对于评估警察讯问的替代方法的效果是有效的,在以后的实践中我们都必须加以考虑。

### 5.2  实验法结论

在所有的 22 个可能有用的实验法研究中,只有 12 个用到了方法并且针对关键结果做了评估(如真实/虚假供述)。大部分被排除了的研究并没有关注讯问风格本身,而是在一些意向性的因素上。比如,在 Forest(2006),Horselenberg(2003)和 klayer 等人的研究中,Kassin 和 Kiechel 的范式就得以运用,但是并没有涉及讯问风格上来。Klayer 的研究涉及了犯罪的合理性,而 Forest 和 Horselenberg 的研究则将重心放在了嫌疑人个体的差异性上。针对那些可用的实验研究文献的元分析证明了一些能用于政策和实践的关键发现的有用性。首先,逼供法能显著增加获得真实供述的可能性(与控制组相比),然而与此同时却也能增加获得虚假供述的可能性,而且影响结果显著,这和美国发生的许多错误供述案件的情形相一致(Kassin et al.,2010)。与此相反的是,信息收集法能显著提高获得真实供述的可能性,但是在提高虚假供述可能性上并不显著(与控制组结果相比较)。实际上,信息收集法能够很大程度上减少虚假供述的发生。当信息收集法与逼供法直接相比较时,前者诊断性卓越,能显著增加真实供述减少虚假供述。虽然由于研究数目较小,结果并不有很强说服力,但是结果显示信息收集法在诊断性供述证据收集上更受亲睐。由于相关文献数目较少,稳健度的不尽如人意也并不出人意料。虽然目前相关研究的收录在方法学上的标准还是严格的,今后的研究在文献收录上必须有所取舍和扩充。

### 5.3 政策启示

系统回顾让我们对当前实验和田野研究的相关文献有了清晰的认识,假如我们要在不同的心理层面、社会层面、犯罪层面和文化层面的因素对讯问过程影响上有更为深刻的理解,我们就必须更加有所精进。然而对于虚假供述的导致因素,我们却有稳健的了解,但是却只有有限的文献能够在推进司法过程中诊断性供述证据取得的讯问方法上提供替代方案。当前的分析表明,在大不列颠以及其他国家实行的信息收集法不但在供述取得效率上同逼供相同,而且在诊断性信息的取得上还有优势(Bull & Soukara,2010)。在实验法的元分析研究中,信息收集法和逼供法比较显示前者能获得多个优势性结果(虽然由于样本量小,结论可靠性要打折扣)。具体而言,信息收集法能取得更多真实供述,逼供法则会导致更多的虚假供述。因此,当前分析表明司法系统、军队以及情报部门应该多采用信息收集法。另外,我们需要更多的相关研究来加深我们对不同讯问方法的效果的理解,从而为证据性实践和政策提供坚实的基础。

# 6. 下一步更新计划

相关系统综述会每隔 3 年到 5 年更新一次,负责更新的则是主要评论者和他们的学生。而先前的搜寻和编码方法将会沿用。

# 7. 致　谢

我们承蒙联合国警务发展局和康拜尔合作组织的支持,特表感激。我们还要感谢那些在文献搜寻和编码上给予巨大帮助的研究生和博士后,他们是:Jacqueline Evans,Catherine Cammilletti,and Stephen Michael 博士。最后,我们要感激美国空军高级智囊团成员 Col.Steve Kleinman,感激他对整个回顾过程的有益评论和支持。

# 8. 参考文献

Abboud,B.,Wadkins,T.A.,Forrest,K.D.,Lange,J.,& Alavi,S.(2002,March).False confessions: Is the gender of the interrogator a determining factor? Paper presented at the biennial meeting of the American Psychology-Law Society, Austin, TX.

Baldwin, J. (1992). Videotaping police interviews with suspects: A national evaluation. Police Research Series Paper 1. London: Home Office.

Baldwin, J. (1993). Police interview techniques: Establishing truth or proof? *British Journal of Criminology*, 33, 325-352.

Behrman, B. W., & Davey, S. L. (2001). Eyewitness identification in actual criminal cases: An archival analysis. Law & Human Behavior, 25, 475-491.

Beune, K. (2009). *Talking heads: Interviewing suspects from a cultural perspective.* Unpublished doctoral dissertation.

Beune, K., Giebels, E., & Sanders, K. (2009). Are you talking to me? Influencing behavior and culture in police interviews. *Psychology, Crime, & Law*, 15, 597-617.

Bond, C. F., & DePaulo, B. M. (2006). Accuracy in deception judgments. Personality & Social Psychology Review, 10, 214-234.

Bull, R. & Soukara, S. (2010). What really happens in police interviews. In G. D. Lassiter & C. A. Meissner (Eds.), *Police interrogations and false confessions: Current research, practice, and policy recommendations.* Washington, DC: American Psychological Association.

Cassell, P. G. & Hyman, B. S. (1996). Dialogue on *Miranda*: Police interrogation in the 1990s: An empirical study of the effects of *Miranda. UCLA Law Review*, 43, 839.

Clarke, C. & Milne, R. (2001). *National evaluation of the PEACE investigative interviewing course.* Police Research Award Scheme. London: Home Office.

Costanzo, M. & Redlich, A. (2010). Use of physical and psychological force in criminal and military interrogations. In J. Knuttsson & J. Kuhns (Eds.), Policing around the world: Police use of force. Praeger Security International.

Cox, D. R. (1970). *Analysis of binary data.* New York: Chapman & Hall/CRC.

DePaulo, B. M., Lindsay, J. J., Malone, B. E., Muhlenbruck, L., Charlton, K., & Cooper, H. (2003). Cues to deception. *Psychological Bulletin*, 129, 74-118.

DesLauriers-Varin, N., Lussier, P., & St-Yves, M. (2011). Confessing their crime: Factors influencing the offender's decision to confess to the police. *Justice Quarterly*, 28, 113-145.

Dixon, D. ( 2007 ). *Interrogating images: Audio-visually recorded police questioning of suspects*. Sydney Australia: Sydney Institute of Criminology.

Evans, J. R., Meissner, C. A., Brandon, S. E., Russano, M. B., & Kleinman, S. M. ( in press ). Criminal versus HUMINT interrogations: The importance of psychological science to improving interrogative practice. *Journal of Psychiatry & Law*.

Faller, K. C., Birdsall, W. C., Henry, J., Vandervort, F., & Silverschanz, P. ( 2001 ). What makes sex offender confess? An exploratory study. *Journal of Child Sexual Abuse*, 10, 31-49.

Feld, B. ( 2006 ). Police interrogation of juveniles: An empirical study of policy and practice. *Journal of Criminal Law & Criminology*, 97, 219-316.

Fisher, R. P., & Geiselman, R. E. ( 1992 ). *Memory enhancing techniques for investigative interviewing: The cognitive interview*. Springfield, IL, England: Charles C Thomas, Publisher.

Fisher, R. P., & Perez, V. ( 2007 ). Memory-enhancing techniques for interviewing crime suspects( pp.329-350). In S. Christianson( Ed. ) *Offenders' memories of violent crimes*. Chichester, UK: John Wiley & Sons, Ltd.

Forrest, K. D., Wadkins, T. A., & Larson, B. A. ( 2006 ). Suspect personality, police interrogations, and false confessions: Maybe it is not just the situation. *Personality & Individual Differences*, 40, 621-628.

Griffiths, A. ( 2008 ). *An examination into the efficacy of police advanced investigative interview training*. Unpublished doctoral dissertation.

Gudjonsson, G. H. ( 2003 ). *The psychology of interrogations and confessions*. Chichester: Wiley.

Home Office ( 2003 ). *Police and criminal evidence act* 1984. *Codes of practice A-E revised edition*. HMSO: London, UK.

Horgan, A. J., Russano, M. B., Meissner, C. A., & Evans, J. ( 2010 ). *Should I just confess? The perceived consequences of confessing and confession diagnosticity*. Paper presented at the annual conference of the American Psychology-Law Society, Vancouver, Canada.

Horselenberg, R., Merckelbach, H., & Josephs, S. ( 2003 ). Individual differences and false confessions: A conceptual replication of Kassin and Kiechel. *Psychology, Crime, & Law*, 9, 1-8.

Inbau, F. E., Reid, J. E., Buckley, J. P., & Jayne, B. C. ( 2001 ). *Criminal interrogation and confessions*（4th ed.）.Gaithersberg,MD:Aspen.

Justice,B.P.,Bhatt,S.,Brandon,S.E.,& Kleinman,S.M.（2009）.Army field manual 2-22.3interrogation methods:A science-based review.Unpublished manuscript.

Kassin,S.M.,Drizin,S.A.,Grisso,T.,Gudjonsson,G.H.,Leo,R.A.,& Redlich,A.D.（2010）.Police-induced confessions:Risk factors and recommendations.*Law & Human Behavior.*

Kassin,S.M.& Gudjonsson,G.H.（2004）.The psychology of confessions:A review of the literature and issues.*Psychological Science in the Public Interest*,5,33-67.

Kebbel, M. R., & Daniels, T. （2006）. Mock-suspects' decisions to confess:The influence of eyewitness statements and identifications.*Psychiatry*,*Psychology*,& *Law*,13,261-268.

Kebbel, M. R., Hurren, E. J., & Roberts, S. （2006）. Mock-suspects' decisions to confess:The accuracy of eyewitness evidence is critical.*Applied Cognitive Psychology*,20,477-486.

Klaver,J.,Lee,Z.,& Rose,V.G.（2008）.Effects of personality,interrogation techniques, and plausibility in an experimental false confession paradigm. Legal & Criminological Psychology,13,71-88.

Kohnken,G.,Milne,R.,Memon,A.,& Bull,R.（1999）.A meta-analysis on the effects of the cognitive interview.*Psychology*,*Crime*,& *Law*,5,3-27.

Lassinter,G.D.,& Meissner,C.A.（2010）.*Police interrogations and false confessions:Current research*,*practice*,*and policy recommendations*.Washington,DC:APA.

Leo,R.A.（2008）.*Police interrogation and American justice*.Cambridge,MA:Harvard University Press.

Leo,R.A.& Ofshe,R.（1998）.The consequences of false confessions:Deprivations of liberty and miscarriages of justice in the age of psychological interrogation.*Journal of Criminal Law & Criminology*,88,429-496.

Lassiter,G.D.,& Meissner,C.A.（2010）.*Police interrogations and false confessions:Current research*,*practice*,*and policy recommendations*.Washington,DC:American Psychological Association.

Lippert,T.,Cross,T.P.,Jones,L.M.,& Walsh,W.（2010）.Suspect confession of child sexual abuse to investigators.*Child Maltreatment*,15,161-170.

Lipsey, M. W., & Wilson, D. B. (2001). *Practical meta-analysis*. Thousand Oaks, CA: Sage.

Ma, Y. (2007). A comparative view of the law of interrogation. *International Criminal Justice Review*, 17, 5−26.

Malpass, R. S., Tredoux, C. G., Schreiber Compo, N., McQuiston-Surret, D., MacLin, O. H., Zimmerman, L. A., & Topp, L. D. (2008). Study space analysis for policy development. *Applied Cognitive Psychology*, 22, 789−801.

McConville, M.& Baldwin, J. (1982). The role of interrogation in crime discovery and conviction. *British Journal of Criminology*, 22, 165−175.

McGurk, B., Carr, M., & McGurk, D. (1993). *Investigative interviewing courses for police officers: An evaluation. Police Research Group Paper* 4. London: Home Office.

Medalie, R. J., Zeitz, & Alexander (1968). Custodial police interrogation in our nation's capital: The attempt to implement *Miranda. Michigan Law Review*, 66, 1347.

Medford, S., Gudjonsson, G. H., & Pearse, J. (2003). The efficacy of the appropriate adult safeguard during police interviewing. *Legal & Criminological Psychology*, 8, 253−266.

Meissner, C. A., & Brigham, J. C. (2001a). A meta-analysis of the verbal overshadowing effect in face identification. *Applied Cognitive Psychology*, 15, 603−616.

Meissner, C. A., & Brigham, J. C. (2001b). Thirty years of investigating the own-race bias in memory for faces: A meta-analytic review. *Psychology, Public Policy, & Law*, 7, 3−35.

Meissner, C. A., & Kassin, S. M. (2002). "He's guilty!": Investigator bias in judgments of truth and deception. *Law & Human Behavior*, 26, 469−480.

Meissner, C. A., & Kassin, S. M. (2004). "You're guilty, so just confess!": Cognitive and behavioral confirmation biases in the interrogation room. In D. Lassiter's (Ed.), *Interrogations, confessions, and entrapment* (pp. 85−106). Kluwer Academic / Plenum Press.

Meissner, C. A., Hartwig, M., & Russano, M. B. (2010). The need for a positive psychological approach and collaborative effort for improving practice in the interrogation room. *Law & Human Behavior*, 34, 43−45.

Meissner, C. A., Russano, M. B., & Narchet, F. M. (2010). The importance of a laboratory science for improving the diagnostic value of confession evidence. In G. D. Lassiter & C. Meissner's (Eds.) *Interrogations and confessions: Research, practice, and policy*. Washington, DC: APA.

Meissner, C.A., Sporer, S.L., & Susa, K.J. (2008). A theoretical and meta-analytic review of the relationship between verbal descriptions and identification accuracy in memory for faces. *European Journal of Cognitive Psychology*, 20, 414-455.

Memon, A., Meissner, C.A., & Faser, J. (2010). The Cognitive Interview: A meta-analytic review and study space analysis of the past 25 years. *Psychology, Public Policy, & Law*, 16, 340-372.

Milne, R., & Bull, R. (1999). Investigative interviewing: Psychology and practice. Chichester: Wiley.

Mitchell, T.L., Haw, R.M., Pfeifer, J.E., & Meissner, C.A. (2005). Racial bias in juror decision-making: A meta-analytic review of defendant treatment. *Law & Human Behavior*, 29, 621-637.

Mortimer, A., & Shepherd, E. (1999). Frames of mind: Schemata guiding cognition and conduct in the interviewing of suspected offenders. In A. Memon & R. Bull (Eds.), *Handbook of the psychology of interviewing* (pp.293-315). Chichester, England: Wiley.

Moston, S., Stephenson, G.M., & Williamson, T.M. (1992). The effects of case characteristics on suspect behaviour during questioning. *British Journal of Criminology*, 32, 23-40.

Nash, R.A., & Wade, K.A. (2009). Innocent but proven guilty: Eliciting internalized false confessions using doctored-video evidence. *Applied Cognitive Psychology*, 23, 624-637.

Neubauer, D.W. (1974). Confessions inPrairie City: Some causes and effects. *Journal of Criminal Law & Criminology*, 65, 103-112.

New Haven Study (1967). Interrogations in New Haven: The impact of *Miranda*. *Yale Law Journal*, 76, 1519.

Pearse, J. J. (2006). *The effectiveness of police interviews with terrorist suspects*. Classified government document.

Pearse, J.J. (2009). The investigation of terrorist offences in the United Kingdom: The context and climate for interviewing officers. In R. Bull, T. Valentine, and T. Williamson (Eds.) (2009). *Handbook of psychology of investigative interviewing* (pp.69-90). Chichester: Wiley-Blackwell.

Pearse, J. & Gudjonsson, G. (1999). Measuring influential police interviewing tactics:

A factor analytic approach.*Legal & Criminological Psychology*,4,221-238.

Redlich, A. D. ( 2007 ). Military versus police interrogations: Similarities and differences.*Peace & Conflict: Journal of Peace Psychology*,13,423-428.

Redlich,A.D.& Meissner,C.A.(2009).Techniques and controversies on the interrogation of suspects:The artful practice versus the scientific study.In J.Skeem,K.Douglas,& S.Lilienfeld ( Eds.) , *Psychological science in the courtroom: Controversies and consensus* ( pp.124-148).New York:Guilford Publications,Inc.

Reiss,A.J.& Black,D.J.( 1967).Interrogation and the criminal process.*The Annals of the American Academy of Political & Social Science*,1,47-57.

Sánchez-Meca, J., Marín-Martínez, F., & Chacón-Moscoso, S. ( 2003 ). Effect-size indices for dichotomized outcomes in meta-analysis. *Psychological Methods*, 8 ( 4 ), 448 -467.

Schollum,M.( 2005).*Investigative interviewing: The literature.*New Zealand Police Department.Retrieved January 15,2006,http://www.police.govt.nz/resources/2005/investigative-interviewing/investigative-interviewing.pdf.

Seeburger,R.H.,& Wettick,S.( 1967).Miranda in Pittsburgh:A statistical study.*University of Pittsburgh Law Review*,29,1.

Smith,S.M.,Stinson, V., & Patry, M.W. ( 2009 ). Using the "Mr.Big" technique to elicit confessions:Successful innovation or dangerous development in the Canadian legal system.*Psychology,Public Policy,& Law*,15,168-193.

Softley,P.( 1980).Police interrogation:An observational study in four police stations. Home Office Research Study No.61.

Sporer, S. L. & Schwandt, B. ( 2006 ). Paraverbal indicators of deception: a meta-analytic synthesis.*Applied Cognitive Psychology*,20,421-446.

Sporer,S.L.& Schwandt,B.( 2007).Moderators of nonverbal indicators of deception:A meta-analytic synthesis.*Psychology,Public Policy,& Law*,13,1-34.

Stephenson,G.& Moston,S.( 1994).Police interrogation.*Psychology, Crime, & Law*, 1,151-157.

van Bergen,S.,Jelicic,M.,& Merckelbach,H.( 2008).Interrogation techniques and memory distrust.*Psychology,Crime,& Law*,14 425-434.

Vera Institute of Justice( 1967).*Monitored interrogations project final report.*Unpublished document.

Vrij.A.,Mann,S.A.,Fisher,R.P.,Leal,S.,Milne,R.,& Bull,R.(2008).Increasing cognitive load to facilitate lie detection:The benefit of recalling an event in reverse order. *Law & Human Behavior*,32,253-265.

Walsh,D.W.& Milne,R.(2008).Keeping the PEACE? A study of investigative interviewing practices in the public sector.*Legal & Criminological Psychology*,13,39-57.

Willis,C.F.,Macleod,J.& Naish,P.(1988).*The tape recording of police interview with suspects:a second interim report.*Home Office Research Study No.97.London:HMSO.

Witt,J.(1973).Non-coercive interrogation and the administration of criminal justice: The impact of Miranda on police effectuality. *Journal of Criminal Law & Criminology*, 64,320.

# 压力管理项目对现任及
# 新招录警察的影响

## The Effects of Stress Management Interventions among
## Police Officers and Recruits

作者:George T.Patterson,Irene W.Chung,Philip G.Swan

译者:叶嘉茵　核定:张金武　张彦

## 内容概要

20世纪70年代晚期,执法机构开始关注警察压力。结果发现压力除了影响警官的工作表现之外,还影响他们的个人生活和人际关系。由于警察是潜在压力情景下的第一反应者,他们能否顺利处理压力的能力对于他们的心理健康和整体社会的安全都至关重要。研究发现,应对压力有困难的警察会表现出适应不良的行为和如冷漠、极权主义、愤世嫉俗、人格解体、情感抽离、多疑和酗酒的性格特征。

高压会导致严重的如头痛、胃痛、背痛、溃疡、心脏病发作的生理症状以及类似焦虑、抑郁、幻觉和恐慌症的心理症状。警察的不当行为与警察心理压力也有关系,而且基于警察表现产生的诉讼也会对执法机构造成负面影响。其他组织反应包括欠佳的警察表现、低效、士气低落、不好的公共关系、劳动管理问题、迟到、旷工和流动率。执法机构为了减轻警察压力推出了各种各样的压力管理干预措施。

这份系统评估报告的目的在于识别、检索、评价和综合现有的关于提供给经验丰富的警官以及新招录警察的压力管理干预措施结果的证据。这份评估报告提出的问题是:警察的压力管理干预措施对压力结果有何影响?

识别研究中运用了大量的检索方法,这些方法包括:

1. 搜索电子数据库;

2. 人工搜索相关的杂志、书籍和会议记录;

3. 搜索网页;

4. 快速阅读相关研究的参考文献列表;

5. 联系拥有警察压力管理和发展计划评估知识的机构和作者;

6. 引用搜索。

列入检索的研究文献侧重于人口特征和取样策略、干预措施、研究方法及设计、数据分析和最终结果。所纳入的研究文献里,其研究对象需包含经验丰富的警察、新招录警察、和/或(非宣誓的)民警;一项随机对照试验(RCT),随机分配的条件,或包含了控制组的准实验设计;一项社会心理的或者其他类型的压力管理干预措施;量化的结果,即使这些研究中运用了如重点群体、访谈的定性方法,只要这些研究都以RCT研究中审查的干预措施为重点即可;以及在任何地方进行的已出版和未出版的研究。

这篇元分析是由综合分析 2.2.050 版本(Borenstein et al.,2009a)的计算机软件程序完成的。那些得出多种结果和时间点的研究报告不被视为独立的。效果大小根据结果类型(心理、行为和生理)进行分类,并分别分析不同的结果类型。在包含了多种结果的研究中,结果都是平均的。不同结果类型的效果大小并不平均。虽然有些效果大小是用公布的 Cohen 的 d 和 t-测试结果计算的,但大多数效果大小都是用报告的均值、标准偏差和样本大小来计算的。

本次审查结果显示,压力管理干预措施对心理、行为和生理的结果均没有显著的影响。鉴于压力可能导致消极的心理、行为和生理结果,12 项最初研究审查了心理压力的结果。只有 3 项研究审查了行为结果,还有 2 项审查了生理结果。几乎没有发现任何对于心理、行为和生理结果的影响。中介变量分析虽然困难且只有很少的研究可用于探索,但也未能在研究里找到任何有意义的差异。这些结果并没有提供证据支持对于警察和新招录警察的压力管理干预措施的有效性。再加上研究设计的缺陷,我们不能得出这些方案有效或无效的结论。

评估对于警察和新招录警察的压力管理干预措施的有效性需要更多严谨的研究,因此为日后的研究提出几点建议。第一,警方组织需要进行包括随机分配在内的当前压力管理措施的评估研究。第二,警察和新招录警察的压力管理干预措施应侧重于具体的压力类型(如组织的或个人的)。压力类型是干预措施的重点,应在研究中进行描述。第三,需要更多定性数据作为参与者的经验成为适用干预措施的背景。

# 1. 背　景

1984 年,Lazarus 和 Folkman 把压力定义为"人与自然的关系,这种关系被人评价为负担或者超出他的资源,并威胁到他的幸福"(p.21)。压力被视为一个交易过程,这个过程与认知评价、应对策略和内心满足的压力结果是相互影响的关系。最重要的是,每个人面对压力的方法都不同。

20 世纪 70 年代晚期,执法机构开始关注警察压力(Cole & Smith,2004)。结果发现压力除了影响警察的工作表现之外,还影响他们的个人生活和人际关系(Burke,1993;Finn & Tomz,1997;Wilson,Tinker,Becker & Logan,2001)。由于警察是潜在压力情景下的第一反应者,他们能否顺利处理压力的能力对于他们的心理健康和整体社会的安全都至关重要(Lester,Leitner,& Posner,1984)。研究发现,应对压力有困难的警察会表现出适应不良的行为,如冷漠、极权主义、愤世嫉俗、人格解体、情感抽离、多疑和酗酒的个性特点(Bonifacio,1991;Davidson & Veno,1980;Evans,Coman,Stanley,& Burrows,1993;Kroes,1985;Niederhoffer,1967;Violanti & Marshall,1983)。

高压会导致严重的症状,Stinchcomb(2004)发现不仅有如头痛、胃痛、背痛、溃疡、心脏病发作的生理症状,还有如焦虑、抑郁、幻觉和恐慌症的心理症状。压力的生理症状和心理症状之间的关系已经被类似地研究过,其中研究者有 Aldwin(2007)和 Gaab,Blattler,Menzi,Pabst,Stoyer,还有研究对于内分泌应激反应和在随机对照试验研究中认知评价的行为压力管理培训的 Ehlert(2003)。结果包含了生理和心理的自我报告方法。同样的,Blumenthal et al.(2005)测试了一个随机对照试验中压力管理干预措施的效果,这个试验也结合了生理和心理的自我报告方法。但是这些研究并没有使用警察样本,而且仅仅这些方法不能说明压力管理计划的有效性。这些研究表明,在调查此类干预措施的有效性方面取得进展。

工作倦怠、抑郁、滥用药物、婚姻问题和自杀都被认为是警察在生活中应对压力的反应(Anshel,2000;Biggam,Power,& MacDonald,1997;Brandt,1993;Brown,Cooper,& Kirkcaldy,1996;Burke & Deszca,1986;Cooper,& Davidson,1987;Jannik & Kravitz,1994;Kirkcaldy,Cooper,& Ruffalo,1995;Lennings,1995;Violanti,1995)。警察的不当行为与警察间的压力也有关系。Amaranto,Steinberg,Castellano 和 Mitchell(2003)强调预防和正视压力从而防止警察不当行为的重要性。Finn 和 Tomz(1997)提出警察压力还会导致基于警察表现产生的诉讼对执法机构造成负面影响。其他组织反映包括欠佳的警察表现、低效、士气低落、不好的公共关系、劳动管理问题、迟到、旷工和流动率。执法机构为了减轻警察压力推出了各种各样的压力管理干预措施。

Finn 和 Tomz(1997)描述了四种常用的警察压力的分类。一种常见的压力源包含了在缺乏资源的官僚机构工作,额外的文书工作以及疏于监管逐渐被破坏的警察个人自主意识(Finn & Tomz,1997;Brandt,1993;Wilson et al.,2001)。另一个明显的压力源于市民工作,这些市民既有攻击者也有受害者,这使得警察受到生命威胁和创伤的可能性远远大于意外和自然灾害(Finn & Tomz,1997;Wilson et al.,2001)。警察在刑事司法系统内工作时也会感觉到压力,他们觉得对罪犯过于宽容(Finn & Tomz,1997)。最后,警察与工作相关的压力同样会给他们的家庭生活造成影响,从而反过来影响他们的整体压力水平,这可能导致家庭暴力、分居和离婚(Finn & Tomz,1997;Wilson et al.,2001)。

为了帮助有经验的和新招募的警察控制压力,执法机构提供了多种类型的干预措施,其中最常见的就是帮助识别压力迹象,以及如何应对的培训(On the Job,2000;Sewell,1999)。更多具体的干预措施通常需要现场检查和搜索、积极的自我对话、深呼吸、设定精神支柱、认知预演、降低敏感度、渐进性放松肌肉、冥想、意象和生物反馈、设定目标、心理疏泄治疗、时间管理、财务规划、视觉运动行为预演(VMBR)、危急事件压力管理(CISM)、健康的身体、逐步放松、生物反馈、社会支持、眼动脱敏和再加工治疗(EMDR)(Addis & Stephens,2008;Anderson,Swenson & Clay,1995;Brandt,1993;Carlier,Lamberts,van Uchelen,& Gersons,1998;Chapin,Brannen,Singer,& Walker,2008;Ellison & Genz,1983;Everly,Flannery,& Mitchell,2000;Shipley & Baranski,2002;Webb & Smith,1980;Wilson et al.,2001）。在这些干预措施中,认知应对策略或许在研究资料里最受关注,包括调查关于警察和新招录警察用以控制压力的认知应对策略的横向研究(Evans et al.,1993;Fain & Mc Cormick,1988;Graf,1986;Kirmeyer,& Diamond,1985;Patterson,2003;Violanti,1992）。认知评价也被认为是压力困扰关系的重要组成部分(Folkman & Lazarus,1991;Folkman & Lazarus,1985;Lazarus & Folkman,1984;Folkman,Lazarus,Dunkel-Schetter,DeLongis,& Gruen,1986）。

上述策略侧重警察个人应对压力的能力。Hurrell(1995)认为对于警察处理压力大的工作事件的培训可能无效,尤其是在不受警察控制的工作环境下的组织工作事件。Hurrell 提出对警察的压力管理干预措施应包括培训警察处理问题的效率,另外,干预措施也应处理组织的环境和警察与执法机构间的关系。还有的指出把执法机构作为改革的目标是减轻压力的一种方法(Collins & Gibbs,2003;Morash,2006;Stinchcomb,2004）。

最近,Penalba,McGuire 和 Leite(2009)强调缺少高质量的关于警察压力管理干预措施有效性的数据,他们为了预防心理紊乱而进行了一次 Cochrane 系统评估,这份报告评估了对于执法人员(警察和军事警察)的社会心理干预措施的有效性。关于社会心理干预措施的随机的和准随机的对照试验研究都包括在内。在评估报告采用的 10 项研究中,作者指出只有 5 项的报告数据可以用于分析。所有研究都不能完全符合评估报告的纳入标准。许多缺乏相关数据,而且数据所显示的效果微乎其微,这导致作者作出了这些研究普遍质量不高的结论,此外,没有足够的证据表明为了预防心理紊乱而给予执法人员的社会心理干预措施具有成效。

van der Hek 和 Plomp(1997)更新了一份最初由 DeFrank and Cooper(1987)进行的压力管理干预措施的报告。他们审查了从 1987 年到 1994 年的出版研究,并指出"要确定哪个具体的干预措施或者技巧是最有效的并值得推荐仍是不可能的事"(p.140)。当发现显著效果时,要评估干预措施中的哪个组成部分产生效果是非常困难的。作出这些结论的依据在于研究中的多种成分使得比较这些研究具有困难,而非缺乏足够的研究。

Richardson 和 Rothstein(2008)更新了一份原来由 van der Klink,Blonk,Schene 和 Dijk(2001)作出的系统研究报告。他们调查了老师、护士、工厂工人、维修人员和社会服务工作者间的压力管理干预措施,其中发现了样本大小为 2847 的中度至高度的影响。总之,他们的结果支持 van der Klink et al.的观点,但是他们也发现缺乏说服力的研究并不改变效果,并且只有在包含真实试验的分析中才会产生更大的影响。

# 2. 目　的

这份系统评估报告的目的在于识别、检索、评价和综合现有的关于提供给经验丰富的警官以及新招录警察的压力管理干预措施结果的证据。这样一份报告可以告诉读者有关这些干预措施的有效性以及存在的证据的说服力。

研究问题是：压力管理干预项目对缓解警察的压力程度发生了什么样的影响？

要回答这个问题，我们应：①细查警察和新招录警察的干预措施在概念上的差异；②调查警察和新招录警察的干预措施在研究方法上的差异；③综合警察和新招录警察压力来源和类型的所有知识，以及干预措施的优点和缺陷；④找出相互矛盾的干预措施效果的原因，如不同的课程、不同的结果测量方法、不同的研究方法等；⑤综合有关不同的研究设计、研究方法、干预措施和对结果的数据分析程序的影响。

# 3. 方　法

### 3.1　评估报告中筛选文献的标准

列入检索的研究文献侧重人口特征和取样策略、干预措施、研究方法及设计、数据分析和最终结果。

（1）研究对象包括经验丰富的警察、新招录警察、和/或（非宣誓的）平民警察。执法机构在培训学院训练新招录警察时便提供了压力管理的培训，而有经验的警察则是在职培训的（Finn & Tomz,1997）。尽管在培训老警察和新招录警察时有很多差异，但最明显的区别在于他们拥有的工作经验。其他差异还有年龄、婚姻状况、父母状况以及等级观念。这些状态都是压力的来源。由于干预措施可能会同时提供给老警察和新招录警察，另外还有民用执法人员，所以这三类对象都被包含在这份评估报告内。平民警察之所以会被纳入研究范围是因为有的压力管理干预措施同时包含了武装的和非武装的执法人员。至于那些包括了警务人员和非警务人员（如教师、护士、消防员）的混合人口研究，只有当警察、新招录警察、和/或（非武装的）平民警察的这部分内容可以被单独区别出来进行研究时才会被纳入这份评估中。

（2）下列例子说明提供给研究对象的干预措施用于解决压力：①眼动脱敏和再

加工治疗(EMDR),即消极的想法都集中体现在一个人的眼睛横向快速来回移动的行为的八部临床方法;②事后情况说明,即在一个支持性的环境下进行说明,以减轻创伤性事件的影响(Everly,Flannery,& Mitchell,2000);③设定目标,即明确目标和优先次序,选择实现目标的方法;④时间管理,即纠正缺乏时间观念的行为并在安排时间、制定目标和确定最后时限时找到平衡点;⑤财务规划,即为财务支出和预算规划作出合理的努力和系统的计划;⑥健康的身体,即通过健身强健体魄并增强处理压力的能力;⑦冥想,即学会把注意力转移到心理状态上,如通过一个视觉符号帮助平静和放松(Benson(1975)and Seer(1979)as cited in Ellison and Genz,1983);⑧逐步放松,即一种让参与者意识到肌肉的紧张并坚信绷紧的肌肉将会在短时间内自动松弛的放松方式;⑨生物反馈,即一种培训参与者控制如肌肉紧张、出汗和心率等不由自主反应的实现技术;⑩社会支持,即由他人提供的具体的或者情感上的支持,支持的来源包括其他警务人员、家庭成员、非警察朋友;⑪认知行为的应对策略,即用于处理高压力事件的情绪上和行为上的应对策略。

(3)检索到的研究都是在最近29年(1980—2009)内发表的。执法机构在20世纪70年代末开始关注警察的压力(Cole & Smith,2004)。

(4)研究运用了随机对照试验(RCT),条件的随机分配,或者包含了控制组的准实验设计。

(5)被包含的最初研究是采用定量方法的效果研究。只要是把重点放在测试RCT的干预措施的采用定性方法(重点群体、访谈)的研究同样会被纳用。通过这种方式,将保持一致性,且定性数据会给背景信息提供定量数据。

(6)发表和未发表的研究,博士论文和硕士论文,会议记录以及书本章节。

(7)每个干预措施、培训或者警察发展计划都记录了一个或多个结果。在这份评估报告中的效果例子有心理上的(态度、知识、对待压力和应对压力的看法),行为上的(表现或者技能),或者基于自我评价、观察或客观数据的生理上的效果(心脏自主神经控制、唾液中游离皮质醇的反应)。

(8)任何地理位置。

### 3.2　识别相关研究的搜索策略

识别研究中运用了大量的检索方法,这些方法包括:

①搜索电子数据库;②人工搜索相关的杂志、书籍和会议记录;③搜索网页;④快速阅读相关研究的参考文献列表;⑤联系拥有警察压力管理和发展计划评估知识的机构和作者;⑥引用搜索。

为了降低发表作品的偏倚性，我们用上述的方法搜索"灰色文献"（如书本章节、政府文件、博士论文和硕士论文、会议记录以及为警务人员提供压力管理和发展计划的机构）。

下列是我们搜索的电子数据库：

Academic Search Premier, Applied Science and Technology Index, ArticleFirst, Arts and Humanities Citation Index, BIOSIS Previews, Book Review Digest Plus, Books@ Ovid, Bureau of Justice Statistics, CINAHL, CINCH: Australian Criminology Database, Criminal Justice Abstracts, Criminal Justice Periodical Index; Custom Newspapers, Directory of Open Access Journals, Dissertations Abstracts, EJS, Emerald Full Text, ERIC, General Science Full Text, Google Books, Google Scholar, GPO, Health and Wellness Resource Center, Health Reference Center Academic, Health Source, Highwire Press, JSTOR, Lexis/Nexis, Linguistics and Language Behavior, LWW Nursing and Health Prof. Premier, MasterFile Premier, Medline, Military & Government Collection (EBSCO), National Criminal Justice Reference Service Abstracts Database; NetLibrary, PAIS International, ProQuest, PsychArticles, PsychInfo, PubMed, Readers Guide, SAGE (Communication Studies, Education, Health Sciences, Management, Politics, Psychology, and Sociology) and SAGE Journals Online; Science Citation Index, Science Direct, Scirus, Social Sciences Citation Index, Social Sciences Full Text, Social Work Abstracts, SocINDEX, SpringerLink, Urban Studies, Web of Science, Wiley InterScience, and World Cat.

下面采用了布尔搜索法——警察和（（压力、自杀或"滥用药物"或"酗酒"）和（管理、预防、意识、汇报或发展））（培训计划）。识别出研究后，这些研究会被放进书目软件 Reworks 中。Reworks 是用来管理和分享评估小组间的研究报告的，并创造了美国心理学会（APA）的书目风格。

我们搜索了35个数据库。搜索出来的有用结果从0到超过11000。低搜索率有时表示缺乏相关的资源，有时也意味着相对于使用复杂的布尔搜索法而言缺乏精确的搜索引擎的结果。搜索率的提高有时可能是由于搜索策略被简化为"警察和压力"，但是这种简化经常导致搜索出来的文章是强调警察处理饱受压力的公众的问题。高搜索率同时也反映了使用复杂的布尔搜索法是在搜索引擎方面缺乏能力。在这种情况下找到了输入单独词语搜索出来的文章，其结果是仅有很少的文章与所评估的主题相关。在所有数据库中要得到富有成效的搜索结果的关键是识别出由数据库出版商提供的相关主题描述。例如，综合学科学术资源大全（ASC）使用的是压力管理一词,而美国生物学数据库(BIOSIS Previews)则用的是压力减少一词。虽然差异看似微小,但是在一个给定的数据库中使用错误的术语可能导致有效搜索率的数量和质量的明显减少。

作为搜索策略的一部分,审查小组联系了可能了解警察压力管理和发展计划评估的组织和作者。与组织和作者的联系并不能导致其研究被用于这份评估中。

### 3.3  对于在成分研究中所用方法的说明

虽然 RCT 设计是评估干预措施有效性的首选设计,但有时这些设计在警察设置,尤其是必须接受同样培训(和干预措施)的新招录警察中,是不切实际的。动态设计(即考虑干预措施中的自然变化的设计(CRD,2009))和准实验设计(即不用随机分配去控制和实验条件的设计)虽然在外部有效性上稍微逊色,但它们最有可能用来评估警察和新招录警察间的压力管理干预的效果。

最有可能用于成分研究的样本是被随机分配到控制组和实验条件组的志愿者。所以可能只有少数研究会包括警察部门雇员抽样框架中的样本。

自我评估数据最常用来评估结果。在研究警察和新招录警察的压力管理干预措施时用到了各种各样的结果指标。测量方法包括了如对于压力效果的认识和态度,酒精的使用和滥用,以及焦虑和抑郁的程度。

### 3.4  编码的类别

编码的拟定(编码形式、码本)在开始收集检索研究的原始数据前进行了试点。初步试验也有助于评估者测试程序,以解决关于相关决定的分歧。这种编码形式记录了出版物特点、样本和人口特征、干预措施、测量、设计和数据分析特点。在某些情况下,这些特征具体到警察和新招录警察上,如警务人员的登记。

### 3.5  统计程序和惯例

这篇元分析是由综合分析 2.2.050 版本(Borenstein et al.,2009a)的计算机软件程序完成的。那些得出多种结果和时间点的研究报告不被视为独立的。效果大小评估可能缺乏统计独立性,因为不同的效果大小评估可能基于同样的参与者使用不同的结果测量而计算的;效果大小可能通过不同的干预措施,在一个单一的控制组内,或者在一个单一的干预措施的小组内的不同控制组计算;不同的样本还可能被用在同样的研究中去计算每个样本的效果大小;或者一系列的研究可能由同样的研究团队进行(Hedges,1990)。为了解决这些问题,我们把效果大小根据结果类型(心理、行为和生理)进行分类,并分别分析不同的结果类型。在包含了多种结果的研究中,结果都是平均的。不同结果类型的效果大小并不平均。效果大小是用报告的均值、标准偏差和样本大小,以及报告的 Cohen 的 d 和 t 测试结果计算的。

平均各研究的效果大小可能导致有偏差的平均效果估计,而且如果不同的研究的效果大小在精确度方面有差异的话,还可能导致错误的抽样误差。因此,每一个研究的效果大小都是其精确度的加权平均,给予研究高精确度和大样本的更多权数。效果的标准化衡量 Hedge's g 被用于估计效果大小。这些措施还提供了包含初步研究变量之间的标准化(Lipsey & Wilson,2001)。

### 3.6　定性研究的讨论

从检索的研究里获得的定性结果将会被用来解释定量的结果,并提供背景信息。(CRD,2009)只有当采用定性方法(重点群体、访谈)的研究符合纳入标准,并包含在一项提供定性数据的研究中时,才会被列入系统评估报告中。换而言之,符合纳入标准的混合方法研究会被列入这份系统评估报告中。这样就能保持一致性,且定性数据会给定量数据提供背景信息。

# 4. 结　果

### 4.1　合格研究的说明

我们搜索和联系可能对警察压力管理和发展计划评估有所了解的机构和作者,这个阶段从 2009 年 8 月 1 日起至 2010 年 5 月 31 日止持续了 9 个月的时间。2010年 5 月 31 日进行最后一次搜索。检索的研究发表于 1984 年至 2008 年间。从研究策略识别和筛选出的标题和/或摘要总数为 678。在这些标题和摘要中,有 25 个研究被检索出来。经仔细检查,由于缺乏足够的数据进行分析,25 个研究中的 13 个被排除在外。

剩余的 12 项研究发表在 1984 年至 2008 年期间。纳入分析的研究包括一个总参与者为 906 人的样本量。一项研究除了实验组和控制组外还包含对照组(Coulson,1987)。对照组被排除在分析之外。在 10 项报告性别的研究中,有 401 名男性参与者和 91 名女性参与者。在 11 项报告年龄的研究中,平均年龄为 34.48 岁(标准差为 3.57)。研究报告了种族/民族数据。7 项研究报告了警务人员从警的经验年限。从警经验年限排除了新招录警察的样本。从警经验的平均年限为 10.77 年(标准差为 4.00)。

只有 3 项研究报告了警务人员的等级,包括警长以下;警察、侦探和行政人员;以及副警长、指挥官、中尉、警长和警察。7 项研究包含了仅由警察组成的样本;2 项研究报告了警察和文职警察的样本;1 项报告了警察和新招录警察的样本,另一个包含了警察和重要关系人的样本,还有一个包含了新招录警察的样本。

12 项研究中描述了 10 种干预措施:压力管理方案、压力减少方案、压力预防、短暂的干预措施、辅导、营养和身体调理、循环式负重训练、眼动脱敏和再加工治疗(EMDR)、视觉运动行为预演(VMBR)以及一个写作干预。初步研究中的 11 项为先前的工作提供了一个例证,为干预措施建立了基础。

干预措施的时间长度介于最短的 1 周和最长的 16 周之间。当测量以分钟和小时为单位时,干预措施的持续时间从 35 分钟到 24 小时不等。干预措施的平均时间长度为 10.95 小时(标准差为 7.33)。

### 4.1.1　心理结果

12 个研究报告结果的数量从 1 到 20 不等,平均每个研究有 8 个结果。在 12 项研究中,100%测量到了心理结果。许多心理结果都被测量到了,如焦虑、抑郁和感知到的压力水平。虽然显示在每个研究中描述的结果范围,并非所有结果都公布在所有研究报告里或者当公布数据时,它就不能被用于分析中。下列各研究所使用的量表包括如下这些充分说明了标准化方法的广泛性和有效性。

The Social Readjustment Rating Scale, The Maslach Burnout Inventory, The Rotter Internal-External Locus of Control, The Competitive State Anxiety Inventory-2(CSAI-2), State-Trait Anger Expression Inventory(STAXI), Posttraumatic Stress Diagnostic Scale (PTDS), The Profile of Mood States(POMS), EMAS-T, STAS-T, PSS, SES, the Symptom Checklist(SCL-90), the Depression Anxiety Stress Scales(Lovibond & Lovibond, 1995), Personal and Organizational Quality Assessment(POQA)survey, Hopkins Symptom Checklist, Perceived Stress Scale, Health and Fitness Questionnaire, Tennessee Self-Concept Scale(TSCS), Stage of Readiness Questionnaire, and5F-Wel(Myers & Sweeney, 2004).

一些标准化方法具体到警务人员上,如警务人员问卷调查和警察工作压力讨论调查(CPJSD)及警察压力细目表(PSI)。

### 4.1.2　行为结果

四项研究(33%)描述了行为结果,如酗酒或工作表现指标。再次声明,并非所有数据都为这些结果而公布的或者当数据被公布后,一些数据就不能被用于分析中。单一项研究报告公布消费酒精饮料的数量作为行为结果(Richmond, Kehoe,

Hailstone,Wodak,& Uebel-Yan,1999)。

因为只有一项研究记述了饮酒行为,并且剩下的行为结果都是与工作有关的后果,饮酒行为就从分析中被排除了。因此,三项研究(25%)记述的行为结果被运用到分析中。行为结果的例子如下所示:

利用生病时间、利用数次休假时间、投诉、利用数次纪律处分、意外次数、迟到次数、受伤、实战场景和对工作表现的自我评定。

### 4.1.3 生理结果

两项研究(17%)记述了生理结果,如:

心率、心率变化、血压、常见的身体症状、心血管健康(不连续的步骤测试)、力量改善、强身健体措施(身高、体重、腰围、肱二头肌直径、胸围)、握力、锻炼和体重的增加/减少。

与记述心理和行为结果相类似,所有与生理结果有关的数据并非在初步研究报告里记述的。

### 4.2 各研究整体平均效应量

效果大小从 8 份发表的研究报告、3 份未发表的博士论文和 1 份未发表的报告中计算而来。效果大小通过对每个结果单独分析得出的结果类型(心理、行为或生理)进行分组。每个研究类型的多重效果大小是平均的。在 3 份研究里,效果范围从-0.695 到 0.194。平均效果是-0.176。这向一个非常小的正面效应指出了一个非常大的负面效应。关于各生理结果间的随机效应模型,2 份研究报告里结合了 29 个影响。这些效果范围从 0.030 到 0.324,或者近乎零的介质效应。平均效果是0.196。关于各心理结果间随机效应模型的结果,共 162 个效果结合产生了范围从-0.485 到 0.975 不等的效果大小,对于一个非常大的正面效应而言的一个稍大的负面效应。平均效果是 0.038。

### 4.3 异质性的效果

Q 统计量是为了测试所有研究都共享一个共同的效果大小虚假设和为了测试12 项研究中的异质性在统计学上是否有意义而计算的。Q 值对于心理结果具有统计学上的意义($p = 0.035$)。但是 Q 值对于生理上的和行为上的结果并不具有统计学上的意义。因此,我们也计算了 $I^2$。$I^2$ 对于生理结果为 0,这意味着效果大小间可变性不大。在心理结果中的 $I^2$ 为 47.23,意味着效果大小中有 47.23%的可变性正是研究中异质性的结果。同样的,在行为结果中的 $I^2$ 为 61.69,意味着效果大小中有61.69%的可变性也是研究中异质性的结果。但是,应该谨慎解释这些结果,因为由于分析中研究的数量低，Q 和 $I^2$ 值在统计学上的说服力有限（Borenstein et al.，2009b）。

### 4.4 中介变量分析

中介变量分析只在 12 个使用心理结果的初步研究中运用。7 个中介变量在理论上影响了压力管理干预措施的结果。这些包括①压力管理干预措施的时间长度——6 项研究报告提供了一天的干预措施，另外 6 项研究报告则提供了两天的干预措施。干预措施的时间长度被定义为一天或两天不等。审查小组达成共识，把干预措施的时间长度定在一天到两天的范围内，是因为他们相信尽管实际上的干预措施每天只有 15 分钟，但是被描述为持续 4 周的干预措施可能具有误导性。②压力管理干预措施的类型——2 项研究报告提供了体育锻炼干预措施，还有 10 项研究报告提供了心理教育干预措施。③对象（新招录警察、有经验的警察、民警）——7 项研究报告内的样本只包含警察，1 项研究报告的样本为新招录警察，1 项样本为警察和重要关系人，2 项样本为警察和民警，还有 1 项的样本为警察和新招录警察。后 3 项研究被定义为警察和其他人员。④性别——3 项研究报告包括男性样本，7 项既包括男性也包括女性样本。一项研究由于流失在最后的分析中没有包含女性，另外一项则没有公布流失后的男女数目。在目前的分析里，只有参与了所有时间点的样本包含在内。⑤警察经验的年限——警察经验的年限被编码为少于 10 年或者多于 10 年。3 项研究记录少于 10 年经验的，4 项研究记录多于 10 年经验的。⑥随机分配条件——2 项研究使用了没有随机分配的控制组，10 项记录了随机分配。一项研究使用了控制组，但是并没有说明这些组是如何得来的。⑦流失——5 项研究没有公布样本中的流失率，7 项则公布了样本中的流失率。在这 7 项公布流失率的研究中，流失的人员被排除在最后的分析外。

只有 3 项研究报告了警务人员的等级，包括警长以下；警察、侦探和行政人员；以及副警长、指挥官、中尉、警长和警察，因此警务人员的等级不作为一个缓和变量。

### 4.5 敏感性分析

敏感性分析用于测试每项研究的平均效应。这种分析由几种方式进行。首先，它是运用在除了第一项研究外的其他所有研究，然后是除了第二项研究外的所有研究，如此等等。其次，删除较大规模的研究，然后删除较小规模的研究。最后，通过删除 7 个缓和变量测试这些因素可能造成的平均效应的影响进行分析。每项分析的结果都是零影响。

### 4.6 定性数据的小结

在这篇系统评估报告纳入的 12 项研究里,只有一项研究(Richmond,Kehoe,Hailstone,Wodak,& Uebel-Yan,1999)包含了一个重点群体的成分从而探索对于饮酒的态度。样本由 43 名不同性别和警察等级的参与者组成,他们被随机分配到 5 个重点群体里。在参与研究的干预措施的警务人员之间,就减少过量饮酒、吸烟和压力症状的问题上缺乏明显改善,重点群体讨论的结果为此提供一些背景信息。这些因素包括警务人员对于执法机构在健康问题上的参与缺乏信任;除非饮酒影响到工作表现,否则就属于私人事情的一种认知;以及在工作环境中固有的压力源有助于把饮酒作为一种应对机制和警察文化中维系警察感情的一个核心部分。

另一项研究(Wilson et al.,2001)进行了与警务人员和重要关系人的临床和离职面谈。这些临床面谈侧重于警务工作固有的压力、组织问题和个人问题。警察和重要关系人被要求描述每个领域的一个压力源。警察提及诸如工资不足、大量的文书工作和加班加点等压力源。这些压力源组成了提供给试验组和控制组的压力管理干预措施的基础。离职面谈也与每对夫妻进行,这些则侧重于警务人员和重要关系人是否在完成压力管理干预措施后仍参与干预措施,而且对于将来有区别地给其他人提供压力管理干预措施提出建议。虽然警察的重要关系人报告说,在他们警务人员配偶参与 EMDR 时观察到积极转变,接受 EMDR 压力管理干预措施的警务人员向同事提及这种干预措施,且很多重要关系人表达了参与 EMDR 干预措施的愿望,但是大部分从离职面谈里得到的定性数据并没有在研究里提到。

### 4.7 发表偏倚

只有在分析中包含发表了的研究报告可能导致发表偏倚。在元分析中省略未发表的研究报告可能导致结果具有误导性(Glass,1981)和高估了真实的效果大小(Borenstein et al.,2009b)。此外,有一些假设他们缺乏严谨性是不必要的(Glass,1981),忽视建立在这种假设基础上的论文,并且假定同行评审期刊发表,会导致高质量的研究可能具有误导性(Borenstein et al.,2009b)。

为了评估发表偏倚,使用了由 Borenstein et al.(2009b)提出的精确度漏斗图。结果表明两项大型研究位于漏斗图的顶部附近并围绕均值,而规模较小的 10 项研究则位于底部附近且较为分散在平均效果大小周围。在这 12 项初步研究里,8 项(67%)是发表了的研究,4 项(33%)是未发表的报告或未发表的博士论文。

# 5. 结　论

　　这篇系统评估报告审查的问题有：警察压力管理干预措施对压力结果的影响有哪些？因为警务人员经历大量的工作和个人压力，这些压力源都会带来负面的结果，这是值得深究的重要问题。执法机构提供了各种各样的压力管理干预措施去帮助警察和新招录警察处理压力，虽然这些干预措施的有效性还有待证明。

　　共有 12 项研究符合纳入标准。Richardson 和 Rothstein（2008）指出，使用特定的对象去着重研究压力管理干预措施的效果可能导致只有少量的研究符合纳入标准。这篇系统评估报告只审查含有控制组的研究。正如预期所想，没有从警察部门雇员样本框架中随机选出的样本，且这些样本都由志愿者组成。这种方法标准的基础是被 Lipsey 和 Wilson（2001）称为"'最好'的证据"（p.9）。

　　在这篇系统评估报告中的初步研究提供了大量关于相当不同的干预措施的组件的信息。此外，还提供了多种干预措施的类型。大多数干预措施似乎已提供给研究作者，而且这些干预措施也不是持续培训计划或者由执法机构参与的研究中方案评估的一部分。各种干预措施成分使得难以对成分进行编码，从而厘清压力管理干预措施的哪一种成分才可能是有效的。确定压力管理干预措施的哪一成分是有效的十分重要，因为这有助于对压力管理干预措施有效性的文字描述和指导机构实施干预措施（van der Hek & Plomp，1997）。

　　鉴于这些压力源和警察压力的类型都已在文献中被广泛地分类，所以不清楚在这些研究中哪种压力类型是干预措施的重点。Giga，Cooper 和 Faragher（2003）认为压力管理干预措施有十分广泛的目标、方法和结构，并提供给不同人群的工人。有些干预措施侧重于组织因素（即政策和物理工作环境），而其他则注重个人因素（即工人的态度和行为）。

　　这次审查的结果显示压力管理干预措施在心理、行为或生理结果上没有明显影响。鉴于压力可以导致心理、行为和生理的结果，绝大多数研究审查了心理压力结果。只有 3 项研究审查了行为结果，还有 2 项审查了生理结果。几乎没有发现任何心理、行为和生理上的影响结果。作者分析，虽然困难且只有很少的研究可用于探索，但也未能在研究里找到任何有意义的差异。这些结果并没有提供证据支持对于警察和新招录警察的压力管理干预措施的有效性。再加上研究设计的缺陷，我们不能得出这些方案有效或无效的结论。

大量对于这些结果貌似合理的解释被提出;低质量的最初研究,多样的干预措施目标、方法问题包括用于衡量结果的标准化工具的多样性和最初研究中样本量小的问题。在这篇评估报告包含 10 项研究里,其中 3 项被识别出曾用于之前审查对警务人员的压力管理干预措施的系统性评估(Penalba et al.,2009)。10 项研究中的 7 项不符合我们的纳入标准。目前的研究结果和由 Penalba et al.(2009)报告的结果指出,检索出的研究质量低,且参与者、干预措施和结果都具有多样性。Giga et al.(2003)提出已报告的相互矛盾的结果导致不同研究间的多样性。事实上,大量应对方法、评估策略和用于调查工作压力和干预措施方法的分类已经被提出(Dewe & Cooper,2007)。这些是可能造成这次审查结果的额外问题。

Wilson et al.(2001)对警察和他们的重要关系人进行离职面谈,发现了警察的重要关系人提到,在他们警务人员配偶参与 EMDR 时观察到了积极转变,且接受 EMDR 压力管理干预措施的警务人员向同事提及这种干预措施。从第二项研究得到的定性数据报告警务人员并不信任工作单位会考虑关心他们的健康问题,包括他们认为除非饮酒干扰到工作表现,否则属于私人问题。警察还表示,警察工作压力促使他们把饮酒当成是应对方法和警察间的维系策略(Richmond et al.,1999)。同样的,Carlan 和 Nored(2008)指出警察不觉得遇到压力症状是对警务工作的准备不足。同时,警察对于和其他警察讨论他们的焦虑感到犹豫,可能因为他们把接受心理压力辅导视为一种耻辱。当他们的研究使用定量方法时,把这些结果汇总后显示需要更多的定性数据调查警务人员对于压力管理干预措施的态度和看法。这样的数据可以将他们在压力管理干预措施中的认知和参与结合有关背景情况一并考虑。

需要更多严谨的研究才能评估警察和新招录警察间压力管理干预措施的有效性。因此为今后的研究提出一些建议。第一,警方组织应该对他们目前的压力管理干预措施进行评估研究,这项研究应包含随机分配。第二,警察和新招录警察的压力管理干预措施应侧重具体的压力类型(如组织的或个人的)。作为干预措施的压力类型应在研究里有所描述。这仿效了 Wilson et al.(2001)用过的方法,把提供给试验组和控制组的压力管理干预措施建立在压力源的基础上,这些压力源是在与警务人员和他们的重要关系人的临床面谈中识别出来的。第三,正如所提及的,需要更多定性数据作为参与者的经验成为适用干预措施的背景。这可以通过混合方法研究做到。这样的研究结果可以添加到证明警察和新招录警察间压力管理干预措施有效性的知识中去,并帮助指导执法机构。

# 6. 更新评估报告的计划

审查小组将负责更新这份系统评估报告。根据康拜尔研究团队的指引,新的评估报告将在这次系统评估报告完成后每三年进行一次。

# 7. 参考文献

Ackerley,D.G.(1986).The effects of a stress management program on police personnel.*Dissertation Abstracts International*,DAI,48,no.05A.

Addis,N.,& Stephens,C.(2008).An evaluation of a police debriefing programme:Outcomes for police officers five years after a shooting.*International Journal of Police Science and Management*,10,361−373.doi:10.1350/ijpsm.2008.10.4.092.

Aldwin,C.M.(2007).*Stress,coping,and development:An integrative perspective*(2nd ed.).New York:Guilford Press.

Amaranto,E.,Steinberg,J.,Castellano,C.,& Mitchell,R.(2003).Police stress interventions. *Brief Treatment and Crisis Intervention*, 3, 47 − 54. doi: 10. 1093/brieftreatment/mhg001.

Anderson,W.,Swenson,D.,& Clay,D.(1995).*Stress management for law enforcement officers*.Englewood Cliffs,NJ:Prentice Hall.

Anshel,M.H.(2000).A conceptual model and implications for coping with stressful events in police work.*Criminal Justice and Behavior*,27,375−400.
doi:10.1177/0093854800027003006

Arredondo,R.,Shumway,S.T.,Kimball,T.G.,Dersch,C.A.,Morelock,C.N.,& Bryan,L.(2002).Law enforcement and corrections family support:Development and evaluation of a stress management program for officers and their spouses,final report.Washington,DC:Office of Justice Programs,National Institute of Justice,U.S.Department of Justice.

Backman,L.,Arnetz,B.B.,Levin,D.,& Lublin,A.(1997).Psychophysiological effects of mental imaging training for police trainees.*Stress Medicine*,13,43−48.

doi:10.1002/(SICI)1099-1700(199701)13:1<43::AID-SMI716>3.0.CO;2-6

Barrett,R.F.(1985).The effectives of a cognitive behavioral intervention program in remediating symptoms of stress in a police communication center.*Dissertation Abstracts International*,DAI,46,no.06B.

Berglund,M.L.(1991).Effects of cognitive and biobehavioral interventions on hypertension levels in police officers.*Dissertation Abstracts International*,DAI,52,no.04B.

Biggam,F.H.,Power,K.G.,& MacDonald,R.R.(1997).Self-perceived occupational stress and distress in a Scottish police force.*Work & Stress*,11,118-133. doi:10.1080/02678379708256829

Blumenthal,J.A.,Sherwood,A.,Babyak,M.A.,Watkins,L.L.,Waugh,R., Georgiades,A.,Bacon,S.L.,Hayano,J.,Coleman,R.E.,& Hinderliter,A.(2005).Effects of exercise and stress management training on markers of 30 cardiovascular risk in patients with ischemic heart disease.*Journal of the American Medical Association*,293,1626-1634. doi:10.1001/jama.293.13.1626.

Bonifacio,P.(1991).*The psychological effects of police work*.New York:PlenuPress.

Borenstein,M.,Hedges,L.,Higgins,J.,& Rothstein,H.(2009a).*Comprehensive meta analysis*(version 2.2.050)[Computer software].Englewood,NJ:Biostat.

Borenstein,M.,Hedges,L.,Higgins,J.,& Rothstein,H.(2009b).*Introduction to meta-analysis*.West Sussex,UK:Wiley.

Brandt,D.E.(1993).Social distress and the police.*Journal of Social Distress and the Homeless*,2,305-313.doi:10.1007/BF01065525.

Brown,J.M.,Cooper,C.L.,& Kirkcaldy,B.(1996).Occupational stress among senior-police officers.*British Journal of Police Psychology*,87,31-41.

Burke,R.J.(1993).Work-family stress,conflict,coping and burnout in police officers. *Stress Medicine*,9,171-180.doi:10.1002/smi.2460090308.

Burke,R.J.,& Deszca,E.(1986).Correlates of psychological burnout phases among police officers.*Human Relations*,39,487-502. doi:10.1177/001872678603900601

Carlan,P.E.,& Nored,L.S.(2008).An examination of officer stress:Should police departments implement mandatory counseling? *Journal of Police and Criminal Psychology*, 23,8-15.doi:10.1007/s11896-008-9015-x.

Carlier, I. V. E., Lamberts, R. D., van Uchelen, J. J., & Gersons, B. P. R. (1998). Disaster-related posttraumatic stress in police officers: A field study of the impact of debriefing. *Stress Medicine*, 14, 143-178. doi: 10.1002/(SICI)1099-1700(199807)14:3<143::AID-SMI770>3.0.CO;2-S.

Centre for Reviews and Dissemination. (2009). *Systematic reviews: CRD's guidance for undertaking reviews in healthcare*. York, England: University of York. doi: 10.1016/S1473-3099(10)70065-7.

Chapin, M., Brannen, S.J., Singer, M.I., & Walker, M. (2008). Training police leadership to recognize and address operational stress. *Police Quarterly*, 11, 338-352. doi: 10.1177/1098611107307736.

Cole, G.F., & Smith, C.E. (2004). *The American system of criminal justice*. (12th ed.). Belmont, CA: Wadsworth, Cengage Learning.

Collins, R. A., & Gibbs, A. C. C. (2003). Stress in police officers: A study of the origins, prevalence and severity of stress-related symptoms within a county police force. *Occupational Medicine*, 53, 256-264. doi: 10.1093/occmed/kqg061.

Cooper, C.L., & Davidson, M. (1987). Sources of stress at work and their relation to stressors in non-working environments. In R. Kalimo, M. A. E. El-Batawi, & C. L. Cooper (Eds.), *Psychological factors at work and their relation to health* (pp.99-123). Geneva, Switzerland: World Health Organization.

Coulson, J.E. (1987). *The effectiveness of a stress reduction program for police officers*. University of North Texas, 1987. 1987. 8713941. Retrieved from ProQuest.

Davidson, M.J., & Veno, A. (1980). Stress and the policeman. In C.L. Cooper & J. Marshall (Eds.), *White collar and professional stress* (pp.131-166). New York: John Wiley and Sons Ltd.

DeFrank, R.S., & Cooper, C. L. (1987). Worksite stress management interventions: Their effectiveness and conceptualization. *Journal of Managerial Psychology*, 2, 4-10.

Dewe, P., & Cooper, C.L. (2007). Coping research and measurement in the context of work related stress. In G.P. Hodgkinson, J.K. Ford, G.P. Hodgkinson & J.K. Ford (Eds.), *International review of industrial and organizational psychology* 2007 (*vol* 22). (pp. 141-191). New York: John Wiley & Sons Ltd.

Digliani, J.A. (1994). Stress inoculation training: The police. *Dissertation Abstracts In-*

*ternational* DAI,56,no.04B.

Doctor,R.S.,Curtis,D.,& Isaacs,G.(1994).Psychiatric morbidity in policemen and the effect of brief psychotherapeutic intervention – A pilot study. *Stress Medicine*, 10, 151-157.doi:10.1002/smi.2460100304.

Ellison,K.W.,& Genz,J.L.(1983). *Stress and the police officer.* Springfield, Ill: Charles C.Thomas.

Evans,G.S.(1989).A comparative statistical analysis of three therapeutic approaches to stress management.*Dissertation Abstracts International* DAI,51,no.01B.

Evans,B.J.,Coman,G.,Stanley,R.O.,& Burrows,G.D.(1993).Police officers' coping strategies:An Australian police survey.*Stress Medicine*,9,237-246.

doi:10.1002/smi.2460090406

Everly,G.S.,Flannery,R.B.,& Mitchell,J.T.(2000).Critical incident stress management(CISM):A review of the literature.*Aggression and Violent Behavior*,5,23-40.doi:10. 1016/S1359-1789(98)00026-3.

Fain,D.B.,& McCormick,G.M.(1988).Use of coping mechanisms as a means of stress reduction in North Louisiana. *Journal of Police Science and Administration*, 16, 21-28.

Finn,P.,& Tomz,J.E.(1997).*Developing a law enforcement stress program for officers and their families.*Washington,DC:U.S.Department of Justice,Office of Justice Programs, National Institute of Justice.

Folkman,S.,& Lazarus,R.S.(1991).Coping and Emotion.In A.Monat & R.S.Lazarus (Eds.),*Stress and coping:An anthology* (pp.207-227).New York:Columbia University Press.

Folkman,S.,& Lazarus,R.S.(1985).If it changes it must be a process:study of emotion and coping during three stages of a college examination.*Journal of Personality and Social Psychology*,48,150-170.doi:10.1037//0022-3514.48.1.150.

Folkman,S.,Lazarus,R.S.,Dunkel-Schetter,C.,DeLongis,A.,& Gruen,R.(1986). The dynamics of a stressful encounter:Cognitive appraisal,coping,and encounter outcomes. *Journal of Personality and Social Psychology*,50,571-579.doi:10.1037/0022-3514.50.5. 992Gaab,J.,Blattler,N.,Menzi,T.,Pabst,B.,Stoyer,S.,& Ehlert,U.(2003).Randomized controlled evaluation of the effects of cognitive-behavioral stress management on cortisol response to acute stress in health subjects. *Psychoneuroedocrinology*, 28, 767 – 780. doi: 10. 1016/S0306-4530(02)00069-0.

Gersons, B.P.R., Carlier, I.V.E., Lamberts, R.D., & van der Kolk, B.A. (2000). Randomized clinical trial of brief eclectic psychotherapy for police officers with posttraumatic stress disorder. *International Society for Traumatic Stress Studies*, 13(2), 333 – 347. doi: 10. 1023/A: 1007793803627.

Gibbons, J.P. (1991). Stress management in emergency service occupations: A comparison of personalized, clinic supported vs. home based self directed stress reduction programs. *Dissertation Abstracts International*. DAI, 52, no.12B.

Giga, S.I., Cooper, G.L., & Faragher, B. (2003). The development of a framework for a comprehensive approach to stress management interventions at work. *International Journal of Stress Management*, 10(4), 280–296. doi: 10.1037/1072-5245.10.4280.

Glass, G.V., McGaw, B., & Smith, M.L. (1981). Meta-analysis in social research. Beverly Hills, CA: Sage.

Graf, F. (1986). The relationship between social support and occupational stress among police officers. *Journal of Police Science and Administration*, 14, 178–186.

Greene, D.J. (1984). The enhancement of the performance and judgement of SWAT officers involved in stress-shooting. *Dissertation Abstracts International*, DAI, 45, no.10B.

Hurrell, J.J. (1995). Police work, occupational stress and individual coping. *Journal of Organizational Behavior*, 16, 27–28.

Ireland, M, Malouff, J.M., & Byrne, B. (2007). The efficacy of written emotional expression in the reduction of psychological distress in police officers. *International Journal of Police Science & Management*, 9(4), 303–311.

doi: 10.1350/ijps.2007.9.4.303

Janik, J., & Kravitz, H.M. (1992). Linking work and domestic problems with police suicide. *Suicide & Like-Threatening Behavior*, 24, 267–274.

Kirkcaldy, B., Cooper, C.L., & Ruffalo, P. (1995). Work stress and health in a sample of U.S. police. *Psychological Reports*, 76, 700–702.

Kirmeyer, S.L., & Diamond, A. (1985). Coping by police officers: A study of role stress and Type A and Type B behavior patterns. *Journal of Occupational Behavior*, 6, 183–195. doi: 10.1002/job.4030060303.

Kroes, W.H. (1985). *Society's victims: The police* (2nd ed.). Springfield, Il: Charles C. Thomas.

Lazarus, R.S., & Folkman, S. (1984). *Stress, appraisal, and coping*. New York: Springer.

Lennings, G. (1995). Suicide ideation and risk factors in police officers and justice students. *Police Studies*, 15, 146-147.

Lester, D., Leitner, L. A., & Posner, I. (1984). The effects of a stress management training programme on police officers. *International Review of Applied Psychology*, 33, 25-31. doi: 10.1111/j.1464-0597.1984.tb01414.x.

Lipsey, M.W., & Wilson, D.B. (2001). *Practical meta-analysis*. Thousand Oaks, CA: Sage Publications, Inc.

McCraty, R., & Tomasino, D. (1999). *Impact of the HeartMath self-management skills program physiological and psychological stress in police officers*. Boulder Creek, CA: HeartMath Research Center, Publication No.99-075.

McNulty, S., Jefferys, D., Singer, G., & Singer, L. (1984). Use of hormone analysis in the assessment of the efficacy of stress management training in police recruits. *Journal of Police Science and Administration*, 12(2), 130-132.

Morash, M. (2006). Multilevel influences in police stress. *Journal of Contemporary Criminal Justice*, 22, 26-43.

Newman, J.E., & Beehr, T.A. (1979). Personal and organizational strategies for handling job stress: A review of research opinion. *Personnel Psychology*, 32, 1-43. doi: 10.1111/j.1744-6570.1979.tb00467.x.

Niederhoffer, A. (1967). *Behind the shield*. Garden City, NY: Doubleday.

Norvell, N., & Belles, D. (1993). Psychological and physical benefits of circuit weight training in law enforcement personnel. *Journal of Consulting and Clinical Psychology*, 61 (3), 520-527. doi: 10.1037/0022-006X.61.3.520.

On the job stress in policing-reducing it, preventing it. (2000, January). *National Institute of Justice Journal*, 18-24.

O'Neill, M.W., Hanewicz, W.B., Fransway, L.M., & Cassidy-Riske, C. (1982). Stress inoculation training and job performance. *Journal of Police Science and Administration*, 10 (4), 338-397.

Patterson, G.T. (2003). Examining the effects of coping and social support on work and life stress among police officers. *Journal of Criminal Justice*, 31, 215-226. doi: 10.1016/S0047-2352(03)00003-5.

Penalba, V., McGuire, H., & Leite, J. R. (2009). *Psychosocial interventions for prevention of psychosocial disorders in law enforcement officers*. The Cochrane Library, Issue 4. Retrieved http://www.thecochranelibrary.com doi: 10.1002/14651858.CD005601.

Ranta, R.S. (2009). Management of stress and coping behaviour of police personnel through Indian Psychological Techniques. *Journal of the Indian Academy of Applied Psychology*, 35(1), 47-53.

Ranta, R.S., & Sud, A. (2008). Management of stress and burnout in police personnel. *Journal of the Indian Academy of Applied Psychology*, 34(1), 29-39.

Richardson, K. M., & Rothstein, H. R. (2008). Effects of occupational stress management intervention programs: A meta-analysis. *Journal of Occupational Health Psychology*, 13(1), 69-93. doi: 10.1037/1076-8998.13.1.69.

Richmond, R. L., Kehoe, L., Hailstone, S., Wodak, A., & Uebel-Yan, M. (1999). Quantitative and qualitative evaluations of brief interventions to change excessive during, smoking and stress in the police force. *Addiction*, 94(10), 1509-1521.

Sarason, I.G., Johnson, J.H., Berberich, J.P., & Siegel, J.M. (1979). Helping police officers to cope with stress: A cognitive-behavioral approach. *American Journal of Community Psychology*, 7(6), 593-603.

doi: 10.1007/BF00891964

Sewell, J.D. (1999). Administrative concerns in law enforcement stress management. In L. Territo and J.D. Sewell (Eds.), *Stress management in law enforcement* (pp. 361-369). Durham, NC: Carolina Academic Press.

Shipley, P., & Baranski, J.V. (2002). Police officer performance under stress: A pilot study on the effects of visuo-motor behavior rehearsal. *International Journal of Stress Management*, 9(2), 71-80. doi: 10.1023/A:1014950602826.

Short, M.A., DiCarlo, S., Steffee, W.P., & Pavlou, K. (1984). Effects of physical conditioning on self-concept of adult obese males. *Physical Therapy*, 62(2), 194-198.

Shrout, P.E., Spitzer, R.L., & Fleiss, J.L. (1987). Quantification of agreement in psychiatric diagnosis revisited. *Archives of General Psychiatry*, 44, 172-177.

Stinchcomb, J.B. (2004). Searching for stress in all the wrong places: Combating chronic organizational stressors in policing. *Police Practice and Research*, 5, 259 – 277. doi: 10.1080/156142604200227594.

Tanigoshi, H., Kontos, A.P., & Remley, T.P. (2008). The effectiveness of individual wellness counseling on the wellness of law enforcement officers. *Journal of Counseling & Development*, 86, 64 – 74.

van der Hek, H., & Plomp, H. N. (1997). Occupational stress management programmes: A practical overview of published studies. *Occupational Medicine*, 47 (3), 133 – 141. doi: 10.1093/occmed/47.3.133.

van der Klink, J.J.L., Blonk, R.W.B., Schene, A.H., & Dijk, F.J.H. (2001). The benefits of interventions for work-related stress. *American Journal of Public Health*, 91 (2), 270 – 276. doi: 10.2105/AJPH.91.2.270.

van Wyk B.E., & Pillay-Van Wyk, V. (2010). Preventive staff-support interventions for health workers. The Cochrane Library, Issue 3. Retrieved from http://www.thecochranelibrary.com.

Violanti, J.M. (1992). Coping strategies among police recruits in a high-stress training environment. *The Journal of Social Psychology*, 132, 717 – 729. doi: 10. 1080/00224545. 1992.9712102.

Violanti, J.M. (1995). The mystery within: Understanding police suicide. *FBI Law Enforcement Bulletin*, 64, 19 – 23.

Violanti, J.M., & Marshall, J.R. (1983). The police stress process. *Journal of Police Science and Administration*, 11, 389 – 394.

Violanti, J.M., Marshall, J.R., & Howe, B. (1985). Stress, coping, and alcohol use: The police connection. *Journal of Police Science and Administration*, 13, 106 – 110.

Webb, S.D., & Smith, D.L. (1980). Stress prevention and alleviation strategies for the police. *Criminal Justice Review*, 5, 1 – 15.
doi: 10.1177/073401688000500102

Wilson, S.A., Tinker, R.H., Becker, L.A., & Logan, C.R. (2001). Stress management with law enforcement personnel: A controlled outcome study of EMDR versus a traditional stress management program. *International Journal of Stress Management*, 8 (3), 179 – 200. doi: 10.1023/A: 1011366408693.

# 家庭暴力二次回应项目
# 对加害人再犯之影响

## Effects of Second Responder Programs on
## Repeat Incidents of Family Abuse

*作者*:Robert C.Davis, David Weisburd, Bruce Taylor

*译者*:蒋安丽  *核定*:张金武  张彦  叶嘉茵

## 内容概要

对第二回应者的研究基于以下前提,即家庭暴力经常发生并且受害者在受到侵害后尤其愿意立即接受预防犯罪的机会。通常由一名警官和一名专业人员组成工作组,在受害者报警后进行跟进,对受害者提供关于服务和合法选择的信息以及警告犯罪者继续暴力行为将承担的后续法律结果。这种介入的目的是通过帮助受害者了解家庭暴力的周期性,制定一个安全计划,获得禁令,增加他们对合法权利和选择的知识,并且提供庇护场所或搬迁的援助来减少新的侵犯的可能性。这种介入的第二个目标是通过咨询、职业培训、公共援助或所提供的其他社会服务来帮助受害者获得更好的独立。这种调解在美国司法部门的支持下得到广泛的传播。

本研究的目标是评估家庭暴力二次回应项目对加害人再犯之影响。

有三个标准来衡量研究回顾的合格性:(a)研究必须对第二回应者项目进行评估;这个项目需要由对家庭暴力投诉进行回应的市政执法机构主持,警方安排暴力研究专家去受害者家中拜访。(b)研究需要包括一个没有接受第二回应的可接受的对照组。(c)研究需要包括至少一个行凶者对同一个受害者实施的新的侵犯的测量。

搜索策略包括:(a)对变量在网络数据库中进行关键字搜索,(b)对刊登第二回应者研究进行参考文献的回顾,(c)对这一领域的主要期刊进行手动搜索,(d)搜索司法部门的防止对妇女的暴力行为的网站进行搜索,(e)给著有描述第二回应者项目但所用研究方法不符合我们标准的文章的作者发送邮件,以及(f)给知识渊博的学者发送邮件。

叙述者收到由十个符合所包含条件标准的研究的草案。运用包括了固定和随机效应模型的综合分析来检验包括所有尺度的效用研究和实验研究。

经过家庭暴力二次回应项目的干预,家庭中一方向警方报告另一方发生家庭暴力事件的几率略有增加。而没有影响产生于被发现新的基于受害者被虐待的调查报告。

结果表明,家庭暴力二次回应项目的干预不会影响新的家庭暴力事件的可能性。然而,家庭暴力二次回应项目的干预会增加受害者愿意向警方报告家庭暴力事件,也可能会增加他们对警方的信心。

# 1. 研究背景

目前,英美的一些关于家庭暴力的加害人施暴时间的研究指出,典型的家庭暴力加害人实施暴力的时间通常是短暂的且偶然发生的:有三分之二的被害家庭,在向警察报案之后的六个月至十二个月内不会再次向警察报案(Feld and Straus,1989;Quigley and Leonard,1996;Maxwell et al.,2002)。然而,针对慢性的、持续性或者习惯性虐待家人者,目前警方于第一时间到达案发现场的应变方案(尤其是到现场却未逮捕加害人)已经无法充分保护被害人,使之不再成为受虐的对象。因此,专家指出,如果能够对加害人实施以一定手段,使加害人需要付出更多的个人及社会成本的法律制裁,并且保护被害人的行动,或者可能减少,或者终止被害人继续受到暴力(Fagan,1989)。研究文献也指出,如果想要有效解决家庭暴力问题,则需要致力于教育被害人,告知她/他有哪一些可行的选择,务必使被害人明白自己可以使用的社会资源,例如:心理咨询、协助民事诉讼以及可以减低被害人对加害人的依赖的其他服务措施。

## 1.1 什么是家庭暴力二次回应项目

近几年,社会工作者作为二次应变干预者开展了很多项目,立志于将那些在家访过程中发现受到家庭暴力侵害的人向警察报告,以帮助他们找到长期性的解决问题的办法(Dean,Lumb,Proctor,Klopovic,Hyatt,& Hamby,2000;Mickish,2002)。二次应变方案的设计,建立在家庭暴力行为反复性发生的基础之上,而且被害人在受到虐待之后,比较愿意接受外界的援助,以此来保护自己,使自己不再成为暴力侵害的对象。换言之,在家庭暴力发生的前面几个小时至几天之内,被害人往往会感到脆弱无助,愿意采取行动来改变自己的生活方式。此时的这个时期被称为"机会之窗"。二次应变方案小组一般由警察以及被害人扶助专员所组成。小组成员在接警警员处理完首次报警后,会重新返回案件现场,以采取进一步的服务。小组工作人员会对被害人提供相关协助的信息以及法律扶助。有一些二次应变方案模式则是让小组成员重新返回现场时,告知加害人,如果以后持续实施暴力,将遭遇的法律后果,以示警告。工作小组与受害人直接接触的目的,是为了协助他(她)们了解家庭暴力的本质,制定相应的安全计划,增加对相关法律及选择的知识,或者转介到临时居住的设施,从而减少未来再次产生家暴的可能。同时方案也会提供被害人短期庇护或者搬迁的协助。次要目的则是在通过心理咨询、就业培训以及其他社会资源,使被害人能够自力更生。至于与加害人的对话,其目的在于使其明白攻击家人为一项犯罪行为,且其持续的施暴会遭到更加严重的法律制裁。

## 1.2 现有的研究

一系列已有在纽约进行的测试(Davis and Taylor,1997;Davis and Medina,2001;Taylor,n.d.)提出了一个可能的原发性的影响响应程序。汇集的分析师由 Davis(2006)的分析数据,从三个单独的每个测试相同干预不同的人群的实地试验中所取得的数据进行分析。集中分析表明,干预措施不仅对于向当局报告新的虐待事件的情况有所增加(这可能也只是意味着对警察信心的增加),而且也增加了报告者的数量。纽约实地测试表明,家庭暴力二次回应项目事件上增加了新的暴力行为的可能性。

然而有一些其他的研究表明,如 Greenspan 等人(2003)做的一个 QUASI-EXPER-IMENT 发现,受害者接受家庭暴力二次回应项目后,在随后的调查中发现其报告并不太可能。另一个由 Pate 等人(1992)做的研究也发现经过家庭暴力二次回应项目干预后,施暴的次数会减少。

总而言之,过去的评估研究过二次应变方案的结果,至今仍然有很多分歧。有些研究指出,实施二次应变方案后,可能会导致日后加害人实施暴力的次数增加;有些研究则显示日后加害人实施暴力的次数会减少。

# 2. 本文目的

美国政府在家庭暴力二次回应项目的预算上,花费并不少。而家庭暴力二次回应项目也为全美数个州所采纳。然而,支持此方案有效的证据却显得很琐碎且很不一致,因此,本文希望通过整理相关的实证文献,来解答以下问题:

1. 家庭暴力二次回应项目的实施,是否会减少,或者增加日后再次向警方报告的次数?

2. 根据被害人的调查结果,家庭暴力二次回应项目会减少或是会增加日后实施暴力的次数?

3. 家庭暴力二次回应项目的成效是正面的还是负面的?

# 3. 研究方法

## 3.1　文献选取标准

本文中所选用的实验中所用的数据是相匹配的或者是等效的对比组。我们定义的选择文献所包含的标准有三个,分述如下:

1. 该研究必须是对家庭暴力二次回应项目进行评估的研究。此方案必须与各地的警察局合作处理的应对家庭暴力的投诉(包括涉及对亲密关系的伴侣、伙伴、家庭成员或者与个人同居者)。由警方传唤的家庭暴力事件发生的当事人或者由专家对发生家庭暴力事件的家庭进行家访。这些访问者可以是受害者提倡想要见到的专家或者受过专门训练的警察。警方和专家的访问是由警察于案件发生的第一时间在现场处理完毕之后，再通知方案小组，前往被害人家中。

2.该研究设计必须包含至少一个未实施家庭暴力二次回应项目的对照组。

3.该研究必须至少有一种加害人对同一被害人再次施暴的次数测量。

### 3.2　搜索查询文献的方法

本文收集查询文献的方法如下：

1.在网络的数据库中以关键词进行查找。

2.搜索阅读关于家庭暴力二次回应项目研究的参考书目。

3.查询这一领域的著名期刊。

4.搜寻政府部门如法务部或者民间组织，例如反对家庭暴力妇女联盟等网站上的资料。

5.用电子邮件联络虽然不符合本文标准的研究方法，但是从事相关研究的研究者，查找询问其是否有符合本文标准的文章。

6.联络此领域专家，请其判断我们搜寻的文献中，是否遗漏了哪些重要的研究。

7.请教美国罗格斯大学（Rutgers University）刑事司法藏书室（Criminal Justice Collections）及英国剑桥大学图书馆（Cambridge University Library），使本文现有的文献搜寻方法更加完善。

我们所搜索并使用的数据库如下所列：

1. Criminal Justice Periodical Index

2. Criminal Justice Abstracts

3. National Criminal Justice Reference Services（NCJRS）Abstracts

4. Sociological Abstracts

5. Social Science Abstracts（SocialSciAbs）

6. Social Science Citation Index

7. Dissertation Abstracts

8. National Institute of Justice

9. Office of ViolenceAgainst Women

10. Office for Victims of Crime

11. British Home Office

12. Australian Criminology Database（CINCH）

13. Government Publications Office, Monthly Catalog (GPO Monthly)

14. C2 SPECTR (The Campbell Collaboration Social, Psychological, Educational and Criminological Trials Register)

15. PsychInfo

16. Google

17. Google Scholar

18. Academic Search Premier

19. Web of Knowledge

20. Mincava

21. Justice Research and Statistics Association

22. California Post Library

23. Social Drugscope.org.uk

我们用以下所列的关键词在各个数据库中进行搜索:

1. Second responder program

2. Coordinated community response

3. Police OR law enforcement AND repeat domestic violence OR wife abuse OR marital violence

4. Police OR law enforcement AND crisis intervention AND domestic violence OR marital violence OR wife abuse

5. Police OR law enforcement AND domestic violence advocates OR battered woman OR family violence AND evaluation AND response OR services

6. Police OR law enforcement AND home visitation AND evaluation

7. Police OR law enforcement AND intimate partner violence AND evaluation AND response OR services

我们通过以上搜索过程找出潜在的候选者并对其进行了相关性检查。作为第一步,我们由研究小组的成员对各个研究的摘要进行回顾并作出对这篇研究是否符合我们最初所确定的研究标准的元分析。对于那些被确定符合资格的,我们通过罗格斯大学的司法刑事文集将其全文打印。对于一些我们无法找到其研究全文版本的情况,我们通过上面所列出的各种数据库的搜索,联系其作者,以获得研究全文版本的副本。

负责收集工作的主任审阅每一个被锁定的文件,如果满足既定标准的文件出现,主任将把它交给另一位成员来进一步的审查。一些少数的研究,在确定被包括进入我们使用的研究范围之前,需要由三个主要的研究人员对其进行讨论。这些研究都是不指定二次应变干预方法的——是到其家中进行家访(合格)或者只是进行电话访问(不合格)。在这两种不同的情况中,我们通过给作者写信或者电话来确定干预方法是否符合我们所定义的进行二次应变方案的研究。

### 3.3　研究文献的选择

本文最后共找到二十二个探讨家庭暴力二次回应项目的研究,我们检查二次应变干预的方法,发现其中有三个研究是通过电话来进行而并不是通过面对面的接触,于是我们排除了这三项研究。我们排除了其中另外四项没有报告累犯数据的研究,同时还排除了五项由于研究设计不符合我们标准的研究:在这五项中的其中四项只收集了总数据,却没有对照组。

通过对所收集的二十二个研究进行筛选后,只剩下十个研究符合我们的筛选标准,并可以运用于以下研究。值得注意的是,我们找到的文献,不管符合或者不符合本文的标准,均为近期发表的研究。这可能显示,家庭暴力二次回应项目正在逐渐成为学术界所关注的焦点。在取得每个研究的电子文件全文或者纸质版本后,本人选择并撷取其中相关的数据,进行详细的编码。由两个研究者进行文本的工作,其中有两个主要的成效测量指标:一是警方受理之再次报案的记录,二是由研究人员访谈被害人后取得的调查资料。

### 3.4　数据的管理和提取

收集到每一篇文章或者报告的电子版或纸质版的副本之后,我们对从符合标准的文章中提取相关的数据并对其进行编码,详尽的编码可以帮助我们从这些报告或者文章中提取更多的信息。然而,由于许多潜在的相关变量没有被足够详细的报告其来源,而导致这些研究不能够很好地用于系统的比较。

由两位训练有素的研究人员对符合条件的研究独立进行编码。对两种不同编码方式中所包含的不确定性和分歧通过讨论和协商达成一致。随后,由一位主要的研究员对有争议的研究进行裁定。这些方法的两项主要成果,能够为元分析研究提供足够的数据。成果一是基于警方的数据(即在触发事件发生后的六个月内是有11个家庭向警方报案有新的家庭暴力事件发生),二是基于其他研究人员的报告(即在接受记者此类的触发性事件发生后的六个月内,是否报告有新的家庭暴力事件发生)。

当数据可用时,我们对数据进行编码,编码的内容包括他们所使用的方法、失败的百分比,以及样本量为每个干预/对照组估算效果大小的系数,即方法的标准化差异系数(科恩的 D 系数)。在其他情况下,如果这些数据无法获得,我们对编码的异常率代表控制组与对照组对参与者进行二次干预成功的几率(不失败)。对于二进制的结果,异常率比提供了一个对规模效应的统计,这种统计具有良好的代表性和易于可解释的结果(Haddock,Rindskopf,& Shadish,1998)。在元分析的报告中,我们转换其比值为科恩的 D 系数,使得能够在研究中提出可能可以进行比较的数据(见下文)。

# 4. 研究的特点

确定符合标准的十项研究均是在美国进行的。其中三个进行于美国纽约市,另外三个进行于纽黑文,CT,剩下的四个是在四个不同的城市。Davis 参与了其中的三个研究,Casey,Stover 是另外三项研究的作者,以及各撰写了其中其他两项研究的 Weisburd 和 Taylor。

十个研究中,五个使用了实验设计,而另外五个使用了准实验设计。每个研究评估的二次回应项目十分相似,但介入时点及研究对象则各有不同。介入时点上,有两个研究,当方案警察仍然在现场时,二次应变亦立即赶到现场;有三个研究的二次应变小组于警察处理之后 72 小时内介入;有一个研究,应变方案于 5—7 天后介入;另三个研究,方案小组于 7—14 天后介入;一个研究小组则视情况,马上或者于案发 7 天后介入。

本文综合十篇报告的内容后(见表 1),分析这些研究的特性如下:

表 1  符合本文筛选标准的 10 个研究摘要

| 作者与研究时间 | 实验设计 | 样本数 | 样本类型 | 再次被害评估依据及资料收集时间 | 家访完成率与被害调查面对面的接触率 |
|---|---|---|---|---|---|
| Pate 等人(1992) | 随机 | 907 | 亲密伴侣间的殴打——报案者 | 1. 警方资料(6 个月)<br>2. 被害调查(6 个月) | 100% |
| Davis & Taylor (1997) | 随机 | 435 | 家人间的殴打——报案者 | 1. 警方资料(6 个月)<br>2. 被害调查(6 个月) | 85% |
| Taylor,未出版 | 随机 | 197 | 家庭暴力——遭警察逮捕者 | 1. 警方资料(6 个月与 12 个月)<br>2. 被害调查(6 个月与 12 个月) | 85% |

续表

| 作者与研究时间 | 实验设计 | 样本数 | 样本类型 | 再次被害评估依据及资料收集时间 | 家访完成率与被害调查面对面的接触率 |
|---|---|---|---|---|---|
| Davis & Medina（2001） | 随机 | 403 | 虐待年长者——报案者 | 1.警方资料（6个月与12个月）<br>2.被害调查（6个月与12个月） | 50% |
| Davis 等人（2007） | 随机 | 308 | 亲密伴侣间的殴打——报案者 | 1.警方资料（6个月）<br>2.被害调查（6个月与12个月） | 84% |
| Greenspan 等人（2003） | 准实验 | 120 | 亲密伴侣间的殴打——遭警察逮捕者 | 被害调查（6个月） | 100% |
| Hovell 等人（2006） | 准实验 | 825 | 警方受理之任何有关亲密伴侣间的犯行 | 警方资料（6个月与12个月） | 100% |
| Casey 等人（2007） | 准实验 | 204 | 亲密伴侣间的殴打——遭警察逮捕者 | 警方资料（12个月） | 100% |
| Stover 等人，未出版（1） | 准实验 | 512 | 重复的亲密伴侣间的暴力——遭警察逮捕者 | 警方资料（6个月与12个月） | 未取得 |
| Stover 等人，未出版（2） | 准实验 | 107 | 亲密伴侣间的殴打、骚扰——遭警察逮捕者 | 被害调查（6个月与12个月） | 未取得 |

### 4.1　研究方法的质量

从表1中，可以看出家庭暴力二次回应项目的评估研究普遍使用了高质量的研究方法。如上述，十个研究里有一半都使用随机实验设计，且多数研究的样本数都很大；全部样本数的平均值刚刚好是超过400个，最少是107个样本，最大是907个样本（十个研究里有一半的研究超过400个样本）。

本文从文献分析中，也发现至少有7/10的个案被分派去接受完整的二次应变方案（即方案小组与被害人在其家中有面对面的接触）。所有的研究都以研究者所要分析的目的去进行方案处遇。但使用准实验研究设计的报告均未明确说明二次反应干预方案小组与被害人是否有面对面接触。另外，所有研究均仅分析有完整实施二次应变方案的个案。但也因为如此，使得研究很难辨识控制组个案，因为所有被分派到二次应变方案但未能完整实施的个案已被排除在研究之外。且此做法违反了"强忽略性"的假设，因为处遇成效与处遇样本的选取、分派有密切关系。换言之，未能完整实施方案的个案,可能再次被害率较高,若研究指出实验组的再次被害率较低,有可能是因为已经排除了再次被害率较高的样本所致,而非方案效果使然。统计上来说,若发现实验组与控制组的共变项显著不同,那么必须假设"强忽略性"。从数据中求得的参数才有因果上的意义。再举一例说明,在家时间愈长的被害人,愈有可能被包括在家庭访问的团体中,但根据日常活动理论,也更有可能成为重复被虐者,因为他/她们长时间暴露在与施虐者共处一室的情形下,又缺乏有能力的监控者。若研究未能控制受访者在家时间,可能会误以为受访者的再次被虐率均偏高。因为上述顾虑,本文决定分开分析研究资料。

### 4.2 对入选研究的描述

十个纳入本文的研究中,在警方报案次数的测量上均具有一致性。有八个研究报告指出,接受二次应变方案介入后,增加了被害人日后报警的次数。有两个研究报告则有不同的结果,Taylor 的研究指出控制组个案的报警次数有略微的增加;Casey 等人的研究则指出在二次应变方案介入之后,实验组个案报警次数反而大量减少。然而,值得好奇的是,Casey 的研究发现,被同一群研究小组再次针对同一方案实验后,新的研究发现与 Casey 之前的发现相互矛盾。Stover 的两篇研究都指出方案介入后重复被害的情形会增加。Stover,Poole 及 Marans 的研究则指出,上述分歧的研究发现可能受样本之族群及已婚样本比例不同所致。

基于受害者研究的报告没有在二次反应方案是增加或者是减少暴力的问题上达成一致。其中有五项研究(Davis & Taylor;Taylor,Davis & Medina;Davis;Weisburd,& Hamilton,and Stover;Berkman,Desei,and Marans)表示二次反应干预后暴力事件次数有所增加,而其他两项研究(Greenspan et al.and Pate et al.)认为有所减少。在纽约市进行的三项实验案例中则发现有更多的暴力情况。在纽约市所选取的案件多来自住所相对固定的公共住房单元,在这些公共住房中受害人也许舍不得通过搬家来解决家庭暴力的问题。同时研究发现,在由治安基金会与不同研究人员共同进行干预的控制案件中存在更多的暴力情况。

# 5. 分析结果

我们对所收集的数据采用由 Lipsey & Wilson(2001)发表的元分析方法进行分析,我们采用的综合元分析软件来进行相关计算(CMA 2.2 版)(Borenstein,Hedges,

Higgins,& Rothstein,2005）。对于每一个进行的元分析,都用森林图来显示个体效应的大小(科恩的 D 系数),该点的误差估计值用 $p$ 表示,点估计值的周围即是置信区间。在一般情况下,置信区间越窄,我们越有信心估计值与真实值越接近。此外,整体平均效应的大小(在所有研究中)包括固定效果或是随机效果,显示在个案研究的底部。

我们用 t 检验和 $I^2$ 指数来检查影响因素的异质性(Higgins & Thompson,2002; Huedo-Medina,Sánchez-Meca,Marín-Martínez,& Botella,2006）。

同构性和异质性的检验可以使我们确定影响的大小是与抽样误差有关还是与其他因素有关。固定效应模型的平均标准偏差为 0.12(标准误为 0.05,显著水平为0.01）。八项研究的胜算比为 1.23,数据表明应用二次回应项目的家庭将暴力情况报告给警察的可能性比其他家庭高出 1/4 倍。

然而,由于通过 Q 检验证明有很强的异质性(Q=24.24,df=7,p=.001）,我们采用随机影响模型来对警察取得的相关结果进行分析。所得的结果为 0.08,与使用固定影响模型来对其进行分析所得的结果相似,虽然通过随机效应模型所得的结果不具有统计学意义。

最后,我们使用受害者调查的数据来进行研究。我们再一次使用 Q 检验来对固定效应模型进行分析,分析的结果支持这一模型的使用(Q=9.36,df=6,p=0.15）。对于这一分析,平均的标准误差接近于零(-0.01),表示在这样结果上二次反应的介入并没有有意义的影响。

## 6. 讨 论

总体上,本文经过后设分析的结果指出,家庭暴力二次回应项目与传统介入方案相比,会增加被害人报案次数。至于如何解读这个结果,有两种解释:第一种解释,方案介入让被害人遭到更多的虐待;第二种解释,介入之后,让被害人增加对警察的信心,而增加了报案率。所以,评估相关方案,不能仅依赖官方报案率,还需进行被害人实地调查,才能确定上述两种解读方法何者为真。本文分析结果显示家庭暴力二次回应项目在被害人自陈的被害次数上,未达显著之统计水平。亦即,接受二次回应项目实验的个案与未接受者,根据其自陈的被害情况,再次被害的次数并无显著差异。

因此,本文相信二次回应项目可能增加了被害人对警察的信心而举报虐待。但方案无法减少加害人重复施暴的可能性。本文认为政策决定者可考虑是否为了增加些微报警意愿,而继续投资在这些方案上。

本文在搜寻文献时,也注意到与家庭暴力二次回应项目相关的论文文章数在近几年大幅增加,虽然大部分研究未能符合我们的筛选标准,但随着高质量研究的数量增加,再过几年,或者这还是一个值得再次评估的研究领域。然而在我们的三个数据模型中有两个的 Q 值和 $I^2$ 不支持我们拒绝它们具有同构性的原假设。

这就是说,变量所产生的影响大小并不超过基于抽样误差所产生的预期值(Lipsey & Wilson,2001)。但是,有一个模型的统计分析结果显示,异质性更可能是由于随机效应所产生的。随机效应模型的分析不仅考虑研究中的差异还考虑研究间的差异,然而只有研究中的方差才能用来计算固定的效应模型(Lipsey & Wilson,2001)。如果组间差异不存在,则固定效应和随机效应不会存在差异(Lipsey & Wilson,2001)。

## 7. 附件:二次反应荟萃分析编码单(Appendix:SECOND RESPONDER META ANALYSIS CODING SHEETS)

1. 文件编号:_____
2. 第一作者名字:_____
3. 文献名称:_____
4. 期刊名、期数和刊号:_____
5. 文档编号:_____
6. 编号缩写:_____
7. 资格确定的日期:_____
8. 为了确定所选的研究文献达到既定标准,必须用“是”或“否”回答下列问题。

a. 该研究是关于二次反应干预方案的评估,这个干预是由某个执法机构执行,通过进行家庭访问来进行的,即家庭暴力事件的最初应对者是警察。

b. 该研究包含一个没有进行家庭暴力二次反应干预的对照组。

c. 该研究至少包含一个对来自警方报告或者受害者调查中反复家庭暴力犯罪的测量。

d. 该研究由英文撰写。

如果研究文献不符合以上标准,请回答以下问题:

a.该研究是一篇关于家庭暴力二次反应干预项目的综述性文章(例如可能会引用其他研究中有用的内容,或者有相关背景信息)。

9.合格与否:

————合格

————不合格

————相关文章

# 8. 参考文献

Anderson, D., Chenery, S. & Pease, K. (1995). *Biting back, tackling repeat burglary and car crime* (Crime Detection & Prevention Series Paper 58). London: Home Office.

Borenstein, M. J., Hedges, L. V., Higgins, J., & Rothstein, H. (2005). *Comprehensive Meta analysis* (Vers.2). Englewood, NJ: Biostat.

Casey, R. L., Berkman, M., Stover, C. S., Gill, K., Durso, S., & Marans, S. (2007). Preliminary results of a police-advocate home-visit intervention projectfor Victims of domestic violence. *Journal of Psychological Trauma*, 61, 39-49.

Davis, R. C. & Medina, J. (2001). Results from an elder abuse prevention experiment In New York City. *National Institute of Justice Research in Brief*, Washington, DC: U.S. Department of Justice.

Davis, R. C. & Smith, B. (1994). Teaching victims crime prevention skills: Can individuals lower their risk of crime? *Criminal Justice Review*, 19, 56-68.

Davis, R. C., Weisburd, D., & Hamilton, E. E. (2001). *Preventing repeat incidents of family violence: A randomized field test of a second responder program in Redlands, CA.* Washington, DC: Police Foundation.

Davis, R. C. & Taylor, B. (1997). Evaluating a proactive police response to domestic violence: The results of a randomized experiment. *Criminology*, 35, 307-333.

Davis, R. C., Maxwell, C. & Taylor, B. (2006). Preventing repeat incidents of family violence: Analysis of data from three field experiments. *Journal of Experimental Criminology*, 2, 183-210.

Dean, C. W., Lumb, R., Proctor, K., Klopovic, J., Hyatt, A. & Hamby, R. (2000). *Social Work and Police Partnership: A Summons to the Village Strategies and Effective Practices*. (A Report of the Charlotte-Mecklenburg Police Department and the University of North Carolina at Charlotte). Raleigh, NC: North Carolina Governor's Crime Commission.

Fagan, J. A. (1989). Cessation of family violence: Deterrence and dissuasion. In L. Ohlin & M. Tonry (Eds.), *Family Violence* (Vol. 11). *Crime and Justice: A Review of Research*. Chicago: University of Chicago Press.

Feld, S. L., & Straus, M. A. (1989). Escalation and desistance of wife assault in marriage. *Criminology*, 27(1), 141-161.

Greenspan, R., Weisburd, D., Lane, E., Ready, J., Crossen-Powell, S., & Booth, W. C. (2003). The Richmond/Police Foundation domestic violence partnership. Washington, DC: Police Foundation.

Haddock, C. K., Rindskopf, D., Shadish, W. R. (1998). Using odds ratios as effect sizes for meta-analysis of dichotomous data: A primer on methods and issues. *Psychological Methods*, 3(3), 339-353.

Higgins, J. P. T. & Thompson, S. G. (2002). Quantifying heterogeneity in a meta analysis. *Statistics in Medicine*, 21, 1539-1558.

Hovell, M. F., Seid, A. G., & Liles, S. (2006). Evaluation of a police and social services Domestic violence program: Empirical evidence needed to inform public health policies. *Violence Against Women*, 12, 137-159.

Huedo-Medina, T. B., Sanchez-Meca, J., Marin-Martinez, F., & Botella, J. (2006). Assessing heterogeneity in meta-analysis: Q statistic or I2 index? *Psychological Methods*, 11, 193-206.

Lipsey, M. W., & Wilson, D. B. (2001). *Practical meta-analysis*. Thousand Oaks, CA: Sage. Maxwell, C. D., Garner, J. H., & Fagan, J. A. (2002). Research, policy and theory: The preventive effects of arrest on intimate partner violence. *Criminology and Public Policy*, 2(1), 51-80.

Mickish, J. E. (2002). Domestic Violence. pp. 77-118 in B. D. Byers & J. E. Hendricks (Eds.), *Crisis Intervention in Criminal Justice/Social Services*, Third Edition. Springfield, IL: Charles C. Thomas.

Pate, A., Hamilton, E. E., & Anan, S. (1992). *Metro-Dade spouse abuse replication* *project technical report.*Washington,D.C.：Police Foundation.

Quigley,B.M.,& Leonard,K.E.(1996).Desistance of husband aggression in the early years of marriage.*Violence and Victims*,11(4),355-370.

Stover,C.S.,Poole,G,& Marans,S.(n.d.).The domestic violence home visit Intervention：Impact on police reported incidents of repeat violence over twelvemonths.Unpublished paper.

Stover,C.S.,Berkman,M.,Desai,R.,&,& Marans,S.(n.d.).The efficacy of a police advocacy intervention for victims of domestic violence：12-month follow-up data. Unpublished paper.

Taylor,B.(n.d.).*Do home visits reduce repeat domestic abuse calls to the police?* Unpublished paper.

# 问题导向警务对于犯罪和
# 社会失序的影响

## The Effects of Problem-oriented Policing on Crime and Disorder

作者:David Weisburd,Cody W.Telep,Joshua C.Hinkle,John E.Eck

译者:张金武　李小芽　核定:张金武　张彦　叶嘉茵

## 内容概要

　　问题导向警务(Problem-oriented Policing,简称 POP)最早是由 Herman Goldstein 在 1979 年提出的一种警务活动模式。Goldstein 认为,警方在犯罪控制方面的效能并不明显,是因为警方过于重视执法的方式方法,而忽略了根本性的目标:如何控制犯罪行为和其他社区问题。Goldstein 提出,应该把重点集中在某个或某些问题上,找出问题的根源并加以应对,而不是忙于应付一个个报警电话或一个个单独的罪案。问题导向警务对美国警务模式带来了极大的影响,现在是美国最广泛采用的警务战略之一。

本研究的目标是收集关于问题导向警务的评估研究论文,并对问题导向警务对犯罪和社会失序的影响进行综合分析。

被收入的合格研究必须满足三个标准:(1)使用 SARA 模型用于问题导向警务的实践中;(2)包含一组对照组;(3)有至少一种犯罪或社会秩序的测量结果可以产生效应量。分析的单位可以是人或地点。

我们使用了如下搜索策略来寻找符合资格标准的文章。第一,在网上数据库进行关键字搜索。第二,我们回顾了过去的问题导向警务评论的书目。第三,我们进行进一步搜索具有开创性的问题导向警务的研究。第四,我们对于该领域的主要期刊进行手工检索。第五,我们搜索几个专业机构的出版物。第六,完成以上搜索后,我们通过电子邮件联系一些在问题导向警务领域领先的警务知识渊博的学者,以确保我们没有错过任何相关的研究。

有 10 个符合条件的研究被收入本研究。我们对这些研究进行了叙事审查和元分析。对于元分析,我们将符合条件研究的所有主要成果进行编码,报告了平均效应量(对于有一个以上主要结果的研究,我们对效果进行平均,以创建一个平均值)最大的效果和最小的效果。因为我们研究中的异质性,所以使用了随机效应模型。

根据我们的元分析结果,总体而言,问题导向警务对减少犯罪和社会失序有一个温和的、统计学显著的影响。当分别检测实验和准实验研究时,我们的结果是一致的。

我们的结论是问题导向警务能够有效减少犯罪和社会失序,虽然减少的程度并不是非常的显著,但的确是有效的。我们在解释这些结果时是小心谨慎的,因为关于问题导向警务的评估研究具有多样性。

# 1. 背　景

1979 年,Herman Goldstein 在 *Crime & Delinquency* 发表了一篇论文,在文中批评美国警方更注重于警务活动的是"手段"而不是"目的"。他的批评来源于他对之前一系列评估研究的结果的总结,这些评估研究表明,例如预防性巡逻(Kelling et al.,1974)或快速巡逻车响应呼叫服务(Kansas city police department,1977)等所谓标准警务手段,对犯罪现象的影响不大。Goldstein认为,这个结果并不令人惊讶,但反映了警务工作中的一个严重缺陷。为了说明他的关注,他举了一个例子:在英国的一个小城市,公交车司机在每一个公交车站停靠,但却不允许乘客上车,当被记者质疑时,公交车公司回应说,如果司机要停车接客的话,那么公交车就不可能按照预先排好的时刻表来停靠每一个车站了(Goldstein,1979:236)。Goldstein认为,美国警方也是如此,已经变得过于关注人员配备和内部管理等标准化工作,却忽视了警务活动应当着力解决的治安问题或社会问题,而这就是为什么当时警务工作无力解决社区中诸多问题的原因。

因此,Goldstein呼吁转变警务方式,推动警方积极关注和确定那些会引发犯罪现象的社会问题,以取代事件驱动的"警务标准模型"(NRC,2004;Weisburd & Eck,2004)。他将这种新的警务模式命名为"问题导向警务",其重点在于寻找问题,而不是日常的事务性管理。Goldstein提出的该模式极大地丰富了警务活动的范围和内涵。在Goldstein看来,警方如果要有效减少犯罪和社会失序,那么就必须在执行法律法规的同时,妥善利用社区资源和社会资源。

在Goldstein提出的问题导向警务理论的基础上,John Eck和William Spelman(1987)设计了一个用于实施问题导向警务的工作模式:SARA。SARA是四个英文单词的首字母缩写:Scanning,Analysis,Response,Assessment。也就是说,警方在实施问题导向警务时,首先对存在的问题进行扫描(Scanning),其次是进行分析(Analysis),再次是出动警力对分析出来的问题进行回应(Response),最后是对警方活动的结果进行评估(Assessment)。

国家研究委员会在2004年的一份报告中,对问题导向警务以及SARA模式的实际运作方式进行了如下描述:"问题导向警务的核心是,呼吁警方分析问题,其中可以包括更多地了解受害者以及罪犯,并认真考虑为什么他们会互相接触、他们如何接触、在哪里接触。人、地点和看似无关的事件都是相互关联的,需要进行检查和记录,然后警察再来制定反应措施。这可能超越了传统的警察做法……最后,问题导向警务工作要求警方评估他们对问题的处理结果。警方介入有效吗?有效的原因是什么?如果项目失败,原因又是什么?是因为他们的观念出现了差错,还是因为实施过程出了差错?"(NRC,2004:91)

事实上,自1980年代开始,就有大量研究表明,针对热点问题进行介入可以降低对犯罪的恐惧(Cordner,1986),减少暴力和财产犯罪(Eck & Spelman,1987),减少与枪支有关的年轻人凶杀案(Kennedy et al.,2001)和各种形式的社会失序,包括卖淫和贩毒(Capowich & Roehl,1994;Eck and Spelman,1987)。例如,在新泽西州泽西城的一个关于 public housing complexes 项目的研究(Mazerolle et al.,2000)发现,警方对问题解决的活动可以减少暴力和财产犯罪,虽然六个住宅区的结果并不完全一样。在另一个例子中,Clarke 和 Goldstein(2002)得出结论:从新房子里盗窃家电的案件减少,是由于当地警方仔细分析了这个问题的原因,以及建筑公司在建筑实践中采取措施来解决问题。

有两个实验评估研究对问题导向警务模式在热点地区的应用效果进行评估(Braga,1999;Weisburd and Green,1995),其结果经常被引用来支持问题导向警务模式(NRC,2004)。在一项针对泽西城的暴力犯罪热点地区的随机实验研究中,Braga 等(1999)报告在实验地区的财产和暴力犯罪有所减少。虽然该研究中对问题导向警务进行了验证,但需要注意的是,警方的注意力只是简单地被带到实验地点。因此,犯罪的减少,到底是因为警方的注意力集中到了热点地区,还是由于警方在实践中应用了问题导向方法,有点难以区分。在关于泽西市毒品市场的实验研究中(Weisburd and Green,1995),其结果对于在热点地区应用问题导向警务提供了更直接的支持。在该研究中,实验区和对照区都派驻了相似数量的缉毒侦探。Weisburd 和 Green(1995)比较了两种策略的效果:在对照区,警方侦探采用非系统性的、以逮捕为主的执法措施;在实验区,警方侦探对贩卖毒品的热点地区进行分析,对热点地区进行搜查,跟建筑物的业主和当地政府机构进行合作。跟对照区相比,实验区的失序现象以及和失序有关的犯罪现象都有所减少。

过去的叙述性综述的结论表明,通过解决问题来减少犯罪和社会失序,是有效的(Weisburd and Eck,2004;NRC,2004)。国家研究委员会得出结论,例如说,"越来越多的研究证据表明问题导向型警务是有效的尝试"(NRC,2004:243)。反过来,情景和机会阻断策略的有效性的证据,虽然不一定是根据警方,提供为减少犯罪和社会失序提问题解决的有效性提供间接支持。问题导向警务已经和日常活动理论、理性选择理论和情境犯罪预防相结合(Clarke,1992a,1992b;Eck & Spelman,1987)。最近的研究结果表明,在小地方实施的阻止犯罪和社会失序的预防项目,能够减少犯罪和社会失序事件(Eck,2002;Poyner,1981;Weisburd,1997)。此外,许多这方面的结果都是因为警方采用了问题解决策略。我们也注意到,许多这方面的研究所采取的研究设计的效度较弱(Clarke,1997;Weisburd,1997;Eck,2002)。

问题导向警务模式已经成为美国警方普遍接受和广泛使用的警务策略。这可由如下事实加以证明:采用问题导向警务模式的联邦和各州警察机构的数量,已经设立的关于问题导向警务模式的国家奖项,以及该模式在美国和国际警界的广泛采用。

# 2. 评论的目的

本系统评价的目的是对关于问题导向警务在减少犯罪和社会失序方面的影响的研究证据(包括已经发表的和未发表的)进行综合。我们在两方面超越了以前的综合分析研究。首先,我们收集了更加全面的研究论文和报告。其次,我们使用元分析进行数据综合,而不是像以前那样简单地累计汇总有多少个研究取得了正面的结果。

我们的研究问题是,问题导向警务到底能否有效地减少犯罪和社会失序。本来我们希望用元分析技术来研究其他问题,来深入探索问题解决模式的本质。不幸的是,符合我们的纳入标准的研究数量不够大,无法进行更深入的研究,虽然我们试图通过叙事性的回顾来做一些结论。我们试图研究成本效益问题,但是,没有研究能提供这方面的数据。

# 3. 方  法

### 3.1  评论中纳入和排除研究的标准

本次审查的范围是实验和准实验研究,包括对照组。初步的资格标准如下:

1. 研究论文必须是对一个问题导向警务项目进行的评估。对于这一点,有必要对问题导向警务进行定义。就本研究报告而言,只有由警方实施的使用 SARA 模式的警务干预项目才能算是问题导向警务项目。这就是说,这种干预必须包含 SARA 的四个步骤:首先对存在的问题进行扫描(Scanning),其次是进行分析(Analysis),再次是出动警力对分析出来的问题进行回应(Response),最后是对警方活动的结果进行评估(Assessment)。

2. 该研究必须包括没有接受治疗的条件对照组。

3. 研究必须报告至少一个关于犯罪/社会失序的结果,并且有足够的定量数据来计算效应量的大小。

4. 研究的对象是有问题的地方或有问题的人。

### 3.2 相关研究鉴定的检索策略

我们使用了一些策略来搜索符合资格标准的文章。第一,在网上数据库进行关键字搜索。第二,我们回顾了过去的问题导向警务评论的书目。第三,我们进行进一步搜索具有开创性的问题导向警务的研究。第四,我们对于该领域的主要期刊进行手工检索。第五,我们搜索几个专业机构的出版物。我们的搜索在 2006 年秋季期间就已完成。因此,我们的审查只涵盖那些在 2006 年或之前所出版或完成的研究。第六,完成以上搜索后,我们通过电子邮件联系一些在问题导向警务领域领先的警务知识渊博的学者,以确保我们没有错过任何相关的研究。最后,我们咨询了信息专家以确保我们使用适当的检索策略。

搜索过的数据库包括:

1. Criminal Justice Periodical Index

2. Criminal Justice Abstracts

3. National Criminal Justice Reference Services (NCJRS) Abstracts

4. Sociological Abstracts

5. Social Science Abstracts (SocialSciAbs)

6. Social Science Citation Index

7. Dissertation Abstracts

8. Government Publications Office, Monthly Catalog (GPO Monthly)

9. Police Executive Research Forum (PERF) database of problem-oriented policing examples (POPNet)

10. C2 SPECTR (TheCampbell Collaboration Social, Psychological, Educational and Criminological Trials Register)

11. Australian Criminology Database (CINCH)

12. Centrex (Central Police Training and Development Authority)-UK National Police Library

以下关键字被用来搜索上面列出的数据库(在所有情况下,警察(Police)出现的地方我们也将使用警务(Policing)和执法(Lawenforcement)):

1. Problem-oriented policing

2. Police AND "problem solving"

3. SARA model

4. Police AND SARA

5. Police AND scanning

6. Police AND analysis

7. Police AND "problem identification"

8. Police AND identify AND problem

9. Police AND "situational crime prevention"

10. POP

对以下机构的出版物进行了搜索：

1. Center for Problem-Oriented Policing (Tilley Award and Herman Goldstein Award submissions, Problem-Specific Guides for Police)

2. Institute for Law and Justice

3. Community Policing Consortium (electronic library)

4. Vera Institute for Justice (policing publications)

5. Rand Corporation (public safety publications)

6. Police Foundation

对下列机构的出版物进行了搜索,并且在需要的情况下对机构进行了接触：

1. Home Office (United Kingdom)

2. Australian Institute of Criminology

3. Swedish Police Service

4. Norwegian Ministry of Justice and the Police

5. Royal Canadian Mounted Police

6. Finnish Police (Polsi)

7. Danish National Police (Politi)

8. TheNetherlands Police (Politie)

9. New Zealand Police

对关于问题导向警务的以下书目进行了筛选：

1. Braga(2002).Problem-oriented policing and crime prevention.

2. National Research Council (2004).Fairness and effectiveness in policing:The evidence.

3. Mazerolle and Ransley (2005).Third party policing.

4. Mazerolle,Soole,and Rombouts (2005).Drug law enforcement:The evidence.

5. Scott(2000).Problem-oriented policing:Reflections on the first 20 years.

### 3.3 研究编码类别详细信息

所有符合条件的研究都进行了编码,编码内容包括:

a. 参考信息(标题、作者、出版等)

b. 地址、问题等选择的描述性质

c. 对照组或段的选择的性质和描述

d. 分析的单位

e. 样本大小

f. 方法类型(随机实验、准实验或前—后测试)

g. POP 干预的描述

h. 强度和类型的用量

i. 困难实施

j. 使用的统计学检验

k. 具有统计意义的报告(如有的话)

l. 大小／力量的影响(如有的话)

m. 由作者得出的结论

在本研究的作者中,Joshua Hinkl 和 Cody Telep 对每个符合资格的研究进行编码。凡有疑问的地方,Eck 博士或 Weisburd 博士进行了检查,并确定最终的编码内容。前—后研究的编码是由 Noah Miller(在马里兰大学的研究生)检查的。我们的编码数据库,其中包括用来计算在下面说明的效果大小的定量数据,可在 Campbell 协作网站找到。

# 4. 结　果

### 4.1 研究的选择

我们通过关键字的搜索,最初的结果是在 12 个数据库找到了 5282 项研究。我们对标题和摘要进行检查,并移除任何与警务不相关的,不是英文的,以及重复的论文,来缩小这个名单。筛选之后留下了 1964 个论文。然后,我们移除了那些与问题导向警务不相关的研究,这样就剩下 628 项研究。最后,我们移除了那些不符合我们标准的研究论文(例如一些不是评估,只是对问题导向警务进行说明的内容),移除之后留下 124 个论文。我们审阅了这 124 项研究的全文,以作最后决定。回顾这些研究之后,我们发现其中 4 项是符合我们的标准的。我们在相关机构的出版物上的搜索,另外确定了 282 项研究。通过对这些研究进行更加严密的审查,我们发现了两个申请 Goldstein 奖的论文符合我们的纳入标准。因此,在我们初步资格审查后,我们发现有 6 项研究符合所有的入选标准。

我们发电子邮件给 62 名警务学者和从业者来寻求协助。在这些专家的帮助下,我们又确定了 3 个符合资格的研究。另外,我们从手工检索的论文中又确定了一项新的研究。因此,我们一共找到 10 个符合我们所有资格标准的研究论文。

在过往的康拜尔综述研究中,只找到少量的符合资格的研究论文是很常见的。但是,考虑到问题导向警务模式的广泛使用,只有 10 个研究论文符合标准,需要引起我们的注意。其中一个主要原因,就是我们关于研究设计的标准,排除了很多关于问题导向警务的评估研究,因为这些研究的内部效度比较弱,并没有采取实验区和对照区进行对比的方式。不少专家提出,设置对照地区是比较困难的,因为不同地区所存在的问题都很难完全一样,因此很多评估论文都只是对某个地区进行前后对比,而没有设置对照地区。这种研究都会被排除出康拜尔综述研究,因为很难确定某个地区的犯罪变化到底是不是干预措施所引起的。事实上,在问题导向警务模式被广泛采用的情况下,却如此缺乏高质量的评估研究报告,这也是本综述研究的重要发现之一。

以下是符合资格条件的 10 个研究:

1. POP in a suburban Pennsylvania park(Baker & Wolfer,2003)

2. POP in Jersey City violent crime places(Braga,Weisburd,Waring,Green Mazerolle,Spelman,& Gajewski,1999)

3. Knoxville Public Safety Collaborative(Knoxville Police Department,2002)

4. Oakland Beat Health program(Mazerolle,Price,& Roehl,2000b)

5. Minneapolis Repeat Call Address Policing(RECAP)(Sherman,Buerger,& Gartin,1989)

6. Philadelphia Safe Travel To and From School Program(Stokes,Donahue,Caron,& Greene,1996)

7. Atlanta Problem-Oriented Policing Approach to Drug Enforcement Project(Stone,1993)

8. San Diego Coordinated Agency Network project(C.A.N.)(Thomas,1998)

9. United Kingdom National Reassurance Policing Programme(Tuffin,Morris,&

Poole,2006)

10. Jersey City Drug Market Analysis Project（Weisburd & Green,1995）

需要注意的是,我们没有纳入 Hope(1994)关于圣路易斯市问题导向警务项目的研究报告,以及 Criminal Justice Commission 关于 Beenleigh Calls for Service Project 项目的研究报告(Criminal Justice Commission,1998)。虽然这两个研究报告都是对问题导向警务项目进行评估,而且也包含了对照地区,但都未能提供足以计算效应量的定量数据。因此,我们并未将这两个研究报告纳入我们的综述研究之中。

**4.2　被选入的研究的特性**

10 个符合条件的研究来自八个不同的美国城市(其中两项是在泽西城进行的),以及在英国的 6 个街区。Lorraine Green Mazerolle 是其中三个研究的第一作者或合著者,David Weisburd 是其中两项研究的作者或合著者。

符合条件的研究中,四个是随机实验,六个是有对照组的准实验。随机实验都是以地点为研究单位的干预。六项准实验中,四项是以地点为研究单位的,两项是以人为研究单位的,其研究对象是在 Knoxville 和 San Diego 的缓刑及假释人。

干预措施覆盖了各种各样的问题,证明问题导向警务的广泛适用性。两项研究用于减少缓刑/假释人的再次犯罪,两个面向毒品市场,一个用来应对公园中故意破坏艺术品和饮用水的问题,一个用来在暴力热点打击犯罪,一个是面向学校受害者,一个是研究问题地址,一个是研究整体的犯罪现象。这些干预措施还采用了各种方法来解决犯罪和社会失序。

**4.3　对问题导向警务的效果的文字描述**

十个符合条件的研究中,有八个的研究结果报告了问题导向警务的正面效果,虽然这些影响有很大的不同。

所有的随机实验研究都显示了问题导向警务的效果,在与对照组对比的情况下。这些实验研究都同时使用(至少在一定程度上)热点警务模式,在处理热点地区的过程中使用 POP(Weisburd & Braga,2006),因此表明问题导向警务在和热点警务相结合的情况下,可能产生特别有效的结果。在泽西城的 POP 项目中(Braga et al.,1999),实验地区的报警电话和暴力案件有显著的下降。就特定类型的犯罪行为而言,在实验区实行干预措施后,跟对照组相比,以下犯罪行为出现明显的下降:街头斗殴、财产犯罪和毒品案件、抢劫。

在关于 Oakland Beat Health 的研究中(Mazerolle et al.,2000b),当对干预前、干预后各 12 个月的数据进行对比时,实验区域中拨出的关于毒品的报警电话,跟对照区域相比,其数量有显著下降。在仅统计居民区时,实验区的报警电话下降了 13.2%,而对照区的报警电话上升了 14.4%。实验区和对照区关于社会失序、暴力、财产犯罪的报警电话数量没有显著差别。

在明尼阿波利斯的 RECAP 项目研究中(Sherman et al.,1989),当对 1986 年和 1987 年的数据进行对比时,在居民区中,实验区的报警电话数量比对照区有较大的下降,但是在商业区,实验区和对照区并没有差别。对于居民区,实行 RECAP 的区域的报警电话下降 6%,但在对照区则增加了 0.1%。对于商业区,实验区和对照区的报警电话数量都下降,但在实行 RECAP 的实验区有一个稍大的跌幅(10.96% 对 10.70%)。在居民区,实行干预后的六个月中,跌幅更加引人注目,实行 RECAP 的地区下降 6.96%,而对照区上升 8.07%。只有住宅区的报警电话数量降幅是显著的。

虽然这些研究测试了各种解决问题的办法,需要注意的是,警方的注意力只是简单地被带到实验地点。因此,犯罪的减少,到底是因为警方的注意力集中到了热点地区,还是由于警方在实践中应用了问题导向方法,有点难以区分。泽西市 Drug Market Analysis Experiment(Weisburd and Green,1995)提供了一个更加直接的测试问题导向警务的方法,因为实验区和对照区的警察都是随机分配的。实验区关于社会失序的报警电话的数量增幅显著小于对照区。特别值得关注的是,该项目对于关于财产犯罪和暴力犯罪的报警电话没有显著影响。与毒品相关的报警电话数据没有被分析,因为项目的各项干预措施可能影响相关的报警电话数量(即鼓励居民向警察举报毒品活动),而且因为统计学分析难以处理数据分配的问题(Weisburd and Green,1995:727,注 15)。

关于缓刑者/假释者的准实验研究都为问题导向警务模式提供了积极的结果。在圣地亚哥 Coordinated Agency Network 项目中(Thomas,1998),项目参与者的重新犯罪比率仅仅是 6%。而对照组的重新犯罪率是 22%。在 Knoxville 项目中(Knoxville 警察局,2002 年),29% 的项目参与者成功地完成了他们假释刑期,但是对照组只有 11% 的人成功度过假释刑期而没有被撤销假释(被撤销假释的人会被重新送入监狱)。

在 Baker 和 Wolfer(2003)的研究中,在实施干预前,住在公园附近的居民比对照区的居民更有可能成为公告卫生或看见公共场合醉酒的受害者。但是在实施干预后,目标区域的居民的受害率已经下降到和对照组没有显著差异的程度。作者认为,该方案在公园对于减少犯罪有帮助。

Tuffin 等人(2006)的报告也有利于问题导向警务。总体而言,实验区犯罪案件的下降幅度比对照组多 4%。但是,在六个街区中,只有两个出现了显著的下降,下降幅度很大所以使整体数量都下降了,有三个街区的跌幅跟对照组没有差别,有一个街区的犯罪数量还上升了。因此,总体结果对于 POP 是积极的,但在不同街区具有很大差异。

有两项研究对问题导向警务得出了负面的结果,分别是 Stone(1993)和 Stokes 等人(1996)的研究。在 Stone(1993)研究中,在居民受害情况调查时测量居民有没有被别人兜售或推销毒品,该现象在实验区和对照区都有所上升,但在实验区的上升幅度更大。暴力犯罪确实在干预区域减少了,但实验区总的犯罪和财产犯罪增加的速度大于对照区。在 Stokes 等人(1996)的研究中,安全走廊被证明是极不成功的。目标学校的学生受害率实际上是增加的,而在 3 所进行对照的学校则显著降低,这表明问题导向警务的干预效果是事与愿违的。受害者调查的结果表明,在目标学校,更多的学生认为往返学校是危险的,而用于对照的 3 所学校中,认为往返学校是危险的学生,其数量则是下降的。

正如我们上面提到的,我们并没有纳入 Hope(1994)的在圣路易斯市的 POP 项目研究,以及刑事司法委员会关于 Beenleigh Calls for Service Project(Criminal Justice Commission,1998)的研究,由于他们缺乏用以计算效应量的可用数据。

在相关研究中,研究者在测量目标区域的犯罪现象变化时,都关注到了犯罪现象"位移"的问题,也就是目标区域的犯罪现象虽然减少,但不知会不会转移到其他区域(Reppetto,1976;Weisburd et al.,2006)。虽然本研究综述没有汇总关于犯罪位移的数据,但在关于热点警务的康拜尔综述研究中有所总结(Braga,2007)。Braga 的综述研究收录了 5 篇论文(其中两篇也收入了我们的研究综述,Weisburd & Green,1995;Braga et al.,1999),得出的结论是犯罪位移并不显著,而且该结果的效力要强于对所谓犯罪扩散现象(Clarke & Weisburd,1994)的支持。

**4.4 对问题导向警务的效果的元分析**

我们对 10 个符合资格的研究论文进行了元分析,以计算每个研究的效应量,并且计算问题导向警务对于犯罪和社会失序的总效应量。我们使用 Biostat's Comprehensive Meta Analysis program 进行分析并绘制森林图。

在图 1 中,我们给出了对于所有符合条件的研究的平均影响。其中 5 个研究只有一个效果指标,因此平均效应量的数值和最大效应量的数值是一样的。对于 Thomas(1998)和 Knoxville Police Department(2002)的研究,效果指标是缓刑、假释人员的重新犯罪率。对于 Tuffin et al.(2006),总体犯罪率被作为效果指标。对于 Stone

（1993），受害者调查的其中一个问题作为效果指标。Stokes 等人（1996）的研究也是这样。对于另外 5 个研究，它们具有不只一个效果指标，而我们对它们的主要效果指标进行了综合。对于 Baker 和 Wolfer（2003）的研究，我们计算了在公告场合看到垃圾和饮酒行为的平均数据。对于 Braga 等人（1999）的研究，我们综合了报警电话和报警案件的数据。对于 Mazerolle 等人（2000b）的研究，我们对关于毒品的报警电话和关于社会失序的报警电话数据进行了平均。对于 Sherman 等人（1989）的研究，我们对商业区和居民区的报警电话数据进行了编码综合。对于 Weisburd 和 Green（1995）的研究，财产犯罪、暴力犯罪和社会失序的报警电话数据都被综合了。

大于 0 的效应量，表示问题导向警务能够减少犯罪和社会失序。我们假设相关研究的异质性较大，Q 检测的结果证实了我们的假设：Q 统计在 0.05 的水平上是显著的（Q = 58.240, df = 9）。

通过所有研究的平均效应量，结果显示问题导向警务具有显著的积极正面效果，虽然该效果的效应量比较温和（Cohen's d = 0.126）。重要的是，如果我们仅仅是对具有正面效果的研究结果进行简单的累计加总，那么很可能会得出结论说 POP 是无效的，因为只有 4 项研究符合传统的统计显著条件。

由于随机对照实验和准实验的方法质量具有重要差异，因此我们对它们进行分别计算。图 1 是 4 个随机对照实验的效应量，效应量（0.147）有所增加，并且也是显著的（p<.001）。图 2 是准实验研究的效应量，其数值（0.158）大于平均效应量（因为关于缓刑、假释的两个研究的效应量特别大），但并不显著（p=.108）。

## Mean Effect Sizes for Randomized Experiments

| Study name | Statistics for each study | | | Std diff in means and 95% CI |
|---|---|---|---|---|
| | Std diff in means | Standard error | p–Value | |
| Sherman et al. 1989 | 0.192 | 0.135 | 0.155 | |
| Weisburd & Green 1995 | 0.147 | 0.011 | 0.000 | |
| Braga et al. 1999 | 0.143 | 0.076 | 0.060 | |
| Mazerolle et al. 2000 | 0.137 | 0.077 | 0.075 | |
| **Random Effect** | **0.147** | **0.011** | **0.000** | |

-1.00　-0.50　0.00　0.50　1.00

Favors Control　　Favors Treatment

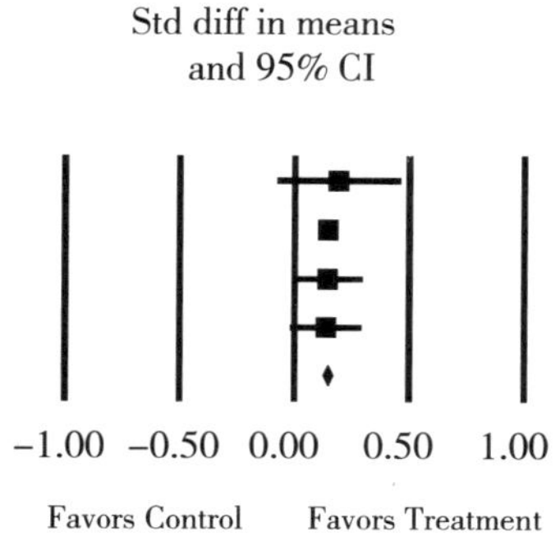

**图 1　随机对照实验的效应量**

在图 3 中，我们列出了所有研究的最大效应量。这是现存的研究中，关于 POP

## Mean Effect Sizes for Quasi-Experiments

| Study name | Statistics for each study | | | Std diff in means and 95% CI |
|---|---|---|---|---|
| | Std diff in means | Standard error | p-Value | |
| Thomas 1998 | 0.771 | 0.296 | 0.009 | |
| Knoxville PD 2002 | 0.664 | 0.132 | 0.000 | |
| Baker & Wolfer 2003 | 0.236 | 0.224 | 0.292 | |
| Tuffin et al. 2006 | 0.028 | 0.029 | 0.334 | |
| Stone 1993 | −0.001 | 0.059 | 0.986 | |
| Stokes et al. 1996 | −0.203 | 0.081 | 0.012 | |
| **Random Effect** | **0.158** | **0.098** | **0.108** | |

-2.00　-1.00　0.00　1.00　2.00

Favors Control　　Favors Treatment

**图 2　准实验的效应量**

的效果的最大值。图中的总体 Random Effect(0.296)较大,而且在统计学上是显著的(p=.037)。

## Largest Effect Sizes for Experimental and Quasi-Experimental Studies

| Study name (Outcome) | Statistics for each study | | | Std diff in means and 95% CI |
|---|---|---|---|---|
| | Std diff in means | Standard error | p-Value | |
| Thomas 1998 (probation success) | 0.771 | 0.296 | 0.009 | |
| Weisburd & Green 1995(disorder CFS) | 0.696 | 0.018 | 0.000 | |
| Knoxville PD 2002 (probation success) | 0.664 | 0.132 | 0.000 | |
| Sherman et al. 1989 (residential　CFS) | 0.369 | 0.133 | 0.006 | |
| Baker & Wolfer 2003 (public drinking) | 0.328 | 0.249 | 0.188 | |
| Mazerolle et al. 2000 (drug CFS) | 0.280 | 0.100 | 0.005 | |
| Braga et al. 1999 (total incidents) | 0.198 | 0.092 | 0.031 | |
| Tuffin et al. 2006 (total incidents) | 0.028 | 0.029 | 0.334 | |
| Stone 1993 (asked to buy drugs) | −0.001 | 0.059 | 0.986 | |
| Stokes et al. 1996 (victimization) | −0.203 | 0.081 | 0.012 | |
| **Random Effect** | **0.296** | **0.142** | **0.037** | |

-2.00　-1.00　0.00　1.00　2.00

Favors Control　　Favors Treatment

**图 3　所有研究的最大效应量**

图 4 列出了随机对照实验的最大效应量,总体 Random Effect 是 0.394(p=.011)。准实验的最大效应量,Random Effect 是 0.167,是统计学上显著的(p<.05)。

所有研究的最小效应量,最小效应量的平均数是 0.058,数值不大,但仍然是大于零的。也就是说,即使是在最糟糕的情况下,POP 仍然对于犯罪和社会失序具有

## Largest Effect Sizes for Randomized Experiments

| Study name | Statistics for each study | | | Std diff in means and 95% CI |
|---|---|---|---|---|
| | Std diff in means | Standard error | p–Value | |
| Weisburd & Green 1995 | 0.696 | 0.018 | 0.000 | |
| Sherman et al. 1989 | 0.369 | 0.133 | 0.006 | |
| Mazerolle et al. 2000 | 0.280 | 0.100 | 0.005 | |
| Braga et al. 1999 | 0.198 | 0.092 | 0.031 | |
| **Random Effect** | **0.394** | **0.155** | **0.011** | |

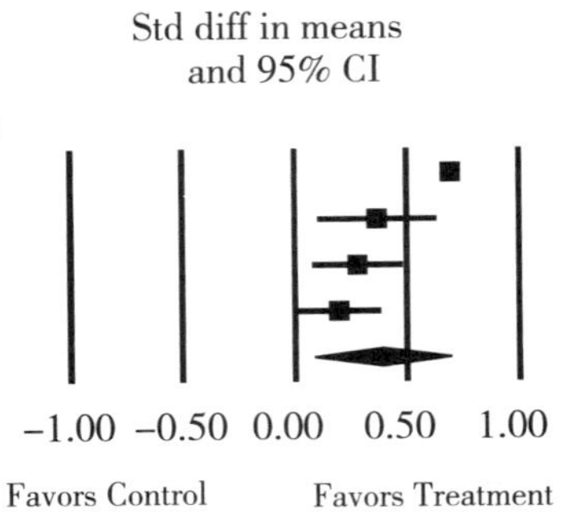

–1.00  –0.50  0.00  0.50  1.00

Favors Control    Favors Treatment

**图 4　随机对照实验的最大效应量**

正面的效果。

对于任何系统综述研究而言,发表偏倚都是一个严重的威胁(Rothstein,2008)。因此,康拜尔系统综述研究都采用一系列步骤来减少发表偏倚的影响。特别是对于本研究而言,我们收录的 10 篇研究报告中,6 篇来自未公开发表的论文(包括 1 篇博士论文,2 份政府部门的报告,3 份未公开发表的研究报告)。Wilson 认为,对于已经发表的论文和未公开发表的论文,在研究方法的质量方面其实差别不大,因此有必要寻找那些有效的而未公开发表的"灰色文献"(Wilson,in progress)。事实上,我们所收录的一些非公开发表的论文,也可能在以前受到不公正的偏见,它们很可能压根不被任何系统综述所考虑。但我们的分析结果表明,它们的质量是可靠的。

我们比较了公开发表的论文和未公开发表论文的效应量。对于公开发表的论文,效应量是 0.147(p=.00);对于未公开发表的论文,效应量是 0.153(p=.10)。两者的效应量相似,因此出版偏倚并没有对本研究造成严重威胁。

我们使用了漏斗图来检测我们的结果中可能存在的选择偏倚。我们使用 Duval 和 Tweedie 提出的 trim-and-fill 过程(Gucal and Tweedie,2000)来检测我们的估计值在缺乏不对称性的情况下是如何改变的。根据 trim-and-fill 步骤的要求,需要增添三项研究以增强对称性。这些额外增加的研究极大地改变了平均效应量的估计值。Random Effect 的平均值从 0.126(95% CI = 0.033,0.219)下降到 0.060(95% CI =−0.042,0.162)。然而,trim-and-fill 的结果可能会有些误导。其实这些结果并不一定表示我们的研究综述存在发表偏倚。事实上,造成的不对称性的两项研究是未发表的。正如 Rothstein(2008)指出的那样,trim-and-fill 的计算方法假定,当漏斗图相对底部出现不对称时,就有发表偏倚,而且那些分布位置靠近底部的研究报告,通常是规模较小或者是具有较大效应量的。然而,有时候,规模较小的研究也同时会产生较大的效应量,正如我们所收录的一些研究报告所显示的那样。事实上,当我们仅仅对随机对照实验进行 trim-and-fill 分析时,结果显示出较好的对称性,因此没有必要增添新研究。所以,虽然对所有研究进行 trim-and-fill 的结果方法显示会导致 Random Effect 的影响,但我们相信 trim-and-fill 步骤可能高估了发表偏倚的程度。

### 4.5 研究步骤的执行

总的来说,所有入选的研究,其研究步骤的实施过程都是比较成功的。但是,有些研究在实施过程中也存在着一些问题,而这也解释了不同项目之间在效果方面的差异。

在实验研究中,只有 Mazerolle 等(2000b)全面报告了实施过程而没有遇到任何明显的问题。在 Braga 等人(1999)的研究中,最初是设计选取 56 个热点地区(28 对),但由于泽西市警察局的组织变革,大量警员退休以及大量的其他工作的影响,最终确定的地区只包括 12 个热点地区,而且在最开始的 8 个月中,只取得有限的进展(Braga,1997)。Weisburd 和 Green(1995)则在经过前九个月的有限进展后,扩展了干预周期,以期更充分地实施干预;在实验的最后五个月,干预措施获得了全面的实施。

Sherman 等人(1989)的 RECAP 研究,提出更严重的研究实施问题(Buerger,1993)。对于热点地区的选择,存在很多问题。即使通过广泛的努力,从档案中删除重复的报警电话,研究人员仍然估计多达 15% 的电话呼叫是多人为同一事件拨打911 的重复结果。此外,某些高呼叫地址出现了显著的不稳定性。警方对某些地址进行了审查,发现这些地址实际上是相同位置的不同出口,从而导致重复计算的问题,也就是实验区和对照区的两个地址,其实是同一个建筑物或地区。可能是治疗组和对照组的两者。在实施项目时,五名警察组成的小组对于众多热点位置完全不堪重负。事实上,有 226 个存在诸多问题的地址,但完全难以在一年的时间内作出适当的反应。

最成功的两个准实验,是两个针对缓刑者/假释犯的研究,它们没有遇到大的执行困难。反过来,虽然这些研究不是随机实验,它们付出显著的努力去确定条件相当的对照组。Knoxville 的研究(2002)作出了特别努力来选择假释样本,同时通过田纳西大学来协助统计分析,以提供参考证据。圣地亚哥 CAN 项目(Thomas,1998)也非常努力地来使用精心挑选的对照组,将 80 个项目参与者和 80 个从缓刑未成年人中随机挑选的人进行比较。但项目参与者并不是随机挑选的。

并没有显著的证据证明 Baker 和 Wolfer（2003）的研究在实施时遭遇了失败，但其评价方法是可能有问题的。对照组的居民虽然是从远离公园的居民中选取，但这些选取出来的居民仍然包括那些会使用公园的人，而且他们其实也知道警方的干预措施。另外，本次调查的样本规模也相当小，这有助于解释结果中较大的标准差。

其他三个准实验有更多的实质性的问题，这也许可以解释它们研究结果的差异。Stone（1993）报告说，亚特兰大警察局似乎对 POP 项目的实施没有全心全意的兴趣，许多警官并不认为问题解决警务是真正的警察的工作，所以对这方面的工作付出是有限的。警方高层对 POP 的支持是不足的，而且前线警官也缺乏 POP 方面的训练和培训。此外，干预措施是从夏天开始的，警官常常申请休假，使得 POP 项目长期人手不足。

Stokes 等人（1996）也证明了实施研究的困难。在实施学校安全走廊项目时，最大的问题似乎是，尽管有宣传活动，但是目标学校有三分之二的学生声称他们并不知道这些走廊的存在。此外，即使暴力更可能在离校后的下午时分发生，这段时间的警力配置却是更少的，因为警察也在这个时候换班，而警力资源也是有限的。此外，研究人员所使用的受害情况调查量表不太理想，许多学生在回答问卷的问题时存在困难。

Tuffin 等（2006）报道了一些在实施时遇到的问题。其过程评估发现，六个目标点中只有两个是完全实施该方案的。其他四个点在与社区合作方面存在困难。

作为最后一点，最近有学者质疑，在实务领域推行的问题导向警务模式到底是否满足 Goldstein（1979，1990）原创的 POP 标准（Cordner and Biebel，2005；Braga and Weisburd，2006）。正如一些评估研究所反映的，警官们在处理问题之前并没有对问题进行透彻分析。因此，尽管我们在本章一直专注于干预措施的实施，但是学者认为，大多数 POP 项目未能完全遵循 POP 的原则，不管其效果是否成功。

### 4.6　包含前测/后测的研究

我们也收集了包含前测/后测，但没有控制组或对照组的研究。这些研究的研究方法效度较弱，但在关于 POP 的文献中有很多。我们总共发现了 45 个此类研究。这些研究都会对问题导向警务干预前后的犯罪案件进行统计，来评价 POP 项目是如何影响犯罪的。但这些研究很少用统计方法对干预地区的历史数据进行处理。对于这些地区，其实它们的犯罪率可能会处于某个上升或下降的趋势中，而不管有没有实施问题导向警务项目。

45 项中的 32 项研究都来自申请 Goldstein 奖或 Tilley 奖的研究者。这两个奖项是颁发给警察部门中优秀的 POP 项目,以表彰那些创新的、使用有效的问题解决方法去减少犯罪的工作实践。Goldstein 奖始于 1993 年,是由问题导向警务中心(Center for Problem-Oriented Policing)设立的。大多数申请书都来自美国,虽然也有部分是来自英国、加拿大和澳大利亚。Tilley 奖则是在英国设立的奖项。

由于许多包含前/后测量的研究都是提交申请奖项的申请书,因此他们几乎都是报道成功的 POP 的。当然了,如果一个申请者报告了不成功的 POP 项目,那是不可能得到奖项的,而这导致了潜在的发表偏倚(Rothstein,2008)。

为了解决发表偏倚的问题,我们比较了所有研究的结果,然后将发表和未发表的研究分开。对于所有研究而言,犯罪和社会失序出现了 44.45% 的下降。如果仅仅统计申请奖项的申请书,那么它们所报告的犯罪和社会失序下降幅度更大,是 47.79%。对于其他不是申请奖项的研究报告来说,总体下降幅度是 35.55%。对于 6 个公开发表的研究论文而言,它们的下降幅度是 47.42%,类似于申请奖项的申请书。因此,对于包含前测/后测,但没有控制组或对照组的研究来说,总体而言,它们都报告了 POP 会带来犯罪和社会失序的显著下降。

## 5. 讨论和结论

我们的研究问题是,问题导向警务也就是 POP 在减少犯罪和社会失序方面的效果是怎么样的。整体而言,在之前的综述研究(NRC,2004;Sherman and Eck,2002;Weisburd and Eck,2004)的基础上,我们的研究结果进一步为 POP 提供了科学证据,并且验证了这样一个假设,那就是 POP 是能有效预防犯罪和社会失序的(Bullock and Tilley,2003;Eck and Spelman,1987;Goldstein,1990;Scott,2000)。我们发现,POP 项目对犯罪和社会失序的减少有显著的影响。重要的是,结果是类似的,无论是对于实验研究还是准实验研究。

我们的分析中有个令人惊讶的地方,就是结果显示 POP 项目的平均效应量在 0.1 和 0.2 之间。虽然这个结果在统计学上是显著的,说明 POP 有正面效果,但也说明这个效果并不像某些学者说的那么大。对此的其中一个解释,是学者们也许将某些效果特别明显的研究报告作为例子进行宣传。在这种情况下,我们对所有研究的最大效应量进行的检测可以提供更加坚实的证据。而且,聚焦于这些结果也不算是弄虚作假,因为它们本来就是 POP 项目的关注目标(Weisburd and Green,1995)。实际上,当我们对仅仅包含前测/后测但没有包含对照组的研究报告单独进行检测时,它们所反映的 POP 的效果是更加强劲的。当然,到底这种强劲的效果是不是由于这些研究的研究方法质量较弱而造成的,这超出了本研究综述的范围。

总体而言,我们认为,我们的研究结果表明,所有的实验和准实验研究都提供了一致的结果,帮助我们作出更加有力的结论:POP 是一种有效的警务策略。

在我们的评论中最令人惊讶的是,满足我们筛选要求的研究报告竟然如此之少。正如我们已经指出的,POP 在过去的二十年中是最重要、应用最广泛的警务创新模式之一。我们所收录的研究虽然不多,也足够我们得出足够有力的证据,但研究数量较少的确使我们难以确定到底哪种策略才是 POP 中真正产生效果的那一部分,也难以描述 POP 产生效果的机制和规律。

我们可以从我们的研究结果中,为 POP 如何以及在什么情况下能够产生最好的结果提供一些建议。首先,在警方对于 POP 本身和 POP 所服务的对象是全力支持的情况下,POP 是最有效的。例如 Stone(1993)所描述的那样,该项目的实施受到极大的影响,因为亚特兰大警察局没有全力支持 POP 项目的开展。其次,项目的目标不能设的太高。警察所承受的案件量必须保持在一个合理的水平,而且不应该要求警察必须在短时间内就对某个地区的主要问题查个清清楚楚。在关于 RECAP 项目的研究中(Sherman et al.,1989),要求警察在一年中处理超过 200 个存在问题的地址,对于警察来说是不堪重负的。相反,在 Braga et al.(1999)的研究中,为警方选取了更易于管理的 12 个热点地区,因此警察们在实施 POP 时更加有效。

从我们的研究结果来看,众多研究报告所反映的 POP 项目可以分为各种类型,而且对于热点地区所针对的问题也是不一样的,因此一个重要的结论就是,POP 对于不同类型的环境区域、不同类型的存在问题都是有效的。但这种多样性也为我们带来了警示,因为一些 POP 项目是和热点警务模式混合实施的。例如,Braga(2007)关于热点警务的系统综述,就收录了三篇同样被我们收录的论文。因此,到底哪种因素导致了正面的效果,需要仔细分辨。需要说明的是,当我们在谈论 POP 时,重要的并不是拘泥于某个具体的工作细节,而是要从战略的高度出发,注重研究警方如何使用适当的方式去达到战略目标。虽然我们只收录了数目不大的符合条件的研究报告,我们的结论是,POP 项目对于不同类型的研究对象(人或地区),对于研究对象所存在的不同类型的问题,对于不同类型的犯罪或社会失序,都是有效的。

# 6. 更新评论的计划

笔者预计每五年更新一次评论。

# 7. 参考文献

Braga, Anthony A. (2001). The effects of hot spots policing on crime. *Annals of the A-merican Academy of Political and Social Sciences* 578:104-125.

Braga, Anthony A. (2002). *Problem-oriented policing and crime prevention*. Monsey, NY: Criminal Justice Press.

Braga, Anthony A. (2007). Effects of hot spots policing on crime. A Campbell Collaboration systematic review, available at: http://www. campbellcollaboration. org/CCJG/reviews/published. asp.

Braga, Anthony A. and David Weisburd. (2006). Problem-oriented policing: The disconnect between principles and practice. In David Weisburd and Anthony A. Braga (eds.), *Police innovation: Contrasting perspectives* (pp.133-152). New York: Cambridge University Press.

Braga, Anthony A., David Weisburd, Elin J. Waring, Lorraine Green Mazerolle, William Spelman, and Francis Gajewski. (1999). Problem-oriented policing in violent crime places: A randomized controlled experiment. *Criminology* 37(3):541-580.

Bullock, Karen and Nick Tilley (eds.). (2003). *Crime reduction and problem-oriented policing*. Portland, OR: Willan.

Bureau of Justice Statistics. (2006). Law Enforcement Management and Administrative Statistics(LEMAS):2003 sample survey of law enforcement agencies. Ann Arbor, MI: Inter-university Consortium for Political and Social Research (ICPSR Study #4411).

Capowich, George E. and Janet A. Roehl. (1994). Problem-oriented policing: Actions andeffectiveness inSan Diego. In Dennis P. Rosnebaum (ed.), *The challenge of community policing: Testing the promises*. Thousand Oaks, CA: Sage Publications.

Clarke, Ronald V. (1992a). Situational crime prevention: Theory and practice. *British Journal of Criminology* 20: 136 - 47. Clarke, Ronald V. (1992b). *Situational crime prevention: Successful case studies*. Albany, NY: Harrow and Heston.36.

Clarke, Ronald V. (1997). *Situational crime prevention: Successful case studies*.2$^{nd}$ Edition. Albany, New York: Harrow and Heston.

Clarke, Ronald V. and David Weisburd. (1994). Diffusion of crime control benefits: Observations on the reverse of displacement. In Ronald V. Clarke (ed.), *Crime Prevention Studies*, vol.3. Monsey, NY: Criminal Justice Press.

Clarke, Ronald V. and Herman Goldstein. (2002). Reducing theft at construction sites: Lessons from a problem-oriented project. In Nick Tilley (ed.) *Analysis for crime prevention*. Monsey, NY: Criminal Justice Press.

Cohen, Jacob. (1988). *Statistical power analysis for the behavioral sciences*.2nd edition. Hillsdale, NJ: Lawrence Erlbaum.

Cordner, Gary W. (1986). Fear of crime and the police: An evaluation of a fear-reduction strategy. *Journal of Police Science and Administration* 14:223-233.

Cordner, Gary W. and Elizabeth P. Biebel. (2005). Problem-oriented policing in practice. *Criminology and Public Policy* 4(2):155-180.

Duval, Sue J. and Richard L. Tweedie. (2000). A non-parametric "trim-and-fill" method ofaccounting for publication bias in meta-analysis. *Journal of the American Statistical Association* 95:89-98.

Eck, John E. (2002). Preventing crime at places. InLawrence W. Sherman, David Farrington, Brandon Welsh, and Doris Layton MacKenzie (eds.) *Evidence-based crime prevention* (pp.241-294). New York: Routledge.

Eck, John E. and William Spelman. (1987). *Problem solving: Problem-oriented policing in Newport News*. Washington, DC: Police Executive Research Forum.

Farrington, David P. (2006). Methodological quality and the evaluation of anti-crime programs. *Journal of Experimental Criminology* 2(3):329-327.

Farrington, David P., Martin Gill, Sam J. Waples, and Javier Argomaniz. (2007). The effects of closed-circuit television on crime: Meta-analysis of an English national quasiexperimental multi-site evaluation. *Journal of Experimental Criminology* 3(1):21-38.

Goldstein, Herman. (1979). Improving policing: A problem-oriented approach. *Crime and Delinquency* 24:236-58.

Goldstein, Herman. (1990). *Problem-oriented policing*. New York: McGraw-Hill.

Hope, Timothy. (1994). Problem-oriented policing and drug market locations: Three case studies. In Ronald V. Clarke (ed.), *Crime prevention studies*, vol. 2. Monsey, NY: Criminal Justice Press.

Kansas City Police Department. (1977). *Response time analysis: Executive summary*. Kansas City, MO: Board of Commissioners.

Kelling, George L., Tony Pate, Duane Dieckman, and Charles E. Brown. (1974). *The Kansas City preventive patrol experiment: Technical report*. Washington, DC: Police Foundation.

Kennedy, David M. (2006). Old wine in new bottles. Policing and the lessons of pulling levers. In David Weisburd and Anthony A. Braga (eds.), *Police innovation: Contrasting perspectives* (pp.155-170). New York: Cambridge University Press.

Kennedy, David M., Anthony A. Braga, Anne M. Piehl, and Elin J. Waring. (2001). *Reducing gun violence: The Boston Gun Project's Operation Ceasefire*. Washington, DC: National Institute of Justice, U.S. Department of Justice.

Lipsey, Mark W. (1990). *Design sensitivity: Statistical power for experimental research*. Thousand Oaks, CA: Sage Publications.

Lipsey, Mark W. (2000). Statistical conclusion validity for intervention research: A significant (p<.05) problem. In Leonard Bickman (ed.), *Validity and social experimentation: Donald Campbell's legacy*. Thousand Oaks, CA: Sage Publications.

Lipsey, Mark W. and David B. Wilson. (2001). *Practical meta-analysis*. Thousand Oaks, CA: Sage Publications.

Lösel, Friedrich and Peter Köferl. (1989). Evaluation research on correctional treatment in West Germany: A meta-analysis. In Herman Wegener, Freidrich Lösel and Jochen Haisch (eds.), *Criminal behavior and the justice system* (pp.334-355). New York: Springer.

Mazerolle, Lorraine Green and Janet Ransley. (2005). *Third party policing*. New York: Cambridge University Press.

Mazerolle, Lorraine Green, Justin Ready, William Terrill, and Elin Waring. (2000a). Problem-oriented policing in public housing: the Jersey City evaluation. *Justice Quarterly*

17(1):129-158.

Mazerolle, Lorraine, David W. Soole, and Sacha Rombouts. (2005). Drug law enforcement: Theevidence. Drug Policy Modelling Project Monograph No. 05. Fitzroy, Australia: Turning Point Alcohol and Drug Centre.

Mazerolle, Lorraine, David W. Soole, and Sacha Rombouts. (2008). Street level drug lawenforcement: A meta-analytic review. A Campbell Collaboration systematic review, available at: http://www.campbellcollaboration.org/CCJG/reviews/published.asp.

McGarrell, Edmund F., Steven Chermak, Jeremy M. Wilson, and Nicholas Corsaro. (2006). Reducing homicide through a "lever-pulling" strategy. *Justice Quarterly* 23(2): 214-231.

National Research Council. (2004). Effectiveness of police activity in reducing crime, disorderand fear. In Wesley Skogan and Kathleen Frydl (eds.), *Fairness and effectiveness in policing: The evidence* (pp.217-251). Committee to Review Research on Police Policy and Practices. Committee on Law and Justice, Division of Behavioral and Social Sciences and Education. Washington, DC: The National Academies Press.

Perry, Amanda and Matthew Johnson. (2008). Applying the Consolidated Standards of Reporting Trials (CONSORT) to studies of mental health provision for juvenileoffenders: A research note. *Journal of Experimental Criminology* 4(2):165-185.

Perry, Amanda, David Weisburd, and Catherine Hewitt. In progress. Are criminologists reporting experiments in ways that allow us to assess them?

Poyner, Barry. (1981). Crime prevention and the environment—Street attacks in city centres. *Police Research Bulletin* 37:10-18.

Reppetto, Thomas A. (1976). Crime prevention and the displacement phenomenon. *Crime & Delinquency* 22:166-167.

Rothstein, Hannah R. (2008). Publication bias as a threat to the validity of meta-analytic results. *Journal of Experimental Criminology* 4(1):61-81.

Scott, Michael S. (2000). *Problem-oriented policing: Reflections on the first 20 years.* Washington, DC: U.S. Department of Justice, Office of Community Oriented Policing Services.

Sherman, Lawrence W. and John E. Eck. (2002). Policing for crime prevention. In Lawrence W. Sherman, David P. Farrington, Brandon C. Welsh, and Doris L. MacKenzie (eds).,

*Evidence-based crime prevention*（pp.295-329）.New York：Routledge.

Solé Brito，Corina and Tracy Allan（eds.）.（1999）.*Problem-oriented policing：Crime-specificproblems，critical issues and making POP work，volume II.*Washington，DC：Police Executive Research Forum.

Tita，George，K.Jack Riley，Greg Rideway，Clifford Grammich，Allan F.Ambrahamse，and Peter W.Greenwood.（2003）.*Reducing gun violence：Results from an intervention in East Los Angeles.*Santa Monica，CA：RAND Corporation.

Terrin，Norma，Christopher H.Scmid，Joseph Lau，and Ingram Olkin.（2003）.Adjusting for publication bias in the presence of heterogeneity. *Statistics in Medicine* 22（13）：2113-2126.

Weisburd，David.（1997）.*Reorienting crime prevention research and policy：From the causes of criminality to the context of crime.*Washington，DC：U.S.Government Printing Office.

Weisburd，David andLorraine Green.（1995）.Policing drug hotspots：The Jersey City drugmarket analysis experiment.*Justice Quarterly* 12（4）：711-735.

Weisburd，David and John E.Eck.（2004）.What can the police do to reduce crime，disorder and fear? *Annals of the American Academy of Social and Political Sciences* 593：42-65.

Weisburd，David and Anthony A.Braga（eds.）.（2006）.*Police innovation：Contrastingperspectives.*New York：Cambridge University Press.

Weisburd，David，Laura A.Wyckoff，Justin Ready，John E.Eck，Joshua C.Hinkle，and Frank Gajewski.（2006）.Does crime just move around the corner? A controlled study of displacement and diffusion of crime control benefits.*Criminology* 44：549-592.

Wilson，David B.In progress.The importance of a comprehensive document search as part of systematic reviews.

# 警方打击非法持有和携带武器的策略：对涉枪犯罪的作用

## Police Strategies to Reduce Illegal Possession and Carrying of Firearms：Effects on Gun Crime

作者：Christopher S. Koper，Evan Mayo-Wilson

译者：张金武　郭燕　核定：张金武　张彦

## 内容概要

　　背景：非法滥用枪支是世界上最严重的犯罪问题之一。减少枪支暴力的策略包括限制对枪支的制造和销售，中断枪支的非法供应，禁止持有枪支，减少公共场所携带枪支，强化对非法使用枪支的惩罚，减少枪支需求，促进公民负责任地使用枪支，消除促进枪支犯罪的社会条件。在这篇综述中，我们分析了对减少枪支犯罪和枪支暴力的执法策略的有效性的研究。

目标:本综述分析了警方打击非法拥有和携带枪支的策略对于支持枪支犯罪的影响。这些策略包括在高犯罪率的地区进行的枪支检测巡逻,加强对缓刑犯和假释犯的监督,开通武器举报热线、合理搜查以及其他类似的策略。

纳入研究的标准:采用随机设计或不干预的情况下的准实验设计的研究符合纳入标准。合格的研究必须包括对于一个干预区域或干预组在干预前和干预后的测量结果和至少一个未经干预的比较区域或组别。但我们也纳入了那些涉及一组或区域反复干预的研究,这些研究中的干预和比较单元包括不干预和干预后的时间样本。符合标准的研究也需包含对枪支有关的犯罪的测量(例如,持枪谋杀、枪击、持枪抢劫、持枪攻击)。本综述不包括符合纳入标准但与其他新的减少犯罪的措施同时实施的干预项目。

搜索策略:我们搜索了11个国家和国际级别的数据库,找到了至2009年年底发表和未发表的文献研究。我们分析了25篇涉及治安、枪支管制、减少暴力的文献综述和汇编研究。我们还搜索了美国和英国的5个杰出的警察和刑事司法机构的网站。其中有4项研究符合纳入标准,共报告了7个重点对枪支携带的定向巡逻的非随机测试,其中包括三个美国城市(5次测试)和两个哥伦比亚城市(2次测试)。

数据收集和分析:从每个纳入的研究中,我们提取了有关研究设计,对象的特征、干预措施和测量结果等资料。我们先对每个涉及的研究提出了详尽的描述性评估,接着对于各研究的主要特点和结果进行了定性和定量的综合评估。由于研究设计的差异性和在计算一个可用的标准化效应大小指数时存在的问题,我们的综合评估不包括对结果的统计元分析。

主要结果:七个测试中有六个(这7个测试并不都是独立的)表明定向巡逻减少了高犯罪率地区高风险时段的枪支犯罪。哥伦比亚的研究是基于测量城市级别的反复干预措施前后的变化,这项研究估计出打击枪支携带能减少10%至15%的枪械相关的凶杀案。估算的效力在美国的研究中普遍较大,这些研究比较了在更小的目标区域(次巡逻区)里干预的前后变化。有一个例外的美国研究就是持枪犯罪下降29%至71%取决于结果测量和统计技术。作者的结论:这些研究表明,重点对非法携带枪支的定向巡逻,可以防止枪支犯罪。然而,结论及其普适性还有待考量,因为研究数量有限,研究设计有差异、不同研究分析技术不同,干预区域与非干预区域在干预前有差异。同样的,研究的严谨性对于减少非法拥有和携带枪支的其他策略也十分必要。

# 1. 引　言

非法滥用枪支是世界上最严重的犯罪问题之一。例如,2010 年美国有近 10000 起持枪谋杀案(从联邦局的调查统计计算得出,http://www.fbi.gov/about-us/cjis/ucr/ucr),另外有 338000 起非致命性涉枪暴力犯罪(Truman,2011)。持枪的暴力犯罪的死亡率是持刀暴力犯罪死亡率的 3 倍,是不涉及武器暴力犯罪的 44 倍(Alba and Messner,1995,pp.397-402;Cook,1991;Zimring,1968)。枪支的普遍性也可能造成了美国特别高的凶杀率(Hoskins,2001;Zimring and Hawkins,1997),其中一些人的估计表明,枪支暴力的总成本,包括医疗、刑事司法及其他费用每年很可能大大超过 1000 亿美元(Cohen et al.,2004;Cook and Ludwig,2000)。

哥伦比亚、巴西、墨西哥和南非等国家枪支谋杀率超过美国(Krug et al.,1998;United Nations,1997;Villaveces et al.,2000)。在一些没有严重的枪支暴力问题的国家,包括加拿大、法国、以色列、荷兰、挪威、新西兰(Fingerhut et al.,1998,p.18),枪支也涉及大约有四分之一到三分之一的凶杀案。相对于美国而言,在英格兰和威尔士,对持枪有严格的规定,但自 20 世纪 90 年代后期以来,涉枪犯罪几乎翻了一倍(Kaiza,2008)。

减少枪支暴力的策略包括从限制枪支制造和销售到促进安全储藏和使用枪械的教育方面,以及鼓励减少拥有枪支。在本文中,我们回顾了通过减少非法枪支拥有和携带来减少枪支犯罪和枪支暴力的执法策略的有效性的研究。

# 2. 背景:减少枪支暴力的执法策略

减少枪支暴力的策略包括限制对枪支的制造和销售,中断枪支的非法供应,禁止持有枪支,减少公共场所携带枪支,强化对非法使用枪支的惩罚,减少枪支需求,推进责任制的枪支所有权,消除促进枪支犯罪的社会条件。(Center to Prevent Handgun Violence,1998;Office of Juvenile Justice and Delinquency Prevention,1999)。在所有这些方面中,执法机构都是不可或缺的。

警方在处理枪支犯罪时通常处于被动地位,他们只能在日常工作(如接到报警)

中遇到违规行为时,才会调查暴力枪支犯罪和逮捕非法持有和携带枪支的人。但警方也在不同程度上采取积极主动的措施来强调对枪支犯罪的重视。这些措施包括:通过调查非法枪支贩运、枪支被盗、零售枪支经销商的可疑行为来中断枪支非法供应,重点对暴力枪支罪犯和枪支暴力高危人群(如团伙成员和职业枪支罪犯)进行彻底调查和执法活动;配合学校和其他社会团体进行教育和预防活动,例如,对学生进行有关枪支安全的教育以及与其他刑事司法、政府、组织和社区组织在结合各种执法、检察和预防措施方面综合性合作。

本文回顾了分析了那些旨在减少非法枪支持有和携带的执法策略,这些策略通过在高犯罪率地区,进行枪支检测,加强缓刑犯和假释犯的监督、武器举报热线、合理搜索以及其他战术来达到此目的。在美国,持有枪支在禁止合法拥有枪支的人当中是很普遍的,其中包括那些之前因严重罪行而被定罪的人。在全国范围内,超过80%的被关押的枪支罪犯在认罪之前非法持有枪支;超过三分之一的人在因枪支犯罪被逮捕时已经在缓刑或假释(Harlow,2001,p.10)。在美国的一些城市的凶手研究也显示了类似特点(Kennedy et al.,1996;Moran,2006;Tierney et al.,2001)。

尽管青少年获得枪支方面受到各种法律限制,但许多美国青少年(即18岁以下)还是拥有了枪支。例如,20世纪90年代对四个州的被监禁的少年犯和城内的高中学生的一项调查发现,83%的囚犯在被监禁之前拥有枪支,其中学生占到了22%(Sheley and Wright,1993,p.4)。从2000年到2005年,近10%的美国的枪杀案的罪犯未满18岁(Fox and Zawitz,2007)。

携带枪支是引发公共场所犯罪的重要因素,许多暴力和掠夺性犯罪也发生在公共场所。例如,几乎所有的持枪抢劫案可能涉及枪支携带。在美国费城,自1996年至1999年76%的凶杀案发生在非住宅的区域,其中80%是持枪谋杀。这意味着许多(如果不是大多数)凶杀案是持枪罪犯在公共场所发生的(Tierney et al.,2001)。尽管法律限制携带枪支,调查的证据表明,在美国大约三分之一到二分之一的严重成年和少年都时常携带枪支进行防御,并为犯罪机会作准备(Sheley and Wright,1993,p.5;Wright and Rossi,1986,pp.99-102)。出于以上这些原因,警方为减少非法拥有和携带武器采取的策略对预防枪支暴力是很重要的。

本篇综述并不是首次分析警方打击非法携带枪支的效果的文章。美国国家研究委员会(NRC,2005)、Sherman(1997)和Sherman and Eck(2002)已经在这一领域进行了一些评估研究。本综述系统地审查和更新文献,相比之前的评论进行了更深入的分析。本文还结合美国以外地区的研究,并考虑除定向巡逻以外的其他减少非法持有和携带枪支的策略,所以对这些早期的研究成果有所扩展(例如,加强对缓刑犯和假释犯的监督和对高危青少年的合理搜查)。

# 3. 方　法

我们的评论采用 Campbell Collaboration 回顾要求的系统的方法(Farrington and Petrosino,2001),另一早期版本(由作者独立完成,没有经过 Campbell 协作的审核)已在其他地方发表(Koper and Mayo-Wilson,2006)。在下面的章节中,我们将对选取研究的标准、搜索策略以及数据收集与合成方法进行讨论。

## 3.1　纳入研究的标准

### 3.1.1　干预措施的类型

这篇评论旨在分析警方减少非法拥有和携带枪支的一系列干预措施的证据,其中包括:定向或饱和巡逻,路障检查站,加强对缓刑犯、假释犯及其他可疑枪支罪犯的监督;使用的新的枪支(和枪击)的检测技术(如便携式磁性枪支检测装置);武器举报热线;学校储物柜的搜索和零容忍/打击行动。为了进行比较,这些干预措施需要呈现出不同于常态的做法(例如,制定新的枪支检测巡逻)。

为了区分这些策略的效果,回顾排除了对那些与其他新的减少犯罪的措施同时实施的干预措施,无论这些新措施是否是警方或其他组织实施的(Braga et al.,2001;Tita et al.,2003)。此外,由于评论重点强调警方的行动,我们排除了对枪支持有和携带立法、检察、司法举措(即努力提高对这些罪行处罚的严重程度的策略)。最后,评论排除了对枪支回购计划的研究(Plotkin,1996)。虽然这些方案促使非法枪支拥有者放弃他们的枪支,它们的作用更多的是广泛地作用于供应方以减少高风险地区枪支的可得性(NRC,2005,pp.95-96)。

### 3.1.2　研究设计

采用随机设计或非干预条件下的准实验设计的研究符合纳入标准。相比其他评估干预措施效果的方法,如相关性的研究或前后比较,这些设计内部效度的影响因素更少。合格的研究必须包括对于一个干预区域或干预组在干预前和干预后的测量结果和至少一个未经干预的比较区域或组。同时我们也包括了涉及一组或区域反复干预的研究,这些研究中的干预和比较单元包括不干预和干预后的时间样本(时间当量样本设计)(Campbell and Stanley,1996)。没采用随机分配的研究必须有相同的类型的比较单元。如果比较和干预单位不匹配(例如使用介入前的犯罪率),研究必须包括统计控制来解释与犯罪率有关的差异。

### 3.1.3 结果测量

合格研究必须测量与枪支有关的犯罪(例如,涉枪谋杀、枪击、持枪抢劫、持枪攻击)。对非法拥有和携带枪支的逮捕的没有作为结果进行分析,因为逮捕也被认为是程序措施。

### 3.2 检索策略

我们在以下 11 个国家和国际级别的数据库中搜索 2009 年之前发表和未发表的文献:

1. 刑事司法摘要(Criminal Justice Abstracts)

2. 国家刑事司法参考服务文摘数据库(National Criminal Justice Reference Service Abstracts Database)

3. 刑事司法期刊索引(Criminal Justice Periodicals Index)

4. 社会学文摘(Sociological Abstracts)

5. 经济学文献库(Econlit)

6. 医学文献库(Medline)

7. 论文摘要(Dissertation Abstracts)

8. 美国政府出版物目录(Catalog of U.S.Government Publications)

9. 政策文件(Policyfile)

10. 公共事务信息服务(Public Affairs Information Service International)

11. 教育资源信息中心(Educational Resources Information Clearinghouse)

我们使用一些警方(包括警察、警务或执法)和武器(包括武器或枪支)相关的词条组合在这些数据库进行检索。

此外,我们对美国和英国五个杰出的警察和刑事司法机构的网站进行了搜索:警察执行研究论坛(Police Executive Research Forum),国际警察局长协会(the International Association of Chiefs of Police),社区导向警务服务办公室(the Office of Community Oriented Policing Services)(隶属美国司法部),司法研究和统计协会(the Justice Research and Statistics Association),英国国家警务改善局(the National Policing Improvement Agency of the United Kindom)。司法研究和统计协会也运行着一个数据库,这个数据库包含了由全美国各州政府资助运营的犯罪和司法统计分析中心的报告。英国国家警务改善局有一个在线目录,收集了来自英国和其他地方大量的书籍、报告和期刊文章。其他组织则有他们自己的报告和出版物的搜索目录。最后,我们分析了 25 篇关于警务、枪支管制和减少暴力的研究汇编(Braga,2004,2007;Centers for Disease Control and Prevention,2003;Center to Prevent Handgun Violence,1998;Cook and Moore,1995;Dedel,2007;Eck and Maguire,2000;Harcourt,2003;Jacobs,2002;Kleck,1997;Lum et al.,2011;Ludwig and Cook,2003;National Institutes of Health,2004;NRC,2004,2005;Office of Juvenile Justice and Delinquency Prevention,1999;Reiss and Roth,1993;Scott,2003;Sherman,1990,1992,1997,2001;Sherman and Eck,2002;Wintemute,2000;Wright et al.,1983)。本评论的资深作者直接进行和指导了所有搜索操作(一个研究助理提供搜索文献数据库的支持),并筛选了符合标准的研究。

### 3.3　数据管理与提取

两位作者分别从每个纳入的研究中独立提取有关研究设计、数据对象的特征、干预措施和测量结果的资料。根据需要,通过讨论解决其编码的差异。

### 3.4　数据整合

我们首先对每个包含在内的研究进行了详细的描述性评估,接着把各个研究的关键特征和结论进行了定性和定量的整合。但出于一些原因,这个整合不包括对研究结果的统计元分析。

# 4. 文献搜索结果

通过搜索,我们锁定了 25 个描述或评估符合分析标准的干预措施的研究(没有随机试验)。其中 7 个由于缺乏结果评估而被排除。根据研究设计和结果测量的标准和/或者包含不合格的项目组件(其作用不能从那些符合条件的组成部分区分出来)另有 14 个也被排除在外。符合评估标准的研究包括在三个美国城市——密苏里州的堪萨斯城(Sherman and Rogan,1995;Shaw,1994,1995;Sherman et al.,1995),印第安纳波利斯(McGarrell et al.,2000;McGarrell et al.,2001,2002),以及宾夕法尼亚州的匹兹堡(Cohen and Ludwig,2003)和两个哥伦比亚城市——卡利、波哥大(Villaveces et al.,2000)对警方打击枪支携带举措进行的 4 个非随机的评价测试。所有这些研究都考察了定向巡逻措施,其中包括了在高犯罪率地区的高风险的时间段加派警员,并让他们把重点放在反应前的调查和执法(例如,加强交通执法和可疑人员的现场盘问),而不是回应求助电话(McGarrell et al.,2001,p.120)。

  警察和研究人员很早就认识到了犯罪主要集中在城市特定的社区内(Shaw & Mckay,1942)。例如在堪萨斯城和印第安纳波利斯进行的研究中,实施干预措施的区域相对较小,面积在 0.6~2.8 平方英里之间,人口 4000 至 17000 之间,但谋杀率却是全国平均水平的 7~20 倍。在印第安纳波利斯的两个干预区域所发生的凶杀案占 1996 年该城市总数的 19%,而其人口只占城市人口的 8%。在这些地区,犯罪进一步集中在特定的街区、地址和各种商务、休闲、旅游活动的交汇点。在美国大城市中,约 50%的犯罪发生在不到 5%的街区和地址(Sherman et al.,1989;Weisburd et al.,2004)。犯罪还与季节、星期、一天的时间有关。例如暴力犯罪往往高发于温暖的天气、周末和晚上的时间(Cohen and Ludwig,2003;Tierney et al.,2001;Zawitz et al.,1993,p.28)。

  过去的几十年里进行的几项研究表明,越来越多的警察和更高频率的积极主动的巡逻活动可以减少高风险地区在高风险的时段的犯罪,并能提高警队的效率和有效性(Boydstun,1975;Sampson and Cohen,1988;Schnelle et al.,1977;Sherman and Weisburd,1995;reviews in NRC,2004;Sherman and Eck,2002)。近年来,执法者和研究人员越来越多地强调把定向巡逻作为减少这类地区枪支犯罪的手段。2009 年对服务于人口在 10 万及以上的美国城市的警察机构进行的一项调查显示,有 40%以上的城市采用定向巡逻或设立其他专业部门经常或定期在犯罪热点地区进行枪支检测,而大约三分之一的偶尔会采用这种方法(Koper et al.,2012)。在我们回顾的研究里,警察试图通过提高他们的可见度,实施更多的停车检查和现场盘问来发现和制止非法持枪携带。这被认为是一个减少高风险地区和时间段枪支犯罪的关键机制。

  在美国的研究中有两个(印第安纳波利斯、匹兹堡)涉及了在多个地点的干预措施(即巡逻区)。因此,将这些研究与堪萨斯城和哥伦比亚的研究结合,我们就有了七个测试针对枪支犯罪定向巡逻的效应的研究。但这些测试并不都是独立的,研究人员将印第安纳波利斯的两个干预领域与一个对比区域进行了比较,将两个在匹兹堡的干预区域与同一个对比区域进行了比较。相反,哥伦比亚的研究,比较了同一城市的干预期和非干预期,并对这期间的统计差异进行了调整。正如下面描述的,不同的研究,在他们的单位分析、干预实施、比较组和统计技术方面差别很大。

  没有研究明确地测试其他符合纳入标准的减少非法枪支持有和携带的警务策略。但除直接巡逻,我们纳入的研究还使用了以下这些策略:在波哥大和卡利使用的路障;在印第安纳波利斯的一个领域加强对缓刑犯的监测;在堪萨斯城,在定向巡逻之前,设立了武器举报热线。

# 5. 研究的叙述性评估

由于合格的研究数量很少而且是非随机研究,我们首先对每个研究进行了详尽的叙述性评估。在下面的小节中,我们总结了所囊括的研究的研究设计、干预措施和研究结果的主要方面,同时也突出了其方法的局限性。总体而言,在 7 个测试中有 6 个显示出以枪为重点的定向巡逻减少枪支犯罪的证据(除非另有说明,描述的结果统计上显著的双尾概率水平为 0.05 或以下)。但是,这些研究结论和普适性必须基于多方面的考虑,这些因素包括各研究在研究设计和结果测量方面的差异,在干预和比较的条件下潜在的混合差异,实施数据的有限性和其他方面的研究方法问题。

## 5.1 堪萨斯城

### 5.1.1 研究设计

从 1992 年 7 月至 1993 年 1 月,堪萨斯城的警方在一个面积为 0.6 平方英里的、拥有 4528 位居民、凶杀案率约为全国平均水平 20 倍的巡逻区实施巡逻并对巡逻区内的枪支使用情况进行检查(Sherman and Rogan, 1995; Sherman et al., 1995)。然后对干预后的 29 周相对干预前 29 周的枪支犯罪的变化进行了检查。这项研究还分别考察了干预前 52 周与干预后 52 周的变化(干预后的 52 周包括实施巡逻干预的 29 周和巡逻结束后的 23 周)。

枪支犯罪在目标区域的变化与在几英里远的比较区的变化形成了对比。这两个区域的谋杀率是全国平均水平的许多倍,在 1991 年飞车射击的枪击事件数量几乎相同,而且绝大多数都与黑人相关。此外,在干预措施实施的 3 年半前,这两个地区也有类似的枪支犯罪的发展趋势:从 1989 年到 1991 年上半年枪支犯罪率有起伏,但总体水平稳定,之后在干预期开始前有所回升。

然而,这些地区在许多方面有所不同。对照组区域的面积是目标区域近两倍的大小(广场住宅区个数是 150 比 80)且人口密度较低(每平方英里居民数为 4308 比 7075),土地价值较高(中位数价值为 23958 美元比 14181 美元),人口受过良好教育的比例高(有高中程度文凭的成人占人口的比重为 73% 比 53%)。此外,尽管这个区域在枪支犯罪数量上类似,但其犯罪差别却很大,相对于目标区域,比较组区域凶杀案率低 24%(每 1000 名居民犯罪率 1.4 比 1.8),飞车射击低 40%(每 1000 名居民 3.1 比 5.3),及整体枪支犯罪率低 23%(每 1000 名居民 31.0 比 40.4)。

### 5.1.2 干预措施

在此之前,警员在目标区域进行了 10 周门登门造访活动,通知居民即将对携带枪支进行检查打击,并要求他们向警方匿名举报热线举报枪支罪犯。但该热线只接到两个电话。

干预前的准备活动完成后,警员又进行了 200 个晚上的巡逻,通常是由四名警员在两辆双人警车中进行。巡逻共计 4512 小时,在此期间,警员无须接听无线通话,而是对汽车和行人从事积极的枪支检测。期间共发出 1090 罚单,检查汽车 948 辆,行人 532 人,逮捕 616 人。在这个过程中,警员缴获枪支 29 支,这使得在前六个月中该地区的枪支缴获总量增加了 65%。作者指出此期间,该地区的常规警务活动增加了 260%(Sherman and Rogan,1995)。

### 5.1.3 主要结果

目标地区的总体枪支犯罪——主要包括涉枪暴力犯罪(即抢劫和袭击),但也包括涉枪的财产犯罪(主要是破坏财产)下降了 49%,从干预巡逻实施前 29 周的 169 起降到了实施干预 29 周期间的 86 起。在对周平均值的 t 检验中,这种变化有统计学显著性。同样的,基于干预项目开始前 52 周和项目启动后 52 周的间断时间序列分析表明在控制了时间趋势后,每周发生的枪支犯罪下降了 2.6 起(或约 44%),像下面提到的,有一些证据表明,巡逻可能会减少杀人和驱动器的枪击事件,但在总的犯罪、整体暴力或财产的犯罪或扰乱秩序的行为有没有明显变化。非涉枪支的犯罪没有被评估。

虽然涉枪案件在比较组的地区有所下降,但统计学意义上并不显著。枪支犯罪从干预前的 29 个星期到实施干预的 29 周内增加 4%(从 184 到 192),但是从干预前的 52 周到干预后的 52 周期间,涉枪犯罪减少到了每周少于一件(−.751)。对照组与目标组的直接统计检验的结果并没有报告出来。

可能的是,目标组在干预后的改变只是针对平均数的回归假象造成的。干预是在有数据报告的五年里犯罪最高峰期后开始的。干预实施后,目标地区涉枪案件的数量降到了 1989 年至 1991 年年中的水平,但是有一种可能就是评估者忽略了回归假象。犯罪率的下降确实是在干预开始后出现的,并且在比较组里并没有出现相同的回归分析结果,所以在某种程度上算是加强了结论的可靠性,但是考虑到干预期较短,加之实验组与对照组之间存在其他的差异性,我们很难排除回归假象结论存在的可能性。

### 5.1.4 其他结果

为了调查枪支犯罪的地理位置情况,研究人员使用了 T-测试(29 周前、后期间)和中断时序模型(52 周前、后期间)来检验干预前后 7 个毗邻节点的变化(整体地和单独地)。然而结果显示涉枪犯罪的 7 个毗邻节点在统计学意义上没有显著增加。整体而言,在 29 周的干预项目里,毗邻节点只有 7% 的非显著增长(52 件涉枪案),这一增长无法完全抵消目标区域里 83 件案件减少的量。在 52 周的干预项目里,毗邻节点则有非显著的降低。此外,就整个城市而言,在 29 周的干预项目期间其涉枪犯罪有 2% 的下降。

虽然不显著,时间序列对所有相邻区域估值的影响(影响值 = -2.577,p > 0.05),同对目标区域的影响(影响值 = -2.558,p < 0.05)相似,均大于比较区域非显著的影响估值(影响值 = -0.751,p > 0.05)。此外,七个相邻区域中有五个区域的影响估值都为负,其中有两个负值具有统计学上的显著性。这可以理解为利益扩散的证据,或者说明了该地区整体的犯罪情况呈下降趋势。

经过 5 个月的休停,巡逻警察在 1993 年 7 月至 1993 年 12 月期间再次被引入。评估者报告指出,涉枪犯罪在目标区域里依然下降了,而在比较区内有所上升,虽然他们并没有进一步呈现出第二阶段的巡逻细节以及犯罪趋势。

此外,通过比较 2 次 6 个月的干预期项目与所有其他从 1991 年到 1993 年间的半年项目,我们发现警察巡逻能同时减少目标区域里的凶杀案(根据卡方检验)和被迫枪击案(基于方差分析)的发生,但是在比较区域内,而这些犯罪的情况保持不变。

最后,调查结果表明,持枪巡逻能得到社区的强力支持,并且对居民居住情况的感受以及对犯罪的恐惧方面有积极的影响(Shaw,1995)。

## 5.2 印第安纳波利斯

### 5.2.1 研究设计

在 1997 年后期的 90 天里,警方在印第安纳波利斯两个目标领域实施定向巡逻,其中包括两次节点巡逻(McGarrell et al.,2000,2001,2002)。其中一个目标位于城市的东部地区,覆盖面积为 1.7 平方公里,主要是白色人种和低收入人口的 14600 位居民居住者,暴力犯罪的比率比全市水平高出了 96%(每 1000 名居民 38.4 人比 19.6 人)。另一个目标区域位于城市北部,主要由 16600 位居民组成,大多数是黑人以及低收入人群,与暴力罪案率为 72%,面积 2.8 平方英里,暴力犯罪的比率比全市水平高出了 72%(每 1000 名居民 33.8 人比 19.6 人)。虽然干预前的犯罪趋势的相关信息不详细,但是这两个领域的暴力案件都呈上升趋势。东部地区的暴力犯罪上升了

25%(1996 年年初至 1997 年年初),北部地区的暴力犯罪上升了 23%(1995 年年年初至 1997 年年初)(McGarrell et al.,2000)。

项目评估的结果显示目标区域与那些没有实施带枪巡逻的比较区域(此区域的枪支缴获率在研究期间也有所下降)之间犯罪情况差异明显。比较区域的面积为 4.7 平方英里,人口为 19300,以黑人为主,在比较区域里的每个部分我们都实施了两次节点巡逻。然而,比较区域在干预之前其暴力犯罪率就比相应的目标区域的低 33%到 41%。比较区域的人口密度(4073 人每平方英里)远低于目标区域的人口密度,无论是其东部地区(8666 人每平方英里)还是北部地区(5954 人每平方英里)。因此,比较区域的情况更符合整个城市的状况,而目标区域则更暴力、人口密度更大。

我们尚不清楚比较区域里违反常理的情况的原因,不知道目标区域里之前发生了什么情况使得干预巡逻没有发挥应有的效果。比较区域内的涉枪犯罪案件数远低于目标区北部地区的数目(比较区域在干预之前的犯罪趋势并没有报告出来),所以此情况有可能是之前犯罪率太低导致的地板效应造成的。考虑到干涉前的犯罪情况,北部区域相比较下表现出来的改善很可能只是偶然情况。进一步说明,北部目标区域在干预的前一年的 90 天阶段内,每周有六件涉枪暴力犯罪(测量了谋杀、枪袭以及武装抢劫)发生,东部目标区为每周四件,然而比较区每周只有三件。

目标区域的东部地区比北部地区在涉枪犯罪(虽然只是案件数量而不是犯罪比例)上与比较区域更具可比性,东部地区与比较地区在如地理特征等方面也有一定的相似性。然而,他们之间的人口学特征很不一样,而且我们也不清楚他们在干预之前的犯罪趋势是否相似。因为目标区域与比较区域的匹配性不是那么完美,所以作者还考量了干预期间整个城市涉枪案件的变化情况(将目标区域排除在外)。时序分析的结果也没发现有显著性的变化(在后文有进一步分析)。

### 5.2.2 干预措施

警官在两处目标区域内实施了不同种类的巡逻措施。东部地区实施的是一般性震慑的策略,主要是尽可能地进行停车搜查从而查获更多的枪支,并提高警察出现的频率。在北部地区,针对行人和车辆的叫停搜查更具选择性,主要对象是那些具有高度嫌疑性的人和车。北部的警官还与缓刑官合作对缓刑犯进行家访。在 90 天的干预期里,警官对东部/一般震慑区域共进行了 2905 小时的巡逻,叫停了 3826 辆汽车,逮捕 558 人(次)。在北部/目标区域,警官们共进行了 1975 小时的巡逻,叫停了 1417 辆汽车,逮捕 434 人(次),缓刑犯家访 126 人(次)。

带枪巡逻在北部/目标区域内共缴获了 12 支非法枪支,在东部/一般震慑区域缴获了 13 支,前者比起前一年同一时期的 90 天里增加了 50%,而后者只增加了 8%。虽然北部/目标区域的缴获非法枪支数增长量(百分率)少于东部/一般震慑区域的数量,但是北部区域叫停车辆数/小时、叫停行人数/小时发现的枪支数都要高。与此同时,相同时段内比较区域的缴获非法枪支数下降了 40%(从 45 下降到了 27)。

### 5.2.3 主要结果

在干预期内,北部/目标区域的涉枪总案件的数目比前一年相同的 90 天内下降 29%(从 75 降到了 53)。另外,枪袭和武装抢劫(包括枪支和其他武器)都下降了 40%,凶杀案件从 7 件降到了 1 件。总体上来讲,凶杀、枪袭和武装抢劫数由 78 件下降到了 44 件(下降了 44%)。通过方差分析,枪袭和武装抢劫数目较比较区相比下降情况具有统计上的显著性,而武装侵犯数有所上升,凶杀案件量不变。

东部/一般震慑区域里的凶杀案从 4 件降到了 0 件,但是其他涉枪案件都上升了。东部/一般震慑区域与比较区的不同特征导致了复杂而非显著的结果。如总的涉枪案件上前者增加了 36%,而后者只增加了 8%。另一方面,总的凶杀案件、枪袭案件以及武装抢劫案件在东部/一般震慑区域里上升了 22%(从 54 件上升到了 66 件),然而在比较区里上升了 89%(从 38 件上升到了 72 件)。

研究人员还补充了对每个区域每周暴力涉枪案件数(主要由凶杀案、枪袭案以及武装抢劫案的总数估算而来)进行了中断的时间序列分析,该分析的时间跨度为 158 周(包括了干涉前的 132 周即两年半的时间、13 周的干涉期以及干涉后的 13 周)。控制时间趋势后,结果显示北部/目标区域在干预期间内每周涉枪犯罪下减少近 2 起(-1.72),具有统计学上的显著性(此结果与堪萨斯城的研究结果相一致),东部/一般震慑区域内涉枪犯罪每周增加了 0.41 起(不显著),比较区域的涉枪犯罪每周增加了 1.46 起(显著)。时间序列分析显示北部/目标区域涉枪犯罪的下降以及东部/一般震慑区域的增加是由于正常变化以及干涉前犯罪趋势所造成的。

表面来看,目标区域里的枪支巡逻确实是成功的,但是一般性震慑巡逻的效果并不明显。目标巡逻可能让警官把注意力更集中在涉枪暴力高危地点和人身上。然而,巡逻策略的不同与目标区域里犯罪类型、民族构成以及其他因素的差异之间是否相互影响,也是值得商榷的。

### 5.2.4 其他结果

如果考虑北部/目标区域其他结果,则枪支巡逻对非武装暴力犯罪没有影响,也没有证据证明对附近区域犯罪的分布有影响。总体来讲,北部目标地区附近的五次巡逻增加了 10% 的凶杀、枪袭以及武装抢劫数量(和前一年同一时间的 90 天相比),

但是该结果并没有显著性,效果分布太散,而且不足以抵消整个北部/目标区域相应减少的量。

评估者主持的社区调查的结果显示这一措施的公众支持度很高,部分原因可能是因为警官们一直在强调他们的措施是专业而有序的,从而能确保得到社区领导对干预项目的支持。

### 5.3　匹兹堡

#### 5.3.1　研究设计

匹兹堡的夜间枪支巡逻在城区的六个巡逻点中的两个进行,为期 14 周(1998 年 7 月到 1998 年 10 月),每周两次(Cohen and Ludwig,2003)。与堪萨斯城和印第安纳波利斯的干预测试相比,匹兹堡的项目没那么紧凑,大规模的警官巡逻也少一些。巡逻的目标区域(第一区和第五区)的面积相似,大约都为 10 平方英里,前者人口数为 55000,后者为 80000。这两个区域的犯罪率在整个城市里是最高的,其人口学特征以及犯罪问题也呈多样化的特点。

匹兹堡剩下的四个巡逻区域则设定为比较区域。与目标区域相比,比较区域的人口密度要小(6494 人/平方英里比 7312 人/平方英里),黑人所占比重也要小(24.8%比 38.8%)。但是比较区和目标区居民的住房拥有率和贫困率都比较接近,分别为 47.1%比 44.1%以及 23.3%比 24.4%(Cohen,2002)。

考虑到研究时间跨度相对较短(6 周的干预前期和 14 周的干预期)以及干预前目标区域和比较区域的明显的差异性,分析过程中我们必须考虑回归假象和地板效应。例如,作为主要的结果测量对象的日常枪击伤害数目,在干涉之前目标区域就要高出比较区域 187%(.155 比 .054)。而此差异主要是由于周三到周六期间(即干预实施期间)的差异造成的。每周的周日到周二目标区和比较区的枪击伤害案件都是 0.028 件/天,但是周三到周六期间目标区的枪伤案为 0.25 件/天,但是比较区只有 0.073 件/天。因此,枪伤案在干预期里干预地区很有可能只是自发产生的(导致回归假象)。

#### 5.3.2　干预措施

枪支巡逻主要于每周三到周六之间在目标区域里进行,虽然落实到不同周和不同区域时会有微调。另外有五名警官在固定的几天的八点至午夜之间,乘三辆车巡逻。巡逻的重点是停车盘查和叫停行人盘问,即以地为目标和以人为目标的混合策略。总的来说,两个干预区域里共实施了 51 次巡逻,历时近 1000 小时,将区域 1 的日常警员人数提高了 50%,区域 5 的提高了 25%。另外,共叫停行人盘问 200 人/次,逮捕 18 人/次(主要发生在区域 5)。此期间警员共缴获枪支 7 支(区域 1 有 2 支,区域 5 有 5 支)。但是我们不清楚枪支缴获数是否超过正常水平。

### 5.3.3　主要结果

项目评估的一项内容就是比对目标区域与该城市其他区域里枪击案的报警案件和医院枪袭伤害事故报告的变化。大部分的分析都是基于干预项目之前 6 周和干预期 14 周的日常数据。本篇回顾将每个区域的干预进行了单独计算,但是大量的原作者的分析都是基于两个目标区域结果合并之后的情况上进行的。

平均来看,干预期间内所有目标区域里枪袭报警的数目下降了 0.066 件/天(9%),枪伤案下降了 0.048 件/天(31%)。相反的,其他巡逻区域的枪袭报警数目上升了 0.053 件/天(19%),枪伤案上升了 0.026 件每天(48%)。其中比较区与干预区枪伤案数目的变化具有显著性,其中估计双差值为预防枪伤案 0.073 件/天。

此外研究者还对区域间项目晚上(周三至周六)与非项目的晚上(周日到周二)涉枪犯罪的变化进行了三差值分析。作者指出巡逻使得干预区在项目期间枪袭报警数目平均减少了 0.347 件/天(34%,p<=.05),枪伤案下降了 0.222 件/天(71%,p<=.10)。每个目标区域的单独三差值分析显示控制区域枪袭报警数目的减少具有显著性,但是只有区域 5 的枪伤案的减少具有显著性(作者指出两个区域的枪伤案减少的比例相似)。作者还指出项目结束以后区域 5 的枪伤案还有所增加。

### 5.3.4　其他结果

这些估值在很多方面都高估了项目的影响。对枪袭的测量的效度也是有问题的;警员也无法分辨出 3/4 的意外事件。另外,用前一年相同时期的数据来替代干预期的数据进行敏感度分析也在对枪袭报警的方差分析时得出显著结果(作者称此估算为虚位项目效果)。这一结果有力地说明了枪袭报警案的降低至少部分由于干预前期的犯罪趋势、季节特征或者其他因素引起的。

正如前面所讨论的,伪回归和地板效应可能也会影响枪伤分析。事实上,研究人通过将项目结束后的一年(1999 年,在此期间持枪巡逻不再有效)的相同星期里实施的项目里的数据来替换项目当前的数据时,在区域 5 里也发现一个相似但稍小的三差分析的"虚位"的效应值。

犯罪的地理因素和时间因素也是考虑的一个方面。之前谈到的,项目区里的枪伤案减少了 0.048 件/天,但是与此同时比较区里的枪伤案也减少了前者近一半的数量(0.026 件/天)。但是在项目区里,项目实施期间枪伤案减少了 0.161 件/天,但是在非项目期间增加了 0.103 件/天。类似的情况也出现在了枪袭案分析中。因此,犯罪很可能是由目标区转移到了比较区/或者目标区的犯罪,由干预时期转移到了非干预期。前者可能增加巡逻影响的双差分析和三差分析的结果,而后者可能增加三差分析的估值。

### 5.4 哥伦比亚(卡利和波哥大)

#### 5.4.1 研究设计

作为哥伦比亚地区的两个城市卡利(1994 年人口为 180 万)和波哥大(1996 年人口为 560 万)在 20 世纪 90 年代不同时期实施了间断性的完全的禁枪政策(Villaveces et al.,2000)。20 世纪 90 年代早期,这两座城市的凶杀案的发生率和美国一些犯罪率最高的城市相当;总体来说,这两座城市的人口数占哥伦比亚地区总人数的不到 20%,凶杀案的数量却占到了近 1/3,比美国平均凶杀案率的 9 倍还多。实施的项目中有一项评估就是比较了这些年来禁枪期与非禁枪期内的凶案率。测试者把他们的研究设计称作可复制的间断性时序设计。但是该种设计最佳的应用对象应该是随机实施的干预项目,而不是特定的干预项目(Campbell and Stanley,1966,pp.43-46),而此项目不符合这项条件,但是该研究符合其他所有入选回顾的标准。因为禁枪政策主要是在凶案风险高的时期里实施的(如发工资后的周末),研究者对数据进行了调整用以抵消干预期和非干预期在之前就存在的差异。

#### 5.4.2 干预措施

禁枪令主要在发工资日、节假日和大选日之后实施的(也就是凶杀案的高风险时间)。然而,在干预期内并不是所有的高风险日子里都有禁枪令的实施,而且禁枪令也不止在高风险的时间里实施的。例如在卡利,1993 年 11 月到 1995 年的 89 天里,禁枪令共被实施了 34 次。而波哥大分别在 1995 年 12 月到 1996 年 3 月、1996 年 12 月到 1997 年 2 月以及 1997 年 3 月到 1997 年 4 月的三个时间段的 67 天里共实施了 22 次禁枪令。卡利在凶杀案上升的期间内实施了禁枪令,而波哥大是在凶杀案下降和人口增长的期间内实施的。

媒体对禁枪令进行了宣传,受众是包括那些允许携带枪支的人在内的所有人。警察则通过设立路障(通常在犯罪高发地区)、停车搜查和叫停行人、酒吧客人搜查和其他方式来执行禁枪令。然而,研究报告对警察的活动并没有细节描述。评估者报告称卡利的警察在干预期间平均每天搜出 4 把枪支,而在非干预期间里只有 0.8 把。考虑到卡利的规模和凶杀率,这些数字都是很低的。这可能说明警力主要集中在该城相对较小的区域里,执法是合宜的,或者说明媒体对禁枪令的宣传是很有效的。但是并没有针对这两座城市的更详尽的实施信息。因此,实施的情境、频率以及警察活动的时长都是不清楚的。

### 5.4.3　主要结果

本文评估了 1993 年至 1994 年期间在卡利以及 1995 年至 1997 年 8 月期间在波哥大实施的比较禁枪期间和非禁枪期间凶案率的项目。正如上面所提到的一样,禁枪令基本都在凶案最可能发生的时间段里实施的。排除禁枪令的影响,两座城市干预期内的非调整凶案率都高于非干预期的。其中卡利在干预期内凶案率要高出 51%(161.8 件/10 万人＊年 vs.107.5 件/10 万人＊年),而波哥大在干预期内凶案率要高出 37%(81.3 件/10 万人＊年 vs.59.3 件/10 万人＊年)。简而言之,警察能够识别哪些时间是暴力明显多发的时间,并在该时间内实施禁枪令。

为了调节禁枪与非禁枪期间之前就存在的差异性,研究者根据时间维度(如时期、时间以及季节)将非干预期进行了分层,用以估算调节后的风险率、干预期内的预期凶案率以及比较预期凶案率和干预期里观察到的凶案率之间的异同。他们在控制了星期、发薪周末、节假日和选举日、月份以及全市的时间趋势的因素后的影响后,也进行了负二项回归模型分析。结论和其他分析模型的结论相似。

根据回归分析,研究者估算出禁枪令的实施减少了 13%—14% 的凶杀案。在波哥大,作者发现禁枪令对涉枪凶杀案和非涉枪的凶杀案的效果类似,分别减少 15% 和 12%。在卡利,非涉枪凶杀案减少了 23% 而非涉枪凶杀案减少了 10%,虽然效应量值的差异没有显著性。

### 5.4.4　其他结果

结论也说明了非涉枪凶杀案在禁枪令期间也减少了。每次禁枪令实施后的 7 天里的凶案数量没法测量,而且其他时间和地理特征也没有测量。所以此研究可能扩大了禁枪令的效果,尤其禁枪令的实施还是有规律而不是随机的,而且还被媒体宣传过,这样一来就给潜在的犯罪者明示了什么时候实施犯罪风险最大。此外,即使实施了禁枪令,卡利在 1993 年到 1994 年期间的凶杀案也上升了 18%(研究中并没有探讨这是由于之前的犯罪趋势所造成的)。

# 6. 结果综述

## 6.1　研究的关键结果

总而言之,这些研究中的七个实验有六个显示警方对枪支携带的打击减少了犯罪。估计的实验效应在卡利城枪击谋杀减少10%，在匹兹堡个别被选中的警区枪伤案减少了71%。

哥伦比亚研究是基于反复干预的前后变化而设计，估计对枪支携带的打击减少了10%—15%的枪支谋杀（基于回归分析）。这两个研究的结果采用了同样的统计程序和结果测量方法，根据其置信区间来讲没有统计上的差别。

美国的研究考察了一个以上的目标区域相对于一个以上的比较区域的前后变化，估计效应普遍较大且变化较大。最相似的研究是在堪萨斯城和印第安纳波利斯的研究。在这些城市的成功实验中枪支犯罪下降了29%—49%。匹兹堡研究中涉及的地区范围更大，更具差异性、干预量较少、用了不同的结果测量、时间序列较短，并且采用不同的统计技术，该研究表明在两个目标区域枪支犯罪平均减少了34%（枪袭报警）到71%（枪伤案）。总体而言，美国的研究证明通过多项测量导向性巡逻减少了三分之一以上的枪支犯罪。唯一一个例外是在印第安纳波利斯东部目标区域干预措施并不成功，枪支犯罪没有下降（尽管通过个别测量该区域相对于对比区域有所改进）。在美国的研究中，比较区域的枪支犯罪普遍有所上升或是保持不变。

确定美国的这些研究的标准效应大小是有问题的，因为对结果的测量是根据时间而定的，而不是地区或人，因此存在不一致的情况。由此，例如从这些研究中计算出的标准平均差异就会由于任何潜在的效应而发生变化。而这些潜在的差异根据是否时间单位是以天、周、月、年或其他时间测量单位的不同而变化（Lipsey，2001，pp. 48-50）。由于该原因，笔者未对美国的研究结果进行统计上的元分析。

但是，为了对各个研究的结果提供一个正式的总结，我们基于每个研究的个别测量标准分析呈现了枪支犯罪前后变化的百分比。我们试图集中强调合理的、具有可比性的结果测量以及能以前后百分比变化的形式展示的目标区域和比较区域（若适用的话）的分析。对堪萨斯城，笔者呈现了主要干预期内总体枪支犯罪的平均周变化（主要是持枪抢劫和袭击）。印第安纳波利斯的结果是根据90天的干预期与干预前一年同期90天之间武器暴力的变化（即持枪谋杀、严重侵犯和武装抢劫）。匹兹堡的研究结果呈现了干预前6周至干预实施14周2个目标区域和4个比较区域袭击类枪击伤害的日平均变化。值得注意的是，这些结果不是并非出自匹兹堡研究的三差分析，而且笔者选择这些结果是为了提供与其他研究的结果更具可比性的测量（Cohen and Ludwig，2003，p.235）。用该测量方法，在匹兹堡的目标区域枪支巡逻的作用更显著，但比在堪萨斯城和印第安纳波利斯北部观察到的作用要小。最后，对卡利城和波哥大城的测量是对禁枪令实施期间枪支谋杀案件数变化的回归调整分析。

根据这些测量和分析,枪支犯罪的减少量在哥伦比亚的研究中为10%—15%,在成功的美国实验中为31%—49%(为了使出自哥伦比亚研究和美国研究的估计具有可比性,对后者的估计是基于目标区域的前后变化而且未根据比较区域犯罪上升而调整)。

### 6.2 对研究间的结果差异评价

由于各研究在实施背景、分析单位、干预实施、比较组以及控制偏差的统计技术上的显著差异,对于各研究间作用大小的比较必须非常谨慎。尽管如此,在哥伦比亚研究作用较小而在美国的研究中作用较大仍是一个明显的对比。不同研究区域间的差异可能是解释这一分歧的重要因素之一。美国的研究以不少于4500人的城市巡逻区为基础。相反,哥伦比亚的研究以有百万居民的整个城市为基础。警方在像邻里这样小的区域内比在像整个城市这样的大的区域内更可能成功的提高逮捕风险(真正的或是感觉上的)(Sherman and Weisburd,1995)。就这一点而言,值得注意的是,在美国的研究中作用最小的是在匹兹堡(如只关注目标区域前后的变化),匹兹堡的目标区域比堪萨斯城和印第安纳波利斯的要大得多。但是,在哥伦比亚研究中较小的作用效果也可能反应计算出该结果的更大的地理背景;禁枪令确实阻止了大量的枪支谋杀(Villaveces et al.,2000,p.1208)。在美国和哥伦比亚的研究中其他可能解释其间结果差异的潜在的重要差异包括法律和文化差异,执行和战略差异(包括哥伦比亚禁枪令只在个别挑选的和公开的日子里执行这一事实),武器可得性的差异和研究设计、结果测量、统计技术差异。

由于研究的数量少,缺乏对其他工作的了解(尤其是在哥伦比亚实施的)以及在分析类型和涉及地区的差异,确定效应大小与干预量以及其他实施因素之间的联系很难。此外,已知的活动测量通常抓不住项目实施中潜在的重要差异。例如,在堪萨斯城,据报告说警官实际在目标区域的巡逻只有他们应投入时间的27%,其余的时间则在抓捕或其他与"巡逻有关的职责以及对目标区域之外的地区的巡逻"(Sherman and Rogan,1995)。

后续的措施也与这些实验不同。这些措施包括印第安纳波利斯的缓刑和假释检查(没有报告这些结果是否出自枪支缴获行动),堪萨斯城的上门与市民交流(这种活动在其他背景下被评为最受欢迎的警务策略——Sherman and Eck,2002),哥伦比亚的媒体公布。这些行动如何影响到报告的结果仍是未知数。

范围最广、最具可比性的研究是在堪萨斯城和印第安纳波利斯的两个研究,印第安纳波利斯研究的作者对堪萨斯城和印第安纳波利斯城的目标区域做了全面的比较

(McGarrell et al.,2000,2001)。将警察时数、逮捕、每人每周枪支缴获和每平方英里每周的枪支缴获标准化之后,堪萨斯城的干预是最全面的,其次是印第安纳波利斯东部和北部。但表面上的结果与此排名并不相符,因为堪萨斯城和印第安纳波利斯北部报告的枪支犯罪的减少是最大的。类似的,枪支检查率在堪萨斯城和印第安纳波利斯北部的实验中也是最高的;堪萨斯城的警察每156个警察时数可以缴获一支枪,印第安纳波利斯北部的警察是每165个警察时数缴获一支。相反,印第安纳波利斯东部警察每223小时缴获一支。印第安纳波利斯研究报告的作者指出巡逻越是集中在高风险地区(像堪萨斯城)和高风险的人(如印第安纳波利斯北部),结果越好(McGarrell et al.,2000,2001)。

匹兹堡和哥伦比亚的研究执行数据较少,但现有的数据表明干预措施的实施程度在这些研究中非常低,这也有助于解释其效应较小。与堪萨斯城和印第安纳波利斯的努力相比,匹兹堡的警察散布在更广大的地区,用的时间更少,实施逮捕的次数也较少,每周缴获的枪支也少。哥伦比亚禁枪令平均每次实施的时间是两到三天,卡利的数据表明相对于该城市的规模大小和暴力水平,其枪支缴获量是较低的。但是,匹兹堡和哥伦比亚的警察集中关注研究区域的较小地区;如果是这样的话,目标区域的效用本可以更大的(特别是百分比)。

简言之,研究结果目前表明,对枪支携带的打击如果更集中且集中于高风险地区时段和人的时候是更有效的。尽管笔者不能够提供对这些结果进一步的质性分析或是云分析,但研究间的证据是普遍一致的,所以无须再改进统计效果或中和冲突结论。

# 7. 讨 论

## 7.1 总结和提醒

我们对警方减少枪支持有和携带策略的研究做了系统评估,揭示4个相关研究,在这些研究中有的涉及前后控制组或者是检验针对非法持有枪支的导向巡逻效应的重复干预实验设计。这些研究总共包括7个打击枪支携带的实验,尽管这些实验并不全是独立的也没有用随机取样的实验设计。我们没有找到任何其他检验减少枪支持有与携带的策略,缓刑官与假释官监督、使用武器举报热线和使用枪支检测设备等策略的效应的合格实验。

但有一个例外,我们的系统评估所包含的研究表明针对非法枪支携带的导向性巡逻减少了高风险地区和时段的枪支暴力。但是该推论由于可得的实验数目较小,实验设计和分析策略的不一致以及没有随机实验而受限制。如6.1和6.2讨论的,我们针对各个实验的效果大小只能做一个非正式的试行评估。此外。我们对这些研究的综合描述表明,尽管研究者很仔细,但由于证据的模糊性,也无法得出十分肯定的结论。这些实验的结果非常鼓舞人心,但它们很可能会高估而不是低估针对枪支犯罪的导向性巡逻。下面,我们突出了一些关键限制,回顾了一些需要进一步注意的问题,最后对未来的研究方向提出了一些建议。

### 7.2 方法局限

这些研究的结果应该在随机实验的基础上验证其合格性。非随机实验的结果常常与随机实验的结果有系统的不同性(Deeks et al.,2003),而且尤其是刑事司法干预非随机研究比随机研究更可能获得有利的结果(Weisburd et al.,2001)。

尽管没有随机实验,所有这些研究都用了相当严谨的准实验设计。每个美国的研究都用了多重间断时间序列设计,而这种设计被认为是最可靠的非随机实验设计之一(Campbell and Stanley,1966),而哥伦比亚实验用了等效时间样本的变化设计。但这个研究在其实验设计的应用性方面有显著的弱点。在美国的研究中,时间序列相对较短。只有堪萨斯城研究有包括干预前和干预后一整年的数据来控制季节效应,匹兹堡的分析由于时间序列格外短而复杂化了。哥伦比亚研究中的枪支携带禁令实施的非常有规律并且可预测而不是随机的,也非常适用于等效时间样本实验设计。

对这些实验中干预组合控制组的对比也存在问题。干预区域被选中是由于其枪支犯罪率很高且常常上升,其犯罪率相比控制区域常常要高出许多。这就可能使得干预区域的枪支犯罪与控制区域有完全相反的趋势。换句话说,在对干预区域和比较区域条件中,干预可能不是唯一重要的差异,因此削弱了研究的内在效度。

### 7.3 外部效度

从这些研究中得出的结论可能不能广泛推广。本评估中包含的结果大部分来自美国的实验。这些结论可能不适用于牵涉其他犯罪的问题、枪支法律以及司法系统的其他国家。此外,所有这些实验都是在犯罪高发的城市地区和时段。即使导向性巡逻在这些条件下确实减少了犯罪,他们也可能不会减少低犯罪率的地区和时段的犯罪率。这一策略的长期效应还是个未知数。

### 7.4　执行和中间结果

如 6.2 讨论的,对这些研究的执行效果以及效果大小我们很难推广。一个相关的警示是这些研究并没有直接测量枪支携带的变化,而这一变化是巡逻减少枪支犯罪的假设机制。例如,他们并没有检查每辆没停下来的车以及每个被停下的行人在枪支持有方面数字方面的变化,也没有用其他方法(如犯罪人调查)测量枪支携带。尽管推论枪支携带和枪支犯罪有很强的理论基础,更明确的展示出枪支携带的变化会增强枪支巡逻、枪支携带和枪支犯罪三者间的联系。

### 7.5　犯罪转移

本评论囊括的研究没有解决犯罪转移的问题(详述犯罪转移及其种类,Barr and Pease,1990)。囊括的研究中对犯罪转移至邻近地区提供的证据有限,不具备统计上的显著性且不足以抵消目标区域犯罪的减少。当然,要完全消除犯罪向目标区域非邻近地区的转移是很难的,因为这些研究中可能转移的犯罪数量小到足以让犯罪在城市水平上变化中消失。但是,犯罪趋向于集中可以聚集有动机的罪犯、适宜的目标、有能力的守卫者缺乏的地方和时间段(Cohen and Felson,1979;Sherman et al.,1989)。由此,犯罪转移的程度可能转移到有类似特征的集群。这类地区常常非常靠近。

在匹兹堡和哥伦比亚研究中,短期的暂时转移(如转移至一天内不同的时间段或一周内不同的天)如果不是记录问题的话就是潜在的问题。在印第安纳波利斯北部、卡利或是波哥大的无武器犯罪的转移并没有出现。

### 7.6　未来的研究方向

由于受到我们所指出的一些警告的限制,小规模的非随机、准实验表明针对非法持有枪支的导向性巡逻能够阻止枪支犯罪。未来的研究应该对之前的研究进行改进并回答上面所提到的一些问题。这可以通过采用较好的及较多的控制组、通过随机取样控制混淆变量、仔细测量与环境和项目执行相关的变量(例如,警察工作时数、停下行人询问、枪支持有以及像缓刑或假释检查等执行活动)(Mayo-Wilson,2007)以及报告标准化的结果以方便结论整合来实现。如 Sherman 提倡的,在多个城市的许多巡逻区进行的多点随机实验使这个策略合理化。除了这些热切努力,在单独一个城市的犯罪高发区进行长期随机间断的枪支打击巡逻是非常可行的(Sherman,1990)。评估者可以通过特别注意目标区域和干预区域犯罪水平和趋势的长期变化以及通过收集类似先前的研究中对执行和结果测量的数据对从各个随机或非随机实验中获得的证据进行改进,以此来促进研究之间的比较。

但即使是随机控制的实验也无法回答关于导向性巡逻的所有突出问题。对犯罪者的研究(使用官方记录和/或者调查)可能会告诉研究者更多的关于在枪支犯罪热点地区非法携带武器的人的一些特征,包括他们之前和先前的犯罪模式、居住地点和处置,而这一切都可能产生与枪支巡逻相关的遏制、使不能、转移、效益外溢的有利数据。这类信息也可能会对如何设计枪支巡逻以减少犯罪提供新的视角。正如我们在其他地方所讨论过的(Koper and Mayo-Wilson,2006),这一打击枪支犯罪的策略也引起了潜在的问题,如合法性、种族定性、社区关系和成本效益等(Gau and Brunson,2010;McGarrell et al.,2000;NRC,2004)。本评论所涉及的研究表明这类的项目执行可以达到成本效益(McGarrell et al.,2000;Shaw,1995),但这些问题仍有待进一步评估。例如,涉及社区成员、严打中抓获的犯罪分子以及其他有关人员的质性研究可以囊括进将来的研究中,以突出那些居住在暴力社区的人们相信可以在不损害或疏远旨在受益的社区的前提下减少犯罪的策略。

最后,对于警方减少非法持有和携带武器的其他干预措施的严谨的研究也十分需要。例如,近来对一个服务于大城市的美国警察的调查,包括加强对缓刑犯和假释犯的监督、武器举报热线、对高风险青少年的住宅的同意搜索以及对在限制命令下的人的枪支持有的检查(Koper et al.,2012)。但本评论没有涉及针对这些策略的研究。

当然,警方的干预对枪支暴力而言是有限的应对策略,而且他们并没有解决许多助长犯罪和暴力的潜在的社会条件。但已有证据表明导向性巡逻可能有助于打破问题社区的枪支暴力循环并产生长期改进所必须的条件。打个医疗的比方,要想治愈病人必须先止血。

# 8. 鸣 谢

本研究由美国国家司法部(美国司法部、司法项目办公室)2004-DD-BX-003号研究资助赞助,同时还有来自康拜尔组织和杰瑞·李犯罪学研究中心(宾夕法尼亚大学)以及英国国家警察发展机构(the National Policing Improvement Agency,NPIA)(通过与乔治梅森大学和警察执行研究论坛的附属合约)的赞助。本文献中的观点仅代表作者的意见,并不代表以上提及的任何组织机构的官方立场。笔者鸣谢 Daniel J. Woods 和 Shannon McFadden 对研究的帮助。同时感谢 David Wilson 和 David Weisburd,以及康拜尔组织其他顾问对本手稿初期版本的有益意见。

# 9. 参考文献

Cohen,J and Ludwig,J.2003.Policing crime guns.In J Ludwig and PJ Cook(eds.),E-valuating Gun Policy：Effects on Crime and Violence ( pp.217 - 250 ).Washington,DC：Brookings Institution Press.

Cohen,J.( 2002 ).Effects of Police Gun Suppression Patrols on Shots Fired and Gun-shot Injuries：Estimating Impacts of Naturally Occurring Interventions.Draft paper presented to the conference on Evaluating Policies to Reduce Gun Violence：The Effects of Regulation and Enforcement.Washington,DC：Brookings Institution.

McGarrell, EF, Chermak, S, and Weiss, A. ( 2000 ). Reducing Firearms Violence Through Directed Patrol：Final Report on the Evaluation of the Indianapolis Police Department's Directed Patrol Project.Report to the National Institute of Justice,US Depart-ment of Justice.Indianapolis：Crime Control Policy Center,Hudson Institute.

Chermak,S,Weiss,A,and Wilson,J.( 2001 ).Reducing firearms violence through di-rected police patrol.Criminology and Public Policy 1：119-148.

McGarrell EF,Chermak,S,and Weiss,A.( 2002 ).Reducing Gun Violence：Evaluation of the Indianapolis Police Department's Directed Patrol Project.NCJ-188740.Washington, DC：National Institute of Justice,United States Department of Justice.

Sherman,LW and Rogan,DP.( 1995 ).Effects of gun seizures on gun violence："Hot spots" patrol in Kansas City.Justice Quarterly 12：673-693.

Sherman,LW,Shaw,JW,and Rogan,DP.( 1995 ).The Kansas City Gun Experiment. NCJ-150855.Washington, DC：National Institute of Justice, United States Department of Justice.

## 参考目录

Alba,RD and Messner,SF.( 1995 ).Point blank against itself：evidence and inference about guns,crime,and gun control.Journal of Quantitative Criminology 11：391-410.

Barr,R and Pease,K.( 1990 ).Crime placement,displacement,and deflection.In M. Tonry and N.Morris ( eds.),Crime and Justice：A Review of Research,Vol.12 ( pp.277 - 318 ).Chicago：The University of Chicago.

Braga, AA. (2004). Gun Violence Among Serious Young Offenders. Washington, DC: Office of Community Oriented Policing Services, US Department of Justice.

Braga, AA. (2007). Effects of Hot Spots Policing on Crime. A Campbell Collaboration Systematic review available at http://www. campbellcollaboration. org/reviews _ crime _ justice/index.php.

Braga, AA, Kennedy, DM, Waring, EJ, and Piehl, AM. (2001). Problem-oriented policing, deterrence, and youth violence: an evaluation of Boston's OperationCeasefire. Journal of Research in Crime and Delinquency 38:195−225.

Boydstun, JE. (1975). San Diego Field Interrogation Final Report. Washington, DC: Police Foundation.

Bynum, T, Frank, J, Garrett, A, Jacoby, K, Kling, R, and Rich, T. (1998). National Evaluation of the Youth Firearms Violence Initiative: Salinas Case Study. Cambridge, MA: Abt Associates.

Bynum, TS and Varano, SP. (2003) The anti-gang initiative in Detroit: An aggressive enforcement approach to gangs. In S. Decker (ed.), Policing Gangs and YouthViolence (pp. 214−238). Belmont, CA.: Wadsworth.

Campbell, DT and Stanley, JC. (1966). Experimental and Quasi-Experimental Designs for Research. Dallas: Houghton Mifflin Company.

Centers for Disease Control and Prevention. 2003. First reports evaluating the effectiveness of strategies for preventing violence: Early childhood home visitation and firearms laws. Findings from the Task Force on Community Preventive Services. MMWR 52 (RR−14):11−20.

Center to Prevent Handgun Violence. (1998). On the Front Line: Making Gun Interdiction Work. Washington, DC.

Chermak, S. (2006). Reducing Violent Crime and Firearms Violence: TheIndianapolis Lever-Pulling Experiment. Report to the National Institute of Justice. East Lansing, MI: School of Criminal Justice, Michigan State University.

Cohen, J. (2002). Effects of Police Gun Suppression Patrols on Shots Fired andGunshot Injuries: Estimating Impacts of Naturally Occurring Interventions. Draft paper presented to the conference on Evaluating Policies to Reduce Gun Violence: The Effects of Regulation and Enforcement. Washington, DC: Brookings Institution.

Cohen,LE and Felson,M.(1979).Social change and crime rates:A routine activity approach.American Sociological Review 44:588-608.

Cohen,J and Ludwig,J.2003.Policing crime guns.In J Ludwig and PJ Cook(eds.),Evaluating Gun Policy:Effects on Crime and Violence(pp.217-250).Washington,DC:Brookings Institution Press.

Cohen,MA,Rust,RT,Steen,S,and Tidd,ST.(2004).Willingness-to-pay for crime control programs.Criminology 42:89-109.

Conly,C,Frank,J,Garrett,A,Jacoby,K,Kling,R,and Rich,T.(1998).National Evaluation of the Youth Firearms Violence Initiative:Baltimore Case Study.Cambridge,MA:Abt Associates.

Cordner,G,Frank,J,Garrett,A,Jacoby,K,Kling,R and Rich,T.(1998).National Evaluation of the Youth Firearms Violence Initiative:San Antonio Case Study.Cambridge,MA:Abt Associates.

Cook,PJ.(1991).The technology of personal violence.In M.Tonry(ed.),Crime and Justice:A Review of Research,Vol.14(pp.1-71).Chicago:The University of Chicago.

Cook,PJ,Lawrence,BA,Ludwig,J,and Miller,TR.(1999).The medical costs of gunshot injuries in the United States.JAMA 282:447-454.

Cook,PJ and Ludwig,J.(2000).Gun Violence:The Real Costs.New York:Oxford University Press.

Cook,PJ and Moore,MH.(1995).Gun control.In JQ Wilson and J Petersilia(eds.),Crime(pp.267-294).San Francisco:ICS Press.

Decker,S,Frank,J,Garrett,A,Jacoby,K,Kling,R,and Rich,T.(1998).National Evaluation of the Youth Firearms Violence Initiative:Inglewood Case Study.Cambridge,MA:Abt Associates.

Decker,S.H. and Rosenfeld,R.(2004).Reducing Gun Violence:The St. Louis Consent-to-Search Program.NCJ-191332.Washington,DC:National Institute of Justice,U.S.Department of Justice.

Dedel,K.(2007).Drive-By Shootings.Washington,DC:Office of Community Oriented Policing Services,US Department of Justice.

Deeks.J.J.,Dinnes,J.,D'Amico,R.,Sowden,A.J.,Sakarovitch,C.,Song,F.,Petticrew,M.,Altman,D.G.(2003).Evaluating non-randomized interventionstudies.Health

Technology Assessment 7(27).

Delaware Statistical Analysis Center.(1998).The Impact of Operation Safe Streets on Shootings in Wilmington.Dover,DE:State of Delaware.

Deutsch,SJ and Alt,FB.(1977).The effect of Massachusetts' gun control law on gun-related crimes in the city of Boston.Evaluation Quarterly 1:543-568.

Dunworth,T.(2000).National Evaluation of the Youth Firearms Violence Initiative. NCJ-184482.Washington,DC:National Institute of Justice,US Department of Justice.

Eck,J and Maguire,E.(2000).Have changes in policing reduced violent crime? An assessment of the evidence.In A.Blumstein and J.Wallman(eds.)The Crime Drop in America(pp.207-265).New York:Cambridge University Press.

Fagan,J.A.and Davies,G.(2003).Policing guns:Order maintenance and crimecontrol in New York. Pp. 191 - 221 in B.E. Harcourt (ed.), Guns, Crime, and Punishment in America.New York:New York University Press.

Farrington,D and Petrosino,A.(2001).The Campbell Collaboration Crime andJustice Group.Annals of the American Academy of Political and Social Sciences 578:35-49.

Fingerhut,LA,Cox,CS,and Warner,M.(1998).International comparative analysis of injury mortality:findings from the ICE on injury statistics.Advance Data From Vital and Health Statistics of the Centers for Disease Control and Prevention/National Center for Health Statistics,Number 303(Oct.7).Hyattsville,MD:National Center for Health Statistics,Centers for Disease Control and Prevention.

Fox,JA and Zawitz,MW.(2007).Homicide Trends in the United States.Washington, DC:Bureau of Justice Statistics,U.S.Department of Justice.Published online at http://bjs. ojp.usdoj.gov/index.cfm? ty=pbdetail&iid=966.

Gau,JM and Brunson,RK.(2010).Procedural justice and order maintenance policing:A study of inner-city young men's perceptions of police legitimacy. Justice Quarterly 27 255-279.

Gendreau,P and Surridge,CT.(1978).Controlling gun crimes:the Jamaican experience.International Journal of Criminology and Penology 1:43-60.

Harcourt,B.(ed.)(2003).Guns,Crime,and Punishment in America.New York:New York University Press.

Harlow,CW.(2001).Firearm Use by Offenders. NCJ-189369 (revised2/4/2002).

Washington, DC: Bureau of Justice Statistics, U.S. Department of Justice.

Hoskins, AW. (2001). Armed Americans: the impact of firearm availability on national homicide rates. Justice Quarterly 18:569-592.

Jacobs, JB. (2002). Can Gun Control Work? New York: Oxford University Press.

Kaiza, P. (2008). Recorded crimes involving firearms. In D. Povey (ed.), Homicides, Firearm Offences, and Intimate Violence 2006/07, Supplementary Vol. 2 to Crime in England and Wales 2006/07 (pp.35-57). Home Office Statistical Bulletin. London: Home Office.

Kleck, G. (1997). Targeting Guns: Firearms and Their Control. New York: Aldine de Gruyter.

Kennedy, DM, Piehl, AM, and Braga, AA. (1996). Youth violence in Boston: Gun markets, serious youth offenders, and a use-reduction strategy. Law and Contemporary Problems 59:147-196.

Koper, CS. (2003). Police Strategies for Reducing Illegal Possession and Carrying of Firearms: A Systematic Review Protocol Prepared for the Campbell Collaboration. Available from the Campbell Collaboration Crime and Justice Group at www. aic. gov. au/ campbellcj/reviews/2003-09-guns.pdf.

Koper, CS and Mayo-Wilson, E. (2006). Police crackdowns on illegal gun carrying: A systematic review of their impact on gun crime. Journal of Experimental Criminology 2: 227-261.

Koper, CS, Woods, DJ, and Kubu, BE. (2012). Gun Enforcement and Gun Violence Prevention Practices among Local Law Enforcement Agencies: Results from a National Survey. Washington, DC: Police Executive Research Forum.

Krug, EG, Powell, KE, and Dahlberg, LL. (1998). Firearm-related deaths in the United States and 35 other high-and upper-middle-income countries. International Journal of Epidemiology 27:214-221.

Lipsey, M.W. and Wilson, D.B. (2001). Practical Meta-Analysis. Thousand Oaks, CA: Sage Publications.

Ludwig, J and Cook, PJ (eds.) (2003). Evaluating Gun Policy: Effects on Crimeand Violence. Washington, DC: Brookings Institution Press.

Lum, C, Koper, CS, Telep, CW. (In press). The evidence-based policing matrix. Journal of Experimental Criminology. Also see online tool available at http://gemini.gmu.edu/cebcp/Matrix.html.

Mayo-Wilson, E. (2007). Reporting implementation in randomized trials: Proposed additions to the CONSORT statement. The American Journal of Public Health 97:630−633.

McGarrell, EF, Chermak, S, and Weiss, A. (2000). Reducing Firearms ViolenceThrough Directed Patrol: Final Report on the Evaluation of the Indianapolis Police Department's Directed Patrol Project. Report to the National Institute of Justice, US Department of Justice. Indianapolis: Crime Control Policy Center, Hudson Institute.

McGarrell, EF, Chermak, S, Weiss, A, and Wilson, J. (2001). Reducing firearms violence through directed police patrol. Criminology and Public Policy 1:119−148.

McGarrell EF, Chermak, S, and Weiss, A. (2002). Reducing Gun Violence: Evaluation of the Indianapolis Police Department's Directed Patrol Project. NCJ-188740. Washington, DC: National Institute of Justice, United States Department of Justice.

McGarrell, EF, Chermak, S, Wilson, JM, and Corsaro, N. (2006). Reducing homicide through a "lever-pulling" strategy. Justice Quarterly 23.2:214−231.

McGarrell, EF, Hipple, NK, Corsaro, N, Bynum, TS, Perez, H, Zimmerman, CA, and Garmo, M. (2009). Project Safe Neighborhoods—A National Program to Reduce Gun Crime: Final Project Report. Report to the National Institute of Justice, US Department of Justice. East Lansing, MI: School of Criminal Justice, Michigan State University.

Moran, R. (2006). Many homicide victims had records. Philadelphia Inquirer Jan.23: B1, B8.

National Institutes of Health. (2004). National Institutes of Health State-of-the-Science Conference Statement: Preventing Violence and Health-Risking Social Behaviors in Adolescents. October 15 Draft. Bethesda, MD: U.S. Department of Health and Human Services.

National Research Council. 2004. Fairness and Effectiveness in Policing: The Evidence. W Skogan and K Frydl (eds.) Washington, DC: National AcademiesPress.

National Research Council. 2005. Firearms and Violence: A Critical Review. Charles F. Wellford, John V. Pepper, and Carol V. Petrie (eds.). Washington, DC: National Academies Press.

Office of Juvenile Justice and Delinquency Prevention. (1999). Promising Strategies Papachristos, AV, Meares, TL, and Fagan, J. (2007). Attention felons: Evaluating Project

Safe Neighborhoods in Chicago.Journal of Empirical Legal Studies 4.2:223-272.

Pierce,GL and Bowers,WJ.(1981).Bartley-Fox gun law's short-term impact on crime in Boston.Annals of the American Academy of Political and SocialSciences 455:120-137.

Plotkin,M.R.(ed.)(1996).Under Fire:Gun Buy-Backs, Exchanges, and Amnesty Programs.Washington,DC:Police Executive Research Forum.

Raphael,S and Ludwig,J.(2003).Prison sentence enhancements:The case ofProject Exile.Pp.251-286 in J Ludwig and PJ Cook(eds.),Evaluating Gun Policy:Effects on Crime and Violence.Washington,DC:Brookings Institution Press.

Reiss Jr,AJ and Roth,JA.(1993).Understanding and Preventing Violence.Washington,DC:National Academy Press.

Rosenfeld,R, Fornango, R, and Baumer, E. (2005). Did Ceasefire, Compstat, and Exile reduce homicide? Criminology and Public Policy 4:419-450.

Sampson,R.J.(1995).The community.In J.Q.Wilson and J.Petersilia(eds.),Crime (pp.193-216).San Francisco:ICS Press.

Sampson,R.J.and Cohen,J.(1988)."Deterrent effects of the police on crime:A replication and theoretical extension." Law and Society Review 22:163-189.

Shaw, JW. (1994). Community Policing Against Crime: Violence and Firearms. Doctoral dissertation.College Park,MD:Department of Criminology and Criminal Justice, University of Maryland.

Shaw,JW.(1995).Community policing against guns:public opinion of the Kansas City gun experiment.Justice Quarterly 12:695-710.

Shaw, C. R. and McKay, H. D. (1942). Juvenile Delinquency and Urban Areas. Chicago:University of Chicago Press.

Schnelle,J.F.,Kirchner,Jr.,R.E.,Casey,J.D.,Uselton,Jr.,P.H.,& McNees,M.P. (1977).Patrol evaluation research:A multiple-baseline analysis of saturation police patrolling during day and night hours.Journal of Applied Behavior Analysis 10:33-40.

Scott,MS.(2003).The Benefits and Consequences of Police Crackdowns.Washington, DC:Office of Community Oriented Policing Services,US Department of Justice.

Sheley, JF and Wright, JD. (1993). Gun Acquisition and Possession in SelectedJuvenile Samples.NCJ-145326.Washington,DC:National Institute of Justice and Office of Juvenile Justice and Delinquency Prevention,United States Department of Justice.

Sheppard, D and Kelly, P. (2002). Juvenile Gun Courts: Promoting Accountability and Providing Treatment. NCJ-187078. Washington, DC: Office of JuvenileJustice and Delinquency Prevention, US Department of Justice.

Sherman, LW. (1990). Police crackdowns: initial and residual deterrence. In M. Tonry and N. Morris (eds.), Crime and Justice: A Review of Research, Vol. 12 (pp. 1 – 48). Chicago: The University of Chicago.

Sherman, LW. (1992). Attacking crime: police and crime control. In M. Tonry and N. Morris (eds.), Modern Policing (pp. 159–230). Chicago: University of Chicago Press.

Sherman, LW. (1997). Policing for crime prevention. In LW Sherman, D Gottfredson, D MacKenzie, J Eck, P Reuter, and S Bushway. Preventing Crime: What Works, What Doesn't, What's Promising: A Report to the United States Congress (pp. 8 – 1to 8 – 65). College Park, MD: Department of Criminology and Criminal Justice, University of Maryland.

Sherman, LW. (2000). Gun carrying and homicide prevention. JAMA 283: 1193–1195.

Sherman, LW. (2001). Reducing gun violence: What works, what doesn't, what's promising. Criminal Justice 1: 11–25.

Sherman, LW and Eck, JE. (2002). Policing for crime prevention. In LW Sherman, DP Farrington, BC Welsh, and DL MacKenzie (eds.), Evidence-Based Crime Prevention (pp. 295–329). New York: Routledge.

Sherman, L.W., Gartin, P.R., & Buerger, M.E. (1989). Hot spots of predatory crime: Routine activities and the criminology of place. Criminology 27: 27–55.

Sherman, LW and Rogan, DP. (1995). Effects of gun seizures on gun violence: "Hot spots" patrol in Kansas City. Justice Quarterly 12: 673–693.

Sherman, LW, Shaw, JW, and Rogan, DP. (1995). The Kansas City Gun Experiment. NCJ-150855. Washington, DC: National Institute of Justice, United States Department of Justice.

Sherman, LW and D Weisburd. (1995). General deterrent effects of police patrol in crime "hot spots": A randomized, controlled trial. Justice Quarterly 12: 625–648.

Tierney, JP, McClanahan, Hangley, Jr., B. (2001). Murder is No Mystery: An Analysis of Philadelphia Homicides, 1996–1999. Philadelphia: Public/Private Ventures.

Tita, G, Riley, JK, Ridgeway, G, Grammich, C, Abrahamse, AF, and Greenwood, PW. (2003). Reducing Gun Violence: Results from an Intervention in East Los Angels. Santa

Monica,CA:RAND.

Truman,JL.(2011).Criminal Victimization,2010.Washington,DC:Bureau of Justice Statistics,U.S.Department of Justice.

United Nations. (1997). Criminal Justice Reform and Strengthening of Legal Institutions Measures to Regulate Firearms(Report E/CN.15/1997/4).New York:Commission on Crime Prevention and Criminal Justice,Economic and Social Council.

Villaveces,A.,Cummings,P.,Espitia,VE,Koepsell,TD,McKnight,B,Kellerman,AL.(2000).Effect of a ban on carrying firearms on homicide rates in 2 Colombian cities. JAMA 283:1205-1209.

Weisburd,D.,Bushway,S.,Lum,C.,& Yang,S.(2004).Trajectories of crime at places:A longitudinal study of street segments in the city of Seattle.Criminology 42: 283-321.

Weisburd,D,Lum,CM,and Petrosino,A.(2001).Does research design affect study outcomes in criminal justice? Annals of the American Academy of Political and Social Sciences 578:50-70.

Wintemute,G.(2000).Guns and gun violence.In A Blumstein and J Wallman(eds.) The Crime Drop in America(pp.45-96).New York:Cambridge University Press.

Wright,JD and Rossi,PH.(1986).Armed and Considered Dangerous:A Survey of Felons and Their Firearms.New York:Aldine de Gruyter.

Wright,JD,Rossi,PH,Daly,K.(1983).Under the Gun:Weapons,Crime and Violence in America.New York:Aldine Publishing Company.

Zawitz,M.W.,Klaus,P.A.,Bachman,R.,Bastian,L.D.,DeBerry,Jr.,M.M.,Rand,M. R.,& T aylor,B.M.(1993).Highlights from 20 Years of Surveying Crime Victims:The National Crime Victimization Survey,1973-92.NCJ-144525.Washington,D.C.:Bureau of Justice Statistics,U.S.Department of Justice.

Zimring,FE.(1968).Is gun control likely to reduce violent killings? The University of Chicago Law Review 35:721-737.

Zimring,FE and Hawkins,G.(1997).Crime Is Not the Problem:Lethal Violence in America.New York:Oxford University Press.

责任编辑:张　立
版式设计:石笑梦
责任校对:陈艳华

**图书在版编目(CIP)数据**

警务工作评估系统回顾研究/刘建宏 主编. —北京:人民出版社,2016.8
ISBN 978 - 7 - 01 - 016462 - 5

Ⅰ.①警…　Ⅱ.①刘…　Ⅲ.①公安工作-研究　Ⅳ.①D035.3

中国版本图书馆 CIP 数据核字(2016)第 168071 号

**警务工作评估系统回顾研究**
JINGWU GONGZUO PINGGU XITONG HUIGU YANJIU

刘建宏　主编

人民出版社 出版发行
(100706　北京市东城区隆福寺街 99 号)

北京汇林印务有限公司印刷　新华书店经销
2016 年 8 月第 1 版　2016 年 8 月北京第 1 次印刷
开本:787 毫米×1092 毫米 1/16　印张:23
字数:390 千字

ISBN 978 - 7 - 01 - 016462 - 5　定价:62.00 元

邮购地址 100706　北京市东城区隆福寺街 99 号
人民东方图书销售中心　电话 (010)65250042　65289539